일연 一然
그의 생애와 사상

일연 一然

그의 생애와 사상

채 상 식 지음

혜안

책머리에

이번에 본서에 수록한 글은 대부분 학술지에 이미 발표한 것들이다. 그러나 이 글들은 오랜 시간에 걸쳐 발표하였던 것이기에 상당한 내용을 보충하고 수정하지 않을 수 없었다. 그간 쉽게 책자로 엮어보지 못한 것은 이러한 사정 때문이기도 하였다. 그러나 그보다는 일연에 관한 연구는 다양한 분야의 이해와 종합적인 학문 태도를 갖지 못하면 접근하기가 어려운 것이 더 큰 이유였다.

더욱이 내면적으로는 『중편조동오위』에 관한 글이 빠져서는 일연 연구의 한축을 잃는 것으로 보아 엄두를 내지 못한 측면이 있었다. 여기에다가 『중편조동오위』의 국내 판본이 존재한다는 소문에 따라 이를 기다린다는 핑계를 스스로 만들기도 하였다. 그러나 솔직하게 말하면 익숙하지 않은 내용을 담고 있는 『중편조동오위』를 필자가 감당하기엔 당시로서는 상당히 힘이 부쳤던 것이다. 그래도 수년 전 학계에 『중편조동오위』의 역주가 출현하자, 여기에 힘입어 『중편조동오위』의 분석을 시도하였다. 이 글을 계기로 속도가 붙어 일연에 관한 책자를 엮어보기로 하고 기왕의 글들을 폭넓게 보완해 보았다. 부족하지만 그 결과가 본서이다.

한국중세사 연구자로서 출발한 필자는 몇 편을 제외하고 거의 불교사 관련 글을 쓴 셈이다. 우리 학계에서 한국불교에 대한 관심은 1970년대 초반에 이르러 본격적으로 이루어졌으며, 전문적인 연구자가 나오기

시작했다. 요즈음에는 많이 해소되었지만 초기에는 불교학과 불교사는 방법론과 연구 목표의 차이로 거의 교류가 없었다고 해도 과언이 아니다. 최근에는 서로의 방법론이 갖는 장점을 공유하고 시각상의 차이를 인정하는 흐름으로 나아가고 있다.

한편 아직까지도 역사학에서 이해하는 불교사는 여전히 사상을 하나의 단면으로만 파악하려는 태도에서 벗어나지 못하고 있다. 적어도 사상은 역사상의 하나의 단면이면서 동시에 전체상이며, 나아가 역사는 유기체이면서 구성체라는 점을 염두에 두어야 한다. 필자는 이러한 측면을 중시하면서 항상 부족한 불교학 방면의 기본 자료와 성과를 접하려고 노력하였다.

이와 같이 필자가 평생의 業으로 불교사를 선택하면서 세 번째 주목한 연구주제는 바로 一然이었다. 이렇게 만난 일연은 나로서는 행운이었다. 그리고 일연은 근 40여 년에 이르는 필자의 연구 이력에서 주요 관심 분야의 '한축'이었으며, 언젠가 완성된 형태의 성과물을 만들고 싶은 대상이었다.

일연을 연구대상으로 처음 접하게 된 사연은 서울대학교 규장각과 관련된다. 필자는 대학원 시절에 선배들 틈에 말석으로 규장각의 해제 작업에 참여하였다. 경북대학교에 시간강사로 가기 전까지 근 2년 가까이 참여했는데, 많이 알려진 자료는 해제가 거의 끝났기 때문에 주로 시간이 많이 소요되는 불교 자료와 금석문 등을 대상으로 작업하였다. 이때 필자는 부족한 능력에 비해 제법 많은 자료를 접할 수 있었을 뿐 아니라, 그래도 이후 '문헌자료'의 중요성을 인식하게 된 것은 큰 수확이었다. 그리고 이 시기 동국대학교에서 '한국불교전서'의 편찬을 위해 자료를 수집할 때, 高翊晋 선생님의 배려로 그곳의 귀중한 자료를 접할 수 있었으며, 이에 대한 보답으로 필자가 접한 규장각 자료를 소개하기도 하였다.

어떻든 필자는 규장각 해제에 참여함으로써 기본 생활비의 확보 못지않게 자료에 대해 관심을 갖게 된 것을 두고두고 고맙게 생각한다. 이 시기 규장각에 소장되어 있는 탁본 중 '麟角寺碑'를 접하게 되는 행운을 얻게 되었다. 여기서 일연의 행적을 알려주는 '일연비'의 전면 외에 '비음기'의 존재를 알게 되었다. 물론 이 자료는 선배들이 이미 열람한 바 있었지만 그렇게 중요한 자료로 인식하지 못한 바람에 행운이 필자에게 돌아온 셈이다. 이 자료를 판독하고 영남대학교 동빈문고 소장본을 수습하고, 당시 동국대학교 황수영 총장님의 배려로 그가 소장한 탁본첩을 대조하여 부족하나마 '일연비음기'의 복원에 착수할 수 있었다. 그리고 일연비 탁본에 관한 한 필자는 깊은 인연으로 만난 朴永弴 선생님의 도움을 많이 받았음을 이야기하지 않을 수 없다. 이렇게 장황하게 언급한 것은 필자가 일연에 관심을 갖게 된 사정을 밝히는 것으로 이해하기 바란다.

이렇게 시작된 일연에 대한 관심은 이후 해인사 사간판에 수장되어 있는 자료인 『역대연표』를 만나기도 하고, 범어사 성보박물관에 소장된 선초본 『삼국유사』(권4~5)의 해제를 쓸 수 있는 행운을 얻기도 하였다. 그럼에도 불구하고 항상 『삼국유사』에 대한 이해가 부족함을 느끼는 것은 어쩔 수 없다. 그리고 체계적인 동아시아 불교사의 공부 부족은 우리 세대들에게 주어진 파행적인 교육 풍토였다고 하기에는 게으른 필자의 탓이 더 크다. 앞으로 기회가 닿는다면 『삼국유사』와 당·송대의 선불교에 관한 공부를 더욱 열심히 이어가고 싶다.

이번에 본서를 내면서 고백할 일이 하나 있다. 근 30년 가까운 시절에 '일연'을 주제로 한 대우학술총서 공모가 있어 선정된 적이 있었다. 그러나 당시 필자가 발표한 논문 몇 편으로는 기한 내에 도저히 책자로 완성할 수가 없었기에 기한을 넘기고 포기하였다. 이번에 간접적이나마 빚을 갚는다고 생각한다. 그리고 초학자가 발표한 일연에 관한 글을 격려해 주신 李基白 선생님이 공모 당시에 많이 도와주셨다. 늦었지만 조그마한 책자로나마 李 선생님께 고마움을 전하고자 한다.

이번에 본서를 마무리하면서 바쁜 중에도 자료 정리와 교정 등을 도와준 김현라 선생에게 진심으로 고마움을 전한다. 그리고 사진 자료를 제공해 주신 불교문화재연구소, 운문사, 달성군청 등과 아울러 이종문·최태선 두 분 교수님에게도 감사를 전한다. 끝으로 삼복의 폭염 중에 편집과 교정을 맡아 수고해주신 도서출판 혜안의 김태규 님을 비롯한 편집진께 고마움을 전한다.

지난 6월 중에 일연 스님이 채록했던 현풍의 비슬산 도성암을 다녀왔다. 예전의 도성 스님처럼 멀리 관기봉을 바라보면서 하산하였다. 매번 답사할 때마다 불평없이 차를 몰아주는 문해정님 고맙소. 마지막으로 『숫따니빠따』의 첫 장에 나오는 "지혜로운 사람은 자유를 찾아, 코뿔소의 뿔처럼 혼자서 가라."는 구절이 유독 생각난다.

정유년 삼복 더위에 금정산 기슭에서
채상식 쓰다

목차

제2장 일연의 생애와 활약상 67

제3장 일연의 사상과 특징 163

제4장 仁興社刊 『歷代年表』와 『三國遺事』의 찬술 247

제1장 일연 연구의 기초적 접근

Ⅰ. 일연 연구의 현황과 과제

1. 머리말

일연(1206~1289)이 생존했던 13세기 고려사회는 격동의 시기였다. 일반적으로 이 시기 선승의 삶을 살았던 일연에 관한 관심보다 우리에게 널리 알려진 『삼국유사』의 찬자라는 점이 중시되는 형편이다. 그러나 『삼국유사』에 앞서 그를 되돌아보는 것은 의미가 있을 것이다. 근대역사학이 성립되어 가는 시기에 일찍부터 『삼국유사』는 중요한 역사자료로 인식하였지만, 정작 그 찬자로 알려진 일연 개인에 대한 관심은 거의 없었다. 이 시기 일본학계에서는 『삼국유사』 판본에 대한 조사를 통해 활자본을 간행하기도 했으며, 일연의 비문을 소개하는 연구성과를 발표하기도 하였다.[1] 당시 가장 대표적인 연구성과는 최남선의 「三國遺事解題」(1927)이다. 그의 해제는 그가 교정하여 활자본으로 펴낸 『新訂三國遺事』(1941)와 함께 우리 학계에 아직까지도 크게 영향을 줄 정도로 귀중한 성과임에는 분명하다.

그러다가 해방 이후에는 『삼국유사』를 역사자료로 한 연구가 중심을 이루었고, 일연에 관한 한 대부분 최남선이 정리한 '해제'의 수준을

1) 今西龍, 「高麗普覺國尊 一然に就いて」, 『藝文』 第九年 7·8月號, 1919 ; 『高麗史研究』, 國書刊行會, 1970.

2009년 5차 발굴 당시의 인각사 전경(불교문화재연구소 제공)

크게 벗어나지 못하였다. 그런 중에도 일연에 대해서는 민영규가 사상에 관한 몇 편의 글을 발표함으로써 연구의 명맥을 유지하였다. 그러나 그는 전론으로 일연을 다루지는 않았다. 그렇지만 그는 일연이 남긴 『重編曹洞五位』를 발굴하여 소개하고, 이와 함께 몇 편의 짧은 글을 통해 그의 사상적 경향 등을 밝힌 성과는[2] 주목된다.

한편 필자는 고려후기 불교사의 흐름을 정리하는 과정에서 『삼국유사』를 이해하기에 앞서 일연 개인에 관한 관심을 촉구한 글을 발표하기도 하였다.[3] 곧 역사가가 남긴 역사서는 과거의 사실을 수집하고 단순히 편집한 사료 모음집과는 그 성격이 다르며, 항상 역사인식의 문제가 깔려 있기 마련이다. 이러한 이해방향은 『삼국유사』와 일연에게도

2) 閔泳珪, 「一然과 陳尊宿」, 『學林』 5, 연세대 사학연구회, 1983 및 「一然重編曹洞五位 重印序」, 『學林』 6, 1984. 이 글과 함께 그가 남긴 일연 관련 글들은 閔泳珪, 『四川講壇』, 又半, 1994에 수록되어 있다.

3) 蔡尙植, 「普覺國尊 一然에 대한 硏究」, 『韓國史硏究』 26, 1979 ; 『高麗後期 佛敎史硏究』, 일조각, 1991.

마찬가지로 적용된다. 일반적으로 『삼국유사』에 대한 높은 사학사적 평가에도 불구하고 정작 선승의 길을 걷게 되는 일연의 행적에 대해서는 충분한 설명을 갖지 못하고 있다. 일연의 생애가 중요한 것은 그가 역사가이기 이전에 승려라는 사실과, 그가 생존한 시기가 민족사상의 일대 격변기라는 사실과도 밀접하게 관련된다. 결국 『삼국유사』라는 필터를 거쳐 일연에게 접근하는 방식을 선회하여, 일연이라는 인물 자체를 분석하는 방향을 택하고자 한다.

따라서 일연을 논지의 중심에 두면서 주목한 몇 가지 문제를 검토하고 이에 대한 학계의 성과를 살펴보고자 한다. 아울러 일연에 관한 앞으로 나아가야 할 연구방향과 과제가 무엇인지를 제시해 보고자 한다.

2. 「일연비문」을 둘러싼 문제

일연의 행적을 알 수 있는 가장 일차적인 자료는 그가 만년을 보낸 麟角寺의 경내에 세워진 일연비의 내용이다. 인각사는 경북 군위군 고로면 화수동에 소재하고 있다. 본래 이 비는 앞면과 뒷면에 각각 「高麗國華山曹溪宗麟角寺迦智山下普覺國尊碑銘幷序」와 「普覺國尊碑陰記」 등으로 되어 있다.[4)]

그러나 현존하는 비는 두 동강이 난 채 3척 정도의 잔비로 되어 있다. 이를 가지고는 일연의 행적을 부분적으로만 알 수 있을 뿐이다. 이러한 사정에도 불구하고 현재 우리들이 일연의 행적을 파악할 수 있는 것은 일연비문을 필사한 사본과 서첩용인 탁본이 남아있었기 때문이다. 그러나 다행하게도 최근에 「일연비문」의 완전한 탁본이

4) 閔漬, 「高麗國華山曹溪宗麟角寺迦智山下普覺國尊碑銘幷序」는 이하 「일연비문」으로 줄인다. 山立, 「普覺國尊碑陰記」는 이하 「일연비음기」로 줄인다.

출현하게 됨에 따라[5] 일연에 관한 정확한 내용을 알 수 있다. 한편 「일연비음기」는 현재로선 그 원형이 완전하게 복원될 형편은 아니지만, 조만간에는 그 실체에 가까운 모습을 드러낼 것으로 보인다.[6] 그러면 「일연비문」의 탁본을 통해 얻을 수 있는 일연에 관한 지식과 그간 논란이 된 내용을 검토하기로 한다.

인각사는 국존의 지위에 있던 일연이 개경을 떠나 만년을 지내면서 하산소로 삼은 사찰이다. 일연비는 그가 인각사에서 입적한 6년 뒤인 충렬왕 21년(1295)에 왕명에 의해 건립되었다. 이 비는 높이 약 180㎝, 폭 약 106㎝ 정도의 담흑색 수성암으로 되어 있다. 「일연비문」은 당시 운문사 주지인 淸玢이 충렬왕에게 올린 일연의 행장을 바탕으로 閔漬가 왕명에 의해 찬술한 것이며, 「일연비음기」는 山立이[7] 찬한 것이다. 그리고 竹虛가 왕희지체를 集字한 것을 토대로 청분이 비석을 세웠다. 이렇게 건립된 일연비의 원형은 인위적인 마멸에 의해 파손된 것으로 추정된다. 곧 일연비는 임란시에 훼손되긴 했지만 심하진 않았으나, 18세기에 접어들어 그 원형을 잃어버리게 되었다. 당시 일연비의 탁본을 구하기 위해 부가되던 拓役을 벗어나기 위한 자구책으로 인각사 승려들과 인근의 농민들이 파괴했던 것이다.

이러한 일연비의 앞면은 1916년 古蹟保存之會에 의하여 오대산 월정사

---

5) 韓國精神文化硏究院, 『普覺國師碑銘』, 1981. 그리고 완탁의 형태로서 일부만 전하는 善本으로는 朴永弴 소장본이 있다(『文化財』 93, 월간문화재사, 1979. 10). 최근에 소개된 정진영 소장본이 한국정신문화연구원 소장본에 비해 선본이다.

6) 일연의 탄신 800주년을 맞아 보각국사비를 복원·건립하였다. 이를 위해 현전하는 탁본을 판독·정리하여 비문과 음기를 거의 원문에 가깝게 복원하였다. 그간의 사정을 정병삼 교수가 종합하여 논문으로 발표하였다(「일연선사비의 복원과 고려승려 비문의 문도구성」, 『韓國史硏究』 133, 2006).

7) 채상식, 「「一然碑」에 보이는 淸玢과 山立의 정체」, 『한국민족문화』 59, 2016에는 山立=淸玢=寶鑑國師 混丘=無極임을 밝히고 있다.

소장의 등본을 등사하여 소개함으로써[8] 학계에 알려졌다. 이것이 『朝鮮佛教通史』(1918)와 『朝鮮金石總覽』(1919)에 수록되었으며, 최남선의 「三國遺事解題」(1927)에 소개되었다. 이렇게 필사본을 토대로 활자화한 「일연비문」은 탁본이 출현함으로써 판독상 오자가 발견되었다. 이에 대한 몇 가지 판독상의 논의점을 살펴보기로 한다.

첫째, 일연이 1261년 元宗의 명에 의하여 당시 수도인 강화도에 부름을 받고 禪月社에 머물면서 開堂했을 때 '遙嗣牧牛和尙'했다는 구절이다. 종래의 필사본에 '遙'자를 '逢'자로 잘못 판독한 결과 "一然은 迦智山門의 법통을 계승한 인물일 뿐 사굴산문과는 법통상 관련없기 때문에 知訥의 嗣인 慈眞圓悟國師를 만났다."라고[9] 한 해석까지 있었으나 "멀리 牧牛和尙, 곧 지눌을 계승했다"는 해석이 옳다. 그렇다고 일연이 그의 출신 산문인 가지산문을 버리고 사굴산문으로 승적을 바꾼 것이라고 해석할 수는 없다. 출신 산문과 관련없이 다만 사상적으로 수선사 지눌의 계승을 표방한 것으로 보면 어떨까 한다.

둘째, 일연의 父名은 金彦弼임이 확실하다. 셋째, 일연의 행장과 음기를 찬술했으며 또 일연비를 건립한 인물은 眞靜大禪師 淸玢임이 확인되었다. 종래에 淸玢을 法珍[10] 또는 淸珍으로 잘못 판독하는 바람에 당시의 사정을 이해하는데 큰 장애가 되었다.

위의 사실 중에서 일연과 眞靜大禪師 淸玢과의 관계는 당시 가지산문의 동향을 이해할 수 있는 실마리가 된다. 청분은 후에 寶鑑國師로 추증되는

---

8) 安震湖, 「三國遺事의 出現을 보고 普覺國尊의 碑石을 一言하노라」, 『佛教』 36, 1929, 9~10쪽에 수록된 朱載榮의 「跋文」 참조.

9) 閔泳珪, 「三國遺事解題」, 『韓國의 古典百選』, 『新東亞』 부록, 1969. 1.

10) 崔南善, 「三國遺事解題」, 68쪽에 필사본을 참고하여 '法珍'으로 잘못 판독한 것을 필자가 이미 20여 년 전에 지적하여 바로 잡았으나, 아직까지 많은 연구자들이 이를 맹목적으로 따르는 경향이 있다. 박진태 외, 『삼국유사의 종합적 연구』, 도서출판 박이정, 2002, 47쪽 참조.

混丘(1251~1322)와 동일 인물이다.[11] 그는 이외에도 『삼국유사』에는 '無極老人'으로 또 「일연비음기」에는 山立이라는 이름을 가지고 있었다.[12] 「일연비문」과 「일연비음기」에 나타난 일연과 청분의 관계를 살펴보면, 청분은 일연 생존시에는 그의 직계문도가 아니었다. 그러나 그는 일연 사후 그의 행장을 지어 충렬왕에게 바친다든가, 또 일연이 입적한 해에 일연이 이미 주석한 바 있는 雲門寺의 주지직을 맡는다든가, 또한 일연의 비를 건립한 1295년에 일연이 만년을 보낸 麟角寺의 주지로 있으면서 寶鏡寺와 內願堂의 주지직까지도 겸임한 것을 미루어 볼 때, 충렬·충선왕 양대에 걸쳐 왕실과 밀접한 관계를 맺은 가지산문의 핵심적 승려임을 알 수 있다.

추측컨대 청분은 일연과 함께 가지산문의 출신으로서 일연의 직계문도는 아니었지만 일연을 정점으로 가지산문이 크게 부상하여 불교계의 교권을 장악하게 되자, 일연의 입적을 계기로 그의 제자를 자처하면서 후계자로 추대된 인물이 아닌가 한다.[13] 따라서 청분 곧 보감국사가 입적한 뒤에 건립한 그의 비문에는 자연스럽게 그가 일연 곧 보각에게 배웠다는 한 구절을 기록할 수 있었던 것으로 해석된다.

이러한 사실은 『삼국유사』의 초간 시기에 대한 이해에도 밀접하게 연관된다. 현 학계에서는 『삼국유사』의 초간 시기를 일연 생존시로

---

11) 李齊賢, 「瑩源寺寶鑑國師碑銘」, 『東文選』 권118.

12) 淸玢과 山立을 동일 인물로 볼 수 없다는 견해(金相鉉, 「麟角寺 普覺國師碑陰記 再考」, 『韓國學報』 62, 일지사, 1991)가 있고 이를 동조하는 견해(李智冠, 『校勘譯註 歷代高僧碑文(高麗篇 4)』, 1997, 261쪽)도 있다. 그러나 같은 시기, 같은 비문 내에서 '通奧眞靜'이라는 칭호를 쓰는 두 사람이 존재한다는 것은 상식 밖의 일이다. 호는 국가에서 고신을 통해 대선사 직함을 내리면서 공식적으로 주는 것이기 때문이다.

13) 불교계에서는 승려로 입문할 때부터의 恩弟子가 있고, 직접 입문한 제자는 아니더라도 뒤에 法弟子가 된 사례는 무수히 많다. 混丘는 후자의 경우에 해당한다고 할 수 있다.

보는 설과 그의 사후 혼구=무극이 초간했다는 견해로 나뉘어 있다. 혼구는 일연이 생전에 간행한 『삼국유사』가 있었다면 그렇게 오랜 기간이 지나지 않았는데 굳이 附記를 수록하면서까지 새로이 간행하지는 않았을 것이다. 더욱이 당시의 판각 기술이나 몽고와의 대전쟁을 겪은 뒤의 인적·물적 여건으로 보아 다시 간행한 것으로 보기는 어렵다. 결국 『삼국유사』는 일연이 남긴 많은 저술 중에 포함된 것으로서 내용항목 순으로 제1~9까지 만들어 놓은 것을, 그의 사후 일연의 계승자로 자처한 혼구가 자신의 의견을 보충하여 5권으로 분권한 登梓本을 만들고 이를 토대로 초간한 것이라고[14] 보는 것이 논리상 타당할 것이다. 혼구는 당대 최고의 관승으로서 이러한 정치적 기반을 이용하여 『삼국유사』를 간행했을 가능성은 크다.

그러나 현전하는 『삼국유사』의 판본으로 고려본이 없다는 사실은 『삼국유사』의 초간 시기를 확정적으로 볼 수 없게 한다.

한편 최근에는 『삼국유사』는 일연 개인의 찬술이라기보다 여러 단계를 거쳐 완성된 형태를 갖춘 것이므로, 초간은 조선초에 이루어진 것으로 보아야 한다는 연구성과가 나오기도 하였다.[15] 일연 생존시에 『삼국유사』의 초간이 이루어진 것은 아니라는 종전의 연구를 상당부분 보완하는 성과임에는 분명하다고 할 수 있다. 또한 간행시기를 다루면서 『삼국유사』의 사료 분석을 시도했다는 점에서 연구사적으로 진일보한 성과로 평가된다. 다만 일연 개인을 중심에 두고 『삼국유사』를 이해하는 시각은 필요하다고 생각한다.

그리고 『삼국유사』의 간행과 관련하여 근래에는 『삼국유사』 조선초 판본이 발굴되고,[16] 이에 관한 관심이 깊어지게 되었다. 이러한 논의

14) 柳鐸一, 「三國遺事의 文獻變化 樣相과 變因」, 『三國遺事研究』(上), 영남대, 1983.

15) 河廷龍, 『삼국유사 사료비판』, 民族社, 2005.

16) 파른본(왕력, 권1, 2), 범어사본(권4, 5), 泥山本(권2), 조종업본(권2) 등이 있다.

중에 주목되는 것은 일연 생존시에는 비록 『삼국유사』가 간행되지는 않았지만 조선초 판본 이전에 고려본이 존재했을 가능성을 실증적으로 밝힌 견해이다.[17] 곧 임신본은 선초본(43장)과 선초본을 번각한 신판(147장), 고려본으로 추정된 판본을 번각한 신판(5장), 필사 판각된 신판(23장) 등을 인출한 것으로 파악하였다. 이러한 성과는 앞으로 『삼국유사』 간행에 관한 진전된 연구로 나아갈 수 있는 단초를 마련했다는 의미가 있다.

3. 일연의 사상적 경향

그러면 일연이 표방한 사상적인 경향은 어떠하였는지 살펴보기로 한다. 일연의 사상적 경향은 자료가 거의 없어서 단정하기 어렵지만 근래 일연이 중편한 『중편조동오위』가 발굴되고[18] 그의 사상과 관련된 기록이 일부 남아 있어 그 단면을 엿볼 수 있다.

일차적으로 일연은 가지산문 출신으로 선승임에는 분명하다. 더욱이 일연이 간화선에 바탕한 선승이라는 사실은 쉽게 발견된다. 곧 「일연비문」에 의하면 1236년 가을 비슬산에서 몽고병란을 피하기 위해 '阿羅婆遮那'라는 '文殊五字呪'을 염송하다가 문수보살의 감응을 받아 無住庵에 거주하고 이듬해에 妙門庵에 거주하게 된다. 일연은 이때 "늘 '중생의 세계도 멸하지 않으며 부처의 세계도 늘어나지 않는다'라는 화두를 참구하였다. 홀연히 하루는 활연한 깨달음이 있어 말하기를 '내가 오늘

---

17) 유부현, 「『三國遺事』 壬申本의 底本과 板刻에 대한 연구」, 『書誌學硏究』 62, 2015.

18) 閔泳珪, 「一然의 重編曹洞五位 二卷과 그 日本重刊本」, 『人文科學』 31·32, 연세대 인문과학연구소, 1974 ; 앞의 논문, 1984.

三界가 幻夢과 같음을 알게 되었으며, 大地에는 가는 티끌 만큼의 걸림이 없다는 것을 알았노라'고 한" 것처럼 公案의 참구를 통해서 깨달음을 얻고 있다. 일연의 이러한 면모는 입적하기 직전에 남긴 임종 문답에서도 발견할 수 있다.

일연은 이후 정안의 초청에 의해 남해 정림사에 거주하게 된 것을 계기로 간화선에 더욱 몰입하게 된다. 일연이 정림사로 처음 왔을 때는 이미 수선사의 2세인 혜심이 입적한 뒤이지만, 혜심이 편찬하고 그의 제자가 보충한 『禪門拈頌』이 남해분사에서 간행된(1244~1248) 직후이기 때문에 일연은 분명히 그 책을 열람하였을 것이다. 이는 일연이 편집한 『禪門拈頌事苑』(30권, 失傳)과 混丘가 중편한 『重編拈頌事苑』(30권, 失傳)이 혜심의 『선문염송』을 계승한 것으로 추정되기 때문이다. 이와 같이 일연은 혜심의 『선문염송』을 통해 사상적으로 간화선에 더욱 심취했을 것이며, 이를 기화로 수선사 계통을 계승한 것으로 자처하였을 것이다.[19]

한편 최근에 고려중기 유행한 선사상의 내용과 성격에 대해 문제를 제기한 글이 발표되어 주목된다.[20] 공안선과 문자선, 간화선을 구분하여야 한다는 견해이다. 공안선이 '頌古'와 '拈古' 곧 문자선에 빠져 본질을 잃어버린 폐단을 극복하기 위하여 대혜종고가 간화선을 주창했다는 점을 들어 『선문염송』은 공안선의 단계에 머문 것이며, 일연은 여러 계통의 선적을 편수한 점을 들어 그는 문자선에 머문 선승일 뿐 간화선에는 나아가지 못했다는 견해이다. 각종 공안과 선적을 정리하고 편수한 측면만 두고 간화선이 아니라는 논법은 신중할 필요가 있다. 당시

19) 一然은 『禪門拈頌』뿐 아니라 혜심의 어록까지도 열람할 만큼 혜심을 존숭하고 있었으며, 이는 혜심이 쓴 시의 일부를 『三國遺事』 권3, 탑상4, '전후소장사리'에 수록한 것에서 알 수 있다. 혜심은 일연과 직접적인 교우관계를 가졌는지 확인할 수 없지만 가지산문과 접촉한 흔적은 발견된다.

20) 조명제, 『선문염송집 연구』, 경진출판, 2015.

불교계는 다양한 선사상을 수용하고 정리하는 단계이며, 종고가 주창한 간화선을 적극 수용하지만 다른 선사상과 수평적인 관점에서 받아들일 뿐 절대적인 우위로 인식하지는 않았다. 그리고 간화선은 임제종의 공안 수행법인 공안선을 가리키기도 하고, 종고가 정립한 간화선을 의미하기도 한다.

앞서 살핀 바와 같이 일연이 선승으로서 간화선에 깊이 심취하였음은 분명하나, 「일연비문」에 일연을 가리켜 "수선하는 여가에 다시 대장경을 읽고 諸家의 장소를 깊이 연구하였으며, 한편 儒書를 섭렵하고 아울러 百家書에도 관통하였다. 이에 의해 방편에 따라 사물을 이롭게 하고 종횡으로 妙用(방편)을 발휘한 지 무릇 50년이나 되었다."는 표현과 "禪林과 敎海를 모두 삼켰다."는 평가를 볼 때, 그는 수선만을 고집하는 인물은 아니었다. 이는 「일연비음기」에서 일연을 가리켜 "화상의 門風은 광대함을 모두 갖추어 헤아릴 수 없다."라고 표현한 것과도 맥락이 닿는다.

일연의 저술로 『語錄』 2권과 『偈頌雜著』 3권이 있었다고 하나 현전하지 않아 안타깝지만, 일연의 이러한 태도는 앞서 언급한 바와 같이 『선문염송사원』을 편찬한다든가, 당시 선종 계통에서 널리 읽히고 있던 戒環이 要解한 『楞嚴經』에 대해 普幻이 그 미비점을 보완한 것을 교감해 준다든가(1279), 또한 선종 계통의 저술인 『人天寶鑑』을 간행토록 하는(1289) 등의 행적과 운문종의 善卿이 찬한 것으로써 선에 대한 일종의 사전이라 할 수 있는 『祖庭事苑』 30권을 중편한 것이라든가, 선종의 계보를 정리한 『祖派圖』 2권과 교종 계통의 『大藏須知錄』 3권, 『諸乘法數』 7권 등을 편수한 사례를 보면, 일연은 당시 풍미했던 간화선을 기본으로 하고 다른 계통의 선사상까지도 폭넓게 수용할 수 있는 탄력성을 지닌 인물로 짐작된다. 이와 같이 그는 선사상을 기본으로 하면서 교학과 유학에도 조예가 있었다고 보아진다.

이러한 경향을 알려주는 자료로는 『삼국유사』와 함께 일연이 직접 관계한 저술 중에서 현전하는 것으로 『중편조동오위』가 있다. 일연은 고종 43년(1256)에 중국 조동종의 기본서인 『조동오위』의 보완에 착수하여 원종 원년(1260)에 『중편조동오위』를 초간하였다. 『조동오위』는 洞山良介(807~869)가 제창한 것에 曹山本寂이 주를 가하여 유포함으로써 조동종의 기본서가 된 저술이다.[21)]

이러한 성격을 띤 『조동오위』를 단지 일연이 편수했다는 사실만으로 그의 선사상의 경향을 조동종에 가깝다고[22)] 할 수는 없다. 늦어도 13세기 초에는 고려사회에 전래되었던 『조동오위』를 일연이 중편한 의도는 당시 대표적인 선사상으로 풍미하던 간화선과 쌍벽을 이루던 조동선을 적극 수용함으로써 여러 갈래의 선사상을 융합하고 조화시키려는 것에 있었기 때문이다.

이와 같이 일연은 조동선에도 깊은 관심과 이해를 가진 것으로 이해되는데, 이러한 측면은 일연이 왕정복고를 주도한 인물들과 연결될 수 있었던 정치사상적인 배경이 된 것은 아닌가 하는 점이다. 곧 『조동오위』의 사상은 정치적으로 '체제', '질서'를 옹호하는 성격을 지닌 것으로 파악된다. 이는 왕정복고 주도세력의 지원을 받았던 일연이 최씨정권을 비롯한 무인세력에 대해서 비판적인 것과도 관련된다. 이러한 맥락에서 이들에 의해 가장 큰 피해를 입었다고 판단된 민중의 처지를 깊이 인식하였을 것이며, 한편으로는 이들 기층민을 왕정복고의 지지세력으로 인식했을 수도 있다. 이러한 『조동오위』의 성격에 대해서는 앞으로 심층적인 검토가 필요하다. 이에 관한 역주본과[23)] 『조동오위』와 관련된

---

21) 蔡楨洙, 「五家七宗禪의 歷史的 性格」, 『丁仲煥博士還曆紀念論文集』, 동아대, 1974, 382~386쪽.

22) 閔泳珪, 앞의 논문, 1983, 3~5쪽.

23) 이창섭·최철환 옮김, 『일연스님의 중편조동오위』, 대한불교진흥원, 2002.

김시습의 『조동오위요해』에 대한 역주와 연구는[24] 좋은 길잡이가 될 것이다.

최근에는 『중편조동오위』에 관한 기왕의 몇 편 연구에서 대부분 『조동오위』까지도 일연의 저술로 파악하여 그의 사상적 기반과 연결시키려는 연구경향을 비판한 글이 발표되기도 하였다.[25] 이 글에서는 일연이 '중편'한 내용을 중심으로 『중편조동오위』를 이해하고 있다. 이러한 연구방향은 기초적인 문제 제기를 한 셈이지만, 이를 계기로 차후 본격적인 『중편조동오위』에 관한 관심이 깊어지기를 기대한다.

한편 일연은 간화선에 입각하면서도 조동선뿐만 아니라 운문선에도 깊은 관심을 가졌던 것으로 보인다. 이는 앞서 언급한 바와 같이 운문종의 善卿이 찬한 『祖庭事苑』 30권을 중편한 것에서 짐작할 수 있다. 이 자료가 현전하지 않아서인지, 기왕의 연구에서 이에 대해 별 관심을 가지지 못했다. 다만 민영규 교수는 「일연비문」에 '睦州 陳尊宿의 풍모를 사모하여 스스로 睦庵이라 호를 지었다.'라는 구절을 중시하여 일연은 스스로 '목암'이라고 호를 지을 만큼 진존숙을 흠모했음을 밝히고 있다.[26] 그러나 민교수는 『조정사원』을 편수한 선경이 바로 진존숙임을[27] 놓치고 있다. 곧 일연은 진존숙이 편수한 『조정사원』을 중편할 정도로 운문선에도 깊은 이해를 가졌던 것이다.

이와 같이 일연은 다양하면서도 포용력이 있는 사상적 경향을 가졌음에도 불구하고 인흥사에 주석한 이후에는 특히 신앙면을 강조하게 된다. 이때 관음신앙을 통한 공덕과 다라니신앙을 통한 신비적인 요소까

---

24) 최귀묵 역저, 『김시습 조동오위요해의 역주 연구』, 소명출판, 2006.

25) 채상식, 「一然의 『重編曹洞五位』에 보이는 사상과 역사성」, 『지역과 역사』 30, 2012.

26) 閔泳珪, 앞의 논문, 1983, 1쪽.

27) 원공, 『운문선 연구』, 토방, 2002, 70~71쪽.

지도 표방한 것으로 추측되는데, 이를 적극적으로 해석하면 오랜 전란에 지친 민중들로 하여금 신앙적 활로를 갖도록 하기 위한 현세구원적인 의미가 컸다고 생각한다. 이는 『삼국유사』를 찬술한 직접적인 동기가 된 것으로 보인다.

4. 『삼국유사』의 찬술기반

『삼국유사』는 적어도 일연이 충렬왕 7년(1281)을 기점으로 그 이후에 편찬한 역사서이다. 일연이 『삼국유사』를 저술한 시기는 대개 70대 후반부터 84세로 입적하기까지 주로 만년이다. 『삼국유사』는 5권으로 되어 있고, 그 구성은 王曆·紀異·興法·塔像·義解·神呪·感通·避隱·孝善 등 9편목으로 되어 있다. 5권 9편 144항목으로 구성된 『삼국유사』의 체재는 『삼국사기』나 『해동고승전』과는 다른 특징이 있다. 이 책은 중국의 세 가지 고승전 체재에 유의하여 편목을 구성하였지만, 왕력·기이·효선 등 중국 고승전 체재에서는 찾아볼 수 없는 독창적 면모도 있다.

한편 『삼국유사』는 삼국의 역사 전반에 관한 사서로 편찬된 것은 아니다. 따라서 그 성격에 대해서 불교사서, 설화집성집, 불교신앙을 포함하는 역사에 관한 문헌, 잡록적 사서, 야사 등 많은 견해들이 있다. 그렇다고 漫錄 정도로 취급하기는 어려울 정도로 찬자의 각고의 노력과 강한 역사의식이 깔려 있다. 물론 『삼국유사』가 신라 중심의 자료 수집과 서술이라는 한계가 있긴 하지만, 일연이 광범위하게 수집한 古記·寺誌·금석문·고문서·사서·문집·승전 등의 자료는 『삼국유사』가 단순한 야사가 아니라 사서로서의 기본틀을 갖추었음을 말해 준다. 이는 『삼국유사』 기이편 서문에 신이를 강조하는 일연의 역사인식에서도 잘 드러난다. 일연이 『삼국유사』 전편을 통해 강조한 신이는 민족자주성과 문화의 우위성을 내세우고자 한 것이었다. 이는 외세의 압박에 대항하여 그를 극복할 수 있는 새로운 힘의 원천이 자기 전통이라는 강한 확신에서 나온 것이었다. 곧 몽고와의 30여 년에 걸친 항쟁의 소용돌이에서 일반 민들에게 민족자존의식과 현실구원적인 신념을 일깨워주기 위한 사상적인 흐름이 일연으로 하여금 『삼국유사』를 저술한 것으로 평가되기 때문이다.

이와 같이 『삼국유사』는 기본적으로 사서의 성격을 가지고 있는 것이다. 다만 『삼국유사』는 선종의 저술은 아니며 불교신앙적인 측면을 강조하기 위한 의도로[28] 찬술한 것이다. 일연이 선종 승려임에도 불구하고 성격을 달리하는 『삼국유사』를 찬술한 의도와 배경이 무엇인지 궁금하다. 그러한 의문을 그의 사상적 경향에서는 찾을 수 없는지 점검할 필요가 있다. 여기서는 일연의 행적 중 원종 5년(1264)에 인흥사로 옮겨간 그의 만년을 주목해야 한다고 본다. 당시 사회상황은 일연으로 하여금 선사상을 중심축으로 하면서도 특정 종파를 초월해 신앙 자체를 강조하는 방향으로 전환하게 만들었다.[29] 『삼국유사』는 이러한 분위기에서 찬술된 것으로 보이기 때문이다.

따라서 그가 인흥사에서 머물 때 그를 중심으로 충렬왕 4년(1278)에 간행한 『역대연표』가 중요한 실마리가 된다. 곧 『역대연표』를 매개로 하여 『삼국유사』의 찬술기반을 살펴볼 수 있다.[30]

---

28) 金煐泰, 『三國遺事 所傳의 新羅佛敎思想硏究』, 신흥출판사, 1979.

29) 李基白, 「三國遺事 紀異篇의 考察」, 『新羅文化』 창간호, 동국대 신라문화연구소, 1984 ; 「三國遺事 王曆篇의 檢討」, 『歷史學報』 107, 1985에 의하면 『삼국유사』 왕력·기이편은 다분히 국가, 국왕 중심의 기록으로 되어있다고 한다. 이러한 측면은 일연이 왕정복고가 이루어진 1260년대 전후에 부각된 것과 연관된다. 당시의 왕정복고는 몽고에 의한 고려의 몰락을 의미하지만, 이를 지지하는 일연은 정치·사회적 변동기를 맞이하여 사상적으로 나름의 대응을 하였다.

30) 蔡尙植, 「至元 15년(1278) 仁興社刊 『歷代年表』와 『三國遺事』」, 『高麗史의 諸問題』,

『역대연표』는 중국과 그 주변 민족에 의해 건설된 여러 나라의 역대 왕명과 연호를 정리하여 수록하였고, 그 말미에 신라·고구려·백제·고려의 순서로 왕명과 재위년수를 밝히고 우리나라의 연호를 부기하고 있다. 『역대연표』가 『삼국유사』의 찬술을 위한 것인지 직접적인 근거는 없지만, 일반적인 연표의 성격과 『역대연표』의 내용을 고려할 때 『역대연표』는 『삼국유사』의 선행작업으로 이루어진 것이다.

그리고 『역대연표』와 『삼국사기』 및 『삼국유사』와의 관련성은 삼국의 역대 왕명과 재위년수에 관한 기록을 통해 해명된다. 『역대연표』에서 삼국에 관한 부분은 『삼국사기』 연표의 기재방식을 따르고 있다. 곧 『역대연표』는 『삼국유사』의 선행작업으로써 삼국에 해당되는 부분은 일단 『삼국사기』를 저본으로 하여 정리한 것으로 헤아려진다. 이는 『역대연표』에서 『삼국사기』 연표만을 따랐기 때문에 伽倻에 대한 기록이 없는 점을 유추하면 알 수 있다. 이에 비해 『역대연표』를 연표로 이용하여 찬술한 『삼국유사』에서는 왕력편의 독립항목으로 '駕洛國'을 설정하고, 또 「駕洛國記」를 독립된 자료로 수록하여 보완하고 있다.

한편 『역대연표』가 『삼국유사』를 찬술하기 위한 선행작업이었다는 중요한 근거는 무엇보다도 『역대연표』와 『삼국유사』 왕력편의 기재양식이 일치한다는 점이다. 비록 삼국에 관한 연표 내용은 『삼국사기』를 따랐다고 하더라도, 『역대연표』의 간행을 계기로 일연과 그의 문도들이 많은 자료를 입수·정리하고 『삼국사기』에서 소홀하게 다룬 내용을 보완하여 『삼국유사』 찬술에 임했을 것으로 보인다.

이에 대해 『역대연표』와 『삼국유사』 왕력은 상관관계가 없다는 방향으로 연구성과가 발표되기도 했다.[31] 避諱의 예를 들어 양자를 비교하기

1986 ; 『高麗後期佛敎史研究』, 일조각, 1991 및 藤田亮策, 「海印寺雜板攷」, 『朝鮮學報』 138, 1991, 96~97쪽.

31) 李根直, 「三國遺事 避諱例 研究」, 『慶山文化研究』 1, 1997 및 金相鉉, 「三國遺事論」,

도 했지만,[32)]『삼국유사』의 가장 고본인 선초본과 임신본으로 백십여 년 전에 고려본으로 간행된 『역대연표』를 단순, 비교하는 것이 방법론상 가능한 태도인지 의문이다. 심지어 『역대연표』는 그 판각만이 인흥사에서 이루어졌다는 견해가 있으나,[33)] 이 시기 '판각' 작업을 너무 가볍게 본 것이다. 당시 단위 사찰에서 판각을 할 수 있는 물적·인적 기반은 그렇게 보편화되지 못하였다. 일연이 인흥사를 떠난 1년 후에 발간되었다고 하더라도 그 준비기간을 감안하면 일연이 모든 판각작업을 주관했다고 보는 것이 순리이다.

그리고 인흥사 문도들이 참여하여 『역대연표』를 만들고 더 나아가 일연을 거들어 『삼국유사』까지도 찬술했다면 그들이 만든 「일연비문」에 이 사실을 언급하지 않았을 리가 없다고 보고, 결국 인흥사의 문도와 『삼국유사』는 『역대연표』와는 직접적인 관련성이 없다는 방향으로 논지를 밝힌 견해도 있다.[34)] 「일연비문」에 『삼국유사』를 명시하지 않은 이유는 단정적으로 말하기는 어렵다. 다만 '국존'으로 책봉될 정도로 일연은 당대 최고 선승이라는 사실은 해석상의 실마리를 던져준다. 곧 일연의 전 생애로 볼 때, 당시 시대적인 상황에서 사서를 남길 수밖에 없는 충정에 의해 『삼국유사』를 찬술했지만, 그가 추구한 궁극의 길은 선승의 길이었다. 따라서 그의 입적후 그의 행장을 짓고 비문을 만들면서 그가 남긴 저술과 편찬한 글에 비해, 『삼국유사』를 동격으로 취급하고 인식하였을 가능성은 그렇게 크지 않다. 다시 말하면 『삼국유사』를 선적에 비해 하위개념으로 인식했기 때문에 그의 비문에 수록하지 않았을 가능성은 충분히 있다.

『강좌 한국고대사』 1, 가락국사적개발연구원, 2003, 241쪽.

32) 李根直, 위의 논문.

33) 金相鉉, 앞의 논문, 2003, 241쪽.

34) 河廷龍, 『삼국유사 사료비판』, 民族社, 2005, 146~147쪽.

최근의 성과를 접하면서 굳이 지적하자면 기왕의 견해에 대해 의문을 갖고 심층적으로 검토하고 새로운 견해를 개진하는 것은 좋은 태도라고 할 수 있다. 그러나 일차적으로 지적할 점은 상식적인 틀에서 문제를 이해하고 접근해야 한다는 생각이다. 곧 『역대연표』는 『삼국유사』 왕력과는 달리 사서를 찬술할 때 참고하기 위한 '연표'라는 사실을 명심해야 한다고 본다. 이러한 성격을 지닌 '연표'를 「일연비문」에 그의 저술로 명시하는 것은 자연스러운 일이 아니다.

그렇다면 『역대연표』를 간행한 인흥사는 어떠한 성격과 사격을 갖춘 사원인지를 검토할 필요가 있다. 일연이 원종 5년(1264)에 영일의 吾魚社에서 이곳으로 옮겨 올 당시까지는 대규모의 사원이 아니었다. 그러나 일연의 불교계에서의 위치나 충렬왕 즉위년(1274)에 원래 仁弘社이던 명칭을 仁興社로 사액한 사실로 미루어 볼 때, 일연이 거주한 시기(1264~1277)에 그 규모가 크게 확장된 것으로 짐작된다. 그렇지만 인흥사의 성격을 구체적으로 파악하기에는 현재 폐사가 되었을 뿐만 아니라 자료의 부족으로 어렵다. 또 『역대연표』의 성격으로 보아서도 인흥사가 소속된 종파가 가지산문이라 하여 단순히 선사상만을 표방하는 사원이라고 단정할 수도 없는 형편이다.

이와 관련하여 현존하는 자료로서 『역대연표』와 비슷한 시기에 인흥사에서 간행하였거나 인흥사와 관련된 승려가 주관하여 간행한 3종의 판본이 주목된다. 이 판본들은 일연이 머물 때인 충렬왕 원년에 간행한 『法華經普門品』(충렬왕 원년, 1275), 비록 일연 입적 후에 간행된 『人天寶鑑』(충렬왕 16)과 『大悲心陀羅尼經』(충렬왕 19) 등을 들 수 있다. 이를 통해 『역대연표』를 만든 인흥사의 당시 사정을 알 수 있다. 당시 인흥사에는 일연의 문도인 禪麟을 필두로 하여 판각을 치를 수 있는 기술적인 여건이 만들어져 있었다. 또 사상적으로 관음신앙이 중요한 신앙적 경향이었다는 사실이다.

우선 판각을 치를 수 있는 기술적인 여건이 조성되었음을 말해주는 다음의 예를 들어보자. 『인천보감』 간행시에 선린이 쓴 발문에서 "내(선린)가 지난 해(1289) 봄에 國師(일연)를 찾아뵈러 인각사에 갔는데 국사께서 나에게 이르기를 '人天寶鑑錄은 실로 학자의 보물이다. 내가 찍어서 유포하고자 하는데 네가 필사할 수 있겠느냐.'라고 하셨다. 나는 그때 눈이 어두워 어렵겠다고 사양했다. 가을에 이르러 국사가 돌아가시자 나는 追念하여 이르기를 '국사가 조판하고자 하였으나 당시 내가 쓰지 못하여 이 책이 유행하지 못하게 되었는데 이는 나의 죄이다.' 내가 비록 눈이 어두우나 마땅히 강행하여 書寫하였다."[35]라는 구절을 접할 수 있다. 이로 보면 선린은 필사에 능했으며 일연의 제자로서[36] 일연이 입적할 당시에는 이미 노년기에 접어든 인물임을 알 수 있다. 필사에 뛰어난 선린의 존재를 미루어 볼 때 인흥사에는 판각 기술집단이 존재하여 독자적인 판각활동을 담당할 수 있는 여건이 마련되었음을 짐작케 한다.

이러한 점은 일연 계통이 13세기 중반대의 대장경 조판에 가담한 사실과, 나아가 『삼국유사』의 초간도 인흥사를 중심으로 형성된 집단에 의해 이룩되었을 가능성을 말해준다. 물론 일연 생존시는 아니더라도 이러한 기술집단이 계승되면서 14세기에는 『삼국유사』의 초간이 이루어졌을 개연성은 충분하다고 예상할 수 있다. 특히 주목되는 인물은 선린인데, 그는 젊은 시절 그의 스승인 일연을 좇아 남해분사도감에서 직접 필사와 판각에 참여한 인물인지도 모른다. 조금 과도하게 추정한다면, 일연이 편찬한 『중편조동오위』는 분사도감에서 판각이 이루어졌을 가능성도 충분히 예상된다.

다음은 『역대연표』가 어떤 사상적 경향 속에서 간행된 것인지를

---

35) 『人天寶鑑』 跋文.

36) 「일연비음기」 문도 '대선사'에 '仁興社 禪麟'이 보인다.

살펴볼 차례이다. 이를 직접 설명해 주는 것은 『보문품』과 『대비심다라니경』의 간행이다. 『보문품』은 『법화경』의 제25품으로서 원래 명칭은 『妙法蓮華經觀世音菩薩普門品』이며, 독립된 경전으로 취급하여 『관음경』이라 할 정도로 관음신앙의 근본 경전이다. 그 내용은 관세음보살의 위신력을 설한 것이며 현세구원적·실천적인 성격이 두드러진다. 『대비심다라니경』은 『千手千眼觀世音菩薩廣大圓滿無碍大悲心陀羅尼經』의 줄인 이름이며, 간단히 『천수경』이라고 하여 일상화된 경전으로서 『보문품』과 더불어 실천적 관음신앙을 대표하는 경전이다. 그 내용은 관세음보살의 위신력을 설한 것이며 현세구원적·실천적인 성격이 두드러진다. 이러한 사실은 당시 일연과 그의 문도들이 현세구원적인 관음신앙에 심취한 사실을 반영하는 것이다.

이렇듯 13세기 후반기에 인흥사가 현실적 구원과 실천적 성격을 띤 관음신앙을 표방하면서 다라니신앙을 강조한 것은 무엇보다도 이 시기가 근 30년에 걸친 대몽항쟁이 실패로 끝나고 원간섭기로 고려사회가 재편되어 가는 시기라는 점과 관련된다. 일연은 무신집권 시기와 전국토를 폐허로 만든 몽고와의 전쟁 와중에서 민중이 가장 큰 피해를 입었던 것으로 인식하였으며, 이들을 왕정복고의 지지기반으로 인식하였다. 따라서 일연은 오랜 전란에 지친 민중들로 하여금 구원과 희망을 갖게 하기 위한 신앙적 노력의 일환으로 민중적 성격을 띤 불교를 표방했던 것이다. 한편 이민족의 침략이 야기한 민중의 고통과 복속국으로 전락한 현실은 일연에게 있어서 민족의 위기감으로도 발전했을 것이며, 이에 대한 대응의식으로 『삼국유사』의 저술을 시도했던 것이다.

결국 실천적·현실적 성격을 띤 관음신앙이나 밀교의 다라니신앙에 바탕한 이 시기 일연의 사상적 편향은 현실인식의 산물이며, 이는 궁극적으로 『삼국유사』 찬술의 직접적인 배경이었다. 이민족에 복속된 현실이 가져다 준 민중의 고통과 참담한 사회상황은 일연으로 하여금 사상적인 전환을 하도록 하였으며, 그 결과 그가 귀착한 세계는 현세구원적인 관음신앙의 표방과 민중의 삶을 사서로 승화시킨 『삼국유사』의 찬술이었다.

한편 『삼국유사』의 찬술배경과 관련하여 『삼국유사』가 일연 단독의 저술인지는 의문을 가지지 않을 수 없다. 이와 관련하여 "『삼국유사』는 너무나 廣博한 고증의 각고가 기울여져 있다. 그 인용된 서목은 오히려 『삼국사기』 50권보다 더 다양·치밀하며, 일연 자신이 직접 답사하여 목도 점검한 것도 상당수에 달해 『삼국유사』는 실로 장기간에 걸친 용의주도한 노력에 의한 것으로 보지 않을 수 없다."라는 최남선의 견해가 있다. 물론 현 학계에서는 이 견해와 마찬가지로 별 의심없이 일연 단독의 찬술 정도로 인식하고 있다.

그러나 『삼국유사』 권5의 첫머리에 '國尊曹溪宗迦智山下麟角寺住持圓鏡[37]冲照大禪師一然撰'이라 하여 일연 찬술이라는 기록이 보일 뿐 그의 저술을 소개한 「일연비문」을 비롯한 다른 기록에는 보이지 않는다. 인흥사에서 『역대연표』를 만든 사례에서 보는 바와 같이 『삼국유사』를 일연 단독의 찬술이라고 볼 수 없게 한다. 최소한 일연과 그의 문도들이 공동으로 작업한 산물이 『삼국유사』라는 생각이다. 다시 말하면 일연이 선승으로서 몇십 년 동안 『삼국유사』를 목표로 하여 자료를 수집·정리했다고 볼 수는 없다는 생각이다. 무엇보다도 일연은 수행승의 길을 걸어갔던 인물이었기 때문이다.

이와 관련하여 사료 수집에 관심을 갖고 보낸 많은 세월과 원고 집필 시기는 구분할 필요가 있다는 지적은[38] 경청할 만하다. 따라서

37) 「일연비문」에는 '鏡'이 '徑'으로 되어 있다. 두 글자 중 '徑'이 바른 글자일 것이다. 이종문 교수의 지적에 감사드린다.

38) 金相鉉, 앞의 논문, 2003, 242~246쪽.

논란이 많았지만 원고 집필 곧 찬술시기는 일연이 운문사에 머물 때부터(1281년, 76세) 그가 인각사에서 만년을 보낸 시기(1289년, 84세)로 보는 견해는 타당한 것으로 생각한다. 다만 사료 수집과 관련하여 일연이 평생 정진하면서 자료를 수집·정리한 것으로 본다든가,[39] 일연이 陳田寺를 떠나기 전인 23세부터 50여 년에 걸쳐 사료 수집을 했다는 견해는[40] 좀더 신중하게 검토해야 할 것으로 본다. 물론 「일연비문」에 선승이었지만 "수선하는 여가에 다시 대장경을 읽고 諸家의 장소를 깊이 연구하였으며, 한편 儒書를 섭렵하고 아울러 百家書에도 관통하였다."라는 표현과 "禪林과 敎海를 모두 삼켰다."는 기록을 볼 때, 그는 역사가로서의 자질을 훌륭하게 갖춘 인물로 볼 수 있다. 그렇다고 해도 역사서 찬술을 평생의 업으로 삼아 사료를 모으고 정리했다고 볼 수는 없다. 선승으로 볼 때 역사서 찬술은 궁극의 길이기보다 부차적인 일일 뿐이다. 단적으로 일연을 선승으로 보느냐 아니면 역사가로 보느냐에 따라 해석이 달라질 수 있다고 본다. 다만 『삼국유사』는 대몽항전기를 거치면서 민족적 모순이 극대화되어 가는 현실을 계기로 평소 워낙 '博聞强記'한 성품이 작용하여 찬술한 것으로 생각된다.

결국 일연은 인흥사에 머문 이후 당시 시대적인 상황을 깊이 인식하고서 『삼국유사』를 목표로 하여, 물론 경상도 지역이 중심이긴 했지만 이전에 수행 과정에서 접했던 관련자료를 기억하고, 여기에 이미 불교계의 중심교단이 된 가지산문의 판도를 이용하여 전국적으로 자료를 수집한 것으로 해석된다. 이런 과정에서 그의 문도들이 일부 참여하여 공동으로 정리·찬술했다는 설명이 더 설득력이 있지 않을까 한다.[41]

39) 閔泳珪, 앞의 해제, 1969. 1.

40) 鄭求福, 「三國遺事의 史學史的 考察」, 『三國遺事의 綜合的 考察』, 한국정신문화연구원, 1986, 11쪽.

41) 물론 『삼국유사』에 일연이 직접 자료를 수집한 것으로 추측되는 예가 보이긴 하지만, 만년의 일연으로서 방대한 자료 수집과 집필은 불가능에 가까운

『삼국유사』가 관찬이 아니면서도 방대한 자료의 수집과 내용의 충실성을 가질 수 있었던 배경은 바로 일연을 정점으로 가지산문이 불교계의 중심교단으로 부각된 측면을 감안하지 않을 수 없다. 따라서 『삼국유사』는 물론 일연이 중심이 되었지만 그의 단독 찬술로 보기보다는 그의 문도들과의 공동작업에 의한 산물이었다.

5. 맺음말

『삼국유사』에 비해 일연 개인에 대한 연구는 그렇게 활발하지는 않은 편이었다. 그러나 최근에 이르기까지 상당한 성과들이 축적되기에 이르렀다. 그러나 일연과 관련된 연구는 무엇보다도 실증과 종합적인 인식태도, 곧 '總觀·細察'하는 태도를 함께 가져야 한다고 본다.

그러면 앞서 일연 연구의 현황을 살핀 것에 덧붙여 연구방향과 과제를 제시하고자 한다. 우선 실증적인 기초작업으로 주목되는 연구로는 신종원과 하정룡의 성과를 들 수 있다.[42] 신종원이 『삼국유사』에 대한 새로운 독해를 시도한 것은 이미 三品彰英과 한국정신문화연구원에서 나온 방대한 역주 성과가 있지만 이를 극복하기 위한 의도임을 짐작할 수 있다. 하정룡의 성과는 『삼국유사』의 판본을 정리·분석했을 뿐만 아니라 이를 토대로 내용 분석을 시도한 작업으로 보인다. 다만 너무 치밀하게 실증에만 치중하다가 전체적인 틀을 놓치지는 않았는가 하는 아쉬움은 든다.

일이었을 것이다. 그의 문도들과 함께 당시의 시대적인 상황을 고민하면서 그는 젊은 시절에 그가 접한 자료와 이와 관련된 기억과 傳聞을 참고하였을 것이다. 아울러 자료 수집을 위해 불교계를 통괄하던 가지산문의 기반을 이용하였을 것으로 보는 것이 순리일 것이다.

42) 신종원, 『삼국유사 새로읽기(1)』, 일지사, 2004 ; 河廷龍, 앞의 책, 2005.

한편 일연의 불교사상을 이해하기 위해서는 단편적인 자료를 종합하는 것도 중요하지만, 그가 생존한 당시 동아시아 사상계를 포괄하는 방향에서 접근할 필요가 있다고 본다. 가령 당시 동아시아는 정치, 사회·경제적인 측면뿐만 아니라 사상적으로도 대단한 격변기였다고 할 수 있다. 이러한 시각에서 동아시아 전체를 조감하는 방향으로 고려불교계를 이해해야 한다고 생각한다. 이를 통해 일연이 남긴 사상과 역사서도 새롭게 평가해야 한다고 본다. 앞에서 언급한 바 있지만 일연이 중편한『祖庭事苑』30권을 찬술한 중국 운문종의 선경과「일연비문」에 스스로 '목암'이라고 호를 지을 만큼 흠모한 진존숙이 같은 인물임을 놓친 것은 중국불교에 대한 이해 부족에 의한 것이라고 하지 않을 수 없다.

이러한 시각과 관련하여 주목되는 연구로는 일연과『삼국유사』를 직접적으로 다루지는 않았지만 宋元代의 선불교에 관심을 환기시킨 조명제의 성과와[43]『삼국유사』와 중국·일본의 불교전기류를 비교 분석한 정천구의 논문[44] 등을 들 수 있다. 이와 관련하여 앞으로 현전하지 않는 자료라고 하더라도「일연비문」에 그가 편수한 것으로 알려진 불교서를 검토할 필요가 있다고 생각한다. 이로써 당시 고려불교계의 사상적인 경향뿐만 아니라 동아시아 불교의 흐름을 엿볼 수 있을 것이다.

그러면 최근에 발표된 일연과『삼국유사』에 관한 연구 중 주목되는 성과를 들기로 한다. 무엇보다도 일연학연구원이 일연 탄신 800주년을 기리면서 2006년 7월에 제5회 국제학술대회를 개최하였는데, 이때 발표한 논문들을 모아 간행한『일연과 삼국유사』가[45] 있다. 크게 '삼국

---

43) 趙明濟,『高麗後期 看話禪 硏究』, 혜안, 2004.

44) 丁天求,「三國遺事와 中·日 佛敎傳記文學의 비교연구」, 서울대 박사학위논문, 2000.

45) 일연학연구원 편,『일연과 삼국유사』, 일연학연구원, 2007.

유사의 성격', '삼국유사와 한국고대사', '삼국유사와 설화' 등 3편으로 되어 있는데, 특히 삼국유사의 성격을 밝히려는 시도는 주목된다. 또 하나 한기문은 「일연비음기」의 문도 가운데 소속 사찰이 명기된 경우를 실증적으로 분석하고 있다. 그는 소속 종파가 확인된 것은 가지산문 7인, 굴산문 4인, 성주산문 1인, 해룡산문 1인, 천태종 3인, 유가종 1인 등이며, 선·교종을 망라한 이러한 성격의 문도가 기재된 것은 일연의 불교사상과도 연결된다고 하였다.[46]

한편 경상북도 군위군에서 『普覺國師 一然 문헌자료집』을 간행하였다.[47] 크게 제1부 '일연 관련 자료', 제2부 '일연의 저술과 사상', 제3부 '삼국유사 관련 자료', 제4부 '삼국유사연구 논저목록' 등으로 되어 있는데, 일연과 『삼국유사』에 관한 문헌자료를 광범위하게 수집한 노작이다. 특히 주목되는 것은 승원 스님이 기왕의 『중편조동오위』 번역본을 상당 부분 보완했다는 점이다.

그리고 고운기가 최근 『삼국유사』를 '스토리텔링 삼국유사'라 하여 다양한 관점에서 서술한 일련의 성과는[48] 주목된다. 이러한 작업들이 학계의 연구성과를 폭넓게 활용했으면 하는 아쉬움은 있다. 그래도 『삼국유사』를 대중들이 쉽게 접근할 수 있도록 평이하게 서술한 점은 의미가 크다.

이에 비해 학술적인 성과로 최근에 김두진의 저술과[49] 최광식과 박덕재가 역주한 『삼국유사』가 있다.[50] 김두진 교수는 제1장 '저자

---

46) 한기문, 「고려후기 일연 주관 인각사 구산문도회의 성격」, 위의 책, 153~163쪽.

47) 김상영, 황인규, 승원 편저, 『普覺國師 一然 문헌자료집』, 군위군, 2012.

48) 고운기, 『도쿠가와가 사랑한 책』, 현암사, 2009 ; 『삼국유사 글쓰기 감각』, 현암사, 2010 ; 『삼국유사 길 위에서 만나다』, 현암사, 2011 ; 『신화 리더십을 말하다』, 현암사, 2012.

49) 김두진, 『삼국유사의 사학사적 연구』, 일조각, 2014.

50) 최광식·박덕재 역주, 『삼국유사』 1~3, 고려대학교출판부, 2014.

일연의 생애와 사상', 제2장 '삼국유사의 체제와 내용', 제3장 '삼국유사의 사료적 가치', 제4장 '삼국유사의 사학사적 성격' 등으로 나누어 서술하고 있다. 평생 고대사와 불교사상사 연구에 매진한 그의 성과는 일연과 『삼국유사』 연구에 실증적인 토대를 마련했다는 점에서 주목된다. 그리고 최광식 교수 등의 성과는 이전의 업적들에 비해 충실하면서도 폭넓은 역주가 돋보인다. 다만 역주할 당시 학계에 선초본이 소개되지 않았던 사정은 있지만, 역주의 저본으로 주로 임신본을 토대로 삼았기 때문에 판본의 교감에는 부분적인 오류가 있을 수 있다는 점과, 또 『삼국유사』에 보이는 전거의 충실성에 대한 점검은 철저하지 않았다고 할 수 있다. 이는 앞으로 『삼국유사』의 충실한 역주를 위한 제언으로 받아들이면 좋겠다.

그리고 동국대학교 신라문화연구소에서 김복순 교수가 주관하여 2009년부터 현재까지 『삼국유사』 편목별로 검토한 연구성과는[51] 주목된다. 이러한 작업이 축적되면 일연과 『삼국유사』 연구의 좋은 이정표가 될 것이다.

---

51) 동국대학교 신라문화연구소 외, 『新羅文化祭學術論文集』 30~36, 2009~2015.

II. 「일연비」의 현상과 복원

1. 머리말

우리나라의 고대사에 관한 기초적인 역사문헌은 金富軾의 『三國史記』와 一然의 『三國遺事』이다. 고려시기의 대표적 관찬사서인 『삼국사기』는 김부식의 정치적 위상과 학문적 배경을 고려할 때, 유교적 합리주의에 입각하여 편찬된 것이라 할 수 있다. 그렇다고 『삼국유사』는 단지 승려가 만들었다는 점만으로 불교사가 중심이 된 역사기록 정도로 쉽게 이해할 수는 없다. 다만 불교적 색채가 농후한 신이적 사실을 담고 있으면서도 『삼국사기』에서는 볼 수 없는 역사적 사실을 생생하게 기록한 『삼국유사』의 역사관과 서술태도에 대해서는 신중하면서도 객관적인 해석을 내려야 할 것이다.

이러한 의문들은 역사의식의 흐름을 규명하는 역사학의 과제이면서 역사가의 임무에 귀착될 것이다. 그렇지만 『삼국유사』를 둘러싼 여러 논의들은 아직까지도 해결되지 않은 채 남아있는 형편이다. 이와 같은 논의를 접할 때마다 무엇보다도 고려시기 전반에 걸친 역사인식의 태도와 문화적·사상적 기반에 대한 이해가 부족한 것은 아닌가 하는 점이다. 또 이러한 연구와 함께 김부식과 일연 개인에 대한 보다 심층적인 분석이 병행되었으면 한다. 곧 종합사와 개별사가 함께 시도되어야

인각사 보각국사비

한다고 본다.

일반적으로 가해지는 『삼국유사』의 높은 사학사적 평가에도 불구하고 정작 선사의 길을 걷게 되는 일연의 행적에 대해서는 충분한 설명을 갖지 못하고 있다. 일연의 생애가 중요한 것은 그가 역사가이기 이전에 승려라는 당위적 사실에 기인하지만, 그가 생존한 시기(1206~1289)가 민족사상의 일대 격변기에 위치한다는 사실과도 밀접하게 관련된다. 과연 일연은 어떠한 행적을 남긴 인물인가. 이 문제는 무엇보다도 먼저 그의 생애를 잘 알려주는 그의 비문을 검토함으로써 소기의 성과를 얻을 수 있을 것이다.

그의 행적을 알 수 있는 가장 일차적인 자료는 그가 만년을 보낸 麟角寺의 경내에 세워진 그의 비라고 할 수 있다. 인각사는 경북 군위군 고로면 화수동에 소재하고 있다. 본래 이 비는 앞면과 뒷면에 각각 「高麗國華山曹溪宗麟角寺迦智山下普覺國尊碑銘并序」(이하 「일연비문」으로 줄임)와 「普覺國尊碑陰記」(이하 「일연비음기」로 줄임) 등의 내용으로 되어 있었다.

그러나 현존하는 보각국사 일연비는 두 동강이 난 채 3척 정도의 잔비로 남아 있다. 따라서 현존하는 비만 가지고는 일연의 행적을 파악하기는 어렵다. 이러한 사정에도 불구하고 현재 우리들이 일연의 행적을 어느 정도 파악할 수 있었던 것은 비가 파손되기 이전에 필사한 사본과 완전하지 못하나마 서첩으로 이용하기 위해 만든 탁본이 있었기 때문에 가능하다. 필사본은 약간의 오자가 있었지만 「일연비문」전체를 담고 있기 때문에 그런대로 일연의 생애를 파악할 수 있었다. 그러다가 최근에는 필사본이 아닌 탁본류가 많이 발굴되고 수습되어 상당 부분 정확한 판독을 접할 수 있게 되었다. 곧 전면은 전체를 탁본한 서첩이 수습되어 정확한 비문 내용이 밝혀졌고, 이에 비해 뒷면의 음기는 많이 밝혀지긴 했으나 완전하지는 않은 형편이다.

그러면 최근 일연비가 인각사에 복원되어 건립되기까지의 사정을 살펴보고, 현재까지 학계에 소개되고 수습된 일연비 탁본에 대해 정리하기로 한다. 일연비 탁본을 소개하거나 각종 탁본을 모아 자료집으로 간행하면서 붙인 해제 등을 참고하고,[1] 덧붙여 그간 소개되지 않은 탁본 몇 점을 소개하고자 한다.

---

1) 자료집은 韓國精神文化硏究院 編, 『高麗國華山曹溪宗麟角寺迦智山下普覺國師碑銘』, 1981 ; 中央僧伽大學 佛敎史學硏究所 編, 『麟角寺普覺國師碑帖』, 1992 ; 銀海寺一然學硏究院·中央僧伽大學校 佛敎史學硏究所 編, 『麟角寺普覺國師碑帖(續集)』, 2000 등이 있다. 여기에 수록된 황수영, 김상현, 김상영 등이 쓴 '해제'를 많이 참고하였다. 그리고 다음의 논문들은 일연비의 복원을 시도하면서 쓴 글로 참고된다. 蔡尙植, 「普覺國師 一然에 대한 硏究」, 『韓國史硏究』 26, 1979 ; 金相鉉, 「麟角寺普角國師碑 陰記 再考」, 『韓國學報』 62, 1991 ; 정병삼, 「一然 碑文의 檀越」, 『한국학연구』 5, 숙명여자대학교 한국학연구소, 1995.

2. 일연비가 걸어온 자취

인각사는 국사의 지위에 있던 일연이 개경을 떠나 만년을 지내면서 하산소로 삼은 사찰이다. 일연비는 그가 인각사에서 입적한(1289) 6년 뒤인 충렬왕 21년(1295)에 왕명에 의해 건립되었다. 「일연비문」은 운문사 주지인 淸玢이 충렬왕에게 올린 일연의 행장을 바탕하여 閔漬가 왕명을 받들어 지은 것이며, 「일연비음기」는 山立이[2] 찬술한 것이다. 그리고 竹虛가 왕희지체를 집자한 것을 청분이 입석하였다.

이렇게 건립된 일연비의 원형은 閔漬가 찬한 「일연비문」의 마지막 단락의 銘에 "刼火가 활활 타서 山河가 다 재가 될지라도, 이 비만은 홀로 남고 이 글은 닳지 말지어다(刼火洞燒 山河皆燼 此碑獨存 斯文不磷)" 라고 한 바람과는 달리 인위적인 마멸에 의해 파손된 것으로 추정된다. 이는 무엇보다도 본 비가 왕희지의 행·초서체를 집자하여 글자를 새긴 것에서 연유한다. 유명한 왕희지체로 되었기 때문에 후대에 고위 관료와 서예가들이 서첩용으로 많이 애용하던 분위기가 본 비의 파손과 관련되었던 것으로 추정된다.[3] 今西龍이 1929년 남긴 메모에는 당시 일연비의 전면은 226자, 비음기는 142자 합계 368자를 판독할 수 있다고 하였다.[4] 현재는 그 정도까지 판독은 어려울 것이며, 본 비는 2개로 쪼개져 높이 약 180㎝, 폭 약 106㎝ 정도의 담흑색 수성암으로 되어 있다. 이러한 사정을 감안할 때 본 비의 원형 복원은 역설적으로 서첩용으로

---

2) 山立은 淸玢이며, 寶鑑國師 混丘이기도 하다.『삼국유사』에는 無極이라는 이름으로 나오고 있다. 淸玢과 山立을 별개의 인물로 보는 견해가 있으나(金相鉉, 앞의 논문, 1991), 잘못된 견해이다. 이에 대해서는 본책 2장-3에서 필자가 견해를 밝히고 있다.

3) 王羲之體를 集字한 비는 그렇게 많지 않고 현존하는 것도 파손되어 그 비편만 남아있는 실정이다. 현재 국립중앙박물관에 남아있는 「禪林院弘覺禪師碑」를 대표적으로 들 수 있다.

4) 今西龍,『高麗及李朝史硏究』, 東京 國書刊行會, 1974, 501쪽.

만든 탁본들이 남아있었기에 시도라도 할 수 있게 된 것이다.

그러면 본 비는 언제 파손되었을까.[5] 대체로 임진왜란의 정유재란 때에 왜군에 의해 많이 훼손된[6] 것으로 알려지고 있다. 이는 龍門居士 尹光周가 숙종 27년(1701)에 지은 「麟角寺碑榻序」에[7] "王羲之의 眞蹟을 발견한 왜적들이 이를 탐내 비를 땅에 넘어뜨려 놓고 탁본하는 바람에 비의 훼손이 심했다."고 한 기록에 의거한 것이다. 그러나 이때 일연비가 완전히 파괴된 것으로 보기는 어렵다.

한편 광해군 원년(1608)에 明의 사신이 일연비의 탁본을 요청한 기록이[8] 보이고, 李粹光이 1614년경에 지은 『芝峰類說』에도 중국 사신들이 인각사비명을 탁본해 갔다는[9] 기록이 보인다. 이로 미루어 볼 때 임란시에 어느 정도의 파손이 있긴 했으나 그렇게 심각할 정도는 아닌 것 같다. 이후 1630년경에 인각사 주위의 일반 민들이 탁본의 노역에 시달리면서 일연비를 깨뜨렸던 것으로 보인다.[10] 그것은 임진왜란을 계기로 왕희지체로 새긴 일연비의 존재가 국내외로 알려지면서 사방에서 탁본 요청이 쇄도한 결과로 볼 수 있다. 이러한 파괴가 있었던

---

5) 이종문, 『인각사 삼국유사의 탄생』, 글항아리, 2010, 143~170쪽에 일연비의 추이에 대해 잘 정리하고 있다. 이를 본고에서 많이 참고하였다. 앞서 필자는 한말, 일제초에 일연비가 파손된 것으로 본 바 있으나(앞의 논문, 1979) 이번 기회에 잘못된 견해임을 밝혀둔다. 그리고 필자가 처음 인각사를 답사한 1970년대 말에도 깨어진 비편들이 일부 남아있었다. 이로 보아 비편이 거의 모두 散逸된 시기는 최근일 것이다.

6) 이종문, 위의 책, 159~160쪽.

7) 東濱文庫 소장 '인각사비' 탁본첩에 수록되어 있음. 金庠基, 「古搨麟角寺碑」, 『考古美術』 15, 1961 참조.

8) 『光海君日記』 권15, 원년 4월 己卯.

9) 『芝峰類說』 권19, 宮室部 寺刹.

10) 이종문, 앞의 책, 161~162쪽. 여기서 본인이 소장한 고문서를 소개하고 있는데, '義興儒生朴俔等答臨皐院儒文' 중 "又有王右軍普覺國師筆碑 盡爲樵牧所打破"라는 구절이 주목된다(같은 책, 313쪽).

이후에도 일연비에 대한 관심은 여전했던 것 같다. 이는 다음의 기록들이 주목된다.

하나는 洪良浩(1724~1802)가 남긴 글이다.[11] 그가 1760년 경주부윤으로 있을 때 인각사비의 탁본을 구하기 위해 義興縣의 현감에게 글을 보냈으나 인각사가 없다고 하자, 이어 아전을 직접 보내 찾게 했으며 10여 일만에 우연히 신라의 폐사에서 10여 편의 일연비 단석 무더기를 발견하였다는 것이다. 이는 승도가 搨役의 고통을 덜기 위해 부수어 깊이 감추어 버린 것으로 이해하고 있다. 여기서 일연비를 승려들이 탁역을 덜기 위해 부순 것으로 이해한 것은 홍양호의 추정이지만, 그의 글에는 당시 인각사는 폐사가 되었다고 한다. 속사정은 알 수 없지만 아마 인각사는 폐사에 가까울 정도로 피폐되었던 것 같다.

또 하나는 申綽(1760~1828)이 1797년에 쓴 「題麟角寺碑後」에 인각사비의 파손된 사정을 기록하고 있다.[12] 그는 18세기 말 당시 일연비의 내용은 그렇게 많이 읽을 수 없음을 밝히고 있다.

앞에서 일연비가 임란시에 훼손되긴 했지만 17세기 전반기에 접어들어 그 원형을 잃어버리게 되었음을 살펴보았다. 17~18세기의 사원은 특수한 경우를 제외하고는 봉건지배층에 의한 예속도가 심화되었기 때문에 그 피폐의 사정은 대단하였다. 가령 양난 이후 편성되었던 승군체제를 이용하여 일반 농민들에게 더 이상 부과하기 힘든 요역 부분의 부담을 지우게 한다든가 또 각 사원에 부과하던 貢賦를 통해 상호간을 분열시킴으로써 불교계 내부에서 조직적이고 단합된 역량을 구축하지 못하도록 한 사례들은 많이 보인다. 아마 당시 인각사의 사정도 그 범주를 벗어나지 못했을 것이다. 이러한 사정에서 일연비의

11) 洪良浩, 「題麟角寺碑」, 『耳溪集』 권16 ; 『韓國文集叢刊』 241, 民族文化推進會, 2000.

12) 申綽, 「題麟角寺碑後」, 『石泉遺稿(集)』 권3. 이종문, 앞의 책, 335쪽 ; 『朝鮮學報』 30, 朝鮮學會, 1964.

인각사 보각국사 일연 부도

탁본을 수습하기 위해 부가되던 拓役을 벗어나기 위한 자구책이 인각사 승려들과 인근의 농민들에 의해 강구되었을지도 모른다.

그러다가 19세기에 들어와서 선조묘를 쓰기 위해 일연의 부도를 무너뜨린 예가 수 차례 있있다. 심지어 1890년에는 皇甫氏 일족이 일연의 부도 자리에 묘를 쓴 것을 인각사 승려들이 저지하자 그 일당이 습격하여 일연비와 전각을 파괴하는 수난을 겪기도 하였다.[13)]

이러한 수난을 겪은 일연비는 그 뒤 극적으로 학계에 소개되었다. 그 사정과 경과를 살펴보기로 한다. 종래까지 알려진 앞면의 전체 내용은 1916년 古蹟保存之會에 의하여 오대산 월정사 소장의 등본을 등사하여 소개함으로써[14)] 학계에 알려졌다. 당시 인각사 주지대리 李智賢이 1916년 월정사를 방문해 이 등본을 구했고, 당시 軍威郡守

---

13) 姜裕文, 「抱雲師를 追憶하면서 今世僧伽에 想到함」, 『新佛敎』 9, 1937.

14) 安震湖, 「三國遺事의 出現을 보고 普覺國尊의 碑石을 一言하노라」, 『佛敎』 36, 1929, 9~10쪽에 수록된 朱載榮의 「跋文」 참조. 다만 安震湖가 17세시에 인각사를 심방했을 때 "자획이 마멸된 곳은 간혹 있으나 碑體의 典型은 그대로 있었다."라고 술회하고 있으나, 이는 본인이 "필자가 入山한 지 오래되지 않고 또 어린 나이에 그것이 國寶됨을 알지 못하였다."는 언급에서도 짐작되는 바와 같이 비체의 전형이 그대로 있었다는 이야기는 그렇게 신빙성이 없는 것으로 짐작된다.

朱載榮이 이를 등사해서 유포하기도 했다. 이 등사본은 활자화하여 1918년 李能和의 『朝鮮佛教通史』와 최남선의 「三國遺事解題」에도 소개되었다. 또 1910년대에 조선총독부에서 금석자료를 조사하여 간행한 『조선금석총람』(上)에 소개되었다.(1919) 여기에는 당시 남아 있던 일연비 비편을 판독한 것과 앞에 소개한 필사본을 활자화하여 수록하였다. 또 조선총독부의 금석문 수집과 조사에 참여했던 今西龍이 1919년에 당시 인각사에 남아 있던 비편을 소개하기도 하였다.[15]

그런데 본 등본이 만들어진 경위는 월정사 승려이었던 金慧月이 1836년 경 인각사를 지나다가 우연히 민지가 쓴 비명 전체를 등사하여 보관한 사본을 필사한 것에서[16] 찾을 수 있다. 여기서 혜월이 필사할 때 참고한 것은 완전한 탁본은 아닌 것으로 보이며, 물론 뒤에 유실되었을 것으로 추정되는 인각사에 보관되어 있던 사본이었을 가능성이 크다.[17] 당시 일연비가 이미 파손이 심했다는 사실을 감안할 때, 그의 등본은 인각사에 전하던 사본 또는 사본에 의거한 필사본이었을 것이다. 이때 혜월이 필사한 「일연비문」의 내용은 소개된 자료에 의하면 거의 완벽하며, 일부 글자만 잘못이 있을 뿐이다.[18]

앞서 살핀 바와 같이 「일연비문」은 필사본으로 알려졌다가 이를 가지고 만든 등사본이 유행하였음을 알 수 있다. 물론 여기에는 일연비의 앞면만을 수록하였다. 이러한 필사본의 한계를 극복하기 위해서는

---

15) 당시의 탁본과 그 뒤 今西龍이 수습한 서첩용 탁본은 현재 日本 天理大學 今西文庫에 소장되어 있다.

16) 安震湖, 앞의 글, 1929.

17) 金相鉉, 앞의 논문, 1991, 64쪽에서도 이때 "등사란 인각사에 전하던 어떤 류의 사본에 의거했을 것으로 추측된다."라고 하고 있다.

18) 다만 지적할 점은 필사본을 근거로 하여 淸玢을 淸珍(『朝鮮金石總覽』上), 法珍(崔南善, 「三國遺事解題」) 등으로 읽은 것은 『三國遺事』에 보이는 無極이 바로 淸玢이라는 사실을 쉽게 찾을 수 없도록 만들었다.

일차적으로 탁본을 가지고 접근할 수밖에 없다. 탁본을 가지고 「일연비문」과 「일연비음기」의 복원을 위한 노력은 일찍이 필자가 먼저 시도한 바 있었다.[19] 이를 계기로 일연비 탁본에 관한 관심이 생기게 되었다. 이후 김상현과 정병삼이 더 나은 탁본을 추가로 수습하여 복원을 추진하였다.[20] 이러한 학계의 노력으로 많은 탁본 자료가 발견되었고, 일연 탄신 800주년을 맞이하여 2006년에는 정병삼이 그간 수습한 탁본과 박영돈이 시도한 복원 등을 종합한 성과를[21] 토대로 하여 일연비를 복원하기에 이르렀다. 이와 함께 그간 수집한 일연비 탁본은 세 차례에 걸쳐 자료집으로 간행되어 학계에 크게 기여하게 되었다.

이러한 학계의 노력에 의해 밝혀진 일연비 탁본에 관한 각종 정보를 종합하여 소개하고자 한다. 곧 본고에서는 일연비의 복원을 시도하면서 소개한 탁본첩에 관한 해제와 자료집에 수록한 각종 탁본첩에 대한 해제를 정리·종합하고, 이후 추가된 탁본을 포함하여 정리하기로 한다. 이 작업에는 기왕의 성과를 많이 참고하였음을 밝힌다.[22]

3. 일연비 탁본의 소개

앞서 일연비가 걸어온 자취를 살펴보았다. 1981년에는 다행하게도 「일연비문」의 완전한 탁본이 출현하게 됨에 따라[23] 일연의 생애와

19) 蔡尙植, 앞의 논문, 1979.

20) 金相鉉, 앞의 논문, 1991 및 정병삼, 앞의 논문, 1995.

21) 정병삼, 「일연선사비의 복원과 고려 승려 비문의 문도 구성」, 『韓國史硏究』 133, 2006.

22) 주)2의 자료집과 해제를 많이 참고하였음을 밝힌다.

23) 韓國精神文化研究院, 『普覺國師碑銘』, 1981. 그리고 완탁의 형태로서 일부만 전하는 善本으로는 朴永弴 소장본이 있다(『文化財』 93, 월간문화재사, 1979.

활약상에 관한 정확한 내용을 파악하게 되었다. 이에 비해 「일연비음기」는 현재로선 그 원형이 완전하게 복원될 형편은 아니지만,[24] 그래도 2006년에 일연비를 새롭게 건립하면서 거의 실체에 가깝게 복원하기에 이르렀다. 앞으로 많은 탁본이 현존하고 또 더 발견될 가능성이 있어 조만간에는 그 실체에 가까운 모습을 드러낼 것으로 기대된다. 그러면 최근까지 공개된 「일연비문」과 「일연비음기」의 탁본(첩)에 대해 정리하기로 한다.

(1) 大東金石帖 수집본

李俁[25](1637~1693)의 『大東金石帖』에는[26] 보각국사비 탁본 4면이 수록되어 있다. 題額 「普覺國師碑銘」 6자와 전면 138자, 그리고 음기 55자 등 모두 199자를 내용으로 하고 있다. 음기를 복원하는 초기에는 음기 중의 '判秘書寶文署學士貢文伯'의 11자는 다른 비첩에 잘 보이지 않는 것이기에 주목하였다. 이 구절은 이후 소개된 고려대 중앙도서관 소장본과 간송문고 소장본 등에도 수록되어 있음이 밝혀졌다.

---

10). 이후 정진영 선생의 소장본이 소개되었는데, 이는 완탁으로서 한국정신문화연구원 소장본에 비해 더 원형에 가까운 오래된 古本인 것으로 보인다.

24) 「일연비음기」는 필자가 부분적인 것이긴 하지만 처음으로 복원을 시도한 바 있다(앞의 논문, 1979). 그리고 추가로 발견된 탁본을 참고로 한 복원시도는 원형 복원을 위한 진일보한 작업이었다(金相鉉, 앞의 논문, 1991 ; 朴永弴, 「신자료를 통해서 본 麟角寺普覺國尊碑陰記」, 『비블리오필리』 3, 1992 ; 정병삼, 앞의 논문, 1995).

25) 그는 조선 宣祖의 손자인 朗善君으로, 서화가로 명성을 얻은 인물이다.

26) 이 금석첩은 今西龍이 수집하여 1932년에 조선시기의 것은 빼고 『大東金石書』라는 제목으로 간행한 바 있다. 今西龍은 별책으로 해제와 목록인 『大東金石目』을 같은 해에 간행하였다. 이들은 아세아문화사에서 1976년에 영인하였다.

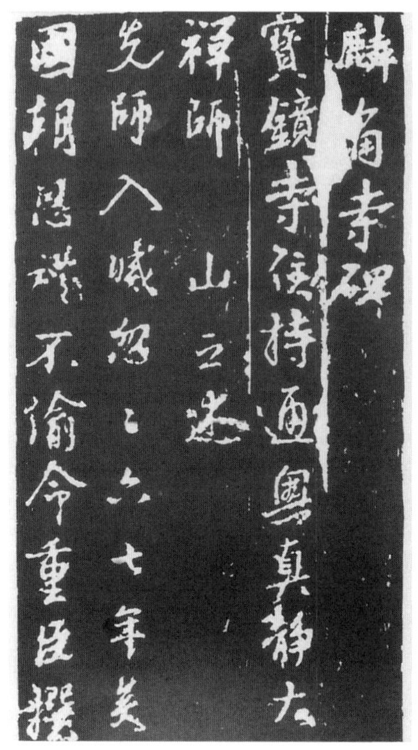

「麟角寺碑」 탁본(규장각본)

(2) 규장각 소장본

표지에 「麟角碑」로 되어 있는 이 비첩은 11절 22면, 각 면은 5행, 각 행은 10~11자, 총 983자가 수록되어 있다. 제9, 10, 11, 12면, 13면 1행 등의 232자는 전면이고, 나머지 750여 자는 음기이다.[27] 중간에 결락이 있지만 문맥이 처음부터 순서대로 이어져 있어 음기 본문 복원에 크게 참고된다. 또 문도명을 다수 포함하고 있어서 참고할 만하다.

(3) 영남대 東濱文庫 소장본

원래 龍門 尹光周의 舊藏으로 東濱 金庠基 선생이 소장했던 본 탁본첩은 현재 영남대 중앙도서관이 소장하고 있다. 본 탁본첩은 19면, 각 면 4행, 각 행 9자, 총 654자로 되어 있다. 이 중 442자가 음기이지만, 전반적으로 내용의 혼란이 극히 심해 문맥을 잡기가 어렵다. 본 비첩에는 옛 소장자 龍門居士가 숙종 27년(1701)에 쓴 서문이 있는데, 임진왜란 때에 왜구에 의해 비가 훼손된 사실을 전하고 있어 주목된다. 일찍이 김상기는 이 비첩을 간략하게 소개한 바 있으며,[28]

---

27) 규장각본의 판독 글자 수는 蔡尙植, 앞의 논문, 1979, 37쪽에 의거하였다. 참고로 中央僧伽大學 佛教史學硏究所 編, 『麟角寺普覺國師碑帖』, 1992, 金相鉉의 해제에는 총996자로, 전면은 232자, 음기는 700여 자로 추정하였다.

필자가 「일연비음기」 복원을 시도할 때(1979) 큰 도움을 받았다.

(4) 黃壽永 소장본

황수영 선생의 소장본으로 표지는 '麟角寺碑'로 되어 있다. 본 비첩은 10면, 각 면 8행, 각 행 12~13자, 모두 973자가 수록되어 있다. 전면과 음기가 섞여 있는데, 전면은 233자, 음기는 740자이다.[29] 1·2·3·4·7·8·9·10면이 음기이다. 또 7면의 1, 2행과 5·6면은 전면이다. 탁본 및 보존상태가 좋은 편이다. 다만 음기 중 문도에 해당하는 부분 중 大禪師, 禪師, 山林, 三重 등 승계 부분은 혼란이 있는데, 원래 가로로 기록되어 있던 것을 1행씩 세로로 정리했기 때문이다.

(5) 朴永弴 소장본(1)

박영돈 선생이 소장하고 있는 것으로, 일연비 전면의 전체 2,288자 중 앞부분의 949자까지 전반부가 처음부터 순서대로 수록되어 있는 비첩이다. 제액 6자 '普覺國師碑銘' 1면을 포함해 모두 20면, 각 면 5행, 각 행 11자로 되어 있다.[30] 일연비 전면의 복원에 크게 도움이 된 선본이며, 일연비 복원을 시도하던 초기에 연구 분위기를 추동한 비첩이기도 하다.

(6) 朴永弴 소장본(2)

박영돈 선생이 소장하고 있는 것으로, 이전에 소개한 자료와 구분하기 위하여 박영돈 소장본(2)로 표기하였다. 가로 21㎝×세로 29㎝의 크기이

---

28) 金庠基, 「古搨麟角寺碑」, 『考古美術』 15, 1961.

29) 蔡尙植, 앞의 논문, 1979, 37쪽에는 총 966자로, 전면 458자, 음기 508자로 되었다고 하였으나, 이후 재조사의 성과가 타당한 것으로 보아 수정한다.

30) 박영돈, 「새로 發見된 普角國師碑銘 古搨本」, 『文化財』 93, 1979에 영인, 소개하였다.

며, '墨寶'라는 표제가 붙어 있다. 다른 자료와 합철되어 있으며, 그 가운데 일연비는 총 12면 분량이다. 12면 모두 6행씩 배열되어 있으며, 각 행은 10자를 기준으로 한두 자씩 차이가 난다. 12면 가운데 제3면, 6면, 9면은 비의 전면이고, 제4면은 전면과 음기가 섞여 있으며, 나머지 8면은 모두 음기 내용이다. 탁본 상태가 양호하지 못하여 판독에 어려움이 있다.

그러나 제11·12면의 상단에 가로로 놓여 있는 大字와 문도질의 일부 명단은 음기 복원에 매우 소중한 자료로 평가된다. 대체로 전면 149자, 음기 281자 정도가 판독되는데, 일부 중복된 부분이 있어 정확한 수치를 헤아리기는 어렵다.

(7) 한국정신문화연구원 소장본

1981년 한국정신문화연구원(현 한국학중앙연구원)에서 古碑帖을 서울의 金錫昌으로부터 매입하여 소장하고 곧 이를 영인본으로 간행했다.[31] 이 비첩은 민지가 쓴 비명 전체가 차례대로 수록되어 있고 음기를 포함하지 않은 것이다. 이 비첩은 해서로 쓴 題額「普覺國師碑銘」을 포함하여 23면, 각 면 8행, 각 행 13자, 총 2,288자이다. 크기는 가로 22㎝×세로 32㎝이다. 罫線으로 行間을 하였고 서체는 행서이다.

(8) 天理大 今西文庫 소장본

今西龍(1874~1932) 교수가 소장하였으나 현재 日本 天理大 今西文庫 중에 소장되어 있다. 본 탁본첩의 표지는 '麟覺寺碑'로 되어 있는데, '覺'은 '角'의 오자이다. 본 비첩에 대해 今西龍은 1929년 8월 14일에 메모를 남겼는데, 이는 현재 탁본첩에 첨부되어 있다.[32] 본 비첩에는

31) 黃壽永,「解題」,『高麗國華山曹溪宗麟角寺迦智山下普覺國師碑銘』, 韓國精神文化研究院, 1981에는 尹錫昌으로 되어 있다.

18면, 각 면 7행, 각 행 12자로 1,424자이지만 중복되는 경우를 제외하면, 약 1,400여 자를 수록하고 있다. 이 중에 240자 정도의 전면과 이를 제외한 1,160여 자가 음기이다. 착란이 심한 편이지만 음기 판독에는 많은 도움이 된다.

그리고 今西文庫에는 앞의 탁본첩 외에 인각사에 남아있던 비편의 탁본이 다수 소장되어 있다. 이는 인각사에 현전하는 일연비에 비해 상태가 양호한 비편의 탁본 6점과 작은 비편을 모은 탁본 1점 등이다. 이들은 전면 4점 비음기 3점이며, 탁본한 시기는 알 수 없다.

(9) 全寶三 소장본(1)

전보삼 선생이 소장한 일연비 탁본첩은 2종이 있다.[33] 소장본(1)은 표지에 '麟角寺碑'로 되어 있으며, 비첩의 크기는 가로 16㎝×세로 27㎝이다. 전체 33면, 각 면 5행, 각 행 10자, 모두 1,339자로 비명 전면과 음기가 혼재해 있다. 전면은 271자이며, 음기가 1,068자이다. 제10면 4행에서 11·12·13·14·15·16면 2행 6자까지가 전면이고 나머지는 음기이다. 상대적으로 음기의 글자수가 많아 음기 복원에 큰 도움이 되었다. 탁본 상태는 약간 흐린 편이고 또 비첩에는 좀이 상당히 진행되었다. 그런데 이 비첩에는 붓으로 필사해서 보충한 글자 114자가 있다. 곧 음기의 맨 앞부분 98자, 1면 4행부터 3면 4행까지와 4면 4행 중의 '附之回敢' 4자, 7면 2행 중 '謂衆曰此去' 5자, 그리고 8면 2행 끝에서 3행에 걸쳐 있는 '者米錢史傳稱之' 7자 등이 그것이다.

---

32) 이 메모는 今西龍, 『高麗及李朝史研究』, 東京 國書刊行會, 1974, 501쪽에 수록되어 있다.

33) 金相鉉, 앞의 논문, 1991에서 「보각국사비음기」를 재정리하면서 전보삼 소장본을 처음 소개하였다.

(10) 全寶三 소장본(2)

전보삼 선생 소장본(2)는 표지에 '麟角碑文'으로 되어 있으며, 전체 13면, 각 면 3행, 각 행 9자 총 250자의 비첩이다. 역시 비문 전면과 음기가 혼재하며, 제3·8·9·13면이 음기로서 138자이다. 이 비첩의 음기 중에 주목되는 것은 '副知密直司事上將軍鄭可臣'인데, 이는 전보삼 소장본 (1)에는 '軍鄭可臣'만이 나타난다. 음기를 복원하는 초기에 중요한 단월로 주목하였다.

(11) 고려대중앙도서관 소장본

본 탁본은 음기 1,047자를 수록한 비첩이다. 각 행을 따라 오려서 붙인 것이 아니라 비의 부분 부분을 적당한 크기로 탁본한 것을 붙였다. 곧 가로는 탁본의 5행까지, 세로는 9자, 혹은 5자까지의 크기를 순서없이 붙여간 것이다. 혼란이 심하고 빠진 부분도 적지 않지만, 다른 고탁본과 대조하여 맞추어 보면 음기의 복원에 큰 도움이 된다. 그리고 전체적으로 글자를 제외한 부분에 加墨을 하였기 때문에 탁본첩은 선명한 편이다.

특히 본 탁본은 1면 1행에 '普覺國尊碑陰記'로 시작하는 것으로 보아 음기만 가지고 첩을 만든 사례라 할 수 있다. 또 하나 비음기를 찬한 산립의 직명에 관한 문제이다. 규장각 소장본에 비음기의 찬자를 '寶鏡寺住持通奧眞靜大禪師 山立述'이라 하고 있어 필자의 경우 그대로 따르기도 하였다. 곧 '보경사'와 '주지'가 연결된 것으로 보아 별도로 오려 붙인 것으로 파악하지 못한 것이다. 그러나 본 탁본첩 2면 1행에 보이는 '雲門寺住持通奧眞'은 연결된 글자들로 보인다. 따라서 산립이 주지를 맡은 사찰명을 잘못 파악한 종래의 오류를 수정할 수 있는[34] 중요한

34) 필자는 「일연비음기」를 처음 복원을 시도하면서 '규장각 소장본'에 따라 '寶鏡寺住持'로 판독했으나, 고려대 중앙도서관 소장본에 따라 '雲門寺住持'로 수정해야 한다고 본다.

탁본이다.

(12) 고려대華山文庫 소장본

본 탁본은 5절 9면으로 된 비첩이다. 여기에는 모두 396자를 수록하고 있는데, 이 중 60여 자는 전면이고, 330여 자는 음기이다. 탁본이 선명한 편이기 때문에 음기의 복원에 많은 도움이 된다.

(13) 국사편찬위원회 소장본

본 탁본은 일연비 전면의 비편을 탁본하여 그대로 표구한 1면과, 높이 133㎝, 폭 24㎝ 정도의 음기 비편을 표구한 1면 등이다. 전면은 1면 15행 160여 자이며, 음기는 1면 7~8행 295자를 탁본한 것이다. 탁본한 시기는 알 수 없으나, 비석이 깨어진 이후 현전 상태보다는 나은 비편을 탁본한 것이다. 전면과 음기 모두 판독할 수 있는 글자는 선명한 편이다.

(14) 정진영 소장본

정진영 선생이 소장한 본 탁본은 비문 전체의 내용을 담은 고탁본이다. 본 탁본은 가로 25㎝×세로 37.5㎝의 크기로 총 20면이다. 전체 면이 8행씩 배열되어 있으며 각 행은 대부분 13자이나 한두 자씩 차이를 보이는 곳도 있다. 비의 전면 내용을 수록한 것으로 1,932자가 확인된다.[35] 이는 한국정신문화연구원 소장본을 통해서 확인할 수 있는 전체 2,288자 가운데 356자가 부족한 양이다. 현재까지 발견된 비첩 가운데 두 번째로 많은 양을 담고 있어 주목된다.

---

35) 정병삼, 앞의 논문, 2006, 38~39쪽에서는 정진영본은 전면 2천 3백여 자에 이르는 글자 중에서 약 150자를 제외하면 비면 형태 그대로의 구성을 확인할 수 있다고 한다.

탁본 상태 역시 양호한 편이나 현재는 첩의 형태가 아니라 낱장으로 떨어져 있다. 또한 각 면의 내용이 비문의 순서와 무관하게 뒤섞여 있어 한국정신문화연구원 소장본과 차이를 보인다. 곧 비의 모양 그대로 한 조각씩 잘라 나누어 만든 탁본첩이다. 8행씩 각 행마다 13자를 잘라 엮은 본 탁본첩은 그 자체로는 문장이 연결되지 않지만, 전체 비문의 내용을 파악한 상태에서 비의 원래의 모습을 추정하기에는 매우 중요한 자료이다. 부분적으로 좀에 의해 파손된 흔적이 보이나, 박영돈 소장본(1)과 함께 일연비 전면의 복원에 중요한 善本으로 추정된다.

(15) 버클리대 淺見文庫 소장본(4종)

현재 미국 버클리대학 동아시아도서관 아사미 문고(The Asami Library)에 수장하고 있는 소장본이다. 원래는 일본인 아사미 린타로(淺見倫太郎, 1869~1943)가 소장했던 자료이다. 아사미 문고의 영문판 목록은 이미 오래 전에 발간되었으나[36] 국내에서는 이 자료를 주목하지 못하였다. 박영돈 선생이 아사미 문고에 소장되어 있는 일연비 탁본을 가장 먼저 주목하여 학계에 소개하였다. 최근에는 아사미 문고본 전체에 대한 조사와 함께 목록이 학계에 소개되었다. 아사미 문고에는 모두 네 종의 일연비 자료가 소장되어 있다.[37]

1과 2는 비의 전면을 그대로 탁본한 것인데 거의 같은 시기에 만들어진 자료이다. 그리고 이는 서첩용으로 만들지 않고 탁본 그대로 되어 있다. 탁본의 내용으로 보아 비의 파손이 상당히 진행된 뒤의 것으로

---

36) Chaoying Fang, *The Asami Library : A Descriptive Catalogue*, ed. Elizabeth Huff (Berkeley and Los Angeles : University of California Press, 1969).

37) 위의 책, 382~383쪽에 '麟角寺普覺國師靜照塔碑'라는 제목으로 4점의 탁본을 소개하고 있다. 銀海寺一然學硏究院·中央僧伽大學校 佛敎史學硏究所 編, 『麟角寺普覺國師碑帖(續集)』, 2000에는 3종만 소개하고 있다.

보이지만, 현재 비각에 세워져 있는 비의 내용보다는 다소 많은 글자가 확인된다. 대체로 일제강점기 무렵 탁본한 것으로 추정하고 있다.

3·4는 탁본첩의 형태로 되어 있다. 3은 전체 16면으로 각 면마다 7행씩 배치되어 있다. 각 행은 12자를 기준으로 한두 자씩 차이가 나는 곳도 있다. 탁본 상태가 양호하지 못하여 판독에 어려움이 있으며, 비의 전면과 음기가 혼재되어 있는 비첩이다. 전체 16면 가운데 음기 12면, 전면 3면이며(5·7·8면), 제9면은 전면과 음기가 혼재되어 있다. 판독이 가능한 글자는 전면 549자, 음기 219자로 음기 복원에 도움을 줄 수 있는 자료이다.

그리고 아사미는 본 탁본첩에 양면으로 된 3장의 필사한 메모를 넣었다. 그는 여기에 일연비 반대편의 탁본에서 읽을 수 있는 문자를 옮겨썼는데, 그 작업은 1910년에 완료되었다고 밝히고 있다.

4는 전체 12면이지만 실제 탁본첩은 11면이다. 또 11면 후반 2행부터 12면에 걸친 부분은 탁본첩 제작자가 직접 탁본한 내용을 밝힌 글이다. 전체 12면 가운데 1~3면은 8행이며, 4~10면은 7행, 11면은 5행으로 이루어져 있다. 각 행은 11자를 기준으로 한두 자씩 차이가 나는 곳도 있다. 탁본 상태는 비교적 양호한 편이며, 제1·2면과 3면의 2행까지는 전면의 내용이며, 3면 2행의 하단에 있는 '眞靜' 두 자로부터 11면까지는 모두 음기의 내용이다. 판독이 가능한 글자는 전면 192자, 음기 407자 정도인데 음기의 내용이 비교적 순서와 일치되는 내용이 많아 중요한 자료로 보인다. 한편 이 비첩에는 金生이 쓴 白月碑 음기 탁본이 12면 합철되어 있다.

(16) 澗松文庫 소장본

간송미술관에 소장되어 있는데, 최근에 정병삼 교수에 의해 소개된 고탁본이다.[38] 본 탁본은 가로 21.3㎝×세로 30.5㎝ 크기의 비첩이며,

총 23면이다. 비문의 탁본을 너비 2.5~3.0㎝의 크기로 잘라 29.5㎝ 길이까지 나누어 붙여 만든 것이다. 각 면마다 7행씩 배열되어 있으며 각 행은 대체로 12자씩 이루어져 있다. 이 비첩은 전체 23면에 걸친 '普覺國師碑銘'에 이어 5면의 '樂志論' 탁본을 붙여 만든 것이다. 곧 왕희지 글씨를 감상하고 배우기 위한 목적에서 만들어진 것으로 보고 있다.

비의 전면과 음기 내용이 함께 들어있는 자료로 전면의 글씨가 510자, 음기가 654자, 문도질이 708자 정도 확인되어 총 1,872자에 달한다. 비교적 탁본과 자료의 보관 상태가 좋은 편이며, 음기 복원에 필요한 중요한 내용이 발견된다. 우선 본 비첩에는 다른 탁본에 비해 확인되지 않는 문도질의 명단이 다수라는 점이 주목된다.

특히 제7면 4행부터 8면의 4행까지 8행에 걸친 윗부분에는 '元貞元年未八月' 7자를 가로로 붙여 배열하였다는 점이 주목된다. 곧 7면의 '元貞元年' 4자는 1자씩 잘라 붙였으나, 8면의 '未八月' 3자는 자르지 않은 원래의 탁본 그대로의 형태로 가로로 붙였다. 이로써 비음기의 건립 일자 전체가 비의 끝부분에 세로로 배열된 것이 아니라 비음기 후면 윗부분에 가로로 배열된 것임을 알게 되었다. 이러한 결론은 박영돈본(2)의 이 부분이 가로로 배치되어 있으며, 여기에 종이를 절단한 흔적이 전혀 보이지 않다는 점에서도 확인된다. 또 이는 상해도서관 소장 『海東金石苑定藁本』에서도 확인된다. 어떻든 이러한 몇 탁본들은 최근 일연비를 복원할 때 '元貞元年乙未八月日書字'의 11자를 가로로 배치하게 한 중요한 자료임이[39] 분명하다.

---

38) 정병삼, 앞의 논문, 1995 참조.

39) 金相永, 「解題」, 『麟角寺普覺國師碑帖(續集)』, 銀海寺一然學硏究院·中央僧伽大學校 佛敎史學硏究所, 2000, 10쪽에 "임창순 선생 소장본 중의 음기 비첩에도 다섯 글자가 가로로 배열되어 있다."고 한다.

(17) 경남대 소장본(데라우치 문고)

경남대학교 박물관에 소장되어 있다. 이 비첩은 원래 일제강점기 조선총독을 지낸 데라우치 마사다케(寺內正毅)가 소장하고 있던 것이다. 1994년 경남대에서 그의 자료 98종 135점을 기증받았는데, 여기에 본 비첩이 포함되어 있다. 가로 19.8㎝×세로 32.5㎝의 크기이며 '麟角碑'라는 표제가 붙어 있다. 전체 10면으로 된 비첩이며, 각 면마다 5행씩 배열되어 있다. 각 행은 9~11자씩 정연하게 배치시켰으며 총 503자를 판독할 수 있다. 탁본 상태는 매우 양호한 편이다. 10면 모두 비 전면을 탁본한 것들인데 오려 붙인 순서는 비문 내용의 순서와 일치하지 않는다.

(18) 具正吉 소장본

구정길 선생이 소장하고 있는 것으로, 가로 22㎝×세로 37.3㎝의 크기이며, 표제에 '金生筆'이라는 3자가 보인다. 총 30면에 달하는 朗空大師白月碑와 함께 합철되어 있는데, 일연비는 3면에 불과하다. 3면 모두 7행씩 배열되어 있으며, 각 행은 13자를 기준으로 한두 자의 차이가 있다. 모두 비 전면의 내용이며 판독 가능한 글자는 247자이다.

(19) 단국대 소장본

단국대학교 천안캠퍼스 도서관의 고전자료실에 보관되어 있다. 원래 金東旭 교수가 소장하고 있다가 본 대학에 기증하였다. 가로 15.3㎝×세로 25.7㎝의 크기이며, 표제에는 '右軍筆'이라는 3자가 보인다. 전체 8면으로 이루어져 있으며 각 면마다 4행씩 배열되어 있다. 각 행은 8~10자씩 배치되어 있는데 총 287자를 판독할 수 있다. 탁본 상태는 비교적 양호한 편이다. 8면 모두 비 전면을 탁본한 것인데, 비문 내용과 무관하게 부분 부분만을 오려 붙여 놓았다.

(20) 呂丞九 소장본

여승구 선생이 소장하고 있는 것으로, 크기는 가로 16.8㎝×세로 28.2㎝이며 총 15면이다. 제1면은 '元貞元年乙未八月'의 8자가 세로로 네 자씩 붙여져 있다. 제2면부터 15면까지는 각 5행이며, 제2면 1행의 일곱 자를 제외하면 나머지는 모든 행이 10자씩 정확하게 배치되어 있다. 탁본 상태도 비교적 양호한 편으로 대략 700여 자를 판독할 수 있다.

전체 내용이 음기를 탁본한 것으로 음기 연구에 있어 매우 소중한 자료이다. 하지만 제1면의 8자가 세로로 배치되어 있는 것은 원 상태가 아니었을 가능성이 높다. 현재는 이 8자를 포함한 11자가 비음기의 상단에 가로로 배열되었음이 밝혀졌다.

(21) 趙喆濟 소장본

조철제 선생이 소장하고 있는 것으로, 가로 13.8㎝×세로 27.8㎝의 크기로 총 14면이다. '麟角碑銘'이라는 표제가 있으며 각 면 5행씩 배열되어 있다. 제1·2면은 각 행 11~13자씩 들어 있으며, 제3면부터 14면까지는 9자를 기준으로 한두 자씩 차이가 난다. 전체 14면 가운데 제6면과 14면은 전면이고, 제5면은 전면과 음기가 섞여 있으며, 나머지 11면은 모두 음기이다. 탁본 상태는 비교적 양호한 편이며, 판독이 가능한 글자는 전면 97자, 음기 481자 정도이다. 특히 음기 복원과 관련하여 중요한 자료로 평가된다.

(22) 韓相奉 소장본

한상봉 선생이 소장하고 있는 것으로, 가로 18.2㎝×세로 30㎝의 크기로 총 24면이다. 표제는 좌측에 '右軍書法 全'이, 우측에 '麟角寺碑銘集字'가 각각 적혀 있다. 전체 면이 각 5행씩 배치되어 있으며, 각 행은 대부분 10자이나 한두 자씩 차이가 나는 곳도 있다. 비의 전면 내용을 수록한 것으로 1,885자 정도가 확인된다. 탁본 상태는 양호한 편으로 비 전면의 복원에 중요한 탁본 가운데 하나이다. 다만 다른 탁본첩과 마찬가지로 서첩용이었기에 비문 내용의 순서와 관계없이 배열되어 있다.

(23) 日本 宮內廳 소장본

본 탁본은 일본 궁내청 書陵部 圖書寮(函号 300-172)에 소장되어 있으며, 거의 가로 25㎝×세로 34.5㎝의 크기이다. 여기에는 '麟角寺碑殘本'이라는 제목의 표지가 있으며, 본문은 전체 13면으로 되어 있다. 각 면에는 6행, 각 행에는 10~11자를 기준으로 되어 있는데, 마지막 13면에는 2행이 있을 뿐이다. 본 탁본은 전체 810여 자 정도로 비교적 많은 편이지만 전면만으로 되어 있다. 그리고 서첩용의 용도로 제작되었기에 그러한 지 상태는 좋은 편이나, 내용 구성은 문맥을 찾기 힘들 정도로 착란이 심하다. 본 소장본은 필자가 2002년 9월에 마이크로필름으로 입수한 것을 학계에 처음 소개하는 탁본이다.

(24) 중국 상해도서관 소장본

上海圖書館에 소장된 淸 劉喜海의 『海東金石苑定藁本』의 목록 가운데 권8에 '元高麗麟角寺普賢國師碑並碑陰'이 있다. 비명의 보현국사는 보각국사의 오기로 추정된다. 이 자료는 박현규 교수가 『해동금석원정고본』을 조사·소개하면서 학계에 알려진 것이다. 그는 여기에 수록된 일연비에 관한 간단한 서지사항을 소개하였는데, 다음과 같다.[40] 곧 "趙寅永 원찬 고본 『海東金石存攷』와 유희해·이장욱 보정본 『海東金石存攷』에는 유희해가 이 비의 탁본을 이미 구득했다고 기록되어 있다. 『해동금석원정고본』 권8에는 이 비의 전면 비편 탁본 3편과 비음기 비편 8편을

40) 朴現圭, 「上海圖書館藏 淸 劉喜海의 定藁本 『海東金石苑』」, 『書誌學研究』 21, 韓國書誌學會, 2001 참조.

원형 그대로 본떠 놓았고, 또 매 잔편의 크기, 행과 글자수 등을 기술해 놓았다. 『해동금석원정고본』을 통해 副法諸德·受法弟子 이하 명단의 글자 배열 문제를 해결할 수 있고, 또 음기 작성년 글자('元貞元年乙未八月日書字')의 배열문제를 해결하여 가로설로 확정할 수 있다."

그러나 그는 『해동금석원정고본』 전체를 소개하는 것을 목표로 했기에, 일연비의 잔비편을 탁본하여 모사한 원문에 대한 공개는 빠뜨렸다. 필자는 2004년 봄에 부산대 이종봉 교수와 함께 상해도서관을 방문하여[41] 관련된 자료를 복사·입수하였다. 이 자료는 학계에 소개·공개하는 것이 좋겠다는 판단에 따라 본 글의 말미에 수록하였다.

4. 맺음말

앞에서 일연비의 현상과 복원을 위한 기초자료인 고탁본의 현황을 살펴보았다. 이러한 고탁본의 사정을 폭넓게 접할 수 있게 된 것은 일연비의 복원이라는 과제를 해결하기 위한 과정에서 얻어진 귀중한 성과라고 할 수 있다. 이러한 성과는 무엇보다도 朴永弴 선생의 노력에 의해 세상에 빛을 볼 정도로 그가 강한 집념과 애정을 쏟았기에 가능하였다.[42] 아울러 그간 수습된 탁본첩에 생기를 불어넣고 해제를 붙인 고 김상현 교수와 정병삼 교수, 김상영 교수 등의 노력과 성과 또한 간과할 수 없다.

앞에서 살핀 일연비 탁본(첩)에 관한 학계의 관심과 성과는 40년

41) 본래 『海東金石苑定藁本』은 상해도서관 구관에 소장되어 있었는데, 상해도서관 개편에 따라 구관의 자료를 신관으로 옮김에 따라 현재는 신관에 소장되어 있다. 상해도서관 구관은 상해미술관으로 개편되었다.

42) 朴永弴, 「一然스님 비 탁본 찾아 20년」, 『古書硏究』 12, 1995.

정도의 역사를 가지고 있을 뿐이다. 짧은 기간에 비해 상당량의 수확을 거둘 수 있었던 것은 일연비 탁본의 발굴과 밀접한 관련이 있다. 앞으로 더 많은 완전한 탁본의 출현을 기대하며, 본문에서 소개하지 않은 자료를 제시하고 전망하는 방향으로 맺음말에 대신하고자 한다. 소개하는 몇 자료들을 본문에서 직접 다루지 못한 것은 필자가 이 자료들을 접하기는 했으나, 본격적인 조사가 이루어지지 않았기 때문이다.

가장 주목되는 자료는 2016년 봄 화봉문고의 경매에 등재된 탁본이다.[43] 여기에 소개된 탁본첩은 「일연비문」과 「일연비음기」인데, 같은 시기에 만들어진 것은 아니며 각각의 탁본첩이다. 「일연비문」은 6행 12자 36쪽, 총 2,394자이며, 크기는 25.5×40.0㎝이다. 필자가 화봉문고측의 배려로 직접 탁본첩을 확인한 바 있다. 지금까지 알려진 일연비 전면의 탁본으로는 최상의 선본으로 보인다.

이에 비해 「일연비음기」는 6행 11자 22쪽, 1,456자이며, 크기는 24×37㎝이다. 비음기의 탁본 중에서는 글자수가 많은 편이나, 선본으로 보기는 어렵다. 여기서 소개한 「일연비문」과 「일연비음기」 탁본첩의 소재지는 알 수 없으나, 이미 복원된 일연비의 보완을 위해서 학계에 공개되었으면 한다.

한편 일연비 탁본 중에 임창순 선생이 소장하고 있는 자료가 3점이 있다고 소개되었으나,[44] 필자는 아직까지 이를 접하지 못하였다. 최근에 한국국학진흥원과 청명문화재단이 공동으로 기획하여 '한국금석문집성'이라 하여 주요 비문의 탁본을 소개하고 번역을 시도하였는데, 그 (25)에 趙明濟 교수가 '인각사보각국사비'를 비롯한 3점의 고려후기 탁본을 역주한 것이 있다.[45] 여기에도 청명문화재단 곧 임창순 선생이

43) 『제37회 華峯現場競賣』, 도록, 2016.4.23, 66쪽.

44) 金相永, 「해제」, 銀海寺一然學研究院·中央僧伽大學校 佛教史學研究所, 『麟角寺普覺國師碑帖(續集)』, 2000.

소장했다는 일연비 탁본에 대해 일체의 언급이 없다. 조만간에 청명문화재단측에서 3점으로 알려진 일연비 탁본을 학계에 공개했으면 한다.

그리고 일본 京都大學附屬圖書館에 한국의 금석문을 모은 『金石集帖』 200책과 『金石續帖』 16책 등이 소장되어 있는데, 여기에도 일연비 탁본 2면이 소개되어 있다. 그러나 필자가 2000년 7월에 조사한 결과, 현재는 2면이 분실된 상태임을 확인하였다.

이와 같이 한국에서 수집하여 국외로 유출된 금석자료에는 어김없이 일연비 탁본이 포함되었을 가능성이 크다. 이와 관련하여 조선에서 청에 전해진 금석자료 중에는 일연비 탁본이 포함되었음은 앞서 상해도서관에 소장된 『해동금석원정고본』에서 확인하였다. 그 외에도 劉喜海보다 조금 이른 시기에 翁方鋼(1733~1818)의 아들인 翁樹崐(1786~1815)이 조선의 금석문을 수집한 내력을 『碑目瑣記』에 남겼는데, 여기에 '인각사비'를 언급하고 있다고 한다.[46] 이는 洪顯周가 1813년(순조 13)에 옹수곤에게 보낸 탁본을 의미한다. 이로 보아 일연비의 탁본(첩)이 중국에 소재할 가능성은 충분히 있다고 할 수 있다.

이상에서 살핀 바와 같이 왕희지 집자비인 일연비 탁본은 최고의 서첩용이라는 유명세에 비례하여 많은 탁본이 만들어졌다. 따라서 앞으로 더 많은 선본이 출현할 가능성이 있다고 할 수 있다. 그런 날을 기대해 본다.

---

45) 趙明濟 편저, 『韓國金石文集成』(25), 한국국학진흥원·청명문화재단, 2011.

46) 朴現圭, 「해동금석문의 신자료인 청 翁樹崐 『碑目瑣記』에 대하여」, 『季刊書誌學報』 20, 1997.

| 부록 | 『海東金石苑定藁本』 중의 일연비·비음기 판독 부분

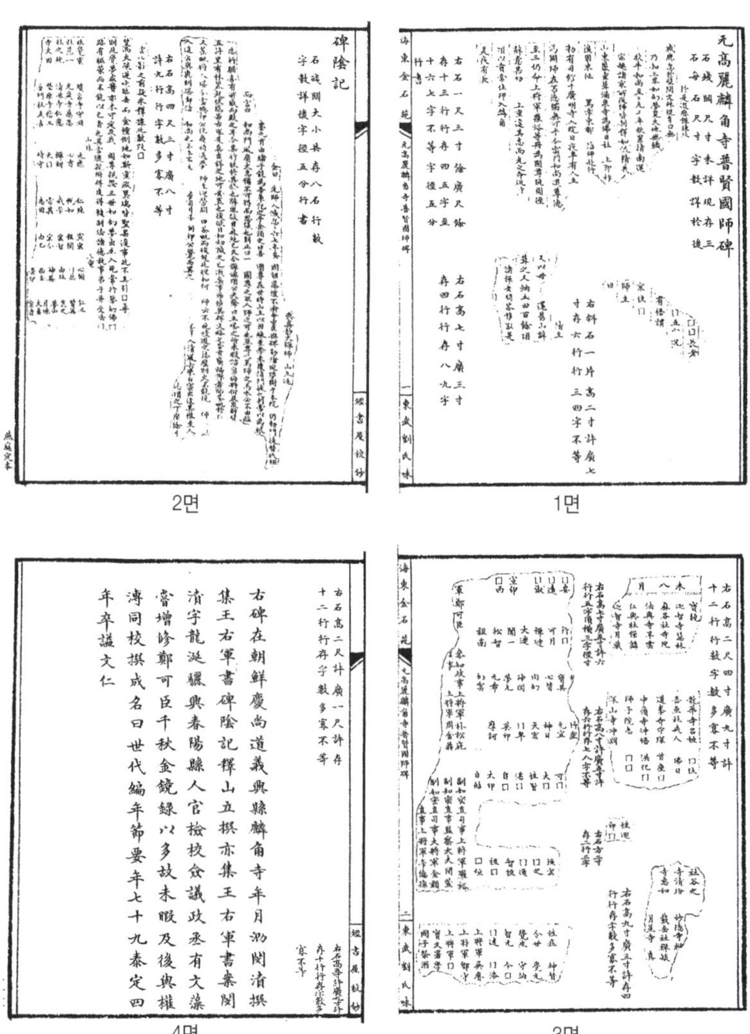

元高麗麟角寺普賢國師碑

石歲闕尺寸未詳現存三

石每石尺寸字數詳於後

右石一尺三寸餘廣尺餘

存十三行行存四五字至

十六七字不等字徑五分

右斜石一片高二寸許廣七

寸存六行行三四字不等

右石高七寸廣三寸

存四行行存八九字

1면

碑陰記

石歲闕大小共存八石行數

字數詳後字徑五分行書

2면

右石高二尺四寸廣九寸許

十二行行數字數多寡不等

3면

右石高二尺許廣一尺許存

十二行行存字數多寡不等

右碑在朝鮮慶尚道義興縣麟角寺年月泐閔漬撰

集王右軍書碑陰記釋山五撰亦集王右軍書案閔

漬字龍涎驪興春陽縣人官檢校僉議政丞有文藻

嘗增修鄭可臣千秋金鏡録以多故未暇及後與權

溥同校撰成名曰世代編年節要年七十九泰定四

年卒謚文仁

4면

【제2장】 일연의 생애와 활약상

Ⅰ. 일연의 생애와 迦智山門의 추이

1. 머리말

一然(1206~1289)에 대한 연구경향은 대체로 『삼국유사』에 대한 검토로 일관되어 왔음은 주지의 사실이다. 그 결과 역사학, 국문학, 불교학, 민속학 등 다방면에 걸쳐 실증적이고 치밀한 분석결과들이[1] 나오게 되어 다행한 일로 생각한다.

그렇지만 『삼국유사』를 둘러싼 여러 논의들은[2] 아직까지도 해결되지 않은 채 남아있는 형편이다. 그 중에서도 특히 『삼국유사』 전체의 성격을 가늠할 수 있는 논의로써 신이적인 요소에 대한 상반된 견해는 주목된다. 곧 이를 전진적이라기보다 복고적인 의미를 지닌 것으로 평가한 견해와 이에 비해 불교의 영험을 강조함으로써 신앙심을 고무시키고 이를 통해 정신사적 의미를 발견하기 위한 의도라고 한 견해가 있다.[3] 이러한 논의에 대해 제기할 수 있는 방법론상의 문제점은 다음과

1) 한국사연구회에서 '三國遺事의 硏究史的 檢討'라는 제목의 특집호로 꾸민 『韓國史硏究』 38, 1982에 수록된 논문과 그 부록으로 붙인 文獻目錄을 참조하기 바란다.

2) 金相鉉, 「高麗後期의 歷史認識」, 『韓國史學史의 硏究』, 1985, 95~99쪽 참조.

3) 다음의 논문들이 상반된 견해를 밝힌 대표적인 글이다. 李基白, 「三國遺事의 史學史的 意義」, 『震檀學報』 36, 1973 및 金相鉉, 「三國遺事에 나타난 一然의

같다. 무엇보다도 『삼국유사』에만 얽매이지 말고 고려시기 전반에 걸친 역사인식의 태도와 그 문화적·사상적 기반을 주목할 것과[4] 또 일연 개인에 대한 심층적인 분석이 병행되었으면 하는 점이다.

후자의 문제가 제기될 수 있는 까닭은 일연이 역사가이기 이전에 승려이기 때문이다. 따라서 일연이 찬술하고 편수한 저술과 이에 관련된 자료의 발굴, 또 이들에 대한 다각적인 분석이 선행되어야 하며 아울러 그의 행적에 대한 추적, 특히 그가 주석하고 관련하였던 사원에 대한 자료검증과 이에 따른 성격규명이 뒤따라야 할 것이다. 더구나 일연이 생존한 시기가 무신란 이후 대몽항전기를 거쳐 원간섭기로 이어지는 격동기라는 점에서 충렬왕대에 그가 불교계를 주도한 국존의 지위에 책봉된 인물임을 상기할 필요가 있다. 따라서 『삼국유사』만을 가지고 그를 평가하기보다는 당시 정치, 사회구조와 일연이 몸담았던 불교계를 관련지어 살펴보아야 할 것이다.

이러한 관점에서 다음의 몇 가지 문제들을 검토하고자 한다. 첫째, 일연이 출현함으로써 가지산문이 크게 성장, 대두된 과정을 밝히고자 한다. 따라서 우선 종전까지 그 내용이 잘 알려진 閔漬가 찬한 「高麗國華山曹溪宗麟角寺迦智山下普覺國尊碑銘幷序」(이하 「일연비문」이라 줄여 부름)는 필사본에 의한 것이었기 때문에 비석이 파손되기 이전에 만들어진 탁본[5]을 통해 잘못 소개된 부분을 수정하고, 또 복원된 비음기를 소개한

佛敎史觀」, 『韓國史硏究』 20, 1978.

4) 金哲埈 교수의 일련의 논문은 『三國遺事』만을 직접 다루지 않았지만 고려시기 전반에 대한 사학사적, 문화사적 흐름을 중시했다는 점에서 방법론상 주목된다. 金哲埈, 「高麗中期의 文化意識과 史學의 性格」, 『韓國史硏究』 9, 1973 ; 『韓國古代社會硏究』, 지식산업사, 1975 및 「蒙古壓制下의 高麗史學의 動向」, 『考古美術』 129·130합, 1976.

5) 일연비 전면의 탁본으로 비석이 파손되기 이전의 완전한 것은 한국학중앙연구원이 소장한 것이 있다. 이를 1981년에 소장처에서 영인하여 배포하였다. 또 善本은 부분적인 것으로 朴永弴 소장본과 대부분의 내용을 담고 있는 정진영

다음, 일연의 생애에 대한 심층적인 분석을 시도하고자 한다. 이러한 과정에서 가지산문의 동향까지도 밝혀지리라 본다.

2. 「일연비문」에 대한 검토

보각국사 일연비는 현재 경북 군위군 고로면 화수동 인각사 경내에 두 동강이 난 채 3尺 정도의 殘碑로 남아있는데, 인위적인 마멸에 의해 원형이 파손되었다. 본 비는 정유재란 때 왜군이 탁본을 위해 무너뜨리고 이어 1630년경 주변 주민들이 국내외적으로 심한 탁본 조달의 요청을 견디지 못해 크게 파손한 것이다.[6] 이는 부담이 극심한 탁역에 대한 농민들의 대응양상으로 보인다. 현재 판독이 가능한 내용은 1910년대 조선총독부에서 간행한 『조선금석총람』(상)에 소개되었으며, 또 1919년에 今西龍이 당시 인각사에 남아있던 비편을 판독·소개한[7] 정도이다.

그러나 일연비는 王羲之의 행·초서체를 집자하여 새겼기 때문에 비록 전체의 내용은 아닐지라도 그 탁본이 서첩용으로 만들어져 널리 유행하였으며, 또 조선후기 금석학이 성행할 당시 학자들이 대부분 언급할 정도로[8] 많은 관심의 대상이었다.[9]

소장본이 있다.

6) 安震湖, 「三國遺事의 出現을 보고 普覺國尊의 碑石을 一言하노라」, 『佛敎』 36, 1929에서는 한말, 일제초에 파괴된 것으로 보고 있으나, 신빙성이 부족하다. 이와 관련하여 이종문, 『인각사 삼국유사의 탄생』, 글항아리, 2012, 70쪽에 일연비의 추이에 대해 잘 정리하고 있다.

7) 今西龍, 「高麗普覺國尊一然に就いて」, 『藝文』 第九年 七·八月號, 1919 ; 『高麗史硏究』, 近澤書店(京城), 1944.

8) 『大東金石書』, 『海東金石存攷』, 『林園經濟志』 권103, 「東國金石條」, 『耳溪集』 등을 들 수 있다.

9) 광해군 원년에 明의 사신이 일연비의 탁본을 요청한 기록이(『光海君日記』

한편 종래까지 알려진 앞면의 전체 내용은 1916년 古蹟保存會에 의하여 五台山 月精寺 소장의 필사본이 소개됨으로써 학계에 알려졌다. 그런데 본 필사본이 만들어진 경위는 다음과 같다. 곧 1836년 전후에 당시 月精寺 승려였던 金慧月이 인각사를 지나다 우연히 일연비문을 필사한 것이다.[10] 이때 혜월이 필사한 것은 깨어진 일연비의 탁본을 대상으로 한 것은 아니고, 인각사에 남아있던 사본을 필사한 것으로 보인다. 그러나 그 뒤 필사본을 저본으로 한 등사본이 유행하게 되었다. 본 등사본과 월정사 소장의 필사본을 바탕으로 하여 1910년대의 여러 저술에 소개된 것이 현재까지 알려진 일연비의 앞면 2,347字이다. 그러나 각각의 소개서에는 자구에 약간의 誤字와 出入이 보이고 있는데, 이는 현재 한국정신문화연구원(현 한국학중앙연구원)에 소장되어 있는 완전한 탁본에 의해 정확한 내용의 복원이 가능하다.[11]

한편 일연비의 전면은 이와 같이 필사본과 완전한 탁본에 의해 알 수 있으나, 비음기에 대해서는 그렇게 관심을 가지지 않았다.[12] 비음기에 대해서는 필자가 규장각에 소장된 「麟角寺碑」의 일부가 비음기임을 확인하였다. 규장각본도 서첩용으로 만들어졌기 때문에 전체 문맥의 파악과 판독이 완전할 수가 없었다. 따라서 황수영 교수의 소장본이 일연비음기의 일부임을 확인하고, 또 김상기 선생이 소장하였다가[13] 현재 영남대학교에 소장된 東濱文庫本과 『大東金石書』에 수록된 것을 참조하여 완전하지는 못하지만 「일연비음기」를 복원하게 되었다. 참고

권15, 원년 4월 기묘) 보일 정도로 국내외에 많이 알려졌다.

10) 安震湖, 앞의 논설, 1929.

11) 韓國精神文化研究院, 『高麗國華山曹溪宗麟角寺迦智山下普覺國師碑銘』, 1981.

12) 「일연비음기」는 『大東金石書』에 1면을 소개하였으며, 今西龍, 앞의 논문에서 현존의 규장각본 중 2면을 영인하여 소개하였으나 그의 논문에서 일체의 언급이 없다. 그는 비음기를 그렇게 중요하게 생각하지 않았던 모양이다.

13) 金庠基, 「古搨麟角寺碑」, 『考古美術』 21, 1961.

로 규장각본은 전체 983자인데 이 중 전면은 210자이고 나머지 773자가 비음기이며, 황수영 선생 소장본은 전체 966자인데 앞면 458자, 비음기 508자임을 밝혀둔다.

이와 같이 일연비의 탁본이 출현함에 따라 논란이 되고 있던 몇 가지 문제에 대한 해답을 얻을 수 있게 되었다. 우선 「일연비문」의 앞면에 대해서 검토하기로 한다.

첫째, 일연이 1261년에 원종의 명에 의하여 당시 수도인 강화도에 부름을 받고 禪月社에 머물면서 법회를 열었을 때 '遙嗣牧牛和尙'했다는 구절이다. 종래의 필사본에 '逢嗣牧牛和尙'이라고 한 것을 최남선과 이능화는 '逢疑遙字之誤'라 하여 '멀리 牧牛和尙, 곧 知訥을 계승했다'고 하였으며, 또 이와는 달리 "일연은 가지산문의 법통을 계승하였기 때문에 知訥의 嗣인 慈眞圓悟國師를 만났다."라고[14] 한 견해가 있었으나 새로운 탁본에 의해 '逢'은 '遙'의 오자임이 밝혀져 '一然은 知訥을 계승했다.'고 함이 옳다. 여기서 일연의 소속 종파인 가지산문이 수선사를 계승한 것으로 해석하기는 어렵다.

둘째, 일연의 부친 이름이 필사본에 金彦鼎으로 된 것은 최남선이 소개한 대로 金彦弼이 확실한 것으로 밝혀졌다.

셋째, 일연의 행장과 비음기를 찬술했으며 또 일연비를 건립한 인물이 대선사 淸玢임이 확인되었다. 종래에는 淸玢에 대해서 필사본을 참고하여 淸珍 또는 法珍 등으로 잘못 판독한 결과[15] 舊名이 淸玢이었다는 寶鑑國師 混丘(1251~1322)와[16] 일연의 관계가 확연하게 밝혀지지 않았던 것이다.

다음은 현재 학계에 소개된 「일연비음기」를[17] 통해 현재 학계에서

14) 閔泳珪, 「三國遺事解題」, 『韓國의 古典百選』, 『新東亞』 1969, 1월호 부록.

15) 『朝鮮金石總覽』(上)에는 淸珍으로, 崔南善, 「三國遺事解題」에는 法珍으로 되어 있다.

16) 李齊賢, 「瑩源寺寶鑑國師碑銘」(이하 「混丘碑文」으로 줄여서 부름), 『東文選』 권 118, "國師諱混丘 字丘乙 舊名淸玢 俗姓金氏".

운문사 전경(2016년)

논의되고 있는 몇 가지 문제되는 바를 지적하려 한다. 비음기는 본문과 문도, 단월 등으로 구성되어 있다. 본문은 비음기에 "사실이 기이한 것은 비문에서 생략했다."라는 구절로 보아 일연의 입적 이후 다비할 때까지의 기이한 영험담을 기록하고 있다. 본문의 내용은 일연이 입적할 당시의 사실적인 행적을 담고 있기 때문에 이해를 돕기 위해 전문을 번역하여 제시한다.

元貞 원년 을미년(고려 충렬왕 21년, 1295) 8월 일에 글씨를 쓰고, 운문사 주지 통오진정대선사 山立이 글을 짓다.

새 천자가 즉위한 (원정)元年 乙未 초여름 4월 초에, 麟角長老가 나를 찾아와 부탁하기를 "先師께서 열반하신 지 홀연히 6, 7년이 지났습니다.

17) 2006년 일연 탄신 800주년에 맞추어 일연비를 복원하였다. 당시 비음기는 단월 일부를 제외하고 거의 복원되었다. 정병삼 교수가 그간 학계의 성과를 종합하여 논문으로 정리하였다. 정병삼, 「일연선사비의 복원과 고려 승려 비문의 문도 구성」, 『韓國史硏究』 133, 2006 참조.

그러나 조정의 은례는 조금도 변함이 없어 거듭 臣에게 명하여 선사의 비문을 지어 옥석에 새겨 本院 인각사에 세우고, 이어 조칙을 내려 문도들이 대를 이어 香祀를 받들게 하는 것으로 飾終의 禮를 마치게 하였습니다. 스님의 문도를 碑의 뒷면에 열거하여 후세 사람들로 하여금 읽도록 하여 원래의 사연이 있었음을 알게 하려는데, 이 일은 오직 스님만이 우리들을 위하여 할 수 있는 것이오."라고 하므로, 나는 이를 받아들여 그러하겠다고 말하였다.

"나는(山立) 國尊께서 살아계실 때, 인연이 없어 스님의 門徒의 열에 서지 못한 것을 항상 한으로 생각했었는데, 다행히 不朽의 부탁을 받았다. 이에 역시 내세에서라도 스승으로 모실 인연이 맺어지기를 바라고 있던 터인데, 어찌 감히 下命을 받지 않을 수 있겠습니까."라 하고, 삼가 손을 모아 머리를 조아려 절하고 두 번 다시 절하면서 이르되, "和尙의 門風이 광대하여 실로 모든 것을 갖추어서 어떠한 말과 생각으로도 표현할 수 없습니다."라 하였다.

이를 줄여 한 마디로 말하면 국존은 모든 중생들의 스승입니다. 모름지기 존경하고 추앙할 스승으로 모실 뿐입니다. 그러한 사정은 마치 개미떼나 바구미처럼 국존의 덕을 사모하여 많은 사람들이 모여드는 것과 같으며, 또한 국존께서 (살아계실 때) 실천하심이 독실하여 한결같이 하셨기 때문입니다. 곧 生死去來를 마치 꿈꾸는 것과 같이 하시고, 이에 (스님의) 지혜와 자비심, 실천과 원력, 환희심에 감응하게 된 것입니다.

지금 국존의 행장을 살펴보니, 임종할 때 대중을 모아 놓고 말씀을 남기시고 눈을 감아. 숨을 거둔 지 한참되었다. 이에 禪源社 頂 스님이 어찌할 바를 몰라 말하기를 "탑비 세울 장소를 여쭈어 볼 겨를도 없었으니, 장차 어찌할꼬."라 하여 大衆과 함께 탄식하고 있었다. 이때 스님께서 寂定 중에 조용히 깨어나, 대중을 돌아보고 이르시기를, "여기서 동남쪽으로 약 4·5리쯤 지나 숲이 있는데, 지형의 높낮이가 무덤과 같으니 이곳이 참으로 좋은 땅으로서 塔을 세우기에 적합한 곳이다."라고 하고는, 다시 처음과 같이 눈을 감고 돌아가셨다. 일이 너무 괴이하므로 碑文에는 모두 생략하였다.

옛날 廣福禪者라는 스님이 입적하고서도 다비를 위해 준비한 섶나무 위에서 다시 일어나 維那에게 당부하여 절의 실무자가 (당신이) 남겨 둔 쌀과 돈을 (가난한 이들에게) 나누어 주도록 하였다는 전승이 말하여 지는 것으로 보아, 이를 어찌 감히 의심할 수 있습니까.

(국존의) 다비를 마치고 장차 (사리를) 탑 속에 안치하려 할 때에, 현 雲興寺 印公이 암자에 있을 적에 마침 꾼 꿈 이야기를 하였다. 곧 국존이 찾아오니 맞아들여 묻기를, "다비를 하려는 순간 다시 일어났으니, 이는 무슨 道理입니까?" 하니, 국존께서 대답하시기를, "죽지 아니한 이치이니라." 하였다. 또 묻되 "그렇다면 불이 능히 태우지 못한 것입니까?" 하니, 대답하시길, "그러하느니라."라 하였다. 또 묻되, "내일 탑을 세우는데, 스님께서 다시 안 들어가십니까?"하니, 국존께서 "들어갈 것이니라."라 하였다. 나아가 또 묻기를 "그러시다면 탑이 죽었다, 살았다 합니까?"라 하니, 화상께서 답을 하였으나 (여기에) 기록하지 않는다. 또 묻기를 "꿈과 생시가 같습니까?"라고 하니, 대답하시길 "같다."고 하였다.

(운흥사) 印公이 깨어나, 이상하게 여겨 말하되, "다비한 다음 다시 돌아오고, 塔을 세움에 곧 탑 속으로 들어간 것이 마치 시원한 바람이 불고 흰 구름이 출몰하는 것과 같으니, 그 어찌 至人의 경지가 아니겠는가."라 하고, 곧 찬사를 지어 추모하였다.

또 나는(山立) 이러한 機緣을 보고 자못 기이하고 심상하게 생각하였다. 이는 범부의 경지로서는 도저히 이르지 못하는 것이니, 국존은 깨달음의 어느 위치에 이르렀는가 하고, 항상 의심이 풀리지 아니하였다. 그러던 중 어느 날 꿈에 옛 절에 이르니, 여기에 寶蓮花로 꾸민 자리를 베풀었는데, 국존께서 그 위에 앉아 계시다가 잠시 후 휴식하기 위해 자리에서 내려와 느린 걸음으로 마당을 거니는 것처럼 보였다. 이에 나는 인흥사의 禪麟 스님과 함께 뒤를 따랐다. 이때 仁興社 선린 스님이 나에게 이르기를, “스님은 우리 스승이 이미 聖果를 증득한 까닭에, 맨발로 다녀도 발바닥이 전혀 傷하지 않았던 행적을 보았소.”라고 말하였다. 그제서야 나는(山立) 마음으로 공경하여 이전에 가졌던 의심이 얼음 녹듯이 풀렸다.

이와 같이 마지막 입적할 때의 여러 가지 因緣에 의거하건대, 비록 공자의 담장이 몇 길이나 된다고 하더라도 또한 그것과 방불함을 엿볼 수 있다. 그러므로 이 세상에 한 번 왔다 가는 것은 마치 꿈에서 깨어나는 것과 같은 것이며, 지혜와 자비심, 실천과 원력, 환희심에 감응할 뿐이다.

또한 府兵이라 칭한 神將이 국존을 맞이하여 衛護하며, 山靈이 단월에게 고하여 식량을 준비하였다. 그리고 火葬할 때 단정하게 앉아 있었으니, 화염이 반대쪽으로 불었고, 임종할 때 金幢이 땅에 떨어진 일 등 이러한 영험한 발자취와 기이한 상서로움은 모두 성스러움에는 쓸데없는 일에 속하는 것이므로, 이들은 모두 끌어 기록하지 아니한다. 혹자는 말하기를 “위의 몇 가지 (영험한) 일들은 모두 세상 사람을 혼란시키는 몽상이다.”라 하거나, 어떤 이는 拂子나 방망이를 들고 크게 말하기를 “그렇지 않다. 어느 날 저녁 보통 꿈을 꾸어 50일만에 한 번 깨어난다고 하며 깨어난 때를 虛로 삼고, 꿈꿀 때를 實이라.”라고도 하였다. 이와 같이 이러한 깨어남과 꿈꾸는 것, 허와 실은 역시 쉽게 정할 수 없다.

또한 우리 국존께서는 三世가 幻夢과 같은 경지를 몸소 證得하셨고, 태어남과 죽음에 드시는 것을 夢幻과 같이 하였다. 불사 또한 이와 같으며, 국존께서 자비로 衆生을 교화하였다. 비록 능히 이러한 경지에

> 이른다 해도 어찌 회의할 수 있겠으며, 어찌 그 사이에 의심하기에 이르겠는가. 이 모두가 승려와 신도들이 국존을 애모하여 歸附하는 까닭이다. 이는 아무리 강제로 시킨다고 하더라도 능히 하겠는가.
>
> 항상 국존을 따르고 親附하여 가르침을 얻거나 骨髓를 얻었거나, 불법을 도운 모든 스님과, 실무 일을 담당한 제자, 아울러 스님의 法乳를 받은 卿과 士大夫 등의 이름을 갖추어 다음과 같이 列擧한다.

앞에 인용한 「일연비음기」는 전면과 마찬가지로 왕희지의 행·초서체를 집자하여 새긴 것이다. 그 구성은 찬자인 雲門寺住持 通奧眞靜大禪師 山立이 충렬왕 21년(1295)에 본 비를 세운 경위, 다비할 때의 영험담, 일연 문도와 단월에 대한 기록 등으로 되어 있다. 「일연비문」의 전면에 보이는 충렬왕 21년 8월에 문인인 竹虛가 왕희지체를 집자하였으며 진정대선사 청분이 비를 세웠다는 내용과 비음기의 내용은 일치한다. 그러면 우선 비음기의 찬자인 진정대선사가 어떤 인물인지를 살펴보기로 한다.

앞에서 살핀 바와 같이 混丘(1251~1322)가 바로 眞靜大禪師 淸玢이라는 사실은 당시의 불교계에 있어서 가지산문의 동향을 설명할 수 있는 실마리를 제공한 셈이 된다. 그러면 일연과 청분은 어떤 관계인지를 검토하기로 한다. 청분은 山立이라는 이름도 가지고 있었으며,[18] 「일연비음기」 찬자인 山立은 자신의 표현대로[19] 일연 생존시에는 그의 직계 문도가 아니었다고 한다. 이러한 청분은 다음의 몇 가지 사실을 알려준다. 첫째, 일연의 사후 그의 행장을 지어 충렬왕에게 바쳤다. 둘째,

18) 李齊賢, 「混丘碑文」, "師凡七僧秩 六錫號 九歷名藍 再住內院 爲一國釋林之首"라고 한 것에서 여러 개의 法號를 사용하였음을 짐작할 수 있다.

19) 山立, 「일연비음기」, "國尊在世時 山立以因緣差奪 未獲詣門徒之列 常以爲恨 幸託不朽之囑 庶不結當來攀附之".

일연이 입적한 1289년 당시에는 일연이 주석한 바 있는 雲門寺의 주지직을 맡았다. 셋째, 일연의 비를 건립한 1295년에는 일연의 탑비와 부도가 소재하고 있으며, 일연이 만년을 보낸 인각사의 주지로 있으면서 寶鏡寺와 內願堂[20]의 주지직까지도 겸임하였다.

운문사 원응국사비

이러한 이력을 가진 청분은 충렬·충선왕 양대에 걸쳐 왕실과 밀접한 관련을 맺은 인물로서 가지산문의 핵심적인 위치를 차지한 승려이다. 추측컨대 청분은 본래 일연과 함께 같은 가지산문의 출신이지만 일연과 법맥상으로는 직접 관련이 없는 인물이다. 그러나 가지산문이 일연을 정점으로 세력을 크게 형성하여 불교계의 교권을 주도하게

20) 內願堂은 왕궁 내에 있던 왕실의 원찰로서 왕실과 깊은 관련이 있었다. 내원당에 대한 기록은 『高麗史』 권26, 원종 10년 12월 기묘에 "又設灌頂道場 于內願堂"이라는 것과 함께 『高麗史』에 충숙·충목왕이 행차한 기록이 보이며, 특히 『高麗史』 권38, 공민왕 4년 6월 을축에 "召臺官諭曰 僧禪近所犯 不須窮治 禪近內願堂僧也 素有寵於王 至是 通士人妻 爲憲府所鞫 故王命釋之"라 한 것을 보면 내원당과 왕실과의 밀착도를 알 수 있다. 그리고 주18)에 混丘가 '再住內院'했다는 '內院'은 바로 內願堂이다.

되자 일연의 입적 후 그의 계승자로 추대된 것은 아닌가 한다. 이와 같이 혼구가 일연의 직계 문도는 아니더라도 혹시 간접적으로 師事한 적이 있었는지는 모르겠다.

이와 같이 淸玢=寶鑑國師 混丘가 일연의 직계 문도가 아니라는 사실은 다음의 두 가지 문제를 명확하게 해준다.

첫째, 李齊賢이 찬술한 「有元高麗國曹溪宗慈氏山瑩源寺寶鑑國師碑銘幷序」[21] 중에 "혼구는 10세에 無爲寺의 天鏡禪師에게 삭발한 뒤 九山選의 우두머리로서 上上科에 들었으나 포기하고 普覺, 곧 일연에게 배웠다."[22]는 구절을 위시하여 일연과 혼구와의 관계를 직계문도로 표현한 것은[23] 모두 오류라는 사실이다. 이제현이 일연의 입적 후 혼구가 가지산문의 중추적인 역할을 담당한 인물로 추대되었기 때문에 추후에 그런 표현을 했거나, 아니면 혼구와 가지산문이 혼구가 일연의 계승자임을 표방했기 때문에 그렇게 따랐던 것이 아닌가 한다.[24] 이러한 측면은 「혼구비문」의 내용 자체가 소략하게 서술된 것과도 관련될 것이다.

둘째, 『삼국유사』의 초간 시기에 대한 문제이다.[25] 현 학계에서는 일연 생존시에 이루어졌다는 설과 일연 사후 無極老人,[26] 곧 혼구에 의해 이루어졌다는 견해로 나뉘어 있다. 앞서 살핀 바와 같이 혼구가 일연 생존시의 직계문도가 아니라면, 일연이 생전에 판각하여 간행한

21) 『東文選』 권118.

22) 李齊賢, 「混丘碑文」, "十歲投無爲寺禪師天鏡祝髮 以九山選 首登上上科 棄法從普覺學".

23) 李齊賢, 「混丘碑文」, "始普覺夢一僧來 自謂五祖演 詰朝師往謁 心獨怪之 及是歎其敏而勤 語衆曰 吾夢有徵矣"라고 한 내용은 혼구가 일연에게 수학차 찾아갔을 때의 설화인데 그 근거가 희박하다.

24) 채상식, 「「一然碑」에 보이는 淸玢과 山立의 정체」, 『한국민족문화』 59, 2016.

25) 金相鉉, 「三國遺事의 刊行과 流通」, 『韓國史硏究』 38, 1982, 2~12쪽.

26) 李齊賢, 「混丘碑文」, "中吳蒙山異禪師 嘗作無極說 附海舶以寄之 師默領其意 自號無極老人".

『삼국유사』를 그렇게 오랜 기간이 지나지 않았음에도 불구하고 굳이 附記를 수록하면서까지 새로이 간행했다고 하는 것은 무리이다. 일연 생전에는 『삼국유사』의 간행이 이루어지지 않았다고 보는 것이 타당하다. 아무리 중요하게 인식된 저술이라 하더라도 당시의 판각 기술이나 몽고와의 오랜 전쟁을 겪은 뒤의 인적·물적 여건으로 보아[27] 이미 간행된 것을 폐기, 처분하고 다시 간행했다고 볼 수는 없을 것이다. 물론 부분적인 개각이라고 할 수는 있겠지만 그렇다면 개각에 따른 附記가 별도로 있었을 것이다.

결국 『삼국유사』는 일연이 남긴 많은 저술 중에 포함된 것으로서 卷子本이나 折帖本 형식으로 분권 없이 내용항목 순으로 제1~9까지 만들어 놓은 것을, 그의 사후 일연의 계승자로 자처한 無極이 자기의 의견을 보충하여 5권으로 分卷하여 登梓本을 만들고 이를 토대로 초간한 것이라고[28] 보는 것이 논리상 타당할 것이다.

한편 진정대선사 혼구는 현 학계에서 찬자 문제로 논란이 되고 있는 『禪門寶藏錄』의 찬자로 추정된다.[29] 『선문보장록』의 찬자는 서에 '海東沙門 內願堂眞靜大禪師天頙蒙且序 至元三年癸巳十一月日也'라 협주하여 천책의 저술인 것으로 밝히고 있다. 곧 『선문보장록』은 천태종의 백련사 제4세인 眞靜國師 天頙(1206~?)의 저술로 보고 있으나, 천책은 眞淨國師가[30] 아닌가 한다. 후세의 기록에서 비슷한 시기의 인물인 眞靜大禪師를

27) 일연의 직계 문도인 禪仏이 쓴 『人天寶鑑』 跋文에 일연이 생전에 『人天寶鑑』의 간행을 부탁했지만 간행하지 못한 것을 후회하는 내용이 보인다. 이는 당시 판각의 어려움을 단적으로 반영한 것이다.

28) 柳鐸一, 「三國遺事의 文獻變化 樣相과 變因」, 『三國遺事硏究』(上), 1983 참조.

29) 『禪門寶藏錄』은 내용상 休靜이 그의 저술인 『禪敎釋』에서 卷上의 체제를 그대로 따른다든가, 조선말에도 선종의 교과서로 애용된 점으로 미루어 볼 때 천태종의 저술로 보기 어렵다(蔡尙植, 「高麗後期 天台宗의 白蓮社 結社」, 『韓國史論』 5, 1979, 152쪽 참조). 따라서 『禪門寶藏錄』은 가지산문의 眞靜大禪師 淸玢=混丘가 저술한 것은 아닌가 한다.

천책으로 혼동한 것은 아닌가 한다. 곧 「일연비음기」에 보이는 內願堂眞靜大禪師는 眞淨國師 天頙과는 별개의 인물이며, 李混이 쓴 『선문보장록』 발문에 '今內願堂鷲谷住老呆庵大禪翁'이라 한 것에서도 그는 내원당과 연곡사의 주지를 겸임한 인물임을 알 수 있다. 그 시기는 진정대선사가 내원당과 운문사의 주지를 겸임하기 이전인 1293~1295년인 것으로 추정된다. 그가 이 책을 저술한 1293년 11월에는 내원당에 거주하면서 연곡사 주지도 겸하였던 것으로 보인다. 그 뒤 진정대선사는 충숙왕이 즉위하면서(1313) 鑑智王師로 책봉되고[31] 뒤에 寶鑑國師로 추증된 인물이다. 앞서 살핀 바와 종합하면 충렬왕대에는 1289년 전후에 운문사, 1293년 전후에 내원당과 연곡사, 1295년 전후에 내원당과 운문사 주지를 역임한 인물임을 알 수 있다.

3. 그의 생애와 가지산문의 동향

무신란 이후 최씨집정기와 대몽항쟁기를 거쳐 원간섭기로 접어들면서 불교계의 판도와 경향이 어떠했는지는 다각도로 해명해야 하지만, 중심되는 교단세력의 변화양상은 원간섭기 초반에 책봉된 국사·왕사를 통해서 그 윤곽을 짐작할 수 있다. 이에 대해서 정리하면 다음의 〈표 1〉과 같다.[32]

〈표 1〉에 의하면 무신란 이후 최씨집정기에는 대부분 수선사, 백련사의 출신들이 국사·왕사로 책봉, 추증되어 불교계를 대표한 것에 비해, 충렬왕대 이후에는 대체로 선종의 가지산문, 천태종, 유가업 출신들이

30) 了圓, 『法華靈驗傳』, 序 및 無寄, 『釋迦如來行蹟頌』, 跋文 참조.

31) 『高麗史』 권34, 忠肅王 즉위년 11월 무자 ; 李齊賢, 「混丘碑文」 참조.

32) 許興植, 「高麗時代의 國師·王師制度와 그 機能」, 『歷史學報』 67, 1975.

〈표 1〉 원간섭 초기에 책봉된 國師·王師

법명	생존연대	책 봉 년	종파	전거
見明 (普覺國尊)	1206~1289	충렬왕 9년 國尊	禪宗 迦智山	「一然碑文」 『高麗史』 권29, 충렬 9.3 경오
惠永 (弘眞國尊)	1228~1294	충렬왕 18년 國尊	瑜伽業	『韓國金石總攬』上, 596쪽 『高麗史』 권30, 충렬 18.11 기유
景宜 (圓慧國統)	?	충렬왕 21년 國尊	天台宗	『高麗史』 권31, 충렬 21.5 신사
丁午 (無畏國統)	?	충숙왕 즉위년 國統	天台宗	『高麗史』 권34, 충숙 즉위.11 무자 「妙蓮寺重興碑」, 『東文選』 권118
混丘 (寶鑑國師)	1251~1322	충숙왕 즉위년 王師 國師追贈	禪宗 迦智山	『高麗史』 권34, 충숙 즉위.11 무자 「寶鑑國師碑銘」, 『東文選』 권118
彌授 (慈淨國尊)	1240~1327	충숙왕 11년 國尊	瑜伽業	『朝鮮金石總覽』上, 486쪽

두드러지게 등장한다는 사실이다. 또 이들이 생존시에 국사·왕사로 책봉된 점은 교권의 향방과 깊은 관련이 있었음을 알 수 있다. 여기서 천태종 출신인 圓慧國統 景宜[33]와 無畏國統 丁午는 본래 백련사 출신이었으나, 충렬왕 10년(1284)에 충렬왕의 원찰인 개경의 묘련사를 개창하면서 초청된 인물들이다. 이들은 백련사 결사가 서서히 해체되어 가는 과정의 계승자라 할 수 있다. 특히 묘련사를 중심한 천태종은 이후 趙仁規家에서 4대에 걸쳐 4명의 승려를 배출하고, 이 중 조인규의 4子인 義旋은 원 황실과 고려왕실의 비호 아래 한때 불교계의 교권을 장악할 정도였다. 곧 천태종은 이들이 출현함에 따라 원간섭기의 중심교단으로 성장하였다.

또 유가업=법상종은 무신란 이전에는 현종의 원찰인 현화사가 개창

33) 蔡尙植, 앞의 논문, 『韓國史論』 5, 1979, 182~183쪽에서 景宜는 『高麗史』 외의 기록에는 보이지 않으나 당시 불교계의 동향으로 미루어 妙蓮寺로 진출한 백련사의 圓慧國統으로 추정하였다.

된 이후 화엄종과 함께 양대세력으로 등장하였으며, 특히 인주이씨와 연결되어 그 세력을 확장하였다.[34] 최씨집정기에는 유가업은 그 일부가 무신항쟁에 참여함으로써 그들의 탄압을 받아 그 세력이 위축되었다. 그 뒤 원간섭기에는 당시 원에서 널리 성행한 寫經을 주로 담당함으로써 충렬왕이 현화사를 중수하도록 할 정도로 크게 부각된 교단이다. 惠永이 출현하여 충렬왕 16년(1290)에 寫經僧 1백명을 거느리고 원에 들어가 金字法華經을 書寫하였는데[35] 이를 계기로 차츰 부원세력과 밀착되었으며, 그 뒤 慈淨國尊에 책봉된 彌授는 1308년에 五敎都僧統, 1313년에는 兩街都僧統으로 祐世君에 封君되고 따루 一品의 俸祿을 받게 되었으며, 충숙왕 2년(1315)에는 懺悔府가 설치되자 승정을 장악하고 오교양종의 교권을 장악하기에까지 이르렀다.[36]

그러면 가지산문은 어떤 경위로 원간섭기에 부각되었는지를 살펴보기로 한다. 가지산문은 신라말에 소위 구산문 중의 하나로 道義가 당에 유학하여 馬祖道一의 제자인 西堂知藏에게서 心印을 받고 헌덕왕 13년(821)에 귀국함으로써 받아들여진 선법에 기초한 종파이다. 도의는 그의 선사상이 당시 불교계에서 수용되지 못하자 강원도 설악산 진전사에 은거하였으며, 그 뒤 도의를 계승한 廉居(?~844)를 거쳐 普照禪師 體澄(804~880)에 이르러 체징이 헌안왕의 초청으로(헌안왕 3, 859) 전남 장흥 가지산에서 머물고 있다가 경문왕 원년(861)에 이를 더 확장하여 가지산파를 형성한 것이다.[37]

체징의 문도로는 英惠, 淸奐, 義車 등 800여 명과 先覺大師 逈微(864~917)

---

34) 崔柄憲, 「高麗中期 玄化寺의 創建과 法相宗의 隆盛」, 『韓佑劤博士停年紀念史學論叢』, 1981 참조.

35) 「桐華寺弘眞國尊碑」, 『朝鮮金石總覽』(上), 596쪽.

36) 「俗離山法住寺慈淨國尊碑銘」, 『朝鮮金石總覽』(上), 486쪽.

37) 崔柄憲, 「新羅下代 禪宗九山派의 成立」, 『韓國史研究』 7, 1972, 93~95쪽.

가 있었으며, 또 이들은 고려 태조 왕건이 여러 갈래의 선종세력을 정비하는 과정에서 세운 五百禪院에 대거 참여하였을 것으로 추측된다. 당시 왕건과 가지산문의 결합은 왕건을 지원한 寶壤을 통해서도 알 수 있다. 보양은 운문사를 중심으로 활약한 인물로 가지산문 소속이다. 이로 보아 운문사는 고려 초부터 이미 가지산문의 근거지였음을 알 수 있다.[38] 그러나 고려사회가 집권적 귀족체제를 구축한 중기에 이르면 가지산문뿐 아니라 전반적으로 선종세력은 그 구체적인 활동상을 찾기가 힘들 정도로 극히 미약해졌다.

그러다가 인종 즉위년에 왕사로 책봉된 學一(1052~1144)[39]이 출현함으로써 가지산문은 서서히 부각되기에 이르렀다. 학일은 義天이 송에 유학하여 귀국한 뒤 천태종을 개창할 때 이에 참여하기를 권유받았으나 이를 거절함으로써 선종 나름의 독자성을 지키려한 인물이다. 이때 의천이 당시 불교계의 대립을 통합하는 과정에서 성립시킨 천태종도 의천 사후 정치권력의 변동으로 인하여 대체로 화엄종, 천태종으로 분파되어 발전하고 그간 쇠약해진 선종이 차츰 대두하게 되었다. 이 시기에 學一을 중심한 가지산문, 坦然(1070~1159)을 중심한 사굴산문의 존재와 또 李資玄(1061~1125)이 淸平山에 들어가 普賢院을 文殊院으로 고치고 선법을 선양한 사실[40] 등을 미루어 보아 차츰 선종의 세력이 부각되었음을 짐작할 수 있다.

한편 학일이 1122년(인종 즉위)에 왕사로 책봉되고 1129년(인종 7)

---

38) 『三國遺事』 권4, 寶壤梨木에 王建을 지원하는 寶壤에 관한 기록이 보인다. 또 운문사와 인접한 石南寺(경남 언양 소재)에는 신라말에 조성된 팔각원당형의 道義國師 浮圖(보물 369호)가 남아있고, 또 석남사가 소재하고 있는 山名이 伽智山으로 불리고 있는 것은 운문사 일대가 가지산문의 근거지였음을 시사해 준다.

39) 『高麗史』 권15, 仁宗 즉위년 6월 기해, "以僧德緣爲國師 學一爲王師" 및 「雲門寺圓應國師碑」, 『朝鮮金石總覽』(上), 348쪽 참조.

40) 金富轍, 「淸平山文殊院記」, 『東文選』 권64.

이후에는 운문사로 은퇴하자, 이곳에 많은 승려들이 운집하였다. 학일이 말년까지 운문사에 주석한 사실은, 물론 운문사 일대가 일찍부터 가지산문과 관련된 지역이긴 하지만, 가지산문의 중심지가 경상도로 옮겨가게 된 중요한 계기를 마련한 것으로 생각된다. 이 지역이 가지산문의 중심지가 되었다는 사실은 일연의 출현과 관련시켜 볼 때 대단히 중요한 의미를 갖는다.

그러면 학일이 운문사에서 만년을 보낸 이후의 가지산문에 대한 기록은 거의 볼 수 없으나, 원에 예속되어 가는 시기에 가지산문이 커다란 세력으로 등장할 수 있었던 배경은 어디에서 찾을 수 있을까. 이는 일연의 행적을 통해서 대체적인 윤곽을 파악할 수 있을 것이다. 그러면 일연의 행적과 당시 불교계 동향을 살펴보기로 한다. 이는 다음의 〈표 2〉와 같다.[41]

〈표 2〉 일연 행적 연대표

연대			일연행적	불교계 동향	참고
1206	희종	2	6월 탄생, 俗姓 金, 章山郡人		
1209	희종	5			敎定都監 설치
1210	희종	6		3월 普照國師 知訥 입적	
1211	희종	7		12월 王과 결탁된 승속 10여 명이 최충헌 암살 시도 실패	최충헌이 왕을 폐위함
1213	강종	2		6월 志謙을 왕사로 책봉	왕 승하
1214	고종	1	출가하여 海洋(光州) 無量寺에 就學		
1216	고종	3		천태종, 강진 白蓮社 낙성 (1211~1216)	

41) 〈표 2〉는 「일연비문」을 중심으로 震檀學會 편, 『韓國史 : 年表』, 을유문화사, 1969 ; 金庠基, 『高麗時代史』, 동국문화사, 1961 ; 禹貞相·金煐泰, 『韓國佛敎史』 연표, 진수당, 1969 등을 참고하여 작성하였다.

1217	고종	4		정월 興王·弘圓·景福 등 승도들이 최충헌을 살해를 기도했으나 실패	
1219	고종	6	陳田寺의 長老 大雄에게 구족계를 받음		9월 최충헌 사망, 최우가 대권 장악
1221	고종	8		9월 圓眞國師 承逈 입적	
1225	고종	12			정월 蒙古使 著古與가 압록강 밖에서 피살됨 몽고, 고려와 단교 6월 최우가 政房을 私第에 설치
1226	고종	13		11월 慧諶, 『禪門拈頌』(30권) 찬술	
1227	고종	14	選佛場의 上上科에 합격, 그후 包山(현풍) 보당암에 주석, 心存禪觀		
1228	고종	15		天因·天頙 일행이 백련사 了世에 출가	
1229	고종	16		7월 靜覺國師 志謙 입적	
1231	고종	18			8월 몽고 침입함 9월 龜州 전투 11월 개경 선의문 밖에 몽고군 주둔 12월 몽고와 강화
1232	고종	19		4월 白蓮社에 普賢道場 개설, 몽고병이 符仁寺의 초조대장경을 소각	1월 忠州 官奴의 亂 2월 천도 논의 6월 강화도로 천도 단행 12월 撒禮塔이 침입, 處仁城에서 金允侯에게 사살됨
1233	고종	20			6월 관군이 東京賊을 평정

1234	고종 21		6월 眞覺國師 慧諶(수선사 2세) 입적	
1236	고종 23	包山(현풍, 비슬산) 無住庵에 주석	대장도감 설치, 經板再彫, 白蓮社에서 白蓮結社文 반포	10월 몽고병이 남하하여 全州 古阜 경계에 이름
1237	고종 24	비슬산 妙門庵에 주석, 三重大師가 됨		全羅道指揮使 金慶孫이 草賊 李延年을 평정
1238	고종 25			4월 몽고병이 경주에 이르러 황룡사탑 소각
1243	고종 30		『禪門拈頌』 간행	
1245	고종 32		圓妙國師(백련사 1세) 입적	
1247	고종 33	禪師가 됨	5월 王이 禪源社에 행차	
	고종 34		6월 崔怡는 서자인 禪師 萬全을 환속시켜 沆이라 하고 戶部尙書에 拜함	
1248	고종 35		靜明國師 天因 (1205~1248) 입적	
1249	고종 36	鄭晏이 남해 사제를 定林社로 삼아 초청, 이곳에서 주석함		11월 최이 사망, 최항이 승계
1250	고종 37		8월 최충헌의 진영은 昌福寺, 최이의 진영은 禪源寺에 설치함	
1251	고종 38		9월 대장경판을 완성함	
1252	고종 39		淸眞國師 夢如(?~1252) 입적	
1254	고종 41			7월 몽고 車羅大가 침입하여 포로로 20만 명을 잡아감
1256	고종 43	지리산 吉祥庵에서 『曹洞五位』를 중편		
1257	고종 44			4월 최항 사망, 최의가 계승
1258	고종 45			3월 柳璥 등이 최의를 제거함

1259	고종	46	大禪師가 됨		2월 피난민에게 출륙하여 경작하게 함 4월 太子 倎이 몽고로 감 6월 왕 승하
1260	원종	1	『重編曹洞五位』 초간		3월 태자 환국 4월 왕 즉위
1261	원종	2	詔를 받고 江都로 가서 禪月社에 주지하여 開堂함, 遙嗣牧牛和尙이라 표방함		몽고는 遼陽故城을 修治하여 安撫高麗軍民總管府를 둠
1264	원종	5	南還하여 雲梯山(迎日) 吾魚社에 있다가 비슬산 仁弘社로 옮김, 많은 승려들이 모여듦		8월 김준이 교정별감이 됨
1265	원종	6			7월 왜가 남도 연해의 州郡에 침입
1268	원종	9	왕명에 의해 雲海寺에서 禪敎名德으로 대장낙성회 설치, 이를 主盟		12월 김준이 주살됨
1269	원종	10			6월 임연이 왕을 폐하고 安慶公 淐을 세움
1270	원종	11			林衍 부자 주살함 5월 개경환도, 裵仲孫 등 삼별초가 江都에서 모반하고 珍島로 들어감
1271	원종	12		眞明國師 混元 입적	5월 김방경과 몽고군이 진도를 공략, 삼별초 잔당이 耽羅로 들어감
1273	원종	14		2월 寺院造成都監 설치	정월 경상도에

				서 전함 만듬 4월 김방경·몽고군이 탐라를 平定
1274	충렬왕 즉위	仁弘社를 仁興社로 고치고 사액, 포산 동쪽 湧泉寺를 중수하여 佛日社로 함		6월 왕 승하 8월 世子 환국 즉위 10월 김방경·元將 忻都 일본정벌 실패
1277	충렬왕 3	왕명에 의해 雲門寺에 주석		12월 元, 洪茶丘를 征東都元帥로 삼음
1278	충렬왕 4	仁興社에서 『歷代年表』 간행		
1281	충렬왕 7	慶州行在所에 부름을 받고 감	6월 왕이 경주에 행차하여 승직을 내리니 승려들이 뇌물을 바쳐 승직을 얻음, 이를 羅禪僧·綾首座라 했음	
1282	충렬왕 8	10월 내전에 맞이하고, 개경 廣明寺에 주석케 함	12월 왕과 공주가 廣明寺에 행차함	
1283	충렬왕 9	3월 國尊으로 책봉 받음	6월 妙蓮寺 착공	
1284	충렬왕 10	麟角寺를 하산소로 함, 2번 九山門都會 개최	12월 妙蓮寺를 낙성하고 華嚴法會를 설치함	9월 왕과 공주가 원에 들어감
1286	충렬왕 12	靈井寺(현, 밀양 표충사)에서 주석[42]	慈眞圓悟國師 天英 입적	
1289	충렬왕 15	봄, 인각사에서 『人天寶鑑』 간행을 명함, 7월 입적		
1292	충렬왕 18		圓鑑國師 冲止 입적	
1295	충렬왕 21	8월 비석 건립		

42) 「載樂山靈井寺古蹟」, 『朝鮮寺刹史料』, 朝鮮總督府, 1911, 592~593쪽, "忠烈王十二年丙戌 國師一然 踵麟而住 衆盈千餘 法雷大振 忠烈陞寺 稱爲東方第一禪刹也"라는 기록이 보인다. 그 신뢰여부는 미지수이다.

위의 〈표 2〉에서 일연의 행적과 불교계의 동향을 당시 정치정세와 비교하면서 가지산문의 등장배경과 과정을 살펴보기로 한다. 일연이 생존했던 시기는 최씨집정기에서 대몽항전기를 거쳐 몽고간섭기로 접어드는 시기로서 국내외적으로 격변기에 해당된다. 일연은 최충헌이 집권할 때 경주의 속현인 장산군(현 경북 경산시)에서 출생하였는데, 부친 金彦弼이 단지 左僕射를 贈職으로 받고 母 李氏는 樂浪郡夫人으로 봉해진 사실로 미루어 그의 가문은 문벌귀족은 아니며 지방의 토호층으로 보인다.[43] 일연은 9세에 해양(전남 광주) 無量寺에서 就學했으나 승려로서 정식으로 剃度하고 구족계를 받은 것은 14세에 설악산 진전사의 大雄長老에게서였다.[44] 본래 진전사는 가지산문의 개산조인 道義가 은거하였으며 廉居, 體澄 등도 이곳에서 師資相承하였던 가지산문의 주요 사찰이었다.[45] 일연도 22세에 選佛場에서 상상과에 합격하여 포산(현풍 비슬산) 寶幢庵에[46] 주석하면서 '心存禪觀'하기 이전에는 진전사에 머물면서 수학한 것으로 보인다.

43) 일연의 가문은 慶州金氏로서 신라의 王姓이라고 추정한 견해, 그의 父가 入仕하지 않았다는 점을 근거로 한미한 출신이라는 견해가 있다. 다만 일연은 무신란 이후 新進士人層이 禪僧으로 투신한 경우로 파악하기도 하였다(金泰永, 「三國遺事에 보이는 一然의 歷史認識에 대하여」, 『慶熙史學』 5, 1974). 여기서 당시 승려 중 禪僧을 新進士人層 출신으로 보는 것은 선입견일 뿐 근거가 희박하다. 일연의 출신지인 章山郡 일대가 무신집권기에 농민항쟁의 중심지라는 점과 일연과 비슷한 동년배로서 白蓮社에 투신한 天因(1205~1248)과 天頙(1206~?)처럼 과거를 통해 入仕를 시도하지 않았고, 9세에 바로 승려가 된 점, 『慶尙道地理志』 慶山縣 土姓條에 金姓이 보인다는 점 등을 종합할 때, 일연은 독서층이라기보다 토호층으로 보인다.

44) 「일연비문」의 승랍 71은 바로 진전사에서 구족계를 받은 시기부터를 가리킨다.

45) 鄭永鎬, 「襄陽陳田寺址 遺蹟調査」, 『歷史教育』 12·13합, 1969.

46) 최근 비슬산 대견봉 아래에 있던 폐사지를 복원하여 대견사라 부르면서, 이곳을 보당암의 소재지로 비정하고 있으나 신중할 필요가 있다. 보당암이 있었다는 비슬산 정상은 현재 최고봉인 천왕봉(1,038m)을 가리키는지 신중하게 검토할 필요가 있다.

이와 같이 진전사에서 가지산문에 입산한 이후 일연의 주요 생애는 대체로 다음의 네 시기로 나누어 볼 수 있다. 첫째, 포산의 여러 사찰에서 주석하던 시기(1227~1248), 둘째, 鄭晏의 초청에 의하여 남해 정림사와 지리산 길상암에 거주하던 시기(1249~1260), 셋째, 원종의 명에 의해 禪月社에 주석한 이후 경상도 지역의 吾魚社, 仁弘社(후에 仁興社라 사액), 雲海寺, 湧泉寺에서 주석하던 시기(1261~1276), 넷째, 충렬왕의 명에 의해 운문사에 주석하다가 그 뒤 국존에 책봉되고 입적한 말년까지의 시기(1277~1289)로 나눌 수 있다.

일연이 포산의 여러 사찰에 주석하던 시기는 정치적으로 최우(뒤에 怡로 개명)가 정권을 담당하던 시기로 대몽항전기와 일치한다. 이 시기 불교계의 동향은 修禪社, 白蓮社가 주축을 이루어 최우와 밀착되고, 한편으로는 최씨정권의 비호와 통제를, 다른 한편으로는 소극적이기는 하지만 대몽항쟁에 동참하였다. 무신란 이후 계속되던 문벌귀족과 결합된 불교계의 무신들에 대한 항쟁도 이 시기에는 일단 무마되면서 선종 중심, 그것도 수선사 위주의 교단체제를 구축하게 되었다. 최우가 慧諶을 尊崇하여 그의 서자인 萬宗, 萬全(뒤에 沆)을 혜심에게 출가시켜 만종은 斷俗寺에, 만전은 雙峯寺에 머물게 한 사실을[47] 보더라도 수선사와 최우와의 밀착도를 짐작할 만하다.[48]

또 1231년 이후 몽고군의 침략으로 인하여 1232년에는 2월부터 강화도 천도 논의가 있다가 6월에 천도가 단행되었고 이 해에 몽고군에 의해 符仁寺 소장의 초조대장경이 소각되었다. 따라서 이 시기는 전국적으로 대몽항쟁의 의지가 팽배하였다.[49] 이 시기에 백련사에서 1232년에

47) 『高麗史』 권129, 崔忠獻 附怡傳.

48) 閔賢九, 「月南寺址 眞覺國師碑의 陰記에 대한 一考察」, 『震檀學報』 36, 1973 참조.

49) 崔瑀의 강화도 천도는 정치적 이해관계에 따른 정권의 안전도모책이며 姑息的인 항전의 형태를 지속시키기 위한 의도였다는 견해(閔賢九, 「高麗의 對蒙抗爭과 大藏經」, 『韓國學論叢』 1, 국민대 한국학연구소, 1978)가 있다. 현실적으로

普賢道場을 설치한다든가, 1236년에서 1251년에 완성한 재조대장경의 조판을 단행한 것도 불교를 통해서 국가적 위기를 타개하려는 의도로 볼 수 있다. 따라서 강화도 정부는 최우가 원찰로 1245년에 건립한 禪源社를[50] 통해서 수선사의 眞明國師 混元, 慈眞圓悟國師 天英을 선원사에 주석하도록 하여 불교계를 통괄하였으며 아울러 재조대장경도 선원사를 주축으로 완성시킨 것이다.

이러한 당시 사회의 사정으로 미루어 볼 때 일연의 태도는 어떠했을까. 일연이 주로 경상도 세력의 중심지인 경주와 인접한 지역인 현풍 비슬산에서 약 22년간 보내면서 그렇게 뚜렷한 행적을 남기지 않았다는 점은, 당시 사회정세와 불교계를 관련시켜 볼 때, 소극적으로 잠적한 것으로밖에 볼 수 없다. 이러한 사정은 「일연비문」을 보면 짐작된다.

> 丙申年 가을에 兵亂이 있어 師가 피하고자 하여 文殊五字呪를 念하며 감응을 기대하니 홀연히 벽 속에서 文殊菩薩이 現身하여 이르기를 '無住(庵)에 거하거라'고 하였다.[51]

이 기록은 고종 23년(1236)에 몽고병이 침입해 왔을 때 일연이 避地하면서 '문수오자주'를 염하면서[52] 남긴 영험담이다. 이러한 태도는 같은

대몽전을 수행하기 위해서는 경상·전라도 남부 해안에 있었던 최씨정권의 경제적 기반을 통괄할 필요가 있었다. 따라서 水路·漕運을 통괄할 수 있는 강화도를 택하는 것이 순리였다.

50) 「眞明國師碑銘并序」, 『東文選』 권117에 "乙巳歲 晋陽公創禪源社"를 보면, 고종 32년(1245)에 崔怡가 강화도에 禪源社를 세웠음을 알 수 있다. 또 『高麗史』 권23, 고종 33년 5월 기사에 선원사에 관한 최초의 기록이 보인다. 곧 고종이 행차한 기록이다. 대장경을 주조하기 시작한 지 10년 만에 대장경 조판과 연계하여 선원사를 개창한 것으로 추정된다. 선원사의 주지로 뒤에 수선사의 주법을 맡은 인물은 混元, 天英 등이 있다.

51) 閔漬, 「일연비문」, "丙申秋 有兵亂 師欲避地 因念文殊五字呪 以期感應 忽於壁間 文殊現身曰 無住居".

해 강화도에 대장도감이 설치되고 강진의 백련사에서는 白蓮結社文[53]을 채택하여 반포한 것과 비교한다면, 몰락한 가지산문과 젊은 일연으로서 '피지'를 할 수밖에 없었던 소극적인 면모를 읽을 수 있다. 이때 몽고군이 경상도 지역으로 직접 침입한 것은 아니었으나 소문에 따라 공포심이 작용하여 피란한 것으로 보인다.

이 시기 가지산문의 구체적인 동향은 알 수 없다. 그러나 일연의 행적으로 미루어 볼 때 무신란 이전 圓應國師 學一이 말년을 운문사에서 보내면서 만들었던 기반이 상당 부분 위축되었음을 짐작할 수 있다. 이는 가지산문의 기반이 경상도 지역의 무신정권에 대한 지속적인 항쟁으로 인하여[54] 위축되었으며, 이러한 분위기는 근 100년 가까이 지났지만 일연이 활동하던 젊은 시절까지 존속되었던 것으로 보인다.

다음은 일연이 鄭晏의 초청으로 南海 定林社에 주석하던 시기의 행적은 어떤 역사적 의미를 지니고 있는지 살펴보기로 한다. 정안이 私第를 定林社로 삼고 일연을 초청하였는데 그러한 정안은 어떤 인물인가. 정안(?~1251)은 初名이 奮이며 본래 하동을 기반으로 하여 무신란 이후에 등장한 鄭世裕의 손자이다. 더구나 그의 아버지인 叔瞻은 崔怡의 장인이었으며, 스스로도 최이의 외손을 길러 아들로 삼았다는[55] 사실로 미루어 최씨정권과 하동정씨 가문은 밀접한 유대를 가졌음을 알 수

52) 일연은 밀교의 呪文에도 깊은 이해와 실천을 수행하였다. 이는 별도의 글에서 다루기로 한다.

53) 「白蓮結社文」의 전체 내용은 알 수 없으나, 그 편린이 無寄, 『釋迦如來行蹟頌』에 몇 구절 보인다.

54) 경상도 지역에서 일어난 민란은 명종 후기부터 희종 초까지 주로 농민항쟁의 성격을 지녔다(邊太燮, 「農民·賤民의 亂」, 『韓國史』 7, 국사편찬위원회, 1977 참조). 이 중 '雲門寺', '雲門', '雲門山'으로 표현된 민란은 學一 이후의 운문사를 중심한 가지산문과도 밀접한 관련이 있었다. 아마 이 시기에 가지산문은 커다란 타격을 입었을 것이다.

55) 『高麗史』 권100, 鄭世裕 附晏傳.

있다. 그러나 정안은 남해에 은거하였으며, 또 불교에 깊이 심취하여 사재를 희사하고 대장경 간행에 참여하였다.[56] 그리고 수선사 2세인 慧諶과도 깊은 교우를 맺었으며[57] 최이가 죽은 뒤 최항에 의해 知門下省, 叅知政事가 되었다가 도리어 최항에게 죽음을 당한 인물이다.

그러면 고종 36년(1249) 최이가 죽은 후 정안이 극히 사치스럽고 화려한 그의 私第[58]에 일연을 초청한 연유가 무엇인지 확실하게 알 수 없다. 이를 구조적으로 이해해야 하지만 현재로선 능력 밖이다. 다만 일연이 남해 定林社로 초청받아 간 사실은 몇 가지 중요한 시사를 던지고 있다. 곧 일연이 속한 가지산문이 최씨정권 말기에 이들과 연결되는 계기를 만들었다는 점, 1251년에 완성된 대장경 조판 중 남해분사의 작업에 일연과 그의 문도들이 참여했다는 점,[59] 아울러 일연 일행은 내용상 완성도 높은 대장경을 비롯한 관련 자료를 열람할 수 있었다는 점, 특히 가지산문이 수선사와 사상적인 교류를 가지게 되는 계기를 마련했다는 점 등을 지적할 수 있다.

다음은 일연이 남해의 정림사를 중심으로 활약한 이후 고종 46년(1259)에 대선사가 되고, 원종 2년(1261)에 왕명에 의해 강화도에 초청되어 禪月社에 주석하면서, 「일연비문」에 '멀리 牧牛和尙 知訥의 法脈을 계승했다'고 한 이후 일연의 행적은 어떤 역사적 의미를 갖는가를 살펴보기로 한다.

일연이 대선사가 된 1259년을 전후한 시기는 대내외적인 정세가 격변하던 시기이다. 崔竩가 金俊, 柳璥 등에 의해 주살됨으로써 최씨정권

56) 鄭晏이 간여한 대장경은 주로 남해분사에서 조조되었다. 여기서 조판된 대장경의 일부가 현재 海印寺의 보유판과 사간판에 소장되어 있다(崔凡述, 「海印寺寺刊鏤板目錄」, 『東方學志』 11, 1970 참조).

57) 閔賢九, 앞의 논문, 1973, 15쪽의 陰記 참조.

58) 『高麗史』 권100, 鄭世裕 附晏傳, "又諂事權貴 好奢侈 第宅器皿 極其華麗".

59) 최영호, 『江華京板 『高麗大藏經』의 판각사업 연구』, 경인문화사, 2008, 242~246쪽.

이 붕괴되었다. 이어 강화도 정부가 몽고에 항복함으로써 양국은 화해하는 분위기로 접어들었다. 이때 원종이 禪月社, 곧 수선사의 別院인 禪源社[60]에 일연을 초청한 것은 어떠한 의미를 지니는가. 이는 단적으로 말해 원종을 옹립한 세력들이 정치적인 차원에서 불교계를 통괄하기 위해 취한 조처였다. 그 과정에서 일연이 선월사에 주석하여 牧牛和尙, 곧 知訥의 法을 계승했다고 한 것은 그가 자신의 출신 승적을 사굴산문으로 바꾼 것이 아니라 수선사를 대신한 계승자로 부각되었음을 의미한다고 할 수 있다.

이와 같이 왕정복고가 이루어지고 몽고와 강화를 맺는 분위기에서 일연이 선월사에 주석할 수 있었던 것은 1259년에 대선사가 된 배경과도 관련된 듯하다. 곧 「일연비음기」의 단월들을 보면 이장용(1201~1272)과 박송비(?~1278)를 비롯한 왕정복고 세력의 지원에 의한 것으로 보인다. 이에 대해서는 뒤에서 일연의 단월을 살펴볼 때 언급하기로 한다.

일연은 중앙 정계와 관련을 맺게 된 이후, 이를 배경으로 하여 가지산문의 근거지인 경상도 지역의 여러 사찰에 주석하면서 가지산문의 재건에 힘썼다. 가령 원종 9년(1268) 왕명에 의해 雲海寺에서 선·교종의 이름난 100명의 승려들을 모아 대장낙성회를 주관하도록 하였는데, 이는 일연에게 힘을 실어주기 위한 조처로 보인다. 신라 때부터 국가에서 가장 격이 높은 불교행사로 행해지던 백고좌법회가 연상되는데, 그만큼 일연이 불교계의 중심인물로 부각되었음을 상징적으로 보여주는 것이다.

그 뒤 충렬왕 즉위년(1274)에는 비슬산 仁弘社를 충렬왕의 사액에 의해 仁興社로 개명하고, 또 같은 해에 비슬산 湧泉寺를 중수하여 佛日社

60) 당시 강화도에서 가장 중심 사찰은 禪源社이었다. 일연이 원종에 의해 초청되어 머문 禪月社는 바로 禪源社가 아닌가 한다. '禪月社의 명칭 중 '月'字는 '源'字와 혼용되었을 가능성이 크다.

로 삼는 등의 일련의 활약을 들 수 있다.

그러면 다음은 일연이 충렬왕의 명에 의해 운문사에 주석한 이래 국존이 되고 입적한 시기까지 그의 만년 행적을 살펴보기로 한다. 이 시기에는 고려가 몽고에 항복하고, 이어 몽고가 일본을 정복하기 위해 두 차례에 걸쳐 동정군을 일으켰다. 여기에 가중한 부담을 지게 된 고려로서는 극도로 피폐해질 수밖에 없었다.

이러한 상황 속에 고려왕실은 불교계를 개편할 필요성을 가졌다. 이때 이미 중앙 정치무대에 부상한 일연과 가지산문을 중시한 것으로 보인다. 충렬왕 3년(1277)에 일연은 왕명에 의해 운문사에 주석하게 되고, 여기서 『삼국유사』의 집필에 착수하였다.[61] 그 뒤 충렬왕 7년(1281) 6월에 왕이 동정군의 격려차 경주에 갔을 때, 그를 행재소에 불렀다. 그 뒤의 그는 승려로서 최고 승직의 길을 걷게 된다. 일연이 충렬왕의 부름으로 경주에 갔을 때 불교계는 승려들이 뇌물로써 승직을 얻어 '羅禪師', '綾首座'로 불렀으며 娶妻한 승려가 거의 반이라는 기록에[62] 의해 그 타락한 실태를 짐작할 수 있다.

이 시기 주목되는 것은 冲止(1226~1292)의 행적이다. 그는 왕의 부름도 거절한 채 淸州의 華井寺·眞覺寺, 玄巖寺·禪源社, 修禪社 등지로 순력하면서[63] '嶺南艱苦狀二十四韻 -庚辰年造東征戰艦時作'[64]이라는 24수의 시를 남겨 동정군 준비를 위해 征徭와 力役 등으로 고생하는 농민과 천민들

---

61) 『三國遺事』는 1249년 定林社에 주석한 이후 자료를 채집한 이래, 雲門寺에서 주석한 1277년~1281년에 찬술한 것으로 보는 견해도 있다(黃浿江, 『一然作品集』, 해제, 1977 참조).

62) 『高麗史』 권29, 忠烈王 7년 6월 계미, "王次慶州 下僧批 僧輩 以綾羅 賂左右得職 人謂羅禪師·綾首座 娶妻居室者 居半".

63) 金曛, 「曹溪山第六世贈諡圓鑑國師碑銘并序」, 『圓鑑錄』 참조.

64) 『圓鑑錄』, 「詩篇」 참조. 『圓鑑錄』에는 당시 고려사회의 피폐된 민중의 실태를 표현한 곳이 많이 보인다. 이는 秦星圭, 「圓鑑錄을 通해서 본 圓鑑國師 冲止의 國家觀」, 『歷史學報』 94·95합, 1982를 참조하기 바란다.

의 압박받는 실태를 적나라하게 표현하고 있다.[65]

일연은 경주에 부름을 받은 뒤 다음 해에 개경의 廣明寺에서 주석하게 되고, 그 다음해에는 국존으로 책봉된다. 앞의 충지와 비교할 때 불교계의 타락상과 사회의 모순을 직접 개혁하기 위해 그가 왕실로 진출했다고 보기에는 당시 시대상황에 비추어 무리가 있다. 또 行在所에서의 불교계 현황으로 미루어 볼 때에도 동정군에 따른 경상도 지역의 일반 민들의 고통을 덜어주기 위해 개경으로 진출한 것으로 보기도 어렵다.

일연은 국존이 된 이후 인각사를 下山所로 하여 2회에 결쳐 九山門都會를 개최했는데 이는 분명 가지산문이 그를 핵심으로 하여 선종계, 나아가 불교계의 전 교권을 주도한 것으로 파악된다.[66] 이는 앞서 일연이 원종 9년(1268) 운해사에서 대장낙성회를 주관한 것을 뛰어넘는 상징적인 불교행사라고 할 만하다. 명실상부하게 일연이 국존으로서 당시 불교계를 영도하고, 이전 수선사가 가지고 있던 권위를 계승하였음을 대내외에 표방한 것이다.

이때의 사정은 「일연비음기」에 나타난 바와 같이 眞靜大禪師 淸玢(보감국사 혼구)이 본래는 일연의 문도가 아니었으나 가지산문이 그 세력을 차츰 확장한 시기에 영입된 인물이라는 점에서도 짐작된다. 또한 비음기에 보이는 대선사, 선사 등과 그들이 주법하던 사찰들의 수를 보더라도 일연 입적시의 가지산문의 세력 규모를 짐작할 수 있다. 이들 사찰 중 '社'와 '寺'의 구분은 확실하지 않지만 迦智寺, 無爲寺, 吾魚社, 仁興社는

---

65) 『圓鑑錄』에는 冲止가 이러한 시와 대비되는 글도 많이 지었다. '聖天子' 곧 원 세조를 칭송한 「東征頌」과 원 세조를 축수하는 재를 지낼 때 지은 많은 글 등을 대표적으로 들 수 있다. 이와 관련하여 원 황실이 발급한 '松廣寺法旨'는 주목된다. 모리히라 마사히코(森平雅彦), 「松廣寺 法旨의 발급 경위를 둘러싼 제문제」, 『普照思想』 17, 2002 참조.

66) 한기문, 「고려 후기 일연 주관 인각사 구산문도회의 성격」, 『일연과 삼국유사』, 일연학연구원, 2007.

본래부터 가지산문과 맥락이 닿는 사찰로서 그다지 이채로울 수 없으나, 특히 수선사의 별원인 강화도의 선원사 승려가 「일연비음기」에 보이는 것은[67] 주목할 만하다.

한편 「일연비음기」에서는 문도들의 실태를 밝히고 있다. 이들은 "항상 국존을 따르고 가까이 모시면서 가르침과 지혜의 요체를 얻었던 스님과 불법을 펼치면서 도와준 모든 스님, 실무 일을 담당한 제자, 아울러 스님의 法化를 받았던 卿·士大夫 등의 이름을 갖추어 다음과 같이 열거한다."라고 한 것으로 보아 크게 '得度弟子', '受法弟子', '卿士大夫'의 세 갈래로 나누어진다. 실제 일연이 1283년 국존이 됨으로써 가지산문이 전체 불교계를 대표하면서 교권을 주도하게 되자, 비록 득도제자는 아니더라도 많은 인물이 대거 일연에게 투탁했을 가능성은 컸다.[68] 또한 문도들의 法階와 그들이 주석하던 사원 및 고위 관직자들을 통해서 일연이 입적한 6년 뒤인 충렬왕 21년(1295) 당시 가지산문의 세력규모를 알 수 있다. 일연의 문도수는 「일연비문」에 수백에서 수천 명에 이른다고 하였으나, 「일연비음기」에는 주요 문도들만 명기하고 있다. 곧 大禪師 17명, 禪師 24명, 首座 2명, 山林 41명, 三重 22명, 大選 14명, 入選 14명, 參學 30명 등 모두 164명이 보인다.[69] 그리고 문도질에 보이는 인물들은 수선사가 속한 사굴산문 외에도 성주산문, 심지어 천태종, 유가업으로

67) 「일연비음기」에 "今禪源頂公 失聲曰"이라는 구절에서 '禪源頂公'이 의미하는 것은 禪源社의 頂公으로 보인다. 그렇다면 1295년 당시의 선원사는 가지산문과 연결이 닿았음을 짐작할 수 있다.

68) 「일연비문」, "是年(1284) 朝廷 以麟角寺 爲下安之地 勅近侍金龍釖修葺之 又納土田百餘頃 以貴常住 師入麟角 再闢九山門都會 叢林之盛 近古未曾有也"라 한 것에서 두 번의 九山門都會를 통해서 叢林이 크게 일어났음을 알 수 있다. 이때 많은 인물들이 투탁했을 것으로 본다. 또 이와 유사한 예는 「般若寺元景王師碑陰記」에 문도를 '親承敎訓者', '奉侍甁巾者', '補興事務者' 등으로 구별하고 있는 것에서도 찾을 수 있다.

69) 정병삼, 앞의 논문, 2006, 66쪽 및 한기문, 앞의 논문, 2007, 155쪽 참조. 다만 문도수는 한두 명 차이가 나고 있다.

추정되는 문도들도 확인되는 것은[70] 일연이 중심이 되어 불교계 통합을 시도하였음을 의미한다.

따라서 일연이 소속된 가지산문은 무신란 이후 일시 부각된 선종세력으로만 파악할 것은 아니다. 바로 직전 시기에 주류를 이루던 수선사·백련사를 대신하여 원간섭기에 부상한 불교계의 중심세력이었다. 그리고 가지산문이 등장한 배경에는 일연의 행적이 깊이 연관되었다. 앞서 살핀 바와 같이 단편적인 행적만 보면 일연과 충지의 처신은 상당히 달랐다고 할 수 있다. 그러했기에 당시 불교계 지도자들의 현실인식과 그에 대한 대안 모색은 다양할 수 있었다. 충지는 고통 받는 일반민들의 실태를 비판하면서도 원 황실의 보호를 요청하고 원 천자의 축수를 비는 글을 짓는 일에 동참하였다. 어쩌면 일연과 충지는 큰 흐름으로 보면 같은 길을 갔다고 할 수 있다. 곧 일연은 개인의 영달을 추구하기 위해 현실참여의 길을 모색했다고 하기는 어렵다. 따라서 일연이 만년에 『삼국유사』를 찬술한 것은 시대인식의 산물이면서 소명의식이 있었기에 가능하였다.

이상에서 일연의 주요 활동을 크게 네 시기로 나누어 살펴보았다. 원종의 부름으로 강화도의 禪月社에 초청받아 가서 지눌의 계승자임을 자처하고 난 뒤에는 주로 경상도에서 주석하면서 이 지역을 중심으로 가지산문의 세력을 규합, 확장시키는 계기를 만들었다. 이를 발판으로 충렬왕이 경주에 東征軍의 격려차 행차했을 때 부름을 받았으며 다음 해 개경의 廣明寺로 초청을 받고 또 그 다음 해는 국존으로 책봉되어 왕권과 밀착되면서 동정군 당시의 주요 무신·문신들의 비호를 받았던 것이다. 이러한 과정에서 가지산문이 불교계의 중심세력으로 부각되어 교권을 장악하게 된 것이다.

---

70) 한기문, 위의 논문, 155~165쪽 참조.

곧 일연이 만년에 국존으로 등장함으로써 가지산문이 최씨집정기 불교계의 주요세력이었던 수선사를 대신하게 되었으며, 가지산문과 함께 한편으로 백련사의 변질된 성격을 띤 묘련사 계통이 원간섭기 불교세력의 주요세력으로 등장하였다. 따라서 가지산문과 묘련사가 서로 교권장악을 둘러싸고 대립하는 양상을 띠기도 하였으나[71] 고려말에 오면 불교계의 중심적인 인물로 가지산문의 太古普愚가 출현하여 중국 臨濟宗을 수입함으로써 한때 불교계의 통합을 추진할 정도로 가지산문은 원간섭기 불교교단의 중심세력으로 성장하였다.

4. 맺음말

본 논문은 일연에 초점을 맞추어 정리한 글이다. 따라서 다음의 두 가지 측면을 중심으로 논지를 전개하였다. 하나는 「일연비문」의 정확한 판독을 통해 일연과 관련된 몇 가지 오류를 바로 잡는 문제이다. 또 하나는 앞의 「일연비문」 내용을 중심으로 하여 일연의 생애와 활동상을 시대적인 흐름과 연결하여 재구성하는 문제이다. 그러면 앞서 살핀 내용을 간단히 요약, 소개하기로 한다.

첫째, 현재 잔편만 남아있는 일연비의 사정을 감안하여 일연비의 탁본첩을 주목하였다. 현재는 2006년 일연비를 복원하여 새롭게 건립할 정도로 전체 내용을 파악하게 되었다. 일연비 전면의 경우 다음의 몇 가지가 밝혀졌다. 하나는 일연이 원종 2년(1261) 왕명에 따라 강화도

71) 가지산문과 천태종의 대립은 역대 국사의 하산소인 밀양의 瑩源寺를 중심으로 일어나기도 하였다. 곧 일연의 문도로 자처한 寶鑑國師 混丘와 妙蓮寺의 無畏國統 丁午간에 교권 장악으로 인하여 영원사 주법이 바뀐 적이 있었다(蔡尙植, 앞의 논문, 『韓國史論』 5, 1979, 186~187쪽).

의 선월사에 머물면서 '멀리 牧牛和尙, 곧 知訥을 계승했다'고 한 구절이 정확하며, 필사본이 잘못된 내용임이 밝혀졌다. 또 하나는 일연의 행장과 비음기를 찬술했으며 또 일연비를 건립한 인물이 淸玢임이 확인되었다. 淸玢을 필사본에는 淸珍 또는 法珍 등으로 잘못 판독한 결과 舊名이 淸玢이었다는 寶鑑國師 混丘(1251~1322)와 일연과의 관계가 확연하게 밝혀지게 되었다.

한편 「일연비음기」를 통해 밝혀진 내용은 다음과 같다. 곧 비음기를 찬술한 산립이 바로 청분이며, 일연 생존시에는 자신의 표현대로 일연의 직계 문도가 아니었음을 밝히고 있다. 청분은 충렬·충선왕 양대에 걸쳐 왕실과 밀접한 관련을 맺은 인물로서 가지산문의 핵심적인 위치에 오른 승려이다. 추측컨대 청분은 가지산문이 일연을 정점으로 크게 세력을 형성하여 불교계의 중심 교단으로 등장하게 되자, 일연의 입적 후 그의 계승자로 추대된 것은 아닌가 한다.

둘째, 일연이 설악산 진전사에서 가지산문에 입산한 뒤 승과에 상상과의 성적으로 합격한 이후 그의 행적을 크게 네 시기로 나누어 보았다. 물론 대몽항전기, 왕정복고, 원간섭기 등으로 이어지는 격동기 속에서 일연의 행적은 상당 부분 시대적인 흐름과 함께 하고 있었다. 그 시기는 다음과 같다. 첫째, 포산의 여러 사찰에서 주석하면서 수행에 힘썼던 시기(1227~1248), 둘째, 鄭晏의 초청에 의하여 남해 정림사와 지리산 길상암에 거주하던 시기(1249~1260), 셋째. 원종의 명에 의해 禪月社에 주석한 이후 경상도 지역의 吾魚社, 仁弘社(후에 仁興社라 사액), 雲海寺, 湧泉寺에서 주석하던 시기(1261~1276), 넷째, 충렬왕의 명에 의해 운문사에 주석하다가 그 뒤 국존에 책봉되고 입적한 말년까지의 시기(1277~1289)로 나눌 수 있다.

일연이 비슬산에서 근 20여 년 수행하다가, 정안의 초청으로 남해 정림사에 주석한 것은 사상적으로 중요한 의미를 갖는다. 곧 대장경 조판에 참여했다는 점, 간접적이지만 수선사의 혜심의 영향을 받았다는 점 등이 주목된다. 이후 일연의 행적은 정치권력의 향배에 따라 전개되었다. 일연이 대선사가 되고 원종의 명에 의하여 선월사에 주석하게 된 것은 왕정복고 세력들과 연계되어 있었다. 이때 일연은 수선사를 대신한 계승자로 부각되었으며, 중앙 정치권력을 배경으로 경상도의 여러 사찰에 주석하면서 가지산문의 재건에 힘썼다.

그러다가 충렬왕의 명에 의하여 일연은 운문사에 주석하고, 충렬왕이 동정군의 격려차 경주에 갔을 때 그를 행재소에 불렀다. 이어 일연은 국존에 책봉됨에 따라 승려로서 최고 승직의 길을 걷게 되었다. 이러한 일련의 과정에서 가지산문은 왕권과 밀착하여 무신란 이후 주류를 이루던 수선사와 백련사를 대신하여 원간섭기에 등장한 불교계의 중심 세력이 되었던 것이다.

일연이 만년에 이르러 최고의 승직과 그가 속한 가지산문의 부상 등의 화려한 길을 선택한 것은 어떤 의미가 있을까. 곧 일연은 개인의 영달을 추구하기 위해 현실참여의 길을 모색했다고 단순하게 단정하기는 어렵다. 일연으로서는 많은 고뇌와 자기 성찰, 암울한 시대상에 대한 인식 등이 따랐을 것이다. 이는 일연이 만년에 『삼국유사』를 찬술한 것과 연관되는 문제이다. 곧 『삼국유사』는 시대인식의 산물이면서 소명의식이 있었기에 가능하였던 것이다.

II. 일연의 단월과 그 성격

1. 머리말

고려시기에는 왕실과 귀족을 비롯한 유력 정치집단은 공통적으로 몇 개의 사원을 그들의 원당으로 장악함으로써 정치적·경제적 세력기반을 유지하고 강화하려는 속성을 지니고 있었다.[1] 또한 이들은 원당을 건립함으로써 면세지로서의 사원전을 확보하는 등의 현실적 욕구뿐 아니라 사후의 세계에서도 안식을 보장받으려는 신앙적 욕구까지 가지고 있었다. 심지어 권세가들은 사원이 속한 종파까지도 장악하기에 이르렀으며, 그 종파에 가문의 자제를 승려로 입문케 하기도 하였다.

반면에 지방의 토호층은 그들의 영향권에 있는 농민층을 동원하여 그들 나름의 신앙공동체를 결성함으로써 그들이 생존권과 기득권으로 확보하고 있는 재지적인 기반을 계속 유지하였다. 그들은 이를 토대로 하여 중앙 정치권력과 타협하기도 하고 대항하기도 하였다. 이들의 신앙공동체는 香徒, 結契, 結徒, 結社 등의 형태로 나타나고 있었다. 그들은 비록 왕실이나 귀족들처럼 원당을 건립하는 실례는 잘 보이지

---

1) 고려시기의 원당에 대해서는 다음의 논문을 참조하기 바란다. 秦星圭, 「高麗後期 願刹에 대하여」, 『歷史教育』 36, 1984 ; 許興植, 「佛教와 融合된 高麗王室의 祖上崇拜」, 『東方學志』 45, 1983 ; 『高麗佛教史研究』, 일조각, 1986.

않지만 특정 승려를 중심으로 한 신앙집단에 대한 지원, 小塔의 건립, 鑄鐘, 판각 등의 신앙활동을 활발하게 전개하였다.[2)]

중앙의 권력층과 지방의 토호층, 이들과 연결되어 있는 농민·천민 등이 지향하는 종교적 목표와 신앙적 성향은 다양하였으나, 이들 양자(또는 삼자)의 신앙형태에서 공통적인 점은 특정 승려와 밀접한 유대를 맺는다는 사실이다. 심지어 중앙의 권력층은 그들의 자제로 하여금 밀접한 관계를 맺고 있는 승려에게 삭발토록 하여 그가 속한 종파를 장악하는 매개로 삼는 경우가 허다하였다.

이와 같은 관점에서 볼 때 특정 승려와 또 그가 소속되어 있는 종파세력을 정치적·사회적으로 지원하고 있는 檀越 곧 시주자의 출신을 검토하는 것은 당시 불교계의 단면뿐 아니라 정치·사회사 방면의 해명에도 크게 도움이 되리라 믿는다. 그러나 일연의 경우 「일연비문」과 「일연비음기」를 살펴볼 때 그를 지원하였던 단월에 대한 구체적인 실체가 잘 보이지 않는다. 곧 「일연비음기」에 본문과 문도질에 이어 관직자들이 명기되었을 뿐이다. 따라서 본고에서는 비록 단편적이긴 하지만 이들에 대한 분석을 통해 일연 개인뿐 아니라 그가 속한 가지산문이 차지한 불교계에서의 위상을 살펴보고자 한다. 그런 중에 고려가 원에 예속되어가던 13세기 후반 격동기 속에서 일연을 둘러싼 정치세력의 대략적인 추이를 살펴볼 수 있다면 다행이겠다.

2. 일연을 초청한 鄭晏

일연의 전 생애를 통해 볼 때 그를 지원한 단월들은 그의 행적과

---

2) 채상식, 「한국 중세시기 香徒의 존재양상과 성격」, 『한국민족문화』 45, 부산대 한국민족문화연구소, 2012 참조.

연결시켜 보아야 한다. 곧 일연의 행적은 첫째, 포산(비슬산)의 여러 사찰에서 주석하던 시기(1227~1248), 둘째, 정안의 초청에 의하여 남해 定林社와 지리산 吉祥庵에 거주하던 시기(1249~1260), 셋째, 원종의 명에 의해 강화도 禪月社에 주석한 이후 경상도 지역의 吾魚社, 仁弘社(후에 仁興社라 사액) 등지에서 주석하던 시기(1261~1276), 넷째, 충렬왕의 명에 의해 雲門寺에 주석하고, 그 뒤 국존에 책봉되고 입적한 말년까지의 시기(1277~1289)로 나눌 수 있다.

이러한 일연의 행적에서 남해 정림사로 초청받기 이전은 비슬산을 중심으로 수학과 수행에 전념하던 시기이므로 그렇게 뚜렷한 단월 곧 후원세력을 찾기 어렵다. 그러나 일연이 당시 몽고항전기 중에 불교계의 주요 인물로 부상하게 된 것은 그의 역량을 인정한 단월들의 후원이 있었기에 가능하였다. 일연이 남해로 초청받은 이후 그를 지원한 단월들은 크게 세 부류로 나누어진다. 첫째, 고종 36년(1249, 44세)에 그의 남해 私第를 定林社로 삼아 일연을 초청한 정안(?~1251), 둘째, 고종 45년(1258)에 전개된 소위 왕정복고 이후 일연을 강화도로 초청한 인물로 추정되는 朴松庇(?~1278)를 비롯한 왕정복고 세력, 셋째, 일연이 만년에 운문사 주지를 맡게 되고 이어 국존에 책봉된 시기의 충렬왕을 비롯한 그의 측근세력 등으로 나눌 수 있다. 앞의 둘째, 셋째에 해당하는 인물들은 대부분 「일연비음기」에 보이는 단월들이다.

그러면 우선 남해 정림사로 일연을 초청한 정안에 대해 살펴보기로 한다. 이때 일연은 40대 중반의 장년기로 접어들었는데, 남해로 주석처를 옮겨간 것을 계기로 일연은 중앙의 정치무대에서 활약하던 인물들과 교류하게 되었다. 그러나 이때 더욱 중요한 것은 일연이 사상적으로 크게 성장할 수 있는 기반을 마련하였다는 사실이다. 그가 대장경 조성에 참여함으로써 불교 교학체계에 관한 폭넓은 이해를 갖게 되었다는 점, 또 수선사 제2세 주법을 지낸 진각국사 혜심을 친견하지는 못했지만 그가 찬술한 『선문염송』을 통해 선사상의 흐름을 접할 수 있었던 점을 들 수 있다.

한편 일연이 정안의 초청으로 정림사에 주석할 때의 행적은 어떤 역사적 의미를 지니고 있는지 살펴보기로 한다. 먼저 정안이 어떤 인물인지 살펴보기로 한다.[3] 정안이 자기의 私第를 정림사로 삼고 일연을 초청하였는데, 정안(?~1251)은 초명이 奮이며 본래 경남 하동을 기반으로 하여 무신란 이후에 등장한 鄭世裕의 손자이다. 더구나 그의 父인 叔瞻은 崔怡의 장인이었으며, 스스로도 최이의 외손을 길러 아들로 삼았다는[4] 사실로 미루어 최씨정권과 하동정씨 가문은 밀접한 유대를 가졌음을 알 수 있다. 정안에 관한 다음의 기록을 살펴보기로 한다.

> 晋陽으로 나가 수령으로 있다가 늙은 모친 때문에 河東으로 돌아가 (모친을) 봉양하였다. 怡가 그 재능을 사랑하여 奏하여 國子祭酒를 除授하니, 晏이 怡의 專權하고 忌克함을 보고 害를 멀리하고자 南海로 퇴거하였다. 불교를 좋아하여 名山勝刹을 편력하고 私財를 희사하여 국가와 더불어 大藏經의 약 반을 나누어 간행하였다.[5]

위의 기록을 통해 정안은 최씨정권의 경제적 기반과 밀접한 지역인 晋陽의 수령으로 나갔으나 뒤에 崔怡가 專權하는 것을 싫어하여 南海에 은거하였으며, 또 불교에 깊이 심취하여 사재를 희사하고 대장경 간행에

---

3) 정안을 다룬 논문은 다음을 들 수 있다. 金光植, 「鄭晏의 定林寺 創建과 南海分司都監」, 『建大史學』 8, 1993 ; 『高麗 武人政權과 佛敎界』, 民族社, 1995 ; 정병삼, 「고려 후기 鄭晏의 불서 간행과 불교신앙」, 『불교학연구』 24, 2009 ; 주영민, 「鄭晏家의 남해 불사경영」, 『古文化』 85, 2015 ; 김광철, 「고려 무인집권기 鄭晏의 정치 활동과 불교」, 『石堂論叢』 65, 2016.

4) 『高麗史』 권100, 鄭世裕 附晏傳.

5) 위의 책 권100, 鄭世裕 附晏傳, "出倅晋陽 以母老 辭歸養河東 怡受其才 奏受國子祭酒 晏見怡專權忌克 欲遠害 退居南海 好佛遊遍名山勝刹 捨私貲與國家 約中分藏經刊之".

참여했다고[6] 한다. 그리고 수선사 2세인 慧諶과도 깊은 교우를 맺었으며[7] 최이가 죽은 뒤 崔沆에 의해 知門下省, 叅知政事가 되었다가 도리어 최항에게 죽음을 당한 인물이다.

그러면 고종 36년(1249) 최이가 죽은 후 정안이 중앙 정치무대로 복귀하기 이전이지만 극히 사치스럽고 화려한 그의 私第[8]에 일연을 초청한 연유는 알 수 없다. 무엇보다도 먼저 일연을 초청하게 된 것은 일연이 승려로서 뛰어난 능력과 수행력을 갖춘 것과 연관될 것이다. 그 다음은 정안이 혜심이 입적하자(1234), 그를 대신할 수 있는 인물로 일연을 선택했을 가능성도 있다. 일연이 정림사로 갔을 때 정안이 크게 후원했던 혜심은 이미 입적한 뒤였다. 비록 근 15년의 시간이 지났지만 일연이 그를 대신할 수 있는 인물로 여겼을지도 모른다. 혹은 당시 수선사의 3세인 淸眞國師 夢如(?~1252)가 최씨정권과 소원한 관계를 보여준 것에 대한 대안으로 일연을 등장시킨 것은 아닌가 한다.

어떻든 일연이 남해 정림사로 초청받아 간 사실은 몇 가지 중요한 시사를 던지고 있다. 첫째, 일연이 소속된 가지산문이 최씨정권 말기에 이들과 연결되는 계기를 만들었다는 점. 둘째, 고종 38년(1251)에 완성된 대장경 조판 중 남해분사에서의 작업에 일연과 그의 문도들이 참여했다는 점, 셋째, 가지산문이 수선사와 사상적인 교류를 가지게 되는 계기를 마련했다는 점 등을 지적할 수 있다.

---

6) 鄭晏이 간여한 대장경은 주로 남해분사에서 조판되었다. 여기서 조판된 대장경의 외에 많은 불서를 간행하였다. 이들은 현재 해인사의 보유판과 사간판에 소장되어 있다. 곧 慧諶, 『禪門拈頌』 30권 판본 중 1243년(고종 30)에 그가 誌를 붙인 것이라든가(『韓國佛敎全書』 5冊, 1983, 923쪽, 참조), 『妙法蓮華經』을 1236년에, 『詩經集』을 1230년에, 『佛說預脩十王生七經』을 1246년에 간행할 때 그가 誌를 붙인 판본들이 해인사에 소장되어 있다(崔凡述, 「海印寺寺刊鏤板目錄」, 『東方學志』 11, 1970). 이에 대해서는 정병삼, 앞의 논문, 2009 참조.

7) 閔賢九, 앞의 논문, 1973, 15쪽의 음기 참조.

8) 『高麗史』 권100, 鄭世裕 附晏傳, "又謟事權貴 好奢侈 第宅器皿 極其華麗".

일연을 초청한 정안은 최씨정권과 밀착된 인물로서 대장도감 남해분사를 중심으로 대장경 조판을 주도하였으며, 특히 수선사의 혜심과도 깊은 교류를 맺었던 인물이다. 그러면 정안과 혜심의 교류를 알려주는 사례부터 살펴보면 다음과 같다.

〈자료 1〉

1. 정안이 1223년 남해에 江月庵을 창건하고서 혜심을 초청하여 그로 하여금 上堂 법문을 청하였다.[9)]
2. 정안이 逸庵을 짓고 이를 자기의 號로 삼은 것에 대해 혜심이 銘을 지었다.[10)]
3. 혜심이 죽은(1234) 뒤 정안을 청하여 그의 行錄을 草하여 짓게 하고 이로써 비를 세울 것을 崔怡에게 청하였다.[11)]
4. 혜심의 저술인 『禪門拈頌』이 증보되어 간행되자 정안이 跋文을 지었다(1243).[12)]

이상의 자료를 통해 정안과 혜심은 밀접하게 교류했음을 알 수 있는데, 이러한 정안이 일연을 자기의 私第인 정림사에 초청한 것은 사상사적으로 대단히 중요한 의미를 가지고 있다. 물론 정안이 일연을 초청한 2년 뒤인 1251년에 崔沆에 의해 죽임을 당한 것으로 보아 일연의 세속적·경제적 측면의 단월로서 정안의 위치는 그렇게 중요하지 않지만, 다음의 두 가지 측면은 고려할 수 있을 것이다.

---

9) 『眞覺國師語錄』, 『韓國佛敎全書』 6, 1984, 3쪽.

10) 『無衣子詩集』 卷下, 「逸庵銘幷序」, 위의 책, 67쪽.

11) 李奎報, 「眞覺國師碑銘」, 『東國李相國集』 권35, "請逸庵居士鄭君奮 草具行錄以立碑請於晋陽公".

12) 『禪門拈頌』의 판본 중 해인사에 소장되어 있는 大藏經 補遺板에 鄭晏이 쓴 跋文이(1243) 남아있다.

첫째, 일연 계통이 수선사와 사상적으로 교류를 맺게 되었다. 당시 불교계를 주도하던 수선사의 위상으로 보아 가지산문은 비록 원응국사 학일이 출현한 이후 상당한 교단세력을 구축하였으나, 전 불교계를 영도하기에는 어려운 실정이었다. 그러나 일연이 남해 정림사로 진출함으로써 가지산문은 수선사와 대등하게 교류할 수 있는 계기를 마련하였다. 아마 일연은 남해 시절, 혜심과 교류를 맺고 있던 정안의 도움으로 『禪門拈頌』을 비롯한 혜심의 많은 저작을 접할 수 있었다고 보아진다. 그 뒤 원종 2년(1261)에 강화도 선월사에 초청된 일연에게 '遙嗣牧牛和尙'이라는 표현을 할 수 있었던 것도 이러한 연유에서 기능했을 것이다.

둘째, 일연과 그의 문도들도 대장경 조판에 참여하였으며, 이를 계기로 뒤에 일연의 문도들이 독자적인 판각활동을 할 수 있는 기반을 마련했다고 볼 수 있다.

이상에서 정안이 단월로서 일연과 그의 문도들을 지원한 것은 세속적·경제적 측면의 도움도 컸지만 이보다는 사상적으로 일연이 수선사와 직접적인 교류를 맺게 된 계기를 마련해 주었다는 점에서 의의가 컸음을 살펴보았다.

3. 「일연비음기」에 새겨진 단월 분석

앞서 일연이 남해 정림사로 초청받아 주석처를 옮기게 되면서 불교계의 주요 인물로 부상되었음을 살펴보았다. 이를 계기로 일연은 당시 수도였던 강화도 선월사로 진출하고, 뒤에는 국존에 책봉되면서 인각사를 하산소로 삼아 만년을 보내게 되었다. 이러한 일연의 행적에는 일연이 불승으로서 갖춘 수행력과 능력이 일차적인 기반이 되었을 것이다. 한편 일연이 승려로서 최고의 승직과 위상을 갖게 된 것은 그를 지원한 정치세력의 존재를 간과할 수 없다. 그러한 사정을 잘 알려주는 것이 「일연비음기」에 보이는 문도질이다. 「일연비음기」 문도질에는 크게 승려와 세속 관직자들이 기록되어 있다. 곧 大禪師 17명, 禪師 24명, 首座 이하 124명, 그리고 세속 단월로 1품 4명, 2품 17명, 3품 9명, 4품 이하 9명 등이 새겨져 있다. 이 가운데 세속 단월에 대해 살펴보기로 한다. 다음의 〈표 1〉은 이들의 출신과 활동상을 간략하게 정리한 것이다.[13)]

〈표 1〉 「일연비음기」에 보이는 단월

번호	인물 (생몰연대)	본관	가계	입사방법	주요 역임관직	성향	일연비음기 품계	전거
1	李藏用 (1201~1272)	仁州	부: 儆 (추밀원사) 사위: 崔竩	登第 (高宗朝)	西京司錄·校書郎兼直史館·國子大司成樞密院承旨, 樞密院副使, 政堂文學, 門下侍郎同中書門下平章事	*원종 원수종공신 *최씨정권을 붕괴시킨 柳璥과 매우 각별함 *유경·이장용·김구·허공 등과 함께 신종·희종·강종 3대실록 편찬 *백련결사에 참여, 천책과 교유함 *진각국사 혜심의 단월	1품	『고려사』 권102, 이장용전 ; 『고려묘지명집성』, 최항묘지명(한림대아시아문화연구소, 2001).
2	元傅 (?~1287)	原州	9대조: 克猷 (삼한공신) 부: 瑨	登第	樞密院副使, 中書侍郎平章事, 僉議中贊	*충렬왕 원수종공신 *김구·원부·유경과 함께 『고종실록』 찬수 *유경의 추천으로 관직에 오름	1품	『고려사』 권107, 원부전
3	宋松禮 (?~1289)	礪山	자: 宋玢 (樂浪公)		直門下省事, 上將軍, 同知樞密院事, 知樞密院事, 贊成事中贊	*임유무 제거에 가담한 왕정복고세력 *충렬왕 원수종공신	1품	『고려사』 권125, 송분전
4	金坵 (1211~	扶寧	조: 승려 부: 挺□	成均試	權直翰林, 國學直講, 右諫	*유경·이장용·김구·허공 등과 함께 신종·희종	2품	『고려사』 권106, 김구

13) 정병삼, 「一然 碑文의 단월」, 『한국학연구』 5, 숙명여자대학교, 1995의 성과를 참조하였다.

	1278)		(閣門祗候) 사위: 鄭瑎(都僉議贊成事) 3남: 冲壯(조계종 승려) 장인: 崔玠(朝請大夫 禮賓卿)	(1227, 고종 14) 禮部試 (1232, 고종 19)	議大夫, 尙書左僕射·樞密院副使·政堂文學·吏部尙書, 參知政事, 知僉議府事, 參文學士判版圖司事	·강종 3대실록을 편찬 *김구·원부·유경과 함께 『고종실록』 찬수 *통문관 설치 *예부시 주관 *유경, 주열, 김정 등과 가까움 *백련결사에 참여한 속가제자		전. 김구묘지명, 김구처 최씨묘지명 (한림대아시아문화연구소, 2001)
5	朴恒 (1227~1281)	春川		登第(高宗朝)	右正言, 右司諫, 國子司業, 密直副使, 同知密直司事, 參文學事, 慶尙道按察使	*원종10년 몽고에 가서 원종이 들어온다는 것을 알림 *충렬왕 즉위년에 인사행정을 공정하게 함 *충렬왕 3년에 왕과 공주를 수행하여 원에 감. *필도치에 참가	2품	『고려사』 권106, 박항전. 『경상도선생안』(한국국학진흥원 편, 2005)
6	金連 (?~1291)	光山			門下錄事, 兵部侍郎, 慶尙道指揮使, 樞密院副使 刑部尙書, 知都僉議, 僉議侍郎贊成事	*일본정벌을 위한 전함수리	2품	『고려사』 권107, 김련전. 『경상도선생안』(한국국학진흥원 편, 2005)
7	李應韶 (?~?)				樞密院副使, 知樞密院事 左散騎常侍 太子賓客, 守司空左僕射, 慶州府尹	*원종대의 인물로 재상을 지냄	2품	『고려사』 권25, 26 원종전 ; 『고려사』 권123, 정세신전, 『경상도선생안』(한국국학진흥원 편, 2005)
8	朴松庇 (?~1278)	德原			將軍, 同知樞密院事右散騎常侍, 守司空太子少傅左僕射, 參知政事	*최의 제거에 참여하여 衛社功臣이 됨	2품	『고려사』 권130, 김준전, 권129 최충헌 부 최항전, 고종세가, 원종세가

9	金周鼎 (?~1290)	光州	조부: 광세 부: 경량 자: 金深 (충숙공) 손녀: 원 인종의 황후인 탑리마실리황후(김심의 딸)	음서, 등제 (원종 5, 1264)	都兵馬錄事, 海陽府錄事, 閤門祗候 刑部郎中 國學直講, 國子司業 寶文待制知制誥, 大府卿左司議大夫, 鷹坊都監使, 昭勇大將軍左右副都統, 鎭邊萬戶	*사마시 주관 *부역·공물 등을 공평하게 하기 위한 대책 올림. *필도치에 참가 *응방도감사로 국왕의 총애를 받음 *원감국사와 교유함	2품	『고려사』 권104, 김주정전. 김주정묘지명, 김심묘지명(한림대아시아문화연구소, 2001)
10	張鎰 (1207~1276)	昌寧		登第 (高宗朝)	昇平判官, 殿中侍御史, 慶尙道按察使, 兵部侍郎·禮部侍郎·左諫議大夫, 慶尙水路防護使, 同知樞密院事, 知僉議府事寶文署太學士修國史	*삼별초 진압에 공을 세움 *여러 차례 몽고에 사신으로 감 *충렬왕이 몽고복장으로 귀국하려 하자 이를 저지하려고 노력함	2품	『고려사』 권106, 장일전
11	朱悅 (?~1287)	綾城	부: 慶餘 (향리)	登第 (高宗朝)	國學學錄·監察御史, 慶尙道按察使, 禮賓卿·諫議大夫·判少府東宮侍講學士, 慶尙道按撫使, 判秘書省事, 慶尙道計點事, 版圖判書·副知密直典法判書, 知都僉議府事	*임유무 제거에 참여함 *충렬왕이 명성을 듣고 중용	2품	『고려사』 권106, 주열전 『경상도선생안』(한국국학진흥원 편, 2005)
12	朴之亮 (?~1292)		사위: 尹諧 (尹瑹의 차남) 외손: 尹侅		慶尙道水路防護使, 武德將軍管軍千戶, 副密直司	*무장으로 일본정벌에 참가 *원에 사신으로 감	2품	『고려사』 원종, 충렬왕 세가 홍례군대군 박

					事, 左翼萬戶, 判三司事, 慶尙全羅道都巡問使, 左軍萬戶			씨묘지명, 윤해묘지명(한림대아시아문화연구소, 2001)
13	羅裕 (?~1292)	羅州	부: 刑部尙書 得璜 장인: 趙文柱 사위: 장경공 趙瑋 형: 三藏法師 旋公 외손: 홍언박	음서	大將軍, 知兵馬使, 膺揚軍大護軍, 武德將軍管高麗軍千, 知申事, 副知密直司事, 同知密直司事, 中翼副萬戶, 懷遠大將軍	*충렬왕 원수종공신 *원종폐립사건 때 세자가 귀국하는 것을 말림 *삼별초 토벌에 공을 세움 *일본정벌에 참가 *팔관회 의식 주관 *충렬왕의 명으로 일연을 국존으로 추대하는데 참가	2품	『고려사』 권104, 나유전. 조위묘지명(한림대아시아문화연구소, 2001)
14	洪子藩 (1237~1306)	南陽	부: 裔 (同知密直)	음서	廣州通判, 戶部侍郎, 右副承宣, 知密直司事, 判密直司事, 慶尙道按察使, 知僉議府事·都僉議贊成事·僉議贊成事, 僉議中贊, 壁上三韓盡忠同德佐理功臣慶興君開國侯, 咨議都評議司事	*충렬왕과 함께 원시종공신 *편민18사 올림	1품	『고려사』 권105, 홍자번전. 『경주선생안』(한국국학진흥원 편, 2005) 김륜묘지명(한림대아시아문화연구소, 2001)
15	鄭可臣 (1224~1298)	羅州	부: 松壽 (鄕貢進士) 장인: 安弘祐 (太府少尹)	급제 (고종조)	寶文閣待制, 承旨, 慶尙道按撫使, 判密直司事, 僉議贊成事世子貳師, 司空右僕射修文殿大學士監守國史參知光政院事	*충선왕 세자시 원에 수종 *성품이 강직하고 법도가 있음 *외교문서에 능함. *백련결사의 속가제자 *필도치에 참여 *千秋金鏡錄 찬술	2품	『고려사』 권105, 정가신전. 『경상도선생안』(한국국학진흥원 편, 2005)

16	廉承益 (?~1302)	瑞原	5대조“ 信若 (정당문학) 부: 純彦 (少府丞) 손자: 悌臣 (領門下府事) 외손: 許慶 (定安君) 사위: 曹頔 (僉議左政丞)		承旨, 副知密直司事, 慶尙道都巡問使, 僉議評理, 知都僉議司事, 判判圖司事 世子保, 判監察事, 都僉議中贊	*李之氐의 천거로 충렬왕의 총애를 받음 *필도치에 참가 *현화사에 가서 불전을 만들게 함 *일연을 국존으로 책봉할 때 참가 *자기 집의 일부를 희사하여 大藏經寫經所로 삼았음 *치사한 후 승려가 됨 *興法佐理功臣에 봉해짐	2품	『고려사』 권123, 염승익전. 『경상도선생안』(한국국학진흥원 편, 2005)
17	閔萱 (?~1310)	驪興	4대조: 令謨		佐郞, 侍史, 慶尙道按察使, 慶州府尹, 衛尉府尹, 全羅道指揮使, 右承旨, 都僉宜參理知都僉議司事, 咨議都僉議贊成事	*內按廉이라는 칭호를 들을 만큼 왕의 측근임 *계국대장공주의 개가를 요청하는 일에 가담함	2품	『고려사』 권123, 임정기전, 충렬왕세가, 제국대장공주전(권89) 『경상도선생안』(한국국학진흥원 편, 2005)
18	金頵 (?~1299)	彦陽	증조부: 富 (朝議大夫·金吾衛 大將軍) 조부: 就礪 (門下侍郞平章事) 부: 佺 (익대공) 모: 崔宗梓 (상서우복야)의 딸 조카: 閔頔 동생: 화엄업 승통 坦如 조카: 유가업의 삼중대사 玄抃, 가지산문 如璨		安東府使, 副知密直司事, 都僉議參理	*충렬왕이 김군을 보내어 일연을 내전에서 맞이하게 함	2품	『고려사』 권31, 충렬왕 22년 2월 갑진조, 『고려사』 권103, 김취려전, 김변묘지명, 김변처허씨묘지명(한림대아시아문화연구소, 2001)

19	李德孫 (?~1301)	陝州	부: 淳牧 (尙書右僕射) 모: 이문비의 딸 장인: 유장 (용호군상장군) 아들: 偰 (찬성사) 사돈: 송분		御史雜端, 慶尙全羅忠淸按撫使, 忠淸按察使, 版圖摠郞, 東京留守, 王旨使用別監, 西北面指揮使, 鷹揚軍上將軍, 三司右使, 副知密直司事, 知都僉議司事, 贊成事	*김준 제거에 참여 *수탈을 가중히 했다고 함. 충렬왕의 총애를 받음	2품	『고려사』 권123, 권의 부 이덕손전. 『경상도선생안』(한국국학진흥원 편, 2005) 이덕손묘지명, 이덕손처유씨묘지명(한림대아시아문화연구소, 2001)
20	貢文伯				慶州府尹	*1287년 경주부윤으로 부임	3품	『경상도선생안』(한국국학진흥원 편, 2005)
21	金龍劍				近侍別監, 近侍郎將, 慶尙道蘇復別監	*경상도왕지사용별감 이덕손의 비행을 고함 *소복별감으로 파견된 지역의 회복에 소신있게 일을 함 * 하안소가 된 인각사를 중수하게 함	4품 이하	『고려사』 권123, 권의 부 이덕손전.
22	鄭守琪	草溪			親從將軍·萬戶, 武德將軍·管軍千戶, 中軍萬戶	*삼별초, 일본정벌에 공을 세움 원의 합단적 격퇴에도 공을 세움	3품	『고려사』 권104, 김방경전, 충렬왕세가
23	李英柱		부: 應公		人物推考別監, 忠淸道安集使, 軍簿判書鷹揚軍上將軍, 密直副使 軍簿判書	*처음에는 승려가 되었다가 환속 *충렬왕의 총애로 여러 관직 역임 *한희유사건에 연루되어 원에 압송되었음 *충렬왕의 '國壻'라는 칭호를 얻음	3품	『고려사』 권123, 이영주전. 『동사강목』 제12상, 충렬왕 8년 11월
24	崔寧					*고종 때 유경의 추천 內侍府에 들어가 政房의 3傑로 불림	3품	『고려사』 권105, 허공전, 고종세가

25	吳漢卿(1242~1314)			급제(원종조)	僉議舍人·金寧府使·軍簿摠郎·經史敎授·左司議大夫·密直副使經史敎授, 詞林侍讀學士·詞林院學事, 僉議贊成事·監春秋館事, 知選部事	*충렬왕·충선왕대에 왕의 총애를 받음 *충선왕의 사림원 4학사의 일인	3품	『고려사』 권109, 오형전
26	柳琚				中郎將, 右副承旨, 判通禮門事	*충선왕이 모후인 제국대장공주의 죽음을 밝히기 위해 유거를 심문 *한희유의 무고를 원에 알리고 원에서 이들을 데리고 귀국함	3품	『고려사』 충렬왕세가
27	金元具				典法摠郎	*충렬왕 충선왕대에 왕의 측근에서 활동 *경상도안렴사 유호의 피살사건을 맡아 해결함	4품 이하	『고려사』 권30, 충렬왕 19년 정월 계미, 권108, 이혼전
28	李世祺	慶州	형: 李瑱(이제현의 부)	급제	密直副使, 平陽太守	*殿試門生 *원감국사와 교유	4품 이하	
29	尹奕				檢校評理	*충숙왕·충혜왕대 활동만 보임	4품 이하	『고려사』 권124, 신청전, 충숙왕·충혜왕세가
30	金元祥(?~1339)		장인: 민지	급제(충렬왕 10, 1284)	主簿·通禮門祇候, 祿書尹·知監察司事·知申事, 左承旨, 密直副使, 檢校評理, 政堂文學, 判三司使	*충렬왕의 측근세력 *왕을 荒淫하게 한 죄로 파직	4품 이하	『고려사』 권125, 김원상전 민지묘지명(한림대아시아문화연구소, 2001)
31	任翊(?~1301)	定安	조부: 임극인 부: 景謙(재상)	급제	大司成·同修國史, 密直副使, 同修國史, 贊成事	*典故에 밝아 최의에게 예절을 가르침 *충렬왕대에 고려 왕실의 世譜인 『璿源錄』을 찬술	2품	『고려사』 권95, 임의 부 임익전

32	崔有渰 (1239~1331)	海州	선조: 冲 부: 滋 (평장사)		監察雜端, 副密直司使監察大夫·同知密直司事, 副密直司事 監察大夫, 檢校司空司憲大夫, 贊成事, 都僉議中贊判典理監察司事 守僉議政丞監春秋館事大寧君 輸忠順義輔理功臣	*임유무 제거에 참여	2품	『고려사』 권110, 최유엄전

4. 일연을 강화도로 초청

앞서 살핀 바와 같이 일연이 남해의 정림사를 중심으로 활약한 이후 고종 46년(1259)에 大禪師가 되고, 원종 2년(1261)에 왕의 명에 의해 강화도에 초청되어 禪月社에 주석하면서 「일연비문」에 '멀리 牧牛和尙知訥의 법맥을 계승했다'고 한 이후 일연의 행적을 검토하기로 한다.

일연이 대선사가 된 1259년을 전후한 시기는 대내외적인 정세가 격변하던 시기이다. 즉 崔竩가 金俊, 柳璥 등에 의해 주살됨으로써 최씨정권이 붕괴되고 이어 강화도 정부가 몽고에 항복함으로써 몽고와 화해하는 분위기로 접어든 시기라 할 수 있다. 이때 원종이 즉위하면서 일연을 대선사로 책봉하고 이어 원종 2년에 禪月社, 곧 수선사의 별원인 禪源社[14)]

14) 당시 수도였던 江華島에서 가장 중심이 되는 사찰이 禪源社이었다. 이로 미루어 볼 때 일연이 元宗에 의해 초청되어 머문 禪月社는 바로 禪源社가 아닌가 한다. '禪月社의 명칭 중 '月'字는 '源'字와 혼동되었을 것이다.

에 일연을 초청한 것은 어떠한 의미인지를 살펴볼 필요가 있다. 이는 단적으로 말해 원종을 옹립한 세력들이 정치적인 차원에서 불교계를 통괄하기 위해 취한 조처였던 것은 아닌가 한다. 그 과정에서 일연이 선월사에 주석하여 牧牛和尙, 곧 知訥의 법맥을 계승했다고 한 기록은 바로 그가 자신의 출신 승적을 사굴산문으로 바꾼 것이 아니라 수선사를 대신하여 불교계를 대표하는 계승자로 부각되었음을 의미한다고 할 수 있다.

이와 같이 왕정복고가 이루어지고 몽고와 강화를 맺는 분위기에서 일연이 선월사에 주석할 수 있었던 것은 1259년에 대선사가 된 배경과도 관련될 것이다. 일연은 중앙 정계와 관련을 맺게 된 이후, 이를 배경으로 하여 가지산문의 근거지인 경상도 지역의 여러 사찰에 주석하면서 가지산문의 재건에 힘썼다. 예컨대 원종 9년(1268) 왕명에 의해 雲海寺에서 선·교종의 名僧을 모아 大藏落成會를 主盟한다든가, 충렬왕 즉위년(1274)에는 毘瑟山 仁弘社를 충렬왕의 賜額에 의해 仁興社로 개명하고, 또 같은 해에 비슬산 湧泉寺를 중수하여 佛日社로 삼는 등의 일련의 활약을 들 수 있다.

일연이 왕명으로 강화도로 나아가고 이를 계기로 불교계의 핵심 인물로 부상하고, 가지산문의 재건에 힘썼던 것은 그를 지원했던 단월이 존재했기에 가능하였다. 이들을 파악하기 위해서는 앞의 〈표 1〉에서 보이는 단월을 검토할 필요가 있다. 〈표 1〉에는 단월 39명이 보이는데, 그 가운데 32명의 행적을 어느 정도 알 수 있다. 〈표 1〉에서 일연의 단월은 확연하게 구분하기는 힘들 정도로 행적상 겹치는 인물도 있지만 크게 두 부류로 나눌 수 있다. 하나는 일연을 강화도 선월사로 초청할 때 연관된 중앙의 관직자들이다. 이들은 일연이 입적한 충렬왕 15년(1289)에 비해 먼저 죽었거나 비슷한 시기에 타계한 인물들이다. 또 하나는 충렬왕이 동정군을 독려하기 위해 경주부에 행차하여 행재소를 설치하고(충렬왕 7, 1281), 인근의 운문사 주지를 맡고 있던 일연을 이곳에 초청하고 그를 국존에 책봉한 시기와 이후 일연이 입적할 때까지의 인물들로서 일연의 만년에 해당되는 시기의 단월들이다.

여기서는 전자에 해당되는 인물들을 살펴보기로 한다. 이들은 앞에서 살핀 바와 같이 사상적인 교류와는 달리, 정치적으로 일연이 중앙 정치무대로 진출할 수 있는 계기를 마련한 인물들이다. 그리고 일연이 당시 수도였던 강화도에 초청받은 이후 가지산문은 서서히 당시 불교계의 중심교단으로 부각될 수 있는 기반을 만들어갔다. 이러한 상황을 만든 단월들은 〈자료 1〉의 1~13까지 열거한 인물들이 해당한다. 그들의 공통점은 충렬왕 21년(1295) 일연비가 설립되기 이전에 타계했다는 점이다. 다만 〈자료 1〉 7, 곧 이응소의 경우는 생몰시기는 알 수 없지만, 그의 마지막 행적이 1265년에 경주부윤으로 부임한 것으로 보아 그도 일연 입적 이전에 사망하였을 가능성이 높다. 일연이 입적한 시기가 1289년 7월이고 비를 건립한 시기가 1295년 8월이라는 점을 염두에 둘 때, 이들은 앞서 언급한 바와 같이 일연이 국존에 책봉되기 이전부터 인연을 맺은 인물들이다.

그러면 위의 인물 가운데 1. 이장용 2. 원부 3. 송송례 4. 김구 8. 박송비, 9. 김주정, 13. 나유에 대해 살펴보기로 한다. 먼저 1. 이장용은 〈표 1〉에 설명하였듯이 원종의 원수종공신 세력이며 최의정권을 붕괴시킨 유경과 매우 친밀한 인물이다. 그리고 2. 원부도 충렬왕 수종공신 세력이며, 그도 유경의 추천으로 관직에 진출하였다. 3. 송송례는 임유무 제거에 가담한 왕정복고 세력이며 충렬왕의 원수종공신이었다. 그리고 송송례의 아들 송분은 충렬왕의 측근세력으로 충렬왕의 총애를 받은 인물이다. 4. 김구도 유경과 친밀한 관계를 유지하였고, 충렬왕대 몽고어를 교육하는 통문관 설치를 주장하여 부원세력을 차단하고 대원외교의 통로를 국왕 중심으로 만들었던 인물이다. 또 김구는 대몽전쟁이 끝나고 개경환도가 이루어지는 시기에 뚜렷한 국가의식을 바탕으로 이장용과 더불어 외교활동을 전개하여 고려의 체제안정에 크게 기여하였다. 9. 김주정은 충렬왕이 자신의 세력을 중심으로 만든 필도치에 참여한 인물이다. 박송비는 최의 제거에 참여한 위사공신이었다. 13. 나유는 충렬왕이 원에 입조할 때 수종한 공신으로, 특히 그는 우승지 염승익과 더불어 충렬왕의 명으로 일연을 국존으로 추대하였던 인물이다. 삼별초를 진압할 때 참여하였으며, 또 동정군에 종군하였다. 특히 2차 동정군을 독려하기 위해 충렬왕이 경주에 행차하였을 때(1281) 知兵馬事였다.[15] 그 외 박항, 이응소, 김련, 장일, 주열, 박지량 등은 일연의 활동무대인 경상도 지역에 파견된 지방관들이다.

한편 앞에 든 인물들은 일연을 강화도의 선월사로 초청할 때 주도했거나 또는 동조했던 세력으로 보인다. 그들은 고위관직자들로서 문신과 무신들이 망라되어 있다. 그 중에서도 대표적 인물은 문신으로는 이장용(1201~1272)과 김구(1211~1278), 무신으로는 송송례(?~1289)와 박송비(?~1278) 등이다. 이러한 인물 가운데 이장용과 박송비에 대해 좀더 살펴보기로 한다.

이장용은[16] 인주이씨로서 이자연의 6대손이다. 그가 태어난 시기는 최충헌이 집권하던 시기이며, 유학을 수학하여 최우가 집권하던 시기인 고종 10년(1223)경 과거에 합격하였다. 이후 西京의 司錄으로 외직에 나갔으나, 중앙의 관직에 진출하였다. 그는 고종 40년(1253)에는 국자감 대사성으로 국자감시를 주재하였으며, 고종 43년에는 추밀원부사가 되었다. 그가 고위 관료로 입신하였지만, 당시 고려는 몽고와 30여

---

15) 『高麗史』 권104, 羅裕傳.

16) 이장용에 관한 연구는 다음의 논문들을 들 수 있다. 閔賢九, 「李藏用 小考」, 『韓國學論叢』 3, 국민대 한국학연구소, 1980 ; 姜錫瑾, 「李藏用의 儒佛交涉 樣相과 佛敎詩 考察」, 『東岳語文論集』 29, 1994 ; 고명수, 「고려 원종대 이장용의 대몽외교활동」, 『韓國人物史硏究』 25, 2016.

년에 걸친 항전기였다. 그러나 고종 45년(1258) 주전론을 주장하는 최의 정권을 문신을 대표하는 대사성 유경과 무신의 별장 김준 등이 연합하여 제거하였다. 이후 몽고와 화친을 맺고 근 10여 년에 걸친 양국간의 첨예한 구도 속에서 이장용은 정치가이면서 외교가로서 크게 활약하였다.[17] 원종 12년(1271) 평장사로 치사하였고 그 다음 해 타계하였다. 이장용에게서 특히 주목되는 것은 불교에 대한 깊은 이해와 신앙심을 가졌다는 사실이다. 그가 찬술했다는 『禪家宗派圖』와 윤색한 『華嚴錐洞記』 등은 현전하지 않지만, 그의 불교인식과 태도를[18] 짐작케 한다. 그리고 이러한 점은 그가 일연의 단월로 참여한 것이 정치적 이해관계보다 불교를 매개로 한 관계였음을 말해준다.

한편 박송비는 본래 德原(경북 寧海)의 향리로서 軍伍에 적을 두고 있다가[19] 고종 45년(1258) 3월에 장군으로서 유경, 김준 등과 함께 최의를 제거하는데 참여함으로써 바로 그 해에 대장군이 되고 衛社功臣에 봉해졌으며, 심지어 그의 출신지인 덕원현이 小都護府로 되고 뒤에 禮州牧으로 승격되기도 하였다.[20] 그 후 상장군, 同知樞密院事右散騎常侍, 守司空左僕射太監이 된 7일 후에 파직되었다.[21] 다시 박송비가 복직된 연대에 대한 기록은 없으나 충렬왕 4년에 參知政事를 역임하다가 죽었다.

앞에서 살핀 이장용과 박송비의 행적을 볼 때 일연을 강화도로 초청하게 된 배경은 충분히 읽을 수 있다. 그런 중에 가장 적극적으로 일연을

---

17) 고명수, 위의 논문 참조.

18) 姜錫瑾, 앞의 논문 참조.

19) 『高麗史』 권130, 金俊傳, "松庇 初以德原吏 籍軍伍 以誅誼功 累官至參知政事 性寬洪 不與人爭功 忠烈四年 卒 子成大".

20) 朴松庇의 행적은 『高麗史』의 해당년도 기록에 의거하였다. 또 당시의 정치적 사정에 대해서는 鄭修芽, 「金俊勢力의 形成과 그 向背」, 『東亞硏究』 6, 서강대 동아연구소, 1985 참조.

21) 『高麗史』 권26, 元宗 5년 8월, "乙巳 命參知政事金俊 爲敎定別監 糾察國家非違 壬子 守司空左僕射朴松庇罷 以樞密院使李應韶 代之".

초청한 인물은 박송비로 보인다. 그와 일연의 행적을 관련시켜 보면 다음과 같다. 곧 일연이 54세의 나이로 대선사가 된 1259년은 바로 박송비 등에 의해 최의가 제거된 다음 해이고, 그 뒤 왕명에 의해 강화도의 선월사에 거주하다가(1261) 경북 영일의 오어사로[22] 남환하게 된 원종 5년(1264)은 박송비가 일시 몰락하고 김준이 정치권력을 장악한 해이다.[23] 그러다가 왕명에 의해 운해사에서 禪敎名德으로 하여금 대장낙성회를 개최하도록 할 때 이를 일연이 주관하여 관장하도록 조처한 원종 9년(1268)은 바로 김준이 주살된 해이다.

이와 같이 일연이 강화도의 선월사에 초청된 전후 약 10년간 중앙정치권과 연계되어 활동할 수 있었던 것은 박송비를 비롯한 왕정복고를 주도했던 단월의 지원과 문신관료들의 동조에 의한 것이라 할 수 있다. 이러한 점은 일연이 최씨정권이나 김준 등의 무신세력과는 정치적 이해와 성향을 달리한 인물로 판단되며, 왕정복고를[24] 지지한 것으로 판단된다. 따라서 그가 당시 몽고의 강압에 의해 개경으로 환도하게 된 조처에 반발하여 봉기한 삼별초에 대해 '賊難'으로 표현한[25] 까닭도 이와 관련될 것이다.

---

22) 一然이 1264년에 南還하여 영일의 雲梯山 吾魚社에 머물게 된 것은 朴松庇의 출신지인 寧海府와 인접한 곳에 吾魚社가 위치한다는 점과 관련지어 생각할 수 있다.

23) 鄭修芽, 앞의 논문, 435~438쪽.

24) 여기서 왕정복고로 표현한 것은 최씨정권의 몰락에 따라 무신정치가 상대적으로 위축되었다는 것을 의미할 뿐 왕권이 절대적으로 신장되었다는 뜻은 아니다. 이후에도 金俊, 林衍 등에 의한 權臣政治는 계속되었다(邊太燮, 「高麗後期의 武班에 대하여」, 『서울대논문집』(인문사회과학)12, 1966 ; 『高麗政治制度史硏究』, 一潮閣, 1971 참조).

25) 『三國遺事』 권3, 前後所將舍利.

5. 일연 만년의 단월

다음은 일연이 주로 경상도 지역을 중심으로 만년을 보낼 때 인연을 맺었던 단월에 대해 살펴보기로 한다. 이들은 〈표 1〉의 14~32에 해당하는 인물들이지만, 이들도 크게 두 부류로 나눌 수 있다. 하나는 〈표 1〉의 14~21까지이며, 특징적인 것은 경상도에서 관직을 역임했다는 점이다. 물론 앞서 살핀 〈표 1〉의 1~13에서도 경상도에서 관직을 맡았던 인물도 다수 보인다. 또 하나는 〈표 1〉의 22~32까지인데, 주로 실무를 담당한 중하위직 관직자들이다. 그러면 먼저 〈표 1〉의 14~21이 인물들을 살펴보기로 한다. 다음의 〈표 2〉는 경상도 지방관을 역임한 인물들이 활동하던 시기와 일연의 행적을 연계시킨 것이다.

〈표 2〉 경상도 지방관 이력을 가진 일연의 단월[26]

번호	경상도 이력 인물과 연도		일연의 행적
10	장일	경상도 안찰사(원종 初)	『중편조동오위』 초간(1260), 왕명을 받고 강화도에 가서 선월사에 주지하여 개당함(1261)
7	이응소	경주부윤(원종6, 1265)	남환하여 운제산(영일) 오어사에 있다가 비슬산 인홍사로 옮김, 많은 승려들이 모여들게 됨(1264)
11	주열	경상도 안찰사(원종7, 1266)	
14	홍자번	경상도 안찰사(원종8, 1267)	
5	박항	경상도 안찰사(원종9, 1268)	왕명에 의하여 운해사에서 선교명덕으로 대장낙성회를 설치하고 이를 주관함(1268)
10	장일	경상도 수로방호사(원종11, 1270)	
10	장일	경상도 안찰사(원종12, 1271)	
12	박지량	경상도 수로방호사(원종12, 1271)	
6	김련	경상도 지휘사(충렬왕 初)	인홍사를 인흥사로 고치고 사액, 초산 동쪽 용천사를 중수하여 불일사로 함(1274)

19	이덕손	경상도 안찰사(충렬왕4, 1278)	왕명에 의해 운문사에 주석(1277), 인흥사에서 『역대연표』를 간행(1278)
19	이덕손	경주부윤(충렬왕6, 1280)	
17	민훤	경상도 안찰사(충렬왕6)	
17	민훤	경상도 안렴사(충렬왕7, 1281)	경주행재소에 부름을 받고 감
18	김군	안동부사(충렬왕7)	
17	민훤	경주부윤(충렬왕9, 1283)	10월 내전에 맞이하고 개경 광명사에 주석케 함(1282), 3월 국존으로 책봉(1283)
16	염승익	경상도 도순문사(충렬왕10, 1284)	인각사를 하산소로 함, 2번 구산문도회 개최(1284)
19	이덕손	경상도 왕지사용별감(충렬왕11, 1285)	영정사(현 밀양 표충사)에서 주석함(1286)
15	정가신	경상도 안무사(충렬왕13, 1287)	
20	공문백	경주부윤(충렬왕13)	
19	이덕손	경상도 권농사(충렬왕14, 1288)	
12	박지량	경상도 순무사(충렬왕15, 1289)	봄 인각사에서 『인천보감』 간행을 명함, 7월 입적함(1289)
21	김용검	경상도 소복별감(충렬왕17, 1291)	

위의 〈표 2〉에서 보듯이 경상도 지역과 관련된 관직을 역임한 인물들이 활동한 시기는 원종·충렬왕대인 1260년대 초에서 1289년에 걸쳐 있다. 일연이 비슬산에 주석한 이후의 활동상은 크게 네 시기로 나누어 보았는데, 이들이 경상도의 관직자로 활동한 시기는 그 중에서도 세 번째와 네 번째에 해당한다. 세 번째인 전자는 원종의 명에 의해 선월사에 주석한 이후 경상도 지역의 오어사, 인흥사, 해운사, 용천사 등에 주석한 1261~1276년이며, 네 번째인 후자는 충렬왕의 명에 의해 운문사에 주석하다가 그 뒤 국존에 책봉되고 입적한 말년까지인 1277~1289년이다.

이 시기 일연의 활동지역과 단월들이 지방관을 역임한 지역이 경상도

26) 「일연비음기」의 기재순서가 아니며, 경상도 지방관을 역임한 연대순으로 작성하였다.

일원으로 일치한다는 점은 바로 이들이 일연이 가지산문을 중흥시키고 국존에 책봉되는 일련의 과정에 깊숙이 개입되었음을 의미한다.

그러면 경상도 이력 관직을 가진 이러한 인물들을 자세히 살펴보기로 한다. 5. 박항은 필도치에 참여하였다. 6. 김련은 충렬왕대 여몽연합군의 일본정벌에 참여하였다. 10. 장일은 삼별초 진압에 공을 세웠으며, 여러 차례 원에 사신으로 갔다. 11. 주열은 임유무 제거에 참여하였고 충렬왕이 그의 명성을 듣고 중용한 인물이다. 12. 박지량은 여몽연합군의 일본정벌에 참가하였다. 15·16. 정가신과 염승익은 필도치에 참여하였으며, 특히 염승익은 충렬왕이 일연을 국존으로 추대하는 일에 참여하고 있다. 17. 민훤은 1280~1281년간에 경상도안렴사, 1283년에 경주부윤을 역임했으며,[27] 그 뒤 '內按廉'이라는 칭호를 들을 정도로 충렬왕의 측근세력이었다. 20. 공문백은 1287년 8월에 경주부윤이었다는 기록이 유일하게 보인다.[28] 21. 김용검은 충렬왕의 근시낭중이며, 측근세력으로 분류된다.

앞에서 살핀 이들 외에 풍부한 기록이 보이는 다음의 인물에 대해서도 살펴보기로 한다.

14. 홍자번(1237~1306)은[29] 남양홍씨 출신으로 유학을 수학하였으나, 음서를 통해 관직에 진출하였다. 충렬왕대에 세 번이나 首相이 되었지만 참소를 당해 물러나기도 했으며, 충렬왕 20년에서 22년간의 벌어진 충렬왕과 세자인 충선왕의 갈등 과정에 첨의중찬, 우중찬 등의 재상직에 있으면서 깊숙이 연관되어 있는 인물이다. 그가 충렬왕 22년에 상서한 '便民十八事'는 충렬왕 24년(1298)에 충선왕이 즉위하면서 반포한

---

27) 『高麗史』 권29, 충렬왕 7년 8월 병자 ; 「道先生案」·「府尹先生案」, 『慶州先生案』, 아세아문화사 영인본, 1982, 33쪽 및 217~218쪽 참조.

28) 「府尹先生案」, 『慶州先生案』, 1982 참조.

29) 金光哲, 「洪子藩 研究」, 『慶南史學』 1, 1984 ; 盧鏞弼, 「洪子藩의 '便民十八事'에 대한 研究」, 『歷史學報』 102, 1984 등이 참고된다.

'즉위교서'와 닮아 있어 그의 정치적 입지는 충렬·충선왕 양대에 걸쳐 있는 셈이다.

18. 김군(?~1299)은[30] 언양김씨로 金就礪의 손자이며, 그는 1281년 충렬왕이 경주로 행차할 때 안동부사로 있으면서 충렬왕을 환대한 적이 있었다.[31] 또 그는 충선왕 즉위초에 宰相之宗에 들어간 권세가였던 언양김씨 출신이었기에 계속 고위관직자로 활동하였다. 그리고 그는 충렬왕이 일연을 내전에 불러들이는데 참여하였으며, 특히 그의 가계에서 가지산문의 승려가 배출되었다는 점은[32] 주목된다.

19. 이덕손(?~1301)은 합천이씨로 1278년에 경상도안찰사, 1280~1281년에 경주부윤을 역임하였다.[33] 특히 1268년에 김준을 주살할 때 참여했다는 점이[34] 주목된다. 그리고 충렬왕이 동정군을 격려하기 위하여 경주에 행차했을 때 동경유수로 있으면서 능변과 뇌물로 왕의 환심을 얻어 부윤이 되었으며, 후에 慶尙道王旨使用別監이 되어 민중의 膏血을 착취한 기록이[35] 보인다. 그리고 최근에 충렬왕 8년(1282) 7월에 『慈悲道場懺法』 권10

30) 金頵의 沒年은 그의 동생인 金賆의 墓誌銘인 「文愼公墓誌銘」, 『雜同散異』, "二兄匡靖大夫都僉議叅理政仕 諱頵 己亥十月薨"이라 한 기해년이며, 이 연대는 그의 활동시기로 보아 1299년이다. 그리고 彦陽金氏 가계에 대해서는 閔賢九, 「趙仁規와 그의 家門(中)」, 『震檀學報』 43, 1977, 23~24쪽 참조.

31) 『高麗史』 권29, 忠烈王 7년 8월 정축.

32) 金開物, 「眞慧大師行陽川郡夫人許氏墓誌銘」, 『雜同散異』에 의하면 金頵의 第인 金賆의 부인이 眞慧大師인데(許珙의 女), "次亦童出家 曰如璨 投迦智山門 以四選首座 捷上上科 振衣 南巡至天目山迺還 有禪師批掉臂"이라 하여 金賆의 4子 如璨이 가지산문의 승려가 되었음을 알 수 있다. 심지어 眞慧大師라는 법명을 가진 金賆의 부인도 선종에 깊이 심취하였으며, 당시 중국에서 건너온 '無禪師', '鐵山' 등을 만난 것을 계기로 하여 비구니가 되었음을 본 묘지명에서 알 수 있다.

33) 「道先生案」·「府尹先生案」, 『慶州先生案』, 1982.

34) 『高麗史』·『高麗史節要』에는 언급이 없으나 「李德孫墓誌銘」, 『雜同散異』에 "元王(宗)九年 誅柳聖金俊等"이라는 기록이 보인다.

35) 『高麗史』 권123, 權宜 附李德孫傳.

을 간행하면서 이덕손이 東京副留守로서 誌文을 붙인 자료가[36] 발굴되어 주목된다.

앞서 살핀 인물들의 정치적 성향은 3품 이하의 실무를 맡은 인물들에서도 찾아진다. 이 부류로 행적이 확인되는 인물들은 정수기, 이영주, 최녕, 오한경, 유거, 김원구, 이세기, 윤혁, 김원상, 최유엄 등이다. 22. 정수기는 앞서 살핀 박지량과 함께 친종장군 만호 등의 무관직을 수여받은 것으로 보아 국왕 측근세력으로 추정된다. 24. 최녕은 고종 때 柳璥에 의해 許珙, 元公植 등과 함께 추천, 발탁되어 政事點筆員이 되었으며 政房三傑로 불린 인물 중의 한 명이며,[37] 고종의 측근세력이다. 25. 오한경은 원종대 급제하였고 충렬왕대에 요직을 지낸 인물이다. 또 충선왕이 제국대장공주의 죽음의 배후를 밝히기 위하여 무비 일당인 유거를 문초하기도 하였다. 충선왕 때 사림원의 4학사 중 일원이었다. 27. 김원구는 충렬왕대에 전법총랑을 지낸 인물이다. 29. 이세기는 충렬왕 6년에 전시문생인 것으로 보아 충렬왕의 측근세력이다.[38] 30. 김원상은 충렬왕대의 폐신인 오기·석천보와 함께 국왕 측근인물로 분류되고 있다. 32. 최유엄은 최자의 아들로 임유무 제거에 참여하였다.

이상에서 살핀 인물들을 상징적으로 보여주는 단월로 23. 이영주가 주목된다. 그는 충렬왕의 총애를 받은 인물로 충렬왕 8년(1282)에 인물추고별감이 되어 여러 주현의 관리를 감찰하였고, 충렬왕 26년(1300) 충선왕 세력의 誣告인 한희유 사건에 연루되었던 점에서 그의 정치적 성향을 알 수 있다. 그는 심지어 충렬왕이 세자로 있을 때 얻은 여인에게서 난 딸에게 장가들어 세상 사람들이 그를 '國壻'라고 조롱하기도 하였다

36) 화봉문고, 제41회 『華峯現場競賣』(N.1-261), 2017, 51쪽.

37) 『高麗史』 권105, 許珙傳, "承宣柳璥薦珙及崔寧元公植 並屬內侍 爲政事點筆員 時號政房三傑".

38) 李益柱, 『高麗·元關係의 構造와 高麗後期 政治體制』, 서울대 박사학위논문, 1996, 87쪽.

고 한다.

앞서 살핀 바를 종합하면 첫 번째와 두 번째 부류는 그 기준은 다르지만 이들에 속한 인물의 공통점은 다음과 같다. 하나는 모두 국왕 또는 왕정과 매우 밀접한 관련을 가졌다는 것이다. 이들은 최의, 김준, 임연·임유무 부자 등을 제거하고 왕정을 복구한 세력이며, 몽고와 화친한 이후는 원종과 충렬왕이 원에 친조할 때 수종한 공신, 그리고 충렬왕 재위시에 국왕 측근세력으로서 활동한 인물들이었다. 또 하나는 이들은 문신과 무신의 어느 한쪽에 치우치지 않고 대등하게 분포되었다는 점이다.

이상의 단월들이 중앙 정치무대에서 활약한 인물들이라면 이들에 비해 정치적인 역량은 부족하지만, 경상도 지역의 지방관을 역임한 인물들이 일연의 단월들로 집중되었다는 점이 주목된다. 이들은 충렬왕이 동정군을 격려하기 위해 경주에 설치한 행재소를 중심으로 이 지역 지방관의 위상이 높아진 것과도 연관된다고 본다. 따라서 이들은 일연이 충렬왕에 의해 경주 행재소로 부름을 받은 것이 계기가 되어 일연의 단월이 된 것으로 생각된다. 이들 중 언양김씨와 일연의 유대라든가, 金俊을 제거할 때 참여한 이덕손이 주목된다. 그리고 일연이 말년에 국존에 책봉되고 또한 가지산문이 14세기에 중심 교단세력으로 부각된 배경은 이들의 정치적 성장에 따른 지원에 의한 것임은 부정하지 못할 것이다.

6. 맺음말

일연이 경상도 장산(현 경산)의 토호층 출신으로 선종의 가지산문에 출가하여 승려의 삶을 선택했을 때, 가장 큰 목표는 수행을 통한 깨달음을 얻는 것과 중생 교화를 위한 보살의 길이었을 것이다. 그러나 현실로 다가온 것은 몽고의 침입으로 온 국토가 전란의 소용돌이 속으로 빠져들고 여기에 편승한 정치권력의 자기보호를 위한 무능함이었다. 그럴 때 가장 고통을 당하는 계층은 서민대중이었다. 따라서 일연이 이십여 년에 걸쳐 비슬산을 중심으로 수행에 힘쓸 당시에는 그곳 서민들과 함께 호흡하고 지낸 셈이었다.

그러한 일연이 국가적인 사업에 참여하고 중앙 정치무대와 연결되는 계기를 마련하게 되는데, 여기에 단월들이 일정하게 작용을 하게 된다. 일연은 장년기와 만년에 걸쳐 단월들의 지원을 받는다. 첫째, 장년기에는 대장경 조성의 막바지에 정안의 초청을 받아 남해 정림사에 주석한다. 둘째, 만년으로 접어들 시기에 원종의 명에 따라 당시 수도 강화도의 선월사에 머물게 되는데, 왕정복고 세력의 도움에 의한 것이었다. 셋째, 만년에는 충렬왕과 그의 측근세력들이 일연을 지원하는 주요 단월들이었다.

앞서 살핀 「일연비음기」에 수록된 단월들은 대부분 위의 둘째와 셋째에 해당한다. 그리고 이들은 활동한 시기의 차이는 있지만 국왕과 밀접한 관련을 가진 점이 특징이다. 전자는 최의와 김준, 이어 임연 부자 등을 제거한 문신·무신 연합세력들이며, 후자는 충렬왕과 밀착되어 권력 강화를 시도한 인물들이다.

여기서 주목되는 것은 충렬왕 세력들로서, 이들의 결합에는 일연비의 설립시기와도 관련이 된다. 일연비가 건립된 시기는 충렬왕 21년(1295)이다. 충렬왕은 그의 조부인 고종대부터 정치일선에서 활약한 인물이며, 국왕으로 즉위한 이래 그는 왕권을 강화하기 위하여 일련의 조처를 진행하였다. 가령 필도치 등 겁설직을 만들고, 양천제를 강화시킨 것은 그러한 사정을 말해준다. 그러나 충렬왕 21년을 즈음하여 세자인 충선왕의 세력이 충렬왕을 위협하기에 이르렀다. 충렬왕 20년에 원 세조가 사망하고 성종이 즉위하였다. 충렬왕은 재위 4년에 직접 친조하여 '세조구법'이라는 원칙을 확립 받았을 정도로 원 세조의 지지를 받았다. 그러나 성종은 고려를 실질적으로 지배하고자 하였고, 그러한 의도를 충실하게 수행할 인물로 선택한 자가 세자인 충선왕이었다. 충렬왕 21년 8월에 원에서 세자의 지위를 격상시켜 '儀同三司 上柱國 高麗王世子 領都僉議使司'에 책봉하였고, 세자는 곧 귀국해서 도첨의사사를 맡아 직접 관리의 인사에 참여하는 등 정치에 참여하였다. 이어 충렬왕 22년에 충선왕은 성종의 질녀와 혼인하면서 원의 부마가 되었고, 충렬왕 23년에 전위를 요청하였으며, 충렬왕 24년(1298) 정월에 충선왕이 즉위하였다.

이러한 정치권력의 파동 속에서 충렬왕은 위기의식을 가질 수밖에 없었고, 자신의 세력을 전면에 내세울 필요가 있었다. 그러한 일련의 과정에서 일연비가 만들어진 것이 아닌가 한다. 이는 일연이 충렬왕의 지지로 가지산문을 흥성시키고, 국존으로 추대되는 시기와 과정이 충렬왕의 국왕권을 강화하기 위한 조처와 관련되었기 때문이다.

한편 충렬왕 3년(1277) 왕의 명에 의해 운문사에 주석한 이래 국존이 되고 입적한 시기까지 일연의 행적을 어떻게 이해해야 할까. 이 시기는 고려가 원에 의해 예속된 이래, 원이 일본을 정복하기 위해 고려에 가중한 부담을 지운 시기로 고려사회가 극도로 피폐하였다. 이때 원에 예속되어간 고려왕실은 이전의 시기에 주류를 이루던 불교계를 일단 정리해야 할 필요성을 가졌던 것 같다. 일연이 운문사에 주석하게 되고, 여기서 『삼국유사』의 집필을 구상하고 준비에 착수하였다.[39]

---

39) 『三國遺事』를 찬술한 시기는 1249년 定林社에 주석한 이후 자료를 채집한 이래, 雲門寺에서 주석한 1277~1281년까지로 보는 견해가 있다(黃浿江, 『一然作品集』, 해제, 1977, 참조). 다만 일연이 1278년 『역대연표』를 간행한 것은 이미 그 이전에 사서의 찬술을 시도했음을 말해준다. 물론 『삼국유사』를 본격적으로 집필한 곳은 그가 만년을 보낸 인각사였을 것이다.

그 뒤 충렬왕 7년(1281) 6월에 왕이 동정군의 격려차 경주에 갔을 때, 그를 행재소에 불렀다. 그 뒤 일연은 승려로서 최고 승직의 길을 걷게 된다. 일연이 충렬왕의 부름으로 경주에 갔을 때 불교계의 현황은 승려들이 뇌물로써 승직을 얻어 '羅禪師', '綾首座'로 불렀으며 娶妻한 승려가 거의 반이라는 기록에[40] 의해 그 실태를 짐작할 수 있다.

이러한 불교계의 타락상과 사회의 모순을 직접 개혁하기 위해 일연이 중앙의 정치무대에 진출했다고 보기에는 무리가 있다. 그렇다고 동정군에 따른 경상도 지역의 농민과 천민들의 고통을 덜어주기 위해 개경으로 진출한 것으로 생각되지도 않는다. 따라서 일연이 소속된 가지산문을 무신란 이후 부각된 선종세력이 아니라 수선사·백련사를 대신하여, 원간섭기에 등장한 불교계의 중심 세력으로 파악된다. 그리고 가지산문이 등장한 배경에는 일연의 행적이 깊이 연관되었다고 본다. 곧 국존이 된 일연은 麟角寺를 下山所로 하여 2회에 결쳐 九山門都會를 개최하였는데, 이는 분명 가지산문이 그를 핵심으로 하여 선종계, 나아가 불교계를 영도하는 위치였음을 의미한다.

결국 일연이 본래 지향했던 승려로서의 목표인 수행과 교화를 위한 노력은, 장년기 이후 그의 유명세를 이용하기 위한 단월들에 의해 상당 부분 왜곡되었음을 알 수 있다. 물론 그가 비슬산을 떠난 것은 그가 속한 가지산문의 재건과 불교계가 처한 현실을 타개하고 개혁에 힘쓰기 위한 의도였음은 충분히 짐작된다. 그러나 일연의 만년에 연결된 단월들은 대부분 종교적 열의와 귀의처로 일연을 선택한 것으로 보이지 않는다. 특히 충렬왕과 그의 주변 측근세력들은 현실적인 이해관계 속에 일연을 선택하고 이용했을 가능성이 크다.

그러나 일연으로서는 이러한 단월들의 성향과 추이를 파악하지 못했

40) 『高麗史』 권29, 忠烈王 7년 6월 계미, "王次慶州 下僧批 僧輩 以綾羅 賂左右得職 人謂羅禪師·綾首座 娶妻居室者 居半".

을 리가 없다. 그가 현실적으로 이들의 지원을 받았지만, 결국 만년에 나아간 길은 『삼국유사』의 찬술이었다. 이를 통해 무신정권, 대몽항전, 원간섭기 등으로 이어지는 과정에서 가장 고통을 받았던 민중들에게는 구원과 희망을 제시하고, 이민족의 침탈에 대해서는 민족의 자존을 강조하는 방향으로 나아가지 않을 수 없었다.

Ⅲ. 「일연비」에 보이는 淸玢과 山立의 정체

1. 머리말

보각국사 일연의 행적을 알려주는 일차 자료인 「高麗國華山曹溪宗麟角寺迦智山下普覺國尊碑銘幷序」[1]는 현전하는 비석이 심하게 훼손되어 있다. 그렇기 때문에 원 비문의 내용을 알 수 있는 탁본을 통해서 그의 행적을 살펴볼 수 있다. 필자는 일찍이 「일연비문」의 내용을 정확하게 파악하기 위해서는 탁본이 중요하다는 점을 상기시키고, 필사본에 의해 알려진 「일연비문」의 내용 중 잘못 필사된 자구를 밝힌 바 있고, 아울러 완전하지는 않으나 「일연비음기」의 복원을 시도하였다.[2]

이러한 작업을 통해 얻게 된 몇 가지 정보 가운데 가장 주목되는 것은 「일연비문」의 필사본에 의거하여 '眞靜大禪師 淸珍' 또는 '眞靜大禪師 法珍' 등으로 잘못 판독한 내용을 '眞靜大禪師 淸玢'으로 바로 잡았다는 사실이다. 이를 통해 청분은 보감국사로 추존된 혼구이며, 『삼국유사』에 보완한 주를 남긴 無極이라는 사실을 알 수 있다. 그리고 「일연비음기」를 찬술한 '通奥眞靜大禪師 山立'의 존재를 찾아내고 산립이 바로 「일연비문」 건립을 주도한 청분임을 밝혔다.

1) 이하 비의 전면은 「일연비문」, 뒷면은 「일연비음기」 등으로 줄여 서술한다.

2) 蔡尙植, 「普覺國尊 一然에 대한 硏究」, 『韓國史硏究』 26, 한국사연구회, 1979a.

필자가 복원을 시도한 「일연비음기」는 부족한 점을 많이 가지고 있었다. 곧 「일연비음기」의 본문은 대부분 판독하였으나, 문도와 단월 부분은 일부에 그친 것이었다.[3] 이후 이러한 불완전한 내용을 극복하기 위해 학계에서는 잔존하고 있는 「일연비문」 탁본에 많은 관심을 기울였으며, 탁본첩을 영인하여 간행하기도 하였다.[4] 그 과정에 김상현이 전보삼 소장본과 박영돈 소장본 등을 이용하여 문도 부분을 많이 보충하였다.[5] 그러다가 정병삼이 간송미술관 소장 탁본을 이용하여 어느 정도 복원의 기반을 만들었다.[6] 이러한 일연비 복원을 위한 노력의 결과 박영돈은 기왕에 밝혀진 탁본을 종합하여 비첩을 만들기도 하였다.[7]

이와 같이 학계에서 일연비의 복원을 위해 노력하던 중에, 인각사를 중심으로 문화재청, 경상북도, 군위군 등이 나서서 일연의 탄신 800주년을 계기로 하여 일연비를 복원·건립하기로 하였다. 복원의 최종 마무리는 정병삼이 주관하였는데, 그간 박영돈이 복원·시도한 비첩에 힘입은 바 컸다. 다만 「일연비음기」의 문도 항목을 바르게 배치하는 문제가 해결되지 않았는데, 부분적이나마 중국 상해도서관 소장 『해동금석원 정고본』[8]에 수록된 내용은 많은 도움이 되었다. 그 결과 2006년 8월에 인각사에서 일연비를 새롭게 복원·건립하기에 이르렀다.[9]

---

3) 蔡尙植, 위의 논문.

4) 중앙승가대학 불교사학연구소 편, 『麟角寺普覺國師碑帖』, 보경문화사, 1992 ; 중앙승가대학 불교사학연구소·은해사 일연학연구원 편, 『麟角寺普覺國師碑帖(續集)』, 2000.

5) 金相鉉, 「麟角寺 普覺國師碑 陰記 再考」, 『韓國學報』 62, 일지사, 1991.

6) 정병삼, 「一然 碑文의 단월」, 『韓國學研究』 5, 숙명여자대학교 한국학연구소, 1995.

7) 박영돈, 「신자료를 통해서 본 麟角寺普覺國尊碑陰記」, 『비블리오필리』 3, 한국애서가클럽, 1992.

8) 『海東金石苑定藁本』에 관한 소개는 다음의 논문이 참고된다. 朴現圭, 「上海圖書館藏 淸 劉喜海의 定藁本『海東金石苑』」, 『書誌學研究』 21, 서지학회, 2001.

현재 건립된 일연비의 전체 내용에 대해서는 검토할 기회가 없어 언급할 형편은 아니다. 다만 「일연비음기」의 판독 중 재검토해야 할 내용이 있어 먼저 살펴보고자 한다. 곧 「일연비음기」의 앞부분에 명시된 것으로 비음기를 찬술할 당시 통오진정대선사 산립이 어느 사찰의 주지를 맡았는지를 살펴보고자 한다.

이미 필자가 규장각 소장본을 토대로 '보경사주지'로 판독한 바 있었는데,[10] 인각사 경내에 일연비를 복원하면서 '운문사주지'로 판독하였다. 일부 '보경사주지'로 판독한 것을 따른 글도 있었으나,[11] 인각사에 복원·건립된 일연비와 이후 대부분의 글에서 '운문사주지'로 판독·복원하고 있다. 이러한 사정을 검토한 결과 필자가 「일연비음기」를 처음 판독할 때 규장각 소장 탁본에 의거하여 '보경사주지'로 판독하였으나, 고려대 화산문고 소장 비첩과 최근에 출현한 탁본 등에 의하면 '운문사주지'임을 확인할 수 있다. 이후 필자는 이를 따랐으며,[12] 규장각 소장본에 입각한 필자의 초기 판독에 따라 '보경사주지'로 한 것은 '운문사주지'로 수정해야 한다.

이러한 실증을 토대로 하여 본 논문은 「일연비문」과 「일연비음기」에 각각 보이는 청분과 산립의 정체를 검토하고자 한다. 이를 통해 일연을 둘러싼 당시 가지산문의 사정과, 아울러 일연과 청분간의 관계가 밝혀져 『삼국유사』의 간행과 관련된 기초적인 정보를 얻을 수 있다면 다행이겠다.

---

9) 정병삼, 「일연선사비의 복원과 고려 승려 비문의 문도 구성」, 『韓國史硏究』 133, 한국사연구회, 2006.

10) 채상식, 앞의 논문, 1979a.

11) 李智冠, 「軍威麟角寺普覺國尊靜照塔碑文」, 『校勘譯註 歷代高僧碑文(高麗篇4)』, 가산불교문화연구원, 1997.

12) 蔡尚植, 「譯註 普覺國尊 一然碑·陰記」, 『新羅史學報』 14, 신라사학회, 2008.

2. 문제의 제기

「일연비음기」는 앞면과 마찬가지로 王羲之의 행·초서체를 집자하여 새긴 것인데, 그 구성은 찬자인 '雲門寺住持 通奧眞靜大禪師 山立'이 충렬왕 21년(1295)에 본 비를 세운 경위, 다비할 때의 영험담, 일연의 문도와 단월 등에 대한 기록으로 되어 있다. 이에 비해 「일연비문」의 앞면에는 충렬왕 21년(1295) 8월에 문인인 竹虛가 왕희지체를 집자하였으며 通奧眞靜大禪師 淸玢이 비를 세웠다는 내용이 보인다. 그러면 우선 통오진정대선사 청분이 어떤 인물인지를 살펴보고, 이를 통해 몇 가지 문제되는 바를 지적하기로 한다.

앞에서 살핀 바와 같이 混丘(1251~1322)가 바로 통오진정대선사 청분이라는 사실은 당시의 불교계에 있어서 가지산문의 동향을 설명할 수 있는 실마리를 제공한 셈이 된다. 그러면 우선 「일연비문」에 보이는 통오진정대선사 청분에 대한 기록을 들어보고 이를 통해 일연과 청분과의 관계에 대해 검토하기로 한다.

〈자료 1〉

1. 門人雲門寺住持 大禪師淸玢 狀師之行 聞于上 上令臣撰辭(「일연비문」, 1289)
2. 元貞元年乙未八月日 門人沙門竹虛奉勅集晋右軍王羲之書 門人內願堂兼住持通奧眞靜大禪師淸玢立石(「일연비문」, 1295)
3. 雲門寺住持通奧眞靜大禪師 山立述(「일연비음기」, 1295)
4. 國尊在世時 山立以因緣差奪 未獲詣門徒之列 常以爲恨 幸託不朽之囑 庶不結當來攀附之(「일연비음기」, 1295)

이상의 기록을 종합하면 淸玢은 山立이라는 이름도 가지고 있었던 것으로 추정되며,[13] 일연 생존 시에는 「일연비음기」 찬자인 산립은 자신의 표현대로 일연의 직계 문도가 아니었음을 알 수 있다. 산립은 「일연비음기」에서 일연 생전 시에 직접 찾아뵙지 못한 점을 언급하고 있다. 그 내용을 들면 다음과 같다.

새 천자[14]가 즉위한 (원정) 원년 을미 초여름 4월 초에, 麟角長老[15]가 나를 찾아와 부탁하기를 "先師께서 열반하신 지 홀연히 6, 7년이 지났습니다. 그러나 조정의 은례는 조금도 변함이 없었으며, 거듭 臣에게 명하여 선사의 비문을 지어 옥석에 새겨 본원 인각사에 세우고, 이어 조칙을 내려 문도들이 대를 이어 香祀를 받들게 하는 것으로 飾終의 禮를 마치게 하였습니다. 스님의 문도를 비의 뒷면에 열거하여 후세 사람들로 하여금 읽도록 하여 원래의 사연이 있었음을 알게 하려는데, 이 일은 오직 스님만이[16] 우리들을 위하여 할 수 있는 것이오."라고 하므로, 나는 이를 받아들여 그러하겠다고 말하였다.

"나는(山立) 國尊께서 살아계실 때, 기회도 없었고 인연이 없어 스님의 문도의 열에 서지 못한 것을 항상 한으로 생각했었는데, 다행히 不朽의 부탁을 받았다. 이에 역시 내세에서라도 스승으로 모실 인연이 맺어지기를 바라고 있는 터인데, 어찌 감히 下命을 받지 않을 수 있겠습니까."라 하고, 삼가 손을 모아 머리를 조아려 절하고 두 번 다시

---

13) 李齊賢, 「瑩源寺寶鑑國師碑銘」, 『東文選』 권118, "師凡七僧秩 六錫號 九歷名藍 再住內院 爲一國釋林之首"라고 한 것에서 여러 개의 法號가 있었음을 짐작할 수 있다.

14) 新天子 : 元 成宗을 가리킨다.

15) 麟角長老 : 一然의 門人으로 立碑의 일을 주관하였으나, 어느 인물인지는 알 수 없다.

16) 子能 : 子能이란 子는 夫子, 孔子, 孟子 등과 같이 상대를 존칭하는 말이니, 先生이란 뜻이나, 여기서는 비문을 청하는 麟角長老가 山立을 지칭하는 말.

절하면서 이르되, "和尙의 門風이 광대하여 실로 모든 것을 갖추어서 어떠한 말과 생각으로도 표현할 수 없습니다."라고 하였다.

위의 인용에서 가장 주목되는 것은 「일연비음기」를 찬술한 통오진정대선사 산립은 일연 생존 시에 인연이 닿지 않아 그의 문도가 되지 못했음을 항상 한으로 여겼다고 언급한 내용이다.

그러나 淸玢은 일연의 사후 그의 행장을 지어 충렬왕에게 바친다든가, 또 일연이 입적한 충렬왕 15년(1289) 당시에 일연이 주석한 바 있는 운문사의 주지직을 맡는다든가, 또한 일연의 비를 건립한 충렬왕 21년(1295)에는 일연의 탑비와 부도가 소재하고 있으며 일연이 말년을 보낸 인각사의 주지로 있으면서 운문사와 內願堂[17]의 주지직까지도 겸임한 것을 미루어 볼 때, 충렬·충선왕 양대에 걸쳐 왕실과 밀접한 관련을 맺은 인물로서 가지산문의 핵심적인 위치를 차지한 승려임을 알 수 있다.

추측컨대 청분은 본래 일연과 함께 같은 가지산문의 출신이지만 일연과는 법맥상으로는 직접 관련이 없는 인물로서 가지산문이 일연을 정점으로 세력을 크게 형성하여 불교계의 교권을 장악하게 되자 일연의 입적 후 그의 계승자로 추대된 것은 아닌가 한다. 혹 혼구가 일연의 직계 문도는 아니더라도 간접적으로 師事한 적이 있었는지도 모르겠다.

이와 같이 청분과 산립이 동일한 인물이라면, 곧 혼구가 일연의

17) 內願堂은 왕궁 내에 있던 왕실의 원찰로서 왕실과 깊은 관련이 있었다. 내원당에 대한 기록은 『高麗史』 권26, 元宗 10년 12월 기묘에 "又設灌頂道場 于內願堂"이라는 것과 함께 『高麗史』에 충숙·충목왕이 행차한 기록이 보이며, 특히 『高麗史』 권38, 恭愍王 4년 6월 을축에 "召臺官諭曰 僧禪近所犯 不須窮治 禪近內願堂僧也 素有寵於王 至是 通士人妻 爲憲府所鞫 故王命釋之"라 한 것을 보면 내원당과 왕실과의 밀착도를 알 수 있다. 그리고 혼구가 '再住內院'했다는 '內院'은 바로 내원당일 것이다.

직계 문도가 아니라는 사실은 다음의 문제를 명확하게 해준다.

곧 李齊賢이 찬술한 「有元高麗國曹溪宗慈氏山瑩源寺寶鑑國師碑銘幷序」[18] 중에 "혼구는 10세에 無爲寺의 天鏡禪師에게 삭발한 뒤 九山選의 우두머리로서 上上科에 들었으나 포기하고 보각, 곧 일연에게 배웠다."[19]는 구절을 위시하여 일연과 혼구와의 관계를 직계 문도로 표현한 것은[20] 모두 오류이다. 이제현은 일연이 입적한 이후 혼구가 가지산문의 중추적인 역할을 담당한 인물로 활약하였기 때문에 추후에 그런 표현을 했거나, 아니면 혼구와 그의 문도들이 혼구가 일연의 계승자임을 자처하였기 때문에 당연하게 받아들였을 가능성이 크다. 이러한 측면은 「혼구비문」의 내용 자체가 소략하게 서술된 것과도 관련될 것이다.

앞에서 청분과 산립에 관한 상반된 기록을 중심으로 이들을 어떻게 이해해야 할 것인지 문제를 제기해 보았다. 이러한 문제의식을 갖고서 좀더 심층적인 접근을 시도해 보고자 한다.

3. 청분과 산립을 별개의 인물로 보는 설

필자는 앞서 언급한 바와 같이 청분과 산립을 같은 인물로 파악하였다. 이러한 견해에 대해 김상현은 이에 관한 그의 초기 논문에서 청분과 산립을 동일 인물로 이해하였다.[21] 그는 "무극이 일연의 생존 시에

---

18) 『東文選』 권118. 이하 「混丘碑文」으로 줄인다.

19) 李齊賢, 「混丘碑文」, "十歲投無爲寺禪師天鏡祝髮 以九山選 首登上上科 棄法從普覺學".

20) 李齊賢, 「混丘碑文」, "始普覺夢一僧來 自謂五祖演 詰朝師往謁 心獨怪之 及是歎其敏而勤 語衆曰 吾夢有徵矣"라고 한 내용도 혼구가 일연에게 수학차 찾아갔을 때의 설화인데 그 근거가 희박하다.

21) 金相鉉, 「三國遺事의 書誌學的 考察」, 『三國遺事의 綜合的 檢討』, 한국정신문화연

문도의 열에 끼이지 못했음을 한했던 점을 감안할 때, 무극은 일연 사후에 보다 적극적으로 일연의 영광을 계승하고자 노력했던 것으로 생각된다. 일연이 84세로 입적하던 1289년에 무극은 나이 겨우 39세였다."라고 하여 청분=산립=무극으로 이해하였다.

그러다가 그는 필자의 견해를 비판하면서 처음의 견해를 수정하여 양자를 별개의 인물로 파악하였다.[22] 이러한 김상현의 수정한 견해를 받아들인 분은 이지관 스님이다. 그는 역대고승비문(고려편)을 종합·정리하여 역주를 시도하면서 「일연비문」과 「일연비음기」를 다루었다. 그는 각주에서 필자의 글에 대한 서지사항도 밝히지 않은 채 김상현의 견해를 따르고 있다.[23] 이지관은 다음과 같은 견해를 밝히고 있다. 논쟁이 되는 내용을 정리한 것이기에 긴 인용이긴 하지만 다듬어서 제시하기로 한다.

> 산립은 보경사 주지를 역임하였지만, 다른 자료에서도 전기가 보이지 않는다. 그러나 청분은 본 비문 말 입석기에 문인 내원당겸주지 통오진정대선사 청분이라 하였고, 산립도 음기 술제에 보경사[24]주지 통오진정대선사 산립 술이라 하였다. 양처에 '통오진정'이란 4자가 같다는 점을 들어 청분과 산립은 동명동인이냐. 아니면 동명이인이냐. 라는 양론이 있다. 그 양론이란 1. 爲避大朝國師之號也條에서 인용한 김상현 논문에서는 보각비문 말에 '雲門寺住持大禪師 淸玢 狀師之行 聞于

구원, 1987, 37~38쪽.

22) 金相鉉, 앞의 논문, 1991, 58~61쪽.

23) 李智冠, 「軍威麟角寺普覺國尊靜照塔碑文」, 『校勘譯註 歷代高僧碑文(高麗篇4)』, 가산불교문화연구원, 1997, 261쪽(주 269).

24) 寶鏡寺는 규장각 소장 '麟角寺碑' 탁본첩의 첫머리에 보이지만 잘못된 것이며, 雲門寺로 수정해야 한다. 필자도 이전에 「일연비문」을 복원할 때 이를 실수하였다.

上 上令撰辭'라 한 것과 비문 말 입석기에 '門人 內願堂兼住持 通奧眞靜大禪師 淸玢 立石'과 그리고 李齊賢이 지은 瑩源寺 寶鑑國師 碑文에 의하면 혼구가 은사인 無爲寺 天鏡禪師를 떠나 普覺國師의 문하에서 수학하고 嗣席開堂하였다는 등에 의하여 淸玢이 일연의 제자임이 분명하나, 山立은 그가 지은 보각국사비의 음기에서 인연이 어긋나 스님의 門徒列에 끼지 못한 것을 항상 한탄하였다는 점을 들어, 일연의 제자가 아니라고 주장하고 있다.

2. 이에 반하여 종래의 일부 학자들은 內願堂兼住持 通奧眞靜大禪師 淸玢이라는 입석기와 음기 숟제에 寶鏡寺住持 通奧眞靜大禪師 山立 述이라 하였다. 이 양처에 '通奧眞靜'이란 4자가 같다고 하여 淸玢과 山立은 동명동인이라고 말하고 있다. 그런데 양론에서 문제로 지적되고 있는 '통오진정'이란 4자로 본다면 동인으로 볼 수 있고, '山立 以因緣差奪未獲詣門徒之列 常以爲恨'이란 18자를 살펴보면, 곧 인연이 닿지 아니하여 문도의 행렬에 참여하지 못한 것을 항상 한탄하였다는 것으로 미루어 일연의 제자인 청분과 같은 인물로 볼 수 없다는 주장이다.

필자의 견해는 김상현의 주장과 같다. 다시 말하면 비문을 세운 연대는 1295년이고, 음기를 찬술한 때는 '先師入滅 忽忽六七年'이라 하였으니, 일연의 입멸이 1289년이므로 입멸 후 6·7년이라면 1295년이나, 1296년에 해당한다. 이렇게 본다면 1295년에 비를 세우고, 다음해인 1296년에 음기를 찬술한 셈이므로, 청분과 산립이 같은 시대의 인물임은 틀림이 없다. 두 사람이 함께 '通奧眞靜'이란 法稱이 같다고 하여 동인이라고는 고집할 수 없다. 뿐만 아니라 산립은 스스로 인연이 어긋나 일연의 문도열에 참여하지 못한 것을 항상 한탄하였지만, 그러나 스님의 비음기를 지으라는 不朽의 勝緣이 될 부탁을 받았으니, 이 또한 當來에 스님께 攀附할 인연이 맺어지기를 희망한다.라고 하였으므로 제자가 아닐 뿐만 아니라 산립은 청분과 동일인도 아님이 분명하다 하겠다.

이상의 인용에서 알 수 있듯이 이지관은 김상현이 수정한 견해를 따르고 있다. 곧 청분과 산립은 별개의 인물이라는 것이다. 이들 견해의 핵심은 청분은 일연의 제자인데 비해, 산립은 일연 생존 시에 그를 직접 뵈온 적이 없었다는 것이다.

한편 최근에 김상현과 이지관의 견해를 따르면서 더욱 진전된 몇 가지 견해를 덧붙인 문경현의 연구는 주목된다.[25] 그의 견해의 논지는 앞의 두 사람 견해처럼 「일연비음기」에 산립이 생전에 일연선사를 찾아뵙지 못했다는 구절에 치중하고 있다. 그의 견해를 들면 다음과 같다.

> 두 분의 칭호는 일국의 의표가 되는 고승 석덕에 주는 법계 칭호이지 시호는 아니다. 시호는 사후에 올리는 호이다. 나는 청분과 산립이 전혀 다른 인물이라고 본다. 청분은 그의 탑비문에 의하면 이름이 混丘, 구명 淸玢, 호가 無極이다. 산립이란 이름을 가지지 않았다. 보각국사탑비문에 문인 운문사주지대선사 청분이 일연의 행장을 국왕께 올려 민지는 이를 참고하여 비문을 지었다. 비문의 말미에 '門人竹虛 奉勅集普右將軍王羲之書'라고 하고 '門人 內願堂 兼住持通奧眞靜大禪師 淸玢立石'이라 하여 제자는 반드시 門人이라 明記했다. 그러나 산립은 '雲門寺住持通奧眞靜大禪師 山立述'이라 쓰고 문인을 칭하지 않았다. 그리고 음기에 주목할 기사가 있다. (중략)
>
> 이를 보면 산립은 보각국사의 제자가 아니었다는 산립 자신이 말한 명백한 증빙자료다. 그래서 그의 칭호 인명 앞에 문인을 冠記하지 않은 사연을 알게 된다. 여기서 운문사로 주지 산립을 찾아가서 음기를 부탁한 인각사 장로란 인물이 누구인지 이름을 밝히지 않아 그 인물의

25) 문경현, 「『삼국유사』 撰述의 史的 고찰－達城 毗瑟山 撰述處를 중심으로」, 『新羅史學報』 27, 신라사학회, 2013, 331~335쪽.

정체를 알 수 없다는 것이 이제까지 학계의 인식이었다. 나는 이 인각 장로란 인물이 당시 內願堂住持를 兼帶한 인각사 주지 청분을 일컫는다고 본다. 청분은 국사의 법사 首資였고 국사의 비를 건립하는 제반 사무를 총괄하던 문도의 대표였다. 그리고 하필 산립에게 부탁한 것은 그들의 특별한 인연에 기인한다. 청분이 운문사 주지로 있다가 인각사 주지로 옮겨 왔을 때 그 후임으로 산립이 운문사의 주지를 맡아 왔다. 국사의 후임으로 청분이 운문사의 주지로 왔고 청분의 후임으로 산립이 주지로 왔다. 그러니 원임 주지 청분은 시임 주지 산립에게는 존경하는 長老였다.

그리고 운문사 주지는 일연-청분-산립 3대 承襲 전수되었으니 이 같은 인연이 있는 당대의 고승 대선사인 산립에 청탁함은 당연한 것이었다. 국사의 高弟로 竪碑 사무를 관장하던 인각사 장로(주지) 청분이 운문사로 후임 주지를 찾아가서 보각비의 음기를 청탁했던 것이다. 보각의 수제자로 비 건립의 일체 사무를 관장하던 주지 청분을 인각 장로라고만 해도 다 알 것을 굳이 이름까지 쓸 필요가 없었다. 장로는 덕행이 높은 나이 많은 중에 대한 호칭이며 小比丘가 大比丘에 대한 존칭이다. 중이 수계 후 20년을 長이라 하고 고령을 老라 한다. 일반적으로 절의 年滿德高한 주지나 방장의 노승을 높이는 말이다. 인각사의 장로는 보각국사의 高足인 인각사 주지 청분을 제외하고는 생각할 수 없다. 바로 청분 그이라고 본다. 碑陰記에 적힌 보각의 문도를 보면 大禪師에 17인, 禪師에 24인, 首座 2인, 山林 41인, 三重 22인, 大選 14인, 參學 30인, 在家弟子 39인 총 203인의 문도 명단 중에 산립의 이름은 없다. 청분은 대선사 반열 중에 인각사 주지로 이름이 올라 있다. 음기의 찬자 산립이 그 비문에서 인연이 안 닿아 자신이 국존의 문도 반열에 끼이지 못했다고 한탄하면서 자신을 산립이 아닌 청분이란 이름으로 문도 대선사 반열에 인각사 주지로 이름을 올렸다는 것은 상상할 수 없다. 음기의 찬자 산립이 비에 雲門寺住持通奧眞靜大禪師 山立述이라 하고 竪碑人에 門人 內願堂兼通奧眞靜大禪師 淸玢 立石이라고 동일 인물이 전혀 다른 직책과 이름으로 보각국사비에 기재될 수 있을까. 이는 상상을 초월하는 것이다. 산립과 청분을 異名同一人이라고 단정하는 학자들의 주장에는 도저히 左袒할 수 없다. 보각비에 적힌 인각사 주지 청분과 운문사 주지 산립은 전혀 다른 별개의 인물이다. 청분이 국사가 입적한 1289년(충렬왕 15) 운문사 주지로 있었으며 국사의 행장을 지어 국왕께 올렸다. 이 행장에 의거하여 민지가 普覺國師靜照塔碑銘并序를 奉勅撰했던 것이다.

이상의 내용에서 가장 주목되는 것은 다음과 같다. 첫째, 청분은 '문인'이라고 하였으나, 산립은 그렇지 않았다는 점을 들고 있다. '문인'은 문하에서 가르침을 받는 사람을 가리키지만, 크게 보면 직접 문도가 아니더라도 같은 문중의 스승의 반열에 있는 고승에게 '문인'이나 '제자' 등을 칭하기도 한다. 둘째, 「일연비음기」를 찬술하도록 산립에게 찾아간 인각 장로가 청분이었다는 것이다. 청분은 「일연비음기」의 문도 대선사 항목에 거의 마지막에 기록되었으며, 일연 입적 시에는 39세의 나이였다는 점을 감안하면 '장로'라고 하기에는 무리가 있다. 셋째, 산립이 「일연비음기」 문도 항목에 명기되어 있지 않은 점을 지적하고 있다. 이에 대해서는 뒤에서 언급하기로 한다.

한편 문경현은 일연이 젊었던 시절 머물렀던 비슬산을 주목하고서, 『삼국유사』의 찬술도 이곳에서 이루어졌을 가능성을 시사하고 있다. 여기서 『삼국유사』의 찬술에 관한 내용은 언급을 피하지만, 청분과 산립에 관한 견해는 다음 장에서 살펴보기로 한다.

4. 양자를 동일인으로 보는 견해

청분과 산립을 같은 인물로 보는 가장 중요한 근거는 '통오진정'이라는 호이다. 우선 주목할 점은 대선사를 비롯한 고위 승계를 승려에게 내릴 때의 절차를 주목할 필요가 있다. 책봉에 관한 사항은 국가의 공식적인 절차를 거쳐 교서와 관고를 통해 공표하였다.[26] 따라서 같은 시기에 활동한 승려를 대선사로 임명할 때 '통오진정'이라는 호를 내렸던 인물은 한 사람일 수밖에 없다. 이에 비해 사용한 법명은 여럿일 수 있다. 이는 사찰에서 수계를 받은 경험이 있는 사람들은 공감할 것이다.

고려시기에 승려에게 대선사, 선사 등을 비롯하여 삼중대사 이상의 승계를 내릴 때에는 4품 이상의 관리들과 마찬가지로 郎舍의 서명을 거친 고신을 거쳐 국왕이 교서를 통해 制可하였다. 그러나 승려들의 승계의 고하에 따라 관고에서도 구분이 있었다. 고려에서 宰臣과 종실만이 대관고로 임명되었고, 추밀 이하 僕射, 八座, 上將(軍) 등은 소관고였다고 한다.[27]

당시 이규보가 쓴 「華嚴業僧統都行敎書·大官誥」[28]를 보면 화엄종의 도행을 승통으로 임명할 때 교서와 대관고를 내렸음을 알 수 있다. 이 자료로 보아 승통은 宰臣의 위상으로 임명 절차를 거쳤음을 알 수 있다. 물론 승려와 관인과 단순 비교하기는 어렵지만 불교를 국교로 한 고려에서는 그만큼 고승을 우대했다고 할 수 있다. 곧 국사와 왕사의

26) 張東翼, 「惠諶의 大禪師告身에 대한 檢討」, 『韓國史硏究』 34, 한국사연구회, 1981, 106~112쪽 ; 許興植, 『高麗佛教史硏究』, 一潮閣, 1986, 348~349쪽.

27) 『補閑集』 卷下, 「漢制帝書有四」, "舊制 樞密僕射八座(협주 생략)上將 並小官誥 近樞密使 始預宣麻 僧官誥視卿相 大小各有差"라고 하여 승려들의 관고는 卿相과 비슷하고 대소 관고는 차이가 있다고 한다. 이에 관한 연구는 朴胤珍, 『高麗時代 王師·國師 硏究』, 경인문화사, 2006, 171~173쪽 참조.

28) 『東文選』 권27 ; 『東國李相國集』 권34.

바로 아래의 승계이지만 선종의 최고 승계인 대선사와 교종의 최고 승계인 승통은 최고의 대우를 받았음을 짐작할 수 있다. 그리고 국사와 왕사는 당시 최고 지위에 있는 대선사, 승통 가운데 선출되었다는 점을 감안한다면, 대선사·승통 등은 앞서 언급한 바와 같이 재신의 위상을 가졌다고 하겠다.[29)]

한편 고승을 국사와 왕사로 책봉하거나 추증할 때 이들에게 호 또는 시호를 내렸는데, 이들을 제외하고 최고의 승계인 선종의 대선사, 교종의 승통 등을 임명할 때에도 호를 함께 하사하기도 하였다. 물론 이때에도 국가에서 정한 법식과 절차를 따랐는데, 교서와 관고를 함께 내렸다. 『동문선』 권27에는 국사(추증), 대선사, 선사, 승통, 수좌, 양가도승록 등을 책봉할 때 내린 교서와 관고가 수록되어 있다.[30)] 이에 관한 본격적인 연구는 그렇게 많지 않으나, 어느 정도 당시의 사정을 밝히고 있다.[31)]

이러한 사정을 감안하면 같은 시기에 활동한 동일한 종파에 속한 2명의 승려를 대선사로 임명하면서 '통오진정'이라는 같은 호를 내렸다고는 아무리 양보한다 해도 이해가 되지 않는다. 따라서 청분과 산립은 동일한 인물인 셈이다.

한편 송광사에는 뒷날 진각국사로 추증된 혜심을 고종 3년(1216) 대선사에 책봉할 때 내린 관고가 남아있어 주목된다. 곧 '高麗高宗制書'라 하여 현재 국보 43호로 지정되어 있다. 이에 대해서는 일찍이 장동익이 심도 있는 분석을 시도한 바 있다.[32)] 그의 성과에 의하면 "고려시기의

29) 朴胤珍, 앞의 책, 2006, 172~174쪽.

30) 『東文選』 권27에는 교서와 관고가 함께 남아 있는 사례와 관고만 남아있는 사례가 있다. 張東翼, 앞의 논문, 1981, 99쪽, 주) 16에는 "품계에 따라 교서와 고신이 함께 주어지는 경우(麻制 또는 大官誥)와 고신만 지급되는 경우(小官誥)가 있으며, 승려들의 경우는 승통·대선사 이상에게만 교서와 고신이 함께 지급된다."라고 하였다.

31) 許興植, 앞의 책, 1986, 348~350쪽 ; 朴胤珍, 앞의 책, 2006, 170~174쪽.

승정체계는 국가권력이 작동하면서 엄정하게 운영되었다고 한다. 더욱이 최고위직 승계인 대선사 임명은 그렇게 쉽게 이루어진 것이 아니다. 일정한 절차를 거쳤을 뿐만 아니라 국왕이 직접 제가한 임명이라는 것이다." 이러한 고려의 체계적이면서 제도화된 승정 운영을 감안한다면 '대선사'를 책봉할 때 같은 시기에 생존한 2명의 승려에게 같은 호를 동시에 내렸다고는 볼 수 없다.

한편 고승에게 호를 내리더라도 이미 같은 호를 받은 인물이 있을 경우 신중하게 접근한 사례가 있어 주목된다. 이는 중국 송대의 사례이지만, 간화선을 체계적으로 확립한 大慧宗杲(1089~1163)가 입적한 뒤 시호를 내릴 때의 사정을 통해 알 수 있다. 종고의 행적을 정리한 「大慧禪師行狀」[33]에 보이는 다음의 구절은 음미할 필요가 있다.

> 이듬해 임오(송 고종 32, 1162)에 왕이 대혜선사라고 직접 호를 하사하였다. 孝宗 隆興 원년 계미(1163)에 명월당에 머물고 있었는데, 어느 날 저녁 한 별똥이 아주 밝은 빛을 내면서 경산사의 서쪽으로 떨어지는 것을 대중들이 보았다. (중략) (스님께서) 남기는 표를 손수 쓰시고 아울러 뒷일을 부탁하니, 시자 요현이 (임종)게를 청하자, 스님께서 큰 글씨로 게를 쓰시고 말씀하시기를 "사는 것도 이러하고 죽는 것도 또한 이렇거늘, 게가 있고 게가 없는 것이 이 무슨 뜨거운 열기인가"라 하시고 편안하게 입적하셨다. 세상의 나이는 일흔 다섯이며, 법랍은 오십 여덟이었다. 왕이 매우 슬퍼하기를 그치지 않으시고, 시호를

---

32) 張東翼, 앞의 논문, 1981.

33) 「大慧禪師行狀」은 大慧宗杲의 제자인 慧然이 기록하고 속가제자인 淨智居士 黃文昌이 중편한 『書狀』에 실려 있다. 국내에서 『書狀』을 번역하면서 '행장'을 수록하지 않은 경우도 있으나, 대부분 '행장'을 수록하고 있다. 후자로는 金呑虛 현토역해, 『書狀』, 화엄학연구소, 1976 및 智象 주해, 『書狀』, 불광출판사, 1998 등을 대표적으로 들 수 있다.

普覺이라 하고 탑호를 普光이라 하였다. 지금 살아계실 때의 호와 입적하신 후의 시호를 들어서 大慧普覺이라 한 것은, 南岳讓和尙의 호가 또한 대혜이기 때문에 그와 구별하기 위해서이다. 어록 80권이 있어 대장경을 따라 유행하고 사법제자는 83인이다.[34)]

위의 인용을 보면 동시대의 인물이 아님에도 '대혜'라는 시호를 가진 인물이 두 명이 있었음을 알 수 있다. 그들은 6조 혜능의 법을 계승한 南岳 懷讓禪師(677~744)와 바로 대혜종고(1089~1163)이다. 이들에게 각각 내려진 호가 같은 '대혜'였으며, 같은 호로 불린 양자를 구분하기 위하여 후대의 종고에게는 '대혜보각'이라고 하였음을 알 수 있다. 이러한 사례를 통해 같은 호를 사용함으로써 가져올 혼동을 염두에 두었을 뿐만 아니라 호의 사용을 그만큼 중요하게 인식한 태도를 엿볼 수 있다.

이러한 점을 염두에 두면 국왕이 중앙 관청의 임명 절차를 거치면서 '통오진정대선사'라는 호를 같은 시대에 활동한 두 사람에게 똑같이 내렸다고 보기는 어렵다. 그것도 선종계의 다른 산문도 아니고 같은 가지산문에 속한 두 사람에게 똑같은 호를 내렸다는 것은 상식적으로 이해하기 어렵다.

다음은 「일연비문」, 「일연비음기」, 「혼구비문」 등에 기록된 관련 내용에 대해 살펴보기로 한다. 곧 청분이 일연의 문인을 자처하며, 일연의 행장을 수습하여 충렬왕에게 올렸으며, 청분이 일연에게 수학했다는 기록 등을 보면 청분은 일연의 문도임이 분명하다.

---

34) 「大慧禪師行狀」, "明年壬午 上 賜號曰大慧禪師 孝宗隆興元年癸未 仍居明月堂 一夕衆見一星 落於寺西 流光赫然 (중략) 手書遺表 并囑後事 有僧了賢 請偈 師乃大書曰生也祗麼 死也祗麼 有偈無偈 是甚麼熱 怡然而逝 世壽 七十有五 坐夏 五十有八 上痛悼不已 賜謚曰普覺 塔曰普光 今擧生號死謚云大慧普覺者 揀南岳讓和尙 亦號大慧故也 有語錄八十卷 隨大藏流行 爲法嗣者 八十三人也".

이에 비해 「일연비음기」에 산립은 생전에 일연의 문하에서 수학하지 못했다는 기록은 산립이 청분과는 다른 별개의 인물로 보게 한다. 그러나 여기서 먼저 「일연비음기」에 보이는 문도들의 구성과 출신 종파에 대해 살펴볼 필요가 있다. 「일연비음기」는 크게 본문, 문도, 단월 등의 세 부분으로 구성되어 있다. 여기서 문도 항목에 보이는 대선사 17, 선사 24, 수좌 2, 산림 40, 삼중 22, 대선 14, 입선 14, 참학 30 등 163명은 모두 일연의 직계문도들인지 알 수 없다. 교종 승계인 수좌의 예, 참학의 존재, 많은 수의 고위 승계인 대선사와 선사 등의 존재로 보아, 이들은 반드시 일연의 직계 문도만은 아닐 것이다. 아마 최고위 승계인 대선사 17명은 가지산문을 비롯하여 당시 선종계의 각 산문을 대표하는 승려들이었을 것이다.[35]

한편 「일연비음기」에는 가장 높은 승계인 대선사 17명 중 16번째로 청분이 명기되어 있다. 그렇다면 대선사인 산립은 인각장로가 비음기를 찬술해 주기를 청할 정도일 뿐 아니라 가지산문의 주요 사찰인 운문사 주지직을 맡고 있는 고위직 승려라는 점을 감안할 필요가 있다. 이러한 사정으로 본다면 산립은 「일연비음기」의 문도 '대선사' 항목에 당연하게 포함되었을 것이다. 그러나 산립이 명기되지 않았던 것은 분명 속사정이 있었다고 본다. 이는 결국 청분과 산립이 동일한 인물이었기에 평소 많이 사용한 법명인 청분을 명기하였던 것으로 해석할 수밖에 없다. 처음 사용한 법명인 청분도 뒤에는 혼구로 바꾸었다고 한다.[36]

---

35) 한기문, 「고려후기 일연 주관 인각사 구산문도회의 성격」, 『일연과 삼국유사』, 일연학연구원, 2007, 153~163쪽에는 「일연비음기」의 문도 가운데 소속 사찰이 명기된 경우를 분석한 결과, 소속 종파가 확인된 것은 가지산문 7인, 굴산문 4인, 성주산문 1인, 해룡산문 1인, 천태종 3인, 유가종 1인 등이라고 한다. 선·교종을 망라한 이러한 성격의 문도가 기재된 데는 일연의 불교사상과도 연결된다고 하였다.

36) 李齊賢, 「混丘碑文」, "國師諱混丘 字丘乙 舊名淸玢".

그러면 앞서 살핀 상반된 기록과 「일연비음기」에 청분만 기록된 것을 어떻게 이해하고 해석해야 할 것인지를 살펴보기로 한다. 이와 관련하여 가장 주목되는 것은 보감국사 혼구의 행적과 李齊賢이 「혼구비문」을 찬할 당시 이용한 자료와 그의 태도 등이다. 혼구에 관한 가장 일차적인 자료는 이제현이 찬한 「혼구비문」이다.[37] 이를 중심으로 보감국사라는 시호를 받은 혼구와 그에 관한 주목되는 내용을 살펴보고자 한다. 이제현은 「혼구비문」의 서와 본문의 앞부분에서 다음과 같은 내용을 밝히고 있다.

〈자료 2〉

1. 근세에 대비구로서 불조의 도를 밝혀 뒤에 배우는 자들에게 길을 열어 준 이는 普覺國師이다. 그의 무리가 대체로 수백, 수천이나 되지만 능히 굳은 것을 뚫고 깊은 것을 움켜서 묘계를 줄탁한 자는 오직 보감국사 한 사람일 뿐이다.
2. 10살 때에 무위사의 천경선사에게 가서 출가하였다. 구산의 승과에서 장원 급제하여 상상과에 올랐으나, 내버리고 보각국사에게 나아가 배웠다.

위의 내용을 통해 보각국사 일연과 보감국사 혼구 곧 청분이 사제 관계임을 말해준 「일연비음기」의 문도 '대선사' 항목에 보이는 '인각사 청분'이라는 기록은 일연과 청분의 관계를 뒷받침해주는 기록이다. 그러나 엄밀히 말하자면 「일연비음기」에 보이는 문도들은 당시 불교계

37) 李齊賢, 『櫟翁稗說』 後集2, 「月菴長老山立 爲詩多點化 古人語如云」 및 『益齋亂藁』 권4, 「寶盖山地藏寺用小陵龍門奉先寺韻」, "當年無極翁"에 의하면 '山立', '無極' 등의 용례가 보인다. 이제현이 '장로 산립', '무극옹' 등으로 표현한 것으로 보아, 이제현은 평소 그보다 36세가 많은 혼구의 존재를 알았던 것으로 추정된다.

를 대표하는 각 종파의 고승을 필두로 하여 일연의 직계 문도, 인각사의 실무직을 맡은 승려들을 망라한 명단이라는 점을 염두에 둘 필요가 있다. 그렇다면 문도 항목에 청분이 들었다고 하여 청분을 일연의 직계 문도라고 단정하기는 힘들다. 그러나 이제현이 찬한 「혼구비문」의 내용에서는 청분이 일연을 계승한 뛰어난 인물임을 분명히 밝히고 있다.

그러면 「혼구비문」의 기록과 「일연비음기」에 산립은 인연이 닿지 않아 일연을 뵙지 못했다는 상충된 내용은 어떻게 이해하고 해석해야 할까. 최소한 다음의 두 가지는 고려할 필요가 있다.

첫째, 이제현(1287~1367)이 「혼구비문」을 지은 시기에 관한 문제이다. 충숙왕 9년(1322)에 보감국사가 입적했을 때 이제현은 36세의 나이로 가지산문에 관한 전반적인 사정을 파악할 수 있는 위치에 있지 않았다는 점을 지적할 수 있다. 더욱이 일연이 입적한 해에는(1289) 이제현이 겨우 3살의 나이에 불과했다는 점을 상기할 필요가 있다.

결국 「혼구비문」에 기록된 일연과 청분과의 관계는 이제현이 독자적으로 파악한 것이 아니라 혼구의 문도들이 일방적으로 작성해 준 행장에 의거했을 가능성을 배제할 수 없다. 이는 閔漬(1248~1326)가 「일연비문」을 찬술할 때도 그는 겨우 40대 초의 나이로 청분이 작성한 일연의 행장에 의거해 일연 문도들의 사정을 기록했을 것이다. 따라서 「일연비음기」에 청분이 아니라 산립으로 이름을 바꾸어 일연과 본인과의 관계 곧 일연 생존 시에 찾아뵙지 못했다는 내용을 밝힌 것은, 산립 곧 청분이 성직자로서 남긴 최소한의 자기 고백인 셈이다.

둘째, 이미 일연의 계승자를 자처하고 가지산문을 실질적으로 주도한 혼구는 당대에서 당연하게 추호의 의심도 받지 않고 보각국사 일연의 제자로 받아들였을 것이다. 또 당시 가지산문을 실질적으로 주도했던 청분과 그의 문도들은 그들이 보각국사를 계승한 것으로 표방했을 것이다. 따라서 이제현이 「혼구비문」을 지을 때 그가 직접 관련자료를 수집하였다기보다 관행처럼 보감국사 혼구의 문도들이 보낸 행장을 기초로 하여 비명을 문장화하였을 것이다.

그러면 당시 가지산문을 주도했던 혼구의 위상을 살펴보기로 하자. 그의 비문을 중심으로 그의 행적과 주목되는 기록을 들면 다음과 같다.

〈자료 3〉

1. 국사의 휘는 혼구요, 자는 구을이며, 옛 이름은 청분이고 속성은 김씨이다. 부친은 첨의평리를 증직으로 받은 종부로서 청풍군 사람이며, 모친은 황려민씨이다. 충헌왕 27년 신해년(고종 38년, 1251) 7월 27일에 태어났다.
2. 10살 때에 무위사의 천경선사에게 가서 출가하였다. 구산의 승과에서 장원 급제하여 상상과에 올랐으나, 이를 내버리고 보각국사에게 가서 배웠다.
3. 충렬왕이 가리법복을 내리고 여러 번 하비하여 대선사에 이르렀다. 충선왕이 즉위해서는 특히 양가도승통을 제수하고 '大師子王法寶藏海國一'이라는 호를 더하였다. (중략) 이에 국왕과 의논하여 조종의 구례에 따라 사를 '悟佛心宗解行圓滿鑑智王師'로 책봉하였다. 양대의 왕이 모두 제자의 예로서 유익한 가르침을 청한 것은 이전에는 아직 없었던 일이다.
4. 至理[38] 2년 겨울 10월에 이르러 (사는) 병이 들었다. (중략) 방장으로 돌아와 걸상에 의지하여 입적하였다. 사는 침착 중후하고 말이 적으며 학문은 엿보지 않은 것이 없었다. 시문에 모두 능하였다. 그의 저술은 『어록』 2권, 『가송잡저』 2권, 『신편수륙의문』 2권, 『중편염송사원』

38) 至治를 피휘한 것이다. 곧 고려 성종의 諱가 '治'이다(『高麗史節要』 권2, 成宗).

30권 등이 있었다.

5. 중국 오나라의 異蒙山禪師가 일찍이 無極說을 지어서 바다를 왕래하는 배 편에 보내왔다. 사가 묵묵히 그 뜻을 받아들여 스스로 호를 무극노인이라고 하였다. (입적시 사는) 나이는 73세, 승납은 63년이었다.
6. 사는 모두 7번 벼슬의 품질을 높였으며, 6번 호를 받았다. 9번 이름 있는 절을 순례하였으며, 2번이나 내원에 머물렀다. (중략) 이미 선종을 주재하여 모든 방법을 다 기울이고, 아울러 經書와 史記를 섭렵하여 정밀한 이치를 연구하였다.

이상의 「혼구비문」의 내용을 통해 볼 때 보감국사 혼구는 다음의 몇 가지 특징을 보여주는 인물임을 알 수 있다.

첫째, 그는 부자간인 충렬왕과 충선왕과 이어 충숙왕 모두에게 추앙을 받을 정도로 다분히 정치력을 발휘할 수 있는 위상을 가졌던 승려로 보인다. 그의 비문에 의하면 충렬왕대 대선사, 충선왕 즉위초에 양가도승통, 충숙왕대에 감지왕사로 책봉되었고, 입적 후 보감국사로 추증될 정도의 인물이었다. 더욱이 당시 가지산문과 더불어 불교계의 양대 산맥인 천태종과 그 주지직을 다툰 경남 밀양에 소재한 영원사를 차지하고[39] 입적하기 직전에 이곳에 머물렀다는 것은 그의 정치적 위상을 말해준다. 따라서 이제현이 위의 자료 3-6에서 언급한 바와 같이 "사는 모두 7번 벼슬의 품질을 높였으며, 6번 호를 받았다. 9번 이름 있는 절을 순례하였으며, 2번이나 내원에 머물렀다."라고 표현한 것이다. 혼구는 6번의 호를 받았다고 할 정도로 하나의 호가 아니라 많은 호를 사용한 승려로 보인다. 그만큼 불리는 호가 많았다는 것은 법명에도 적용되리라 본다. 청분과 산립의 경우도 이러한 기록과 관련되리라

---

39) 蔡尙植, 「高麗後期 天台宗의 白蓮社 結社」, 『韓國史論』 5, 서울대 국사학과, 1979b.

본다.

둘째, 「혼구비문」에서는 혼구가 일찍부터 보각국사 곧 일연에게 수학한 것을 강조한 점을 발견할 수 있다. 「혼구비문」 서에 혼구가 승과의 상상과에 합격한 후 보장받는 승직을 버리고 보각국사에게 가서 배웠다는 구절이다. 이는 그의 저서가 일연의 저서를 계승한 듯한 내용과도 관련된다. 經書와 史書에 밝은 그의 학문적 태도는 『삼국유사』에 대한 그의 관심과 연결되기도 한다. 그렇지만 이제현이 무언가 혼구를 보각국사와 인연이 닿았던 인물로 윤색한 느낌을 버릴 수 없다. 물론 이제현으로서는 혼구의 행장이 그러한 방향에서 정리되었기 때문에 어쩔 수 없었을 것이다.

셋째, 혼구가 스스로 호를 '무극노인'이라 한 내용에 대해서도 음미할 만하다. 혼구와 元의 蒙山德異의 교류는 간화선 이해와 관련하여 많은 주목을 받았다.[40] 이러한 연유를 가진 무극이라는 호는 『삼국유사』에 명기되어 있어 『삼국유사』의 성격과 간행에 관한 논의와 연관되어 있다.

한편 「일연비음기」에 보이는 문도들은 일연과 어떻게 연결되었는지는 알 수 없다. 문도로 명기된 승려들의 승계를 기준하여 정리하면 다음과 같다. 이들은 대선사 17명, 선사 24명, 수좌 2명, 산림 41명, 삼중 22명, 대선 14명, 입선 14명, 참학 30명 등인데, 그들은 크게 보면 당시 불교계의 각 종파를 대표하는 고승, 가지산문에 속한 고승, 일연의 직계 제자, 인각사의 실무직 승려 등으로 나눌 수 있다. 그렇다고 이들을 확연하게 구분하기는 힘들다.

이들 중 대선사, 선사, 수좌 등의 직명을 가진 43명의 승려들은 그들과

40) 이에 관한 주요 연구는 다음과 같다. 印鏡, 『蒙山德異와 高麗後期 禪思想 硏究』, 불일출판사, 2000 ; 趙明濟, 『高麗後期 看話禪 硏究』, 혜안, 2004 ; 허흥식, 『고려에 남긴 휴휴암의 불빛 몽산덕이』, 창비, 2008.

관련된 사찰명이 병기되어 있다. 이들은 당시의 승계로 보아 국가에서 고신을 통해 임명할 정도로 위상이 높으며, 그중에서도 대선사의 위상은 대단히 높은 편이다. 그렇다면 '통오진정'이라는 동일한 호를 각각의 인물에게 내렸을 가능성은 없다. 따라서 청분과 산립은 동일한 인물이다.

한편 앞서 살핀 청분과 산립의 관계에 관한 남동신의 견해는 주목된다. 그는 "이제현이 찬술한 「보감국사혼구비문」[41]에는 일연 생존 시에 혼구 즉 청분이 일연 문하에 합류하였다는 구절이 있으며, 이를 역사적 사실로 받아들이는 견해도 있다. 그러나 혼구 스스로 지은 글이며 시기적으로도 30여 년 앞서는 「일연비음기」가 좀더 사실에 가까우며, 뒤에 이제현이 찬술한 「혼구비문」은 청분이 일연의 진정한 계승자라는 점을 정당화 하고자 후대에 윤색되었을 가능성이 높다."라는 견해를 밝히고 있다.[42] 이러한 견해의 상당 부분은 「일연비문」의 완전한 탁본에 의해 새로운 사실들이 밝혀지고, 「일연비음기」가 부분적으로 복원·소개된 이후, 김상현이 초기 논문에서 청분과 산립을 동일 인물로 밝힌 내용과[43] 상통하고 있다.

한편 眞靜大禪師 混丘는 현 학계에서 찬자 문제로 논란이 되고 있는 『선문보장록』의 찬자로 추정된다.[44] 『선문보장록』의 찬자에 대한 논의는 최근까지도 진행되고 있다. 序에 "海東沙門 內願堂眞靜大禪師天頙蒙且

41) 『東文選』 권118.

42) 남동신, 「『삼국유사』의 사서로서의 특징」, 『일연과 삼국유사』, 일연학연구원, 2007, 92쪽, 주) 7.

43) 金相鉉, 앞의 논문, 1987, 37~38쪽.

44) 『禪門寶藏錄』의 찬자와 성격에 대한 논의는 최근까지도 진행되고 있다. 정영식, 『韓國看話禪의 源流』. 한국학술정보(주), 2007, 210~230쪽 ; 정영식, 「고려중기의 『禪門寶藏錄』에 나타난 九山禪門의 선사상」, 『韓國思想과 文化』 50, 한국사상문화학회, 2009.

序 至元三年癸巳十一月日也"라 협주하여 천책의 저술인 것으로 밝히고 있다. 또한 종래의 견해도 『선문보장록』은 천태종 계통의 백련사 제4세인 眞靜國師 天頙(1206~?)의 저술인 것으로 보았다. 그러나 천책은 眞淨國師이며[45] 후세의 기록에서 비슷한 시기의 인물인 진정대선사를 천책으로 혼동한 것은 수정되어야 한다고 본다. 곧 「일연비음기」에 보이는 內願堂眞靜大禪師는 眞淨國師 天頙과는 별개의 인물이며, 李混이 쓴 『선문보장록』 발문에 '今內願堂鷲谷住老呆庵大禪翁'이라 한 것에서도 내원당과 연곡사의 주지를 겸임한 인물임을 알 수 있다. 그 시기는 내원당과 운문사의 주지를 겸임하기 이전인 충렬왕 19년(1293)에서 충렬왕 21년(1295)인 것으로 추정된다. 또 『선문보장록』은 내용상 休靜이 그의 저술인 『禪敎釋』에서 卷上의 체제를 그대로 따른다든가 조선 말까지 선종 계통의 교과서로 애용된 점으로 미루어, 천태종 계통의 저술로 보기는 어렵다.[46]

따라서 『선문보장록』은 가지산문의 통오진정대선사 청분, 곧 혼구의 저술로 추정된다. 혼구가 이 책을 저술한 충렬왕 19년(1293) 11월에는 내원당에 거주하면서 연곡사 주지도 겸한 것으로 보인다. 그 뒤 통오진정대선사는 충숙왕이 즉위하면서(1313) 감지왕사로 책봉되고[47] 뒤에 보감국사로 추증된 인물이지만, 이를 앞서 살핀 바를 종합하면 충렬왕대에는 1289년 전후에 운문사, 1293년 전후에 내원당과 연곡사, 1295년 전후에 내원당과 운문사 주지를 역임한 인물임을 알 수 있다.

45) 了園撰, 『法華靈驗傳』, 序 ; 無寄撰, 『釋迦如來行蹟頌』, 跋文 참조.

46) 蔡尙植, 앞의 논문, 1979b, 152쪽 참조.

47) 『高麗史』 권34, 忠肅王 즉위년 11월 무자 ; 李齊賢, 「混丘碑文」 참조.

5. 맺음말

앞에서 밝힌 내용을 몇 가지 요약함으로써 맺음말로 대신하고자 한다.[48] 통오진정대선사 청분과 통오진정대선사 산립은 같은 인물인지, 아니면 별개의 승려인지를 검증하려는 의도를 갖고 본고를 작성하였다. 「일연비문」과 「일연비음기」에 각각 나오는 청분과 산립의 정체는 당시 불교계를 주도하는 가지산문의 양상과 연결되어 있다.

이들 양자는 별 의심없이 동일한 인물이라는 견해를 필자는 밝힌 바 있었으나, 『삼국유사』 연구에 깊은 연구성과를 펼친 김상현이 이의를 제기하였다. 이후 그의 견해를 지지하는 성과들이 나오게 되었다. 이런 상반된 견해는 어디에서 연유한 것인지는 주목된다.

곧 「일연비음기」는 통오진정대선사 산립이 지었는데, 그 내용 중에 산립은 일연 생존 시에 그를 찾아뵙지 못한 것이 한이 되었다는 구절이 보인다. 이 구절을 보면 산립은 가지산문 소속 승려이지만, 일연의 직계 문도는 아니라는 것을 의미한다. 이에 비해 일연의 행장을 충렬왕에게 올려 그의 비문을 짓도록 주선한 청분은 일연의 문인이라는 기록과 일연의 비가 건립된 지 근 30년 가까이 지난 시기에 입적한 보감국사 혼구의 비문에 혼구가 보각국사에게 귀의하고 수학한 제자로 기록된 점을 주목한다. 이로 보면, 청분 곧 혼구와 생전에 일연을 뵌 적이 없다는 산립은 별개의 인물이라는 것이다.

이러한 상반된 내용 때문에 '통오진정'이라는 같은 호를 받은 청분과 산립이 같은 인물인지, 아니면 별개의 인물인지 논란이 되었다. 필자는

48) 閔泳珪 교수가 충북대학교 박물관에서 1996년 5월 16일에 '麟角寺碑에 관한 몇 가지 문제-특히 그 陰記의 作者 山立에 관하여'라는 제목의 특별강연을 한 사실을 최근에 알게 되었다. 발표문에는 그가 발굴한 '寄眞靜通奧大禪書'라는 자료를 제시하고, 청분과 산립을 동일 인물로 보고 있다.

양자를 같은 인물로 파악하였는데, 이와 관련하여 다음의 몇 가지 내용을 주목하였다.

첫째, 고려시기에 대선사, 선사 등은 상당한 위상을 갖는 고승에게 내리는 승계이다. 이들을 대선사, 선사 등으로 임명할 때는 이들에게 호를 함께 하사한다. 아울러 이때는 국가에서 정한 법식과 절차를 따른다. 곧 관고와 교서를 함께 내렸다. 따라서 같은 시기에 활동한 동일한 종파에 속한 2명의 승려에게 '통오진정'이라는 같은 호를 내렸다고는 볼 수 없다.

한편 대선사인 산립은 인각장로가 「일연비음기」의 찬술을 청하고 가지산문의 주요 사찰인 운문사 주지를 맡고 있는 고위직 승려라면, 산립은 「일연비음기」의 문도 '대선사' 항목에 당연하게 포함되었을 것이다. 그러나 산립이 명기되지 않았던 것은 청분과 산립이 동일한 인물이었기에 평소 많이 사용한 법명인 청분을 명기하였던 것으로 해석할 수밖에 없다.

둘째, 「대혜종고행장」에 보이는 사례를 주목하고 한다. 곧 '대혜'라는 시호를 받은 남악회양선사가 따로 있었기에 종고는 '대혜보각'으로 시호를 내렸다는 것이다. 같은 시대에 생존한 인물이 아님에도 혼동되는 것을 구별하기 위한 조처였던 것이다. 이러한 사례를 미루어 볼 때 '통오진정'이라는 호는 동일한 인물에게 내린 것이다.

셋째, 혼구의 문도들이 지은 행장을 토대로 하여 이제현이 찬술한 「혼구비문」은 일연이 입적한 지 근 33년이 지난 시기에 찬술되었다. 이때 가지산문을 주도한 대표적인 승려인 혼구가 일연을 계승하였다는 것은 당연한 사실로 받아들였을 것이다. 일연이 입적한 근 30여 년이 지난 이 시기에 이르면 가지산문에서는 현실적으로 일연을 계승한 인물은 혼구라는 사실을 의심없이 당연한 것으로 여겼을 가능성이 크다. 일연이 남긴 저술에 대해서 다시 중편을 시도한다든가, 원고로 만들어진 『삼국유사』를 일부 보완하는 등의 혼구의 행적은 그가 일연의 직계 문도는 아니었지만 가지산문을 주도하면서 일연의 계승자였음을 표방하였음을 말해준다.

그리고 불교계에서 직계 문도는 아니더라도 사상적으로 크게 영향을 받았다는 인식을 갖게 하는 고승이 있을 경우 그를 스승의 반열로 받들기도 할 뿐만 아니라 그를 계승한 것으로 표방하기도 한다. 이러한 사례는 「일연비문」에 일연이 '遙嗣牧牛和尙'이라고 하여 멀리 목우화상인 지눌을 스승으로 계승했다는 기록이 보인다. 여기서 '遙嗣'라는 것은 같은 시기에 스승과 제자가 마주 대하여 擧揚하고 面前授受한 것이 아니고, 멀리 소급하여 특정 스님을 법사로 모시고 법을 이어 받는 것을 말한다. 근대의 사례이지만 백용성(1864~1940)은 멀리 喚惺志安(1664~1729)을 계승하였음을 표방한 사례가 있다.[49]

이러한 불교계의 관행은 대체로 고승의 행적을 추종하고 존숭하기 위한 의도였을 것이다. 물론 이는 교단을 장악하기 위한 방편인 경우도 있었을 것이다. 혼구는 단언하기 어렵지만 원간섭기의 시대적인 상황을 염두에 두면 양 측면을 모두 지녔을 것이다. 따라서 혼구는 일연 사후에 가지산문을 주도한 대표적인 승려로서 일연의 직계 문도는 아니었지만 '그에게 배우기도 하고 그를 계승하였다'는 기록은 이러한 분위기에서 만들어진 가탁일 뿐이다.

따라서 이제현이 「혼구비문」을 왜곡했다기보다는 혼구의 문도들이 지은 행장을 토대로 찬술했기 때문에 부분적으로 오류가 있었을 것이다. 더욱이 혼구의 행장을 작성한 혼구의 문도들로서는, 일연의 입적이 근 30여 년 전의 일이고 크게 보면 모두 가지산문의 문도들이었기에 당시 가지산문을 주도하다가 입적한 혼구는 자연스럽게 일연을 계승한

---

49) 韓龍雲, 「龍城大禪師舍利塔碑銘並序」; 韓普光, 『龍城禪師硏究』, 감로당, 1981, 16~17쪽.

문인으로 인식했을 것이다. 또 그들은 굳이 보각국사 일연과 보감국사 혼구와의 관계를 명확하게 밝힐 필요를 느끼지 못했을 것이다.

제3장 일연의 사상과 특징

Ⅰ. 일연의 행적과 사상적 경향

1. 머리말

13세기 이후의 고려사회는 대내외적인 격동기였으며, 이러한 분위기 속에 당시 불교계도 다양한 양상을 띠고 있었다. 최근에 와서 이 분야의 연구가 비교적 활발한 편이지만 아직도 그 실체를 해명하기에는 미흡한 바가 많다.

이러한 중에 그나마 13세기 전반기의 불교사는 신앙결사운동이 전개됨에 따라 새로운 교단의 중추세력으로 등장한 수선사와 백련사를 중심으로 어느 정도 그 실상이 밝혀지고 있다.[1)] 이에 비해 13세기 후반 이후의 불교사는 몇 명의 개별 승려에 대한 관심으로 초점이 맞추어졌을 뿐 전반적인 분석으로 확대되지 못한 실정이다. 따라서 선종의 일파로서 13세기 후반부터 서서히 부각되어 당시 불교계의 중심 교단세력으로 부각되었던 가지산문에 대한 연구는 기존의 성과에 비추어 볼 때 대단히 중요하다고 본다.

이러한 가지산문이 13세기 후반에 부각된 계기는 이 시기에 활약한 一然(1206~1289)과 관련된다. 그렇지만 종래에 일연 개인에 대한 연구는

1) 蔡尙植, 「高麗後期 佛教史의 전개양상과 그 경향」, 『歷史教育』 35, 1984.

『삼국유사』를 분석하고 정리하면서 부수적으로 그가 찬자라는 각도에서만 소략하게 다루어졌을 뿐 불교사의 측면에서 가지산문의 동향과 관련한 심층적인 분석이 이루어지지 못한 형편이었다. 물론 『삼국유사』에 대한 여러 방면에 걸친 분석의 중요성을 인정하지만, 앞서 필자는 이러한 연구경향에 대한 반성을 제기하면서 일연 개인에 대한 보다 심층적인 분석이 선행되어야 함을 강조한 바 있다.[2] 이와 같은 문제의식을 갖고서, 비록 현전한 것이 『중편조동오위』와[3] 『삼국유사』 두 종뿐이지만 일연이 남긴 저술을 검토하고 나아가 그의 사상적 경향을 살펴보고자 한다. 자료상의 제약이 있으나 다음의 몇 가지 방향으로 논지를 전개하고자 한다.

첫째, 일연은 일차적으로 선승이라는 관점에서 그의 비문에 보이는 저술을 소개하고, 특히 그가 비슬산에서 수행할 당시에 남긴 오도송과 인각사에서 임종할 때 나눈 선문답을 중시할 것이다. 중국에 비해 우리나라의 선사들은 그렇게 많은 선문답을 남기지 않은 편이다. 그러한 의미에서 일연의 선문답은 선종사에 있어 대단히 중요한 자료이다. 그리고 그의 저술을 통해 다양한 선사상의 흐름을 섭렵한 그의 태도를 점검하고자 한다.

다만 그의 저술로 현전하고 있는 『중편조동오위』에 대해서는 다른 절을 통해 구체적으로 분석하기로 하고 여기서는 개괄적인 흐름만 살펴보기로 한다.

둘째, 일연이 선사상을 중심축에 두면서도 그의 사상적인 기반은 선과 교학, 밀교로까지 확대되었다. 이러한 관점에서 일연의 저술과

---

2) 蔡尙植, 「普覺國尊 一然에 대한 硏究」, 『韓國史硏究』 26, 1979.

3) 閔泳珪, 「一然의 重編曹洞五位 二卷과 그 日本重刊本」, 『人文科學』 31, 연세대 인문과학연구소, 1974 ; 「一然과 陳尊宿」, 『學林』 5, 연세대 사학연구회, 1983 ; 「一然重編曹洞五位 重印序」, 『學林』 6, 1984 등에서 자료발굴과 일연의 사상적 경향을 밝히고 있다.

행적을 검토하여 사상적인 특징을 찾아보고자 한다. 여기서는 그의 학문적 태도와 불교를 비롯한 제자백가에도 밝았던 그의 사상적인 깊이와 폭을 살펴보고자 한다.

셋째, 일연은 선사상과 교학, 밀교에만 머물지 않고 신앙적인 측면에 경도된 경향을 보이고 있다. 신앙적인 경향을 강조한 일연의 행적은 그가 노년기에 접어들면서 주석한 인흥사가 주목된다. 여기서 일연은 관음신앙을 표방했을 뿐만 아니라 『역대연표』의 제작을 기반으로 『삼국유사』의 찬술에 착수하게 된다. 여기서는 그가 『삼국유사』를 찬술하게 된 시대적인 배경에 대해서도 살펴보고자 한다.

이러한 일연의 사상적인 경향과 흐름을 검토하는 것은 그가 평생 표방하고 강조하였던 그의 사상이 일관되지만 다양한 양상을 띠었음을 밝히려는 것이다.

2. 그의 행적과 선사상

일연의 생애와 행적에 대해서는 이미 필자가 정리한 바가 있다.[4] 이를 토대로 이해의 편의상 간략하게 다음의 〈표 1〉로 만들어 보았다.

일연은 최충헌이 집권할 때 경주의 속현인 章山郡(현 경북 경산)에서 출생하였다. 부친인 金彦弼이 左僕射를 추증받고 모친 李氏는 樂浪郡夫人으로 봉해졌다. 이로 미루어 볼 때 그의 출신은 지방의 향리층으로 추정된다. 일연은 9세에 海陽(현재의 光州) 無量寺에서 就學했으나 승려로서 정식으로 입문한 것은 14세에 설악산 陳田寺의 大雄長老에게서였다. 본래 진전사는 가지산문의 개창자인 道義가 은거한 곳으로서 가지산

4) 蔡尙植, 앞의 논문, 1979.

〈표 1〉 일연의 행적과 시기구분

연대			시기구분	일연의 행적
1206	희종	2		6월 탄생, 俗姓 金, 慶州 章山郡人
1214	고종	1		출가하여 海陽(지금의 光州) 無量寺에서 취학
1219	고종	6		설악산 陳田寺의 大雄長老에게서 삭발하고 구족계 받음
1227	고종	14	제Ⅰ기	승과 시험에서 上上科에 등제함, 그 후 包山(玄風) 寶幢庵에 머물면서 '心存禪觀'함
1236	고종	23		包山 無住庵에 주석함
1237	고종	24		비슬산 妙門庵에 주석함, 이 해에 三重大師가 됨
1246	고종	33		禪師가 됨
1249	고종	36	제Ⅱ기	鄭晏이 남해의 사제를 定林社로 할 때 이곳에 초청됨
1256	고종	43		지리산 吉祥庵에서 『曹洞五位』를 중편함
1259	고종	46		大禪師가 됨
1260	원종	1		『重編曹洞五位』를 처음 간행함
1261	원종	2	제Ⅲ기	당시 수도 강화도에 가서 禪月社의 주지가 되고 開堂함 이때 '遼嗣牧牛和尙'을 표방함
1264	원종	5		남환하여 영일의 吾魚社에 있다가 비슬산 仁弘社로 옮김 이때 학승이 구름처럼 모임
1268	원종	9		왕명에 의해 雲海寺에서 명승으로 大藏落成會를 열고 이를 주관함
1274	충렬왕	즉위		仁弘社를 仁興社로 고치고 賜額 包山 동쪽의 湧泉社를 중수하여 佛日社로 함
1277	충렬왕	3	제Ⅳ기	왕명에 의해 雲門寺에 주석함
1278	충렬왕	4		仁興社에서 『歷代年表』 간행
1281	충렬왕	7		경주 行在所에 부름을 받고 감
1282	충렬왕	8		10월 (왕이) 내전에 맞이하고 개경 廣明寺에 주석케 함
1283	충렬왕	9		3월 國尊으로 책봉됨
1284	충렬왕	10		麟角寺를 하산소로 함, 2회의 九山門都會 개최
1289	충렬왕	15		봄에 『人天寶鑑』 간행을 명함, 7월 입적

문의 주요사찰이었다. 가지산문에 입산한 이후 일연의 주요 생애는 다음의 네 시기로 나눌 수 있다. 첫째, 包山(비슬산)의 여러 사찰에서 주석하던 시기(1227~1248). 둘째, 鄭晏의 초청에 의하여 남해 定林社와 지리산 吉祥庵에 거주하던 시기(1249~1260). 셋째, 원종의 명에 의해 禪月社에 주석한 이후 경상도의 여러 사찰에서 주석하던 시기

(1261~1276). 넷째, 충렬왕의 명에 의해 雲門寺에 주석하다가 國尊에 책봉되고 입적할 때까지의 시기(1277~1289)로 나눌 수 있다(각각의 시기는 〈표 1〉의 Ⅰ·Ⅱ·Ⅲ·Ⅳ기와 같음).

제Ⅰ기는 정치적으로 최충헌에 이어 최우가 정권을 담당하던 시기로 대몽항전기와 거의 일치한다. 이 시기 불교계의 동향은 修禪社가 주축을 이루면서 최우와 밀착되고, 한편으로는 최씨정권의 비호와 통제를 받으면서, 다른 한편으로 비록 소극적이지만 대몽항쟁의 차원에서 활약하였다. 여기에 白蓮社가 최우집정 후반기에 대몽항전을 표방하였다. 몽고군의 침략으로 인하여 1232년 6월에 강화도로 천도하고 이 해에 符仁寺 소장의 초조대장경이 소각되었다. 이에 따라 최씨정권뿐 아니라 전국적으로 대몽항쟁의 의지를 더욱 공고히 한 시기였다. 예컨대 이 시기에 백련사에서 보현도량을 설치하고, 불에 타버린 팔공산 부인사의 대장경을 재차 조판(재조대장경)한 것은 불교를 통해서 국가적 위기를 타개하려는 의도였다. 이러한 격변기에 처하여 일연의 태도가 어떠했는가는 검토할 필요가 있다. 〈표 1〉을 보면 청년기의 일연은 현풍의 비슬산에서 약 22년간 보내면서 뚜렷한 행적을 남기지 않고 있다. 이는 당시 사회정세와 불교계를 관련시켜 볼 때 일연은 소극적으로 잠적한 것으로 볼 수밖에 없다. 이 시기 일연의 처신을 상징적으로 보여주는 구절이 「일연비문」에 보이는 다음의 대목이다.

> 丙申年 가을에 兵亂이 있어 師가 피하고자 하여 文殊五字呪를 念하며 감응을 기대하니 홀연히 벽 속에서 文殊菩薩이 現身하여 이르기를 '無住(庵)에 머물도록 하거라'고 하였다.[5]

---

5) 閔漬, 「高麗國華山曹溪宗麟角寺迦智山門下普覺國尊碑銘」(이하 「일연비문」이라 부름), "丙申秋 有兵亂 師欲避地 因念文殊五字呪 以期感應 忽於壁間 文殊現身曰 無住居".

이 기록은 1236년 가을에 병란이 있자, 일연이 피난할 때의 영험을 기록한 것이다. 여기서 병란은 몽고군의 침략으로 추정된다. 몽고군이 영남 지역으로까지 진출하지는 않았지만, 충청·전라도 지역으로 침입한 몽고군에 대한 두려움은 널리 퍼졌다. 이러한 분위기에 따라 일연은 피난을 했던 모양이다.

한편 이 해에 재조대장경을 간행하기 위한 기구로서 대장도감이 설치되고 백련사에서는 백련결사문을 반포한 것에 비해 일연은 소극적으로 대처하였다. 이러한 일연의 모습은 學一이 만년에 운문사에서 구축한 가지산문의 세력이 인접한 지역의 계속적인 무신정권에 저항한 항쟁 때문에 그 세력이 위축된 것과도 관련되리라 본다.

제Ⅱ기는 일연이 鄭晏을 매개로 최씨정권과 연결되면서 일연 개인으로서는 수선사와 사상적인 연관을 갖게 되고, 가지산문이 중앙정계에까지 부각되는 기반을 만든 시기이다. 이러한 계기를 마련해 준 정안은 어떤 인물인가. 정안은 무신란 이후에 등장한 鄭世裕의 손자이며, 그의 父인 鄭叔瞻은 최우의 장인이라는 점에서 최씨정권과 정안의 집안은 밀접한 유대를 가졌음을 알 수 있다.

따라서 그는 한때 晋陽(지금의 진주)의 수령으로 나갔으나 최우가 정권을 좌지우지하는 것을 싫어하여 남해에 은거하면서 불교에 심취하였으며, 뒤에 사재를 희사하여 대장경 간행에 참여하였다.[6] 이때 그는 수선사의 제2세 법통인 慧諶과도 깊은 교류를 맺었으며 최우가 죽은 뒤 崔沆에 의해 일시 등용되었다가 결국 죽임을 당한다. 이즈음 정안이 일연을 초청한 연유는 다음과 같이 추정된다. 일시 최우에 반발한 정안으로서 최우와 결탁한 수선사를 기피한 결과 수선사와 별개의 인물인 일연을 초청했을 가능성이 있다. 또 수선사 제3세인 夢如(?~1252)

6) 『高麗史』 권100, 鄭世裕 附晏傳. 그리고 鄭晏이 대장경 대장경 간행에 참여한 사실은 현전하는 海印寺 寺刊板에서 잘 나타나고 있다.

가 최씨정권에 협력을 거부하자 그 대안으로서 일연을 등장시켰을 가능성이 있다. 물론 추정이지만 아무튼 이 시기 일연의 행적은 가지산문이 최씨정권과 연결되는 계기를 만들었다는 점과, 1251년에 완성된 대장경 조판 중 南海分司에서의 작업에 일연과 그의 제자들이 참여하였다는 점, 특히 수선사와의 사상적 교류를 맺는 계기를 마련하였다는 점에 의의가 깊다.

제Ⅲ기는 정치적으로 최씨정권이 전면 붕괴되고 이에 강화도 정부가 몽고에 항복함으로써 몽고와 화해의 분위기로 접어든 시기이다. 이때 元宗이 즉위하고 2년 뒤 강화도 禪月社에 일연을 초청한 것은 정치적 차원에서 불교계를 통괄하기 위한 조처로 생각된다. 여기서 일연은 牧牛和尙, 곧 知訥을 계승한 것으로 표현될 만큼 크게 부각되었다. 중앙정계와 직접적 연결 관계를 바탕으로 일연은 경상도의 여러 사찰에 주석하면서 가지산문의 재건에 힘을 썼다. 1268년에 왕명에 의해 雲海寺에서 선·교종의 명승을 모아 大藏落成會를 주관한 것은 단적인 예이다. 특히 이 기간 중에 仁弘社에 머물면서 『三國遺事』를 찬술하기 위한 예비작업으로서 『歷代年表』를 제작하고 그 판각을 담당할 수 있는 일련의 기술집단을 양성할 수 있었던 것은 일연의 노력에 말미암은 것이었다. 나아가 그가 『삼국유사』 간행의 인적·기술적 조건을 이 시기에 구비할 수 있었다는 점에서 그 의의가 높다.

제Ⅳ기는 고려가 원에 예속되어 그 문화가 파급되고 원이 일본을 정복하기 위해 고려에 가중한 부담을 지워 사회상이 극도로 피폐한 시기이다. 이때 원에 예속된 고려왕실로서는 그 이전의 체제에서 주류를 이루던 불교계를 일단 정리해야 할 필요성을 가졌으며, 그 의지의 일단이 일연을 불교계의 정점으로 하여 가지산문을 핵심적인 교단으로 지원하는 것으로 나타났다. 충렬왕 7년(1281)에 왕이 동정군 격려차 경주에 갔을 때, 일연은 그 행재소에 부름을 받게 되고, 그 이후 최고

승직의 길을 걷게 된다. 일연이 경주에 불려갔을 때 당시 불교계의 현황은 승려들이 뇌물로써 승직을 얻어 '綾首座'·'羅禪師'로 불리고 처를 가진 승려가 반이라는 조소적인 표현에[7] 의해서도 그 실태를 짐작할 수 있다.

이 시기 일연의 거취를 어떻게 평가할 수 있을까. 불교계의 타락상과 사회의 모순을 직접 개혁하기 위해 왕실로 진출했다고 보기는 어렵다. 따라서 일연이 소속된 가지산문은 이전 시기에 불교계의 중심이었던 수선사와 백련사에 대신하여 원간섭기에 등장한 불교계의 주요 세력이며, 그 등장배경은 일차적으로 일연의 행적에서 찾을 수 있다. 국존이 된 이후 일연을 정점으로 인각사에서 2회의 九山門都會를 개최한 사실은 그를 중심으로 가지산문이 선종계, 나아가 전 불교계의 교권을 주도한 것으로 파악된다. 가지산문은 이 시기 불교계의 양대 세력으로서 등장한 천태종의 묘련사와 교권 장악을 위한 대립상을 보이기도 하였다. 그러다가 고려말에 가지산문에서 太古普愚가 출현하여 중국의 임제선을 수입함으로써 불교계의 통합을 시도할 정도로 가지산문은 원간섭기 불교교단의 중심세력이었다.

이상에서 당시 불교계의 동향과 정치·사회적인 흐름을 주목하면서 일연의 생애가 지닌 면모를 살펴보았다. 여기에서 특히 주목되는 것은 무신란 이후 최씨집정기까지 거의 미미한 존재였던 가지산문이 원간섭기로 접어들면서 수선사를 대신하여 불교계의 중심교단으로 부각되었다는 점이다. 이와 같이 가지산문이 새로운 교단세력으로 부각된 배경은 가지산문의 핵심적인 인물인 일연을 지원한 단월들이 주로 원간섭기 초반에 행해진 동정군과 관련된다는 점에서 찾을 수 있다. 그러나 이는 더 거슬러 올라가면 1258년의 왕정복고를 주도한 세력에 힘입어

---

7) 『高麗史』 권29, 忠烈王 7년 6월 계미.

일연이 江都의 禪月社로 초청받은 것이 직접적인 계기가 되었을 것이며, 한편으로는 이때 일연이 知訥의 법맥을 계승했다고 표방할 정도로 그 내부에 마련된 사상적인 기반과도 무관하지 않았을 것이다.

이러한 사정은 일연이 원종 2년(1261) 왕명에 따라 강화도의 禪月社에 초청받은 뒤 "멀리 牧牛和尙 知訥을 계승했다."는 표현에서 짐작할 수 있다. 禪月社는 禪源社로 추정되는데,[8] 선원사는 1245년 최우의 원당으로 건립된 바로 그 사원으로서 수선사의 중심사원이라고 할 수 있다. 이는 混元과 天英이 수선사의 4·5세 주법이 되기 직전인 1245~1252년, 1252~1256년간에 각각 이곳에서 주석하였으며, 또 6세 주법이 된 冲止도 1254년 이곳에서 천영에게서 具足戒를 받고 승려가 되었다는 점에서 짐작할 수 있다.[9] 이러한 선원사의 주법으로 일연이 초청되었다는 것은 당시 교권의 방향뿐 아니라 사상적으로 중요한 시사를 던지는 것이다. 최씨정권 몰락 직후인 고종 46년(12159) 混元을 왕사로 책봉하고,[10] 또 원종이 즉위하면서 부왕의 뜻에 따라 계속 왕사로 모시는 摳衣之禮를 행한[11] 2년 후에, 일연을 江都로, 그것도 수선사의 본거지인 선원사에 초청하였다. 이는 왕정복고를 주도한 세력이거나 이들과 연계된 이장용과 박송비 등이 그들의 정치적인 이해관계를 위한 것이었다. 이러한 조처는 수십 년간 최씨정권과 왕실의 지원을 받았던 수선사와 사상적으로 서로 배치되지 않았기 때문에 가능할 수 있었다.

그러면 일연이 수선사의 계승자로 자처하게 된 사상적 기반은 어디에 있는 것인지 살펴보기로 한다. 이 방면의 연구성과가 일천한 형편이고

---

8) 蔡尙植, 앞의 논문, 1979, 54쪽 참조.

9) 閔賢九, 「月南寺址 眞覺國師碑의 陰記에 대한 一考察」, 『震檀學報』 36, 1973, 36쪽 ; 兪瑩淑, 「崔氏武臣政權과 曹溪宗」, 『白山學報』 33, 1986, 182~186쪽 참조.

10) 金坵, 「臥龍山慈雲寺王師贈謚眞明國師碑銘」, 『東文選』 권117 참조.

11) 金坵, 위의 비명 참조.

자료마저 거의 없는 현 실정에서 단정적인 결론을 내리기는 어렵다. 그러나 근래에 일연이 중편한 것으로 알려진『重編曹洞五位』가 발굴되고,[12] 또 단편적이나마 일연과 관련된 자료들이 남아있어 부분적이지만 그의 사상적 경향을 엿볼 수 있다. 그러나 일연의 사상적 경향을 파악하기 위해서는 무엇보다도 淸玢이 작성한 행장에 의거해서 閔漬가 찬술한「일연비문」이 중요하다. 또『삼국유사』에 남아있는「찬」역시 주목된다. 그러나「찬」은 禪詩의 성격을[13] 띠고 있기 때문에 이로써 사상적인 경향을 추적하기는 대단히 어렵다. 따라서 본고에서는 우선「일연비문」을 중심으로 그의 사상적 경향을 검토하기로 한다.

「일연비문」에 의하면 일연이 1227년 玄風의 包山 寶幢庵에서 주석할 때에 '心存禪觀'했다는 표현이 보인다. 이에 대한 해석은 일단 유보하더라도 일연이 간화선에 바탕한 선승이라는 사실은 쉽게 발견된다. 곧 일연은 1236년 가을 몽고병란을 피하기 위해 '阿羅婆遮那'라는 '文殊五字呪'를 念하다가 문수보살의 감응을 받아 그 다음 해(1237) 無住庵에 거주하였다. 이때 일연은 다음과 같이 話頭(公案)의 참구를 통해서 깨달음을 얻고 있다.

> 이때 늘 '중생의 세계는 줄지도 않으며 부처의 세계도 늘어나지 않는다'라는 화두를 참구하였다. 홀연히 하루는 활연한 깨달음이 있어 말하기를 "내가 오늘 三界가 幻夢과 같음을 알게 되었으며, 大地에는 가는 티끌만큼의 걸림도 없다는 것을 알았노라."고 하였다.[14]

---

12) 閔泳珪, 주) 3의 논문 참조.

13) 印權煥,「一然의 讚詩」,『高麗時代 佛敎詩의 硏究』, 고려대 출판부, 1983 ; 金周漢,「三國遺事 所載 讚에 對하여」,『三國遺事硏究』(上), 영남대 출판부, 1983 ; 金相鉉,「三國遺事의 讚 硏究」,『東國史學』 41, 2005 참조.

14) 閔漬,「일연비문」, "時常以生界不滅 佛界不增之語 參究之 忽一日豁然有悟 謂人曰 吾今日乃知三界如幻夢 見大地無纖豪礙".

화두를 통하지 않고 오직 침묵과 명상의 세계를 궁구하여 진리를 터득하는 默照禪의 수행방법과는 달리 화두를 통해서 깨달음을 얻는 간화선의 경향을 일연은 위의 기록에서 여실히 보여주고 있다. 일연의 이러한 면모는 입적하기 직전에 남긴 임종 문답에서도[15] 발견할 수 있다. 장황하지만 인용하기로 한다.

'오늘은 내 떠나가리라.' 하고서 '厄日(重日)이 아니냐.'고 물었다. '그렇지 않다.'고 했더니 '그러면 좋다.'고 말씀하셨다. (중략) 일러 말씀하시기를 '마침 天使가 와서 老僧의 後日事를 보는구나.' 하니 어느 승려가 나서서 묻기를 '釋尊께서 鶴林에서 示滅하시고 和尙은 麟角에서 本諦(眞)로 돌아가시니 相去가 얼마인지요.'라고 하였다. 師(일연)가 주장자를 가지고 法床을 한번 내리치며 이르기를 '相去가 얼마인가.'라고 하니, (다시) 나아와 말하기를 '이와 같을진대 今古가 相應하여 失墜함이 없이 분명히 目前에 있나이다.'라고 하였다. 師가 또 한번 법상을 내리치면서 '분명히 目前에 있느니라.'라고 하니, (다시) 나아와 이르기를 '三角의 기린이 바다 속에 들어가더니 부질없이 남은 조각달이 물결 가운데서 나오나이다.'라고 하니, 師가 말씀하시길 '후일에 돌아오면 다시 上人과 더불어 거듭 一場을 흥겹게 놀겠소.'라고 하였다. 또 다른 승려가 묻기를 '화상은 백년 후로 돌아가시면 모름지기 소용되실 物件이 무엇입니까.'라고 하니, 師가 답하시기를 '다만 이것이니라.'[16]라고 하였다. 다시 나서서 이르기를 '거듭 군왕과 더불어 無縫塔을 조성함에 무슨 방해가 있겠습니까.'라고 하니, 師가 '어떤 곳을 오가리오.'라고 하였다. 다시 나서서 이르기를 '모름지기 물어야 했습니다.'라고 하니,

15) 閔漬, 「일연비문」 참조.

16) 이 구절에 대해 閔泳珪, 「一然의 悲願」, 『回歸』 2, 1986, 5쪽에서 '그럴 것까지야 없지'라고 해석하고 있다.

> 師가 말씀하시길 '이같은 일은 알게 되면 곧 쉬리라.' 하였다. 또 한 승려가 묻기를 '화상께서 세상에 계시되 세상에 없는 듯이 하시며 육신을 보시기를 육신이 없는 듯하시니 세상에 계시면서 大法輪을 굴리심이 무슨 거리낌이 있습니까.'라고 하였다. 師가 '處所에 따라 佛事를 지으리라.' 하시고 문답을 마치었다. 師가 말씀하시길 '여러 禪德은 날로 이것에 답하시오. 심하게 아프고 가려운 것과, 아프지도 않고 가렵지도 않은 것이 모호하여 가릴 수 없으리라.' 하시고, 이에 주장자를 가지고 법상을 한번 내리치고는 '이것은 바로 심한 것이며', 다시 한번 법상을 내리치고는 '이것은 심한 것이면서 심하지 않은 것이니 가려 보아야 할 것이오.'라 하고 곧 그 자리에서 내려 方丈으로 돌아갔다.[17]

이러한 내용을 분석하고 이를 통해 사상적 의미를 찾는다는 것은 어려운 주문이다. 그렇지만 앞에서 살핀 公案('生界不減 佛界不增之語')과 관련시킬 때 일연은 선승으로서 '見性'의 경지에 이른 것으로 보인다.

한편 일연은 정안의 초청으로(1249) 남해 정림사에 머물면서 두 가지 방향의 공부에 몰입한 것으로 추정된다. 일종의 '保任'인 셈인데, 하나는 대장경 조성에 참여하면서 당시 최고의 지식보고이자 완성도 높은 대장경의 열람이며, 또 하나는 『禪門拈頌』의 점검이었다.

---

17) 閔漬, 「일연비문」, "今日吾當行矣 不是重日耶 云不是 曰然則可矣 (중략) 謂曰 適値天使來見老僧 末後事 有僧出問 釋尊示滅於鶴林 和尙歸眞於麟嶺 未審相去多少 師拈拄杖 卓一不云 相去多少 進云 伊麼則 今古應無墜 分明在目前 師又卓一下云 分明在目前 進云 三角麒麟入海中 空餘片月波心出 師云 他日歸來 且與上人 重弄一場 又有僧問 和尙百年後 所須何物 師云只這箇 進云 重與君王造箇無縫塔樣 又且何妨 師云 甚麼處去來 進云 也須問過 師云 知是般事 便休 又有僧問 和尙在世知無世 視身如無身 何妨住世 轉大法輪 師云 隨處作佛事 問答罷 師云 諸禪德日日報之 痛痒底不痛痒底 模糊未辨 乃拈拄杖卓一下云 這箇是痛底 又卓一下云 這箇是不痛底 又卓一下云 這箇是痛底是不痛底 試辨看 便下座歸方丈".

일연이 정림사로 주석처를 옮겼을 때 비록 수선사의 2세인 慧諶은 입적하였지만(1234) 그가 편찬한 1125칙에다 뒤에 '曹溪老師'로 칭해진 그의 제자가 347칙을 보충한 『선문염송』이[18] 남해분사에서 간행된 (1244~1248) 직후였다. 이때 일연은 분명히 『선문염송』을 열람하였을 것이다. 이는 일연이 편수한 『禪門拈頌事苑』(30권, 실전)과 混丘가 重編한 『重編拈頌事苑』(30권, 실전)이 혜심의 『선문염송』을 계승한 것으로 추정되기 때문이다. 이와 같이 일연은 혜심의 『선문염송』을 통해 다양하게 전개된 5가 7종의 선사상을[19] 점검하고 이를 기화로 하여 수선사를 계승한 것으로 자처하였을 것이다.[20] 그러나 일연은 수선사의 혜심이 종합, 정리한 선학을 접하기 이전에 이미 간화선에 대한 이해가 있었다.[21]

---

18) 현전 『禪門拈頌』은 고종 30년(1243)에 鄭晏이 誌한 것이 가장 오래된 판본이나, 현재 해인사의 대장경 보유판에 수록된 것으로 1244~1248년 사이에 南海分司에서 개판된 것이 널리 알려져 있다. 보유판의 판본은 慧諶이 1226년에 쓴 序文을 그대로 수록했으며, 또 당시 繼俗寺 주지인 萬宗이 쓴 跋文도 수록하고 있다(『韓國佛教撰述文獻總錄』, 동국대 출판부, 1976, 123~124쪽).

19) 조명제, 『선문염송집 연구』, 경진출판, 2015에서 『선문염송』은 송대 공안선을 수용한 것으로 보고 있다.

20) 일연은 당대 최고의 선사인 수선사의 慧諶을 깊이 존숭하였다. 그는 『禪門拈頌』뿐 아니라 혜심의 어록도 접한 것 같은데, 이는 혜심이 1222년에 쓴 '通度寺戒壇'이라는 詩의 일부를 『三國遺事』 권3, '前後所將舍利'에 수록한 것에서 짐작된다(『眞覺語錄』, 92右, 月精寺, 1940 및 『通度寺誌』, 1979, 475쪽 참조). 이에 비해 혜심이 가지산문과 교류한 기록은 제법 보인다. 혜심은 가지산문의 大禪師 天眞의 청으로, 雲門寺의 靈長老를 위해, 또 吾魚社에 직접 가서 上堂 법문한 사례(『眞覺語錄』, 13쪽, 23쪽, 26쪽, 31쪽 참조) 등이 있다.

21) 許興植, 「高麗中期 禪宗의 復興과 看話禪의 展開」, 『奎章閣』 6, 1982 및 崔柄憲, 「高麗中期 李資玄의 禪과 居士佛教의 性格」, 『金哲埈博士華甲紀念史學論叢』, 1983에서 고려중기에 이미 臨濟宗의 간화선이 크게 유행하였다고 한다. 또 趙明濟, 「高麗後期 戒環解 楞嚴經의 盛行과 思想史的 意義」, 『釜大史學』 12, 1988에서도 수선사 이전에 이미 간화선이 유행하였음을 밝히고 있다. 따라서 일연이 참구한 '生界不滅 佛界不增'이라는 公案은 수선사 이전에 수용된 선사상과 관련된다.

그리고 일연이 정림사에서 거주한 것을 계기로 하여 수선사와 교류하게 되면서, 그가 직접 수선사 3세인 淸眞國師 夢如를 뵙고 '曹洞家世'에 대해 문의를 한 사례는[22] 양자의 관계를 잘 보여준다.

이상에서 일연은 선승으로서 간화선에 깊이 심취하였으며, 수선사 2세인 혜심의 『선문염송』에 의거해서 더욱 심화된 선사상을 공부하였음을 알 수 있다. 그러나 「일연비문」에 일연을 가리켜 "修禪하는 여가에 다시 대장경을 읽고 諸家의 章疏를 깊이 연구하였으며, 한편 儒書를 섭렵하고 아울러 百家書에도 관통하였다. 이에 의해 방편에 따라 사물을 이롭게 하고 종횡으로 妙用을 발휘한지 무릇 50년이나 되었다."[23]는 표현과 '禪林虎嘯 敎海龍吟'이라는 평가로 볼 때, 일연은 修禪만을 고집한 것은 아니었다.

위의 인용에서 주목할 것은 '妙用을 발휘한지 무릇 50년이나 되었다.'는 구절이다. 일연의 사상적 경향을 이해할 때 가장 주목해야 할 구절이다. 일연은 수선이 기본(체)이었으나, '묘용'인 방편으로 불교의 선·교학과 밀교, 신앙뿐 아니라 유학과 제자백가까지도 수용하고 두루 표방했던 것이다.

22) 一然, 『重編曹洞五位』 序, "嘗日介懷 曾謁曹溪小融和尙 語及曹洞家世 和尙亦以此云慨然流嘆者再三 然未暇一二諮禀 噬臍無及矣". 여기서 일연이 찾아뵌 '曹溪小融和尙'은 夢如이다. 『曹溪山松廣寺史庫』, 1978, 423쪽, 淸眞國師에 '師諱夢如 號小融也'라고 한 것과, 冲止가 찬한 「冲鏡王師祭文」(『東文選』 권109)에 "久遊眞覺之門 深入小融之室"이라 한 구절에서 '眞覺' 곧 慧諶과 '小融'은 별개 인물이며 문맥상 夢如가 小融和尙이다.

23) 閔漬, 「일연비문」, "又於禪悅之餘 再閱藏經 窮寇諸家章疏 旁涉儒書 兼貫百家 而隨方利物 妙用縱橫 凡五十年間".

3. 그의 저술과 사상적 경향

앞에서 살핀 바와 같이 일연은 간화선에 깊은 이해를 가진 선승이지만, 그의 사상적 경향이 수선만을 고집하였다고 단정하기는 어렵다. 이에 대해서는 앞서 기본과 방편으로 해석한 바 있다. 그럼에도 일연은 한 방향에만 머물지 않고 다양한 관심과 두루 통찰하는 경향을 띤 인물임은 분명하다. 山立(淸玢)이 「일연비음기」에서 일연을 가리켜 "和尙의 門風은 광대하여 실로 모든 것을 갖추었기에 가히 어떠한 말과 생각으로도 표현할 수 없습니다."라[24] 한 것과 앞서 살핀 바와 같이 「일연비문」에 "禪林에서는 범의 부르짖음이었으며, 敎海에서는 용의 읊조림이었다."라는 평가에서 짐작할 수 있다. 그러면 일연의 이러한 사상적 편력은 어디에서 연유하는 것인지 음미할 필요가 있다.

일연의 생애에서 그가 사상적으로 중요한 계기가 된 시기는 20대의 수학기를 지낸 현풍 비슬산 시절, 선학과 대장경에 심취하였던 남해 시절, 신앙적인 측면을 강조한 몽고병란 이후 원간섭기 등으로 대별할 수 있다.

이러한 시기별 특징이 있지만 감수성이 예민하고 사고 자체가 탄력적일 수 있는 20대의 수학기를 지낸 비슬산의 사상적 경향이 그에게 많은 영향을 주었을 것이다. 비슬산은 다양한 신앙형태가 공존했던 지역이었다. 통일신라기 화엄 10찰 가운데 하나인 玉泉寺가 존재했으며,[25] 고려 성종 때 아미타신앙을 바탕으로 결성된 신앙결사의 존재,[26] 또 혜심에게 수학한 바 있는 백련사의 2세인 天因이 유력차 비슬산에

---

24) 山立, 「普覺國尊碑陰記」, "和尙門風 廣大悉備 不可得而思儀也".

25) 『三國遺事』 권4, 義湘傳敎 참조. 그리고 玉泉寺는 고려시기에는 湧泉寺로 불리었는데 「일연비문」에 1274년에 일연이 佛日社로 삼았다는 기록이 보인다.

26) 『三國遺事』 권5, 包山二聖 참조.

머문 적이 있었다는 기록(1227)[27] 등이 보인다. 심지어 일연이 1227년에 머물면서 '心存禪觀'한 적이 있었던 寶幢庵에 관한 다음의 기록이 주목된다.

> 옛 것을 전할 뿐 새로이 創作하지 않는다는 의미에서 몇 간의 사원을 중창하여 (그) 功德을 헤아리기 어렵기에 7권의 『法華經』을 예참합니다. (중략) 毘瑟山의 정상에 寶幢이라는 이름의 한 암자가 있는데, 옛 터만이 남고 그 밖의 것은 거의 없어졌다. (중략) 7번의 法食을 베풀고 잠시 慶筵을 넓게 하고 一代의 宗師를 맞이하여 禪席을 主盟하게 하였다.[28]

위의 기록을 통해 보당암은 고려말에 중창하였는데, 여기서 『法華經』 禮懺이 행해졌으며 일대의 종사를 초청하여 '禪席'을 베풀었음을 알 수 있다. 또 이 자료를 통해 주목되는 내용은 보당암이 비슬산 정상에 존재했다는 사실이다.[29]

한편 일연이 31세 젊은 시절에 비슬산에서 침입한 몽고군을 피했을 때 밀교의 주문인 '文殊五字呪'를 염하다가 문수보살의 감응을 받았다는 기록이 보인다. 이는 일연이 수행의 방편으로 밀교에 대한 이해와 실천을 병행했음을 의미한다. 이와 관련하여 일연이 만년에 비슬산으로 돌아와서 인흥사에 주석하면서 『法華經普門品』을 간행할 때 「觀世音菩薩六字大明眞言」의 공덕을 강조한 것과, 비록 일연이 입적한 뒤의 일이지만

---

27) 林桂一, 「靜明國師詩集序」, 『東文選』 권83 참조.

28) 李詹, 「寶幢庵重刱法華三昧懺疏」, 『東文選』 권111, "述而不作 數間蘭若之重新 德則難量 七軸蓮經之禮懺 (중략) 於大山毗瑟之頂 有一庵 寶幢其名 遺址雖存 諸凡蓋闕 (중략) 說七遍之法食 姑敞慶筵 邀一代之宗師 主盟禪席".

29) 최근 비슬산 대견봉 아래에 있던 폐사지를 복원하여 대견사라 부르면서, 이곳을 보당암의 소재지로 비정하고 있으나, 신중할 필요가 있다. 곧 비슬산 정상이 어디인지를 검토할 필요가 있다.

인흥사에서 『大悲心陀羅尼經』을 간행한(1293) 사실에서 밀교의 진언=다라니=주문 등의 '口密'에 어느 정도 밝았음을 짐작케 한다. 또 이는 『삼국유사』 권5에 '神呪6'이라는 편목과도 관련되며, 『삼국유사』에 음역된 범어의 사용과도 연계된다.[30)]

이와 같이 비슬산은 다양한 불교신앙이 존재했던 셈인데, 여기에 일연이 주석했다는 사실은 그가 선승으로서 수선을 근본으로 하였지만 다양한 불교사상과 신앙에 대해서도 관심을 가졌음을 의미한다. 결국 일연은 다양한 신앙경험을 통해서 『삼국유사』과 같이 특정 신앙이나 종파에 얽매이지 않고 다양한 불교신앙을 표방하는 저술을 찬술할 수 있었으며, 또한 선교를 막론하고 많은 불교서적을 편수할 수 있었다.

「일연비문」에는 그의 저술로 『語錄』(2권), 『偈頌雜著』(3권)가 있고, 편수한 것으로 『重編曹洞五位』(2권), 『祖派圖』(2권),[31)] 『大藏須如錄』(3권), 『諸乘法數』(7권), 『祖庭事苑』(30권),[32)] 『禪門拈頌事苑』(30권)[33)] 등 100여 권이 세상에 유행하고 있다고 하였다. 이와 같이 일연이 직접

---

30) 정승석, 「삼국유사에 구사된 범어 음역의 원류」, 『印度哲學』 26, 2009에서는 일연이 불교어(범어)를 정확하게 구사한 것을 대장경 열람에서 찾고 있다. 또 이 글에서 『삼국유사』 권3, 탑상4, '어산불영'과 '대산오만진신' 등에 보이는 음역된 범어 사례를 분석하고 있다.

31) 종래의 「일연비문」 필사본에는 『祖圖』라고 되어 있다. 최근에 발견한 탁본에 의하면 『祖派圖』이다.

32) 崔南善, 「三國遺事解題」, 『新訂三國遺事』, 1946, 6쪽에 의하면 일연의 저작으로 기록된 『祖庭事苑』(30권)을 北宋의 禪僧인 善鄕이 8권으로 찬술한 것으로 보아 의문을 제기하였다. 그러나 저술이 아니라 編修라는 점을 그는 착각하였다. 그리고 '善鄕'이 아니라 '善卿'이다. 곧 일연은 『曹洞五位』처럼 善卿이 찬한 『祖庭事苑』 8권을 30권본으로 편수한 것이다. 그리고 일연이 『重編曹洞五位』 卷上, 「洞山五位顯訣」의 첫 머리에 '補曰 善卿云 价(良价)初住新豊 晩遷洞山'이라고 한 것을 보면 善卿이 찬한 『祖庭事苑』을 참고하였음을 추측케 한다.

33) 최근에 발견된 탁본에 의하면 『禪門拈頌事苑』이다. 그리고 李齊賢, 「瑩源寺寶鑑國師碑銘」, 『東文選』 권118(이하 「混丘碑文」으로 줄여 부름)에 混丘가 編修한 『重編拈頌事苑』(30권)은 바로 『禪門拈頌事苑』을 대상으로 한 것이다.

저술한 것은 몇 권밖에 되지 않고 대부분 편수한 것이라 할 수 있다. 그의 저작 대부분이 현전하지 않기 때문에 그 내용은 확실치는 않으나 선·교 방면에 두루 걸쳐 있다고 하겠다. 비록 「일연비문」에는 그 이름이 보이지 않으나 이미 알려진 『삼국유사』를 포함시켜 그의 저작들을 내용상 분류하면 대체로 다음의 〈표 2〉와 같다.

〈표 2〉 일연 저작의 내용상 분류표

	선종 계통	교종 계통	사서 류	비고
저술	語錄 偈頌雜著		三國遺事	
편수	曹洞五位 祖派圖 祖庭事苑 禪門拈頌事苑	大藏須如 諸乘法數	(歷代年表) (祖派圖)	

〈표 2〉에서 보는 바와 같이 일연의 저작들은 선종 계통이 주를 이루며, 또 하나 특징적인 것은 '事典'의 성격을 지닌 것들이 많다는 사실이다. 그가 편수한 저술 중 교종 계통의 『大藏須如錄』과 『諸乘法數』[34]뿐만 아니라 『祖庭事苑』까지도 일종의 사전이라고 할 수 있다.[35] 한편 일연이 직접 편수에 참여한 것은 아니지만 普幻이 戒環解 『楞嚴經』의 미비점을 刪補하고서 1279년에 일연에게서 교시를 받았다는 기록을[36] 음미하면 당시 불교계

34) 『諸乘法數』는 唐代 華嚴宗의 賢首가 11권으로 남긴 것을 7권으로 편수한 것이다. 현수의 저술은 각 종파에서 사용하는 2,100여 항목의 法數를 기준하여 불교의 교리를 설명한 일종의 事典이다(『望月佛敎大辭典』 권3, 2,836~2,837쪽).

35) 『祖庭事苑』은 北宋의 善卿이 8권으로 찬술한 것이며(1108), 2,400여 항목으로 된 일종의 事典이다. 그 내용은 雲門宗의 『雲門錄』을 비롯한 여러 禪籍 중 禪林의 초학자들이 이해하기 어려운 부분에 대해 注解를 가한 것이다(『望月佛敎大辭典』 권4, 3,159쪽 및 『禪學大事典』, 773~774쪽 참조). 그리고 善卿은 일연이 '慕睦州陳尊宿之風 自號睦庵'(「一然碑文」)이라 한 陳尊宿이며(『禪學大事典』, 678쪽) 운문종의 승려이다.

에서 일연은 중추적인 인물로서 선사상과 교학의 모든 방면에 두루 밝았던 사상적 경향을 보이고 있다.[37] 이는 앞서 언급한 바와 같이 산립이 "화상의 문풍은 광대함을 모두 갖추어 헤아릴 수 없다."라고 표현한 것과 맥락이 닿는다.

이러한 일연은 儒家書와 諸子百家에도 밝았는데, 이는 『삼국유사』가 비록 불교신앙을 표방하기 위한 저술이라 하더라도 『삼국유사』 叙의 내용과 王曆·紀異篇의 체제에서 반영되고 있다. 더욱이 『삼국유사』에서 인증되어 있는 방대한 사서류에서도 짐작할 수 있다. 따라서 『삼국유사』는 불교신앙을 표방하기 위한 의도로 찬술되었지만, 그 배경에는 유학이나 기타 사상체계를 광범위하게 포용하고 있던 그 자신의 사상적 경향과 깊이가 작용하고 있었다. 그리고 『조파도』는 『삼국유사』가 다분히 불교신앙을 고취하기 위한 사서라 할 때, 이에 대비되는 선종의 계보를 정리한 사서가 아닌가 추정된다.

한편 근래에 민영규 교수가 日本 京都大學에서 重刊된 延寶本인 『重編曹洞五位』를 발굴, 소개하였다. 일연은 남해로 옮겨 수선사와 관련을 맺게 된 이후 51세 되던 해인 1256년부터 『조동오위』의 보완에 착수하여 1260년에 중편한 것을 초간하였다.[38] 이는 洞山良价(807~869)가 제창한 偏正五位說에 曹山本寂이 주를 가하여 선양한 조동종의 중심사상을 담고 있다.[39] 그러나 이러한 성격을 지닌 『조동오위』를 일연이 편수했다고

---

36) 普幻, 『楞嚴環解刪補記』 跋文, "然未知達鑑可否 啓于睦庵和尙 和尙據衆人之意 從頭點竄 以大鉗鎚試之 余以精義通之". 여기서 睦庵和尙이 일연의 別號임은 「一然碑文」에 "養母純孝 慕睦州陳尊宿之風 自號睦庵"이라고 한 것에서 알 수 있다.

37) 『人天寶鑑』을 가지산문에서 간행하도록 한 사례도 이와 관련될 것이다.

38) 채상식, 「一然의 『重編曹洞五位』」에 보이는 사상과 역사성」, 『지역과 역사』 30, 부경역사연구소, 2012 참조. 그리고 대장경 조성이 끝난 이후 그 기능을 계승하여 보유판을 간행하였는데, 여기서 『重編曹洞五位』가 초간으로 간행되었을 가능성이 크다.

39) 宇井伯壽, 「洞山の五位顯訣と曹山の揀」, 『第三禪宗史研究』, 1943, 253~269쪽 ; 蔡

하여 그의 선사상의 경향을 조동선에 가깝다[40]고 할 수는 없다. 현재에 일연의 편저가 모두 존재한다면 모를까 새로운 자료가 일부 발굴되었다고 해서 그 자료에만 얽매일 필요는 없다. 늦어도 13세기 초에는 이미 고려 불교계에 전래되었던[41) 『조동오위』에 대해, 일연이 남해시절 직후 51세 되던 해에 관심을 갖고 이의 미비점을 보완하여 중편했다는 점을 감안할 필요가 있다. 당시 그는 대표적인 선사상으로 풍미하던 수선사의 간화선 못지않게 조동선을 적극 수용함으로써 여러 갈래의 선사상을 융합하고 조화시키려는 의도를 갖고 『조동오위』를 중편했다고 볼 수 있다.[42] 다만 일연이 『중편조동오위』를 간행한(1260) 다음 해에 왕정복고가 이루어진 江都의 선월사로 초청되었다는 사실은 주목된다.

이상과 같이 다양하고 탄력성을 가질 수 있는 비슬산에서 수학기를 보낸 일연은 비록 간화선에 심취했다고는 하지만 여러 계통의 선사상에 깊은 관심을 가졌을 뿐만 아니라 교학이나 신앙적인 측면에도 폭넓은 관심을 가졌다. 이러한 일연이 특히 신앙적인 면을 강조하는 단계로 전환하게 되는데 그 시기는 1264년 仁弘社에 주석한 이후로 보인다. 이때 타력적인 관음신앙을 통한 공덕과 다라니신앙을 통한 신비적인

楨洙, 「五家七宗禪의 歷史的 性格」, 『丁仲煥博士還曆紀念論文集』, 1974, 382~386쪽.

40) 閔泳珪, 앞의 논문, 1983, 5쪽에 "一然과 曹洞禪과의 관계는 일찍이 그가 沙彌僧으로 光州 無量寺에 몸담고 있었을 때부터 맺어진 인연이다"라고 서술하고 있으나 그 근거를 밝히지 않고 있다.

41) 『曹洞五位』는 이미 志謙(1145~1229)이 관심을 가진 바 있던 저술이다(一然, 『重編曹洞五位』 序 및 閔泳珪, 앞의 논문, 1984, 7쪽 참조).

42) 일연이 『祖庭事苑』을 편수하고 또 그 내용은 알 수 없으나 선종의 法脈을 정리한 일종의 傳燈錄으로 추정되는 『祖派圖』를 편수한 사실은 어느 특정 사상에만 머무르지 아니한 그의 태도를 단적으로 보여준다. 『祖派圖』는 일연의 선사상을 계승한 것으로 추정되는 雪岑이 남긴 『十玄談要解』(『梅月堂全集』, 大東文化硏究院, 1973)에 보이는 「五派源流圖」와 맥락을 같이 한 것으로 추정된다.

요소가 주도적인 경향으로 강조되었다. 이는 또한 밀교적인 문수신앙을 수용한 사상적 경향과도 관련되리라 본다.

이러한 사상적 경향 속에서 그가 폭넓게 수학한 여러 사상체계를 바탕으로 하여 『삼국유사』를 찬술하였으며, 적극적인 의미에서는 오랜 전란에 지친 민중들로 하여금 신앙적인 활로를 갖도록 하기 위한 현세구원적인 의미도 있었다. 그렇지만 조동선을 수용하는 과정에서 부수적으로 이해될 수 있던 초기의 성리학적 분위기를[43] 불교계의 내적 바탕을 토대로 하여 더욱 심도있게 받아들이지 못한 것은 아쉽다. 더욱이 인흥사에 주석한 이후 신앙적인 측면을 강조한 것은 당시 시대적인 환경에 부응한 것으로 판단되지만, 결국 불교의 사회적 기능을 축소시킨 결과를 초래한 것은 아닌가 한다.

4. 연구의 전망

특정 인물의 저작물을 통해서 그의 사상적 경향을 추적한다는 것은 힘든 작업이다. 더욱이 대부분의 저작들이 현전하지 않는 여건 하에서는 더욱 불가능한 일인지도 모른다. 그렇지만 대략적인 추세를 파악함으로써 당시 사상사의 흐름을 재구성하는 길잡이는 되리라고 생각한다.

일연의 사상적 경향을 추적하기에 앞서 무엇보다도 먼저 제기되는 것은 당대의 禪僧으로서 많은 저작물을 남겼으며, 또 최고의 승직에까지 몸을 담은 인물이라는 점을 고려할 때, 그가 남긴 대부분의 저작들이

---

43) 『曹洞五位』가 周易의 이치에 영향을 받았다는 것은 唐·宋 이래 儒家에서 天道論(宇宙論)의 이론을 확립하려는 분위기와도 맥락이 닿는다. 특히 周濂溪의 『太極圖說』과의 관련 여부는 주목된다. 또 混丘가 '無極'이라고 自號한 사정은(李齊賢, 「混丘碑文」, "中吳蒙山異禪師 嘗作無極說 附海舶 以寄之 師默領其意 自號無極老人") 성리학과 선사상이 상호 관련된 분위기를 말해준다.

왜 현전하지 않을까 하는 의문이다. 물론 이러한 측면은 고려말 이후 불교의 사회적 기능이 위축된 것과도 관련될 것이다. 심지어 그가 편수한 것으로 근래에 발굴되어 주목되고 있는 『重編曹洞五位』는 본래의 원형이 파괴된 채 후대에 日本의 曹洞宗이 그들의 주요 전적으로 간행한[44] 것이라는 점을 고려한다면, 엄밀히 말해 일연의 본래 저작이 온전히 반영된 것이라고 말하기는 어렵다.

이와 같이 일연의 저작들이 대부분 현전하지 않는 것은 일연의 계승을 표방한 가지산문의 중심인물인 寶鑑國師 混丘(1251~1322)의 저작들이 현전하지 않는 사실과도[45] 관련되리라 본다. 물론 이들의 저작들이 판각되지 않았기 때문에 전승 가능성이 적을 수도 있지만, 이들이 당시 불교계의 중심인물이었다는 점을 고려하면 그 가능성은 희박하다.

그렇다면 이들의 저작들은 후대에 와서 훼손, 파괴됨으로써 현전하지 않게 된 셈인데 그러면 어떤 연유로 훼손되었는지 궁금하다. 일단 다음의 두 가지 가능성을 고려할 수 있다. 하나는 불교를 비판하면서 수용된 성리학 계통에 의해서, 다른 하나는 불교의 선종 계통의 정통론 논의 과정에서 훼손되었을 것으로 추측된다. 전자는 초기 성리학을 수용한 사대부들이 남긴 불교와 관련된 내용들까지도 『동문선』이나 개인의 문집류 등에 수록, 전승되고 있는 점을 감안한다면 가능성은 희박하다. 그렇다면 후자의 경우처럼 선종 내부의 경쟁과 대립 과정에서 훼손되었을 가능성이 많은 것은 아닌가 한다. 이는 일연에 대해 일본의 忽滑谷快天이 뚜렷한 근거를 제시하지는 않았지만 "一然은 널리 諸學에 통하였고 著書가 많은데 모두 그가 鴻學임을 보여주는 것이다. 그러나

---

44) 『曹洞宗全書』 권14, 注解5, 日本 曹洞宗全書刊行會, 1930(1972년 복각) 및 閔泳珪, 앞의 논문, 『人文科學』 31, 1974 참조.

45) 「混丘碑文」에 그의 저작은 『語錄』(2권), 『歌頌雜著』(2권), 『新編水陸儀文』(2권), 『重編拈頌事苑』(30권) 등이 있었다고 하지만, 현전하는 것은 없다.

애석하게도 시대의 사조에 빠져서 사상과 신앙 두 가지가 모두 순수하지 못하였고 가지산문의 玄風을 진작하기에는 부족하였다."[46]라고 평가한 것과도 관련되리라 본다.

그러면 일연과 그를 계승한 혼구의 경우, 그들이 표방한 불교의 어떤 내용 때문에 그들의 저작들이 계승되지 못하였으며, 그리고 심지어 뚜렷한 근거도 제시하지 않은 채 일연의 사상적 경향이 순수하지 못했다고 평가했을까. 이에 대한 해답은 대단히 어려운 과제일지 모른다. 그러나 이 문제는 일연과 그를 계승한 문도들이 신라말의 梵日國師가 주창한 바 있는 '眞歸祖師說'을 신봉한 것과 관련된 것은 아닌가 한다.[47]

이에 대한 해명을 위해 우선 범일국사에 대해 살펴보기로 한다. 범일국사에 관한 기록은 『祖堂集』 권17, 『삼국유사』 권3, 탑상4, '落山二大聖 觀音 正趣 調信', 같은 책 권3, 탑상4, '臺山五萬眞身' 및 '臺山月精寺五類聖衆', 『禪門寶藏錄』(上) 등에 수록되어 있다.[48]

이상의 기록 중 『조당집』 권17은 범일국사의 일대 행적과 그가 唐에 유학했을 때 그곳 선사들과 서로 문답한 내용을 담고 있다. 이에 비해 『삼국유사』와 『선문보장록』은 단편적인 기록으로 전자는 낙산, 오대산과 관련된 내용, 후자는 진귀조사설을 표방한 내용을 담고 있다. 여기서 이 저술들과 일연의 관련을 음미해 보기로 한다. 첫째, 『조당집』은 대장경의 보유판으로 간행된 것이라는 점에서 일연이 남해 시절 이를 열람하였을 것으로 추측된다.[49] 이로써 일연은 이미 범일국사의 행적을

46) 忽滑谷快天, 『朝鮮禪敎史』, 春秋社, 1930, 238~239쪽 참조.

47) 忽滑谷快天, 위의 책, 100쪽에는 "梵日國師의 眞歸祖師說은 妄謬가 심한 것이며, 그 내용이 佛傳에 보이지 않는, 곧 敎外別傳을 주장하기 위한 假說"로 파악하고 있다.

48) 『東文選』 권50에 朴仁範의 「梵日國師影讚」이 수록되어 있으나 단편적인 내용이다.

49) 閔泳珪, 앞의 글, 1986, 10쪽 참조.

파악하고 있었다고 생각하지 않을 수 없다. 둘째, 『선문보장록』은 1293년에 찬술되고 그 다음 해 간행된 저술이라는 점을 미루어 보면 1289년에 입적한 일연과 직접적인 관련은 없었을지 모른다. 그러나 뒤에 언급하지만 『선문보장록』에 수록된 진귀조사설은 일연의 사상적 경향과도 맥락이 닿는다고 할 수 있다.

그렇지만 일연과 범일국사의 사상적인 연관성을 고려한다면 우선 일차적으로 직접 일연이 남긴 『삼국유사』의 내용을 검토하는 것이 순서일 것이다. 그 내용을 살펴보면 다음의 몇 가지 사실로 요약할 수 있다.

첫째, 범일국사가 당에 유학하여 鹽官에게서 禪法을 얻고 귀국한 뒤 正趣菩薩의 계시에 따라 그의 고향인 溟洲 관내의 낙산 북쪽에 사찰을 건립하고 정취보살을 봉안하였다.[50]

둘째, 범일국사의 문인인 頭陀信義가 오대산에 와서 慈藏法師가 머물렀던 곳을 찾아 암자를 건립하고 거주하다가 입적하였다. 이 암자는 오랫동안 폐허가 되었다가, 뒤에 水多寺 長老 有緣이 이곳을 중창하여 머물렀으며 지금의 월정사가 그곳이다.[51]

이상의 내용에서 다음의 몇 가지 문제가 제기된다. 하나는 범일국사가 선승이면서 정취보살에 대한 신앙에도 경도되었음을 알 수 있다. 또 하나는 범일국사가 오대산 계통의 신앙 영역까지도 포괄하는 불교관을 피력한 것은 아닌가 하는 점이다. 다시 말하면 범일이나 그의 문도들은 오대산을 중심으로 한 慈藏의 화엄사상과[52] 文殊信仰을 포용하는 선사상

50) 『三國遺事』 권3, 탑상4, '洛山二大聖 觀音 正趣 調信' 참조.

51) 『三國遺事』 권3, 탑상4, '臺山五萬眞身' 참조.

52) 신라 화엄종이 義湘系와 元曉系로 대별되는 것으로 보았다(金知見, 「新羅 華嚴學의 主流考」, 『朴吉眞博士華甲紀念, 韓國佛教思想史』, 1975, 265~268쪽). 최근에는 五台山을 중심으로 한 慈藏系를 義湘系와 구별해야 한다고 한다(崔柄憲, 「三國遺事에 나타난 韓國古代佛教史 認識」, 『三國遺事의 綜合的 檢討』, 1987, 198~199쪽) ; 辛鍾遠, 「新羅五台山 史蹟과 聖德王의 即位背景」, 『崔永禧先生華甲紀念 韓國史學論叢』, 1987, 125~126쪽).

을 표방한 것은 아닌가 한다.[53] 특히 범일 계통은 화엄사상을 포용하면서도 다분히 밀교화된 문수신앙을[54] 선사상에 수용한 것으로 추측되는데, 이러한 점은 진귀조사설에 잘 나타나고 있다.

진귀조사설의 내용은 『禪門寶藏錄』(上)에 「達磨密錄」을 인용하여 達磨가 慧可에게 설한 게송으로[55] 소개되어 있고, 또 「海東七代錄」을 인용하여 범일국사가 진성여왕에게 답한 것에도 나타나 있다.[56] 후자의 내용을 소개하기로 한다.

> 溟洲 崛山의 梵日國師가 신라 진성대왕이 禪敎의 뜻을 묻는 데 대해 답하기를 "우리 本師인 석가가 出胎하면서 설법하였는데 七步를 걸어가

---

53) 金杜珍, 「新羅下代 闍堀山門의 形成과 그 思想」, 『省谷論叢』 17, 1986, 326~328쪽 참조. 다만 梵日이 情趣菩薩像을 낙산사에 안치한 사실과 낙산사를 둘러싼 觀音信仰을 수용한 義湘系 화엄종을 연관시켜 범일 계통의 사상적 특징으로 파악한 견해는 수긍하기 힘들다. 범일과 그의 문도들의 활동상을 종합하면 文殊信仰과 관련된 慈藏系의 화엄신앙과 연관성이 더 두드러진다.

54) 眞歸祖師說과 文殊信仰을 관련지어 생각하면 밀교적인 분위기를 발견할 수 있다. 이는 淸涼國師 澄觀(738~839)이 문수신앙을 『華嚴經』에 의거하면서도 그 敎義를 밀교의 金剛界曼茶羅의 체계에 의하여 성립시켰던 唐代의 五台山 신앙체계를 범일 계통이 수용한 것으로 추정된다. 혹 일연이 오대산과 인접한 설악산 진전사에서 수학한 경험을 가진 인물이라는 점과, 또 1236년 가을 몽고병란을 피하기 위해 '文殊五字呪'를 念했다는 기록을 음미하면, 일연 자신도 밀교적인 분위기와 연결되는 선사상에 심취한 인물인지도 모른다. 그러했기 때문에 梵日의 행적에 관심을 가지게 되었으며, 또 『三國遺事』에서 神異的인 요소를 강조하고, 심지어 '神呪'라는 편목을 설정한 것인지도 모른다. 唐代의 五台山 신앙의 밀교적인 분위기를 개략적으로 정리한 글은 다음의 논문을 참조하기 바란다. 朴魯俊, 「唐代 五台山信仰과 澄觀」, 『關東史學』 3, 1988.

55) 『禪門寶藏錄』(上), "達磨曰 我卽五天竺諸祖傳說有篇 而今爲汝說示 頌曰 眞歸祖師在雪山 叢木房中待釋迦 傳持祖印壬午歲 心得同時祖宗旨". 金杜珍, 앞의 논문, 1986, 324쪽에서 眞歸祖師說을 중국 선종의 第2祖인 惠可가 주장하였다고 밝히고 있으나, 위의 게송을 잘못 해석하였다.

56) 거의 유사한 내용이 西山의 『禪敎釋』에도 실려있는데, 여기에는 '凡日國師集'이라고 표기한 책명을 인증서로 하고 있다.

> 면서 오직 내가 獨尊이라고 하였습니다. 후에 城을 넘어 (출가하여) 雪山 속으로 가서 (새벽에) 별을 보고서 悟道하였지만, 이미 이 法은 지극하지 않다는 것을 알고서 수십 개월을 유행하다가 祖師인 眞歸大師를 尋訪하여 비로소 玄極한 뜻을 전해 받았습니다. 이것이 바로 教外別傳입니다."라고 하였다.[57]

이상의 내용에서 진귀조사는 석가보다 우위에 있음을 알 수 있는데, 이를 현 학계에서는 신라에 전래된 선사상이 당시의 화엄종에 맞서 그들의 우위를 표방한 것으로,[58] 또는 如來禪에 대한 祖師禪의 우위를 설정한 것으로[59] 파악하고 있다. 이러한 견해들이 일면 타당성이 있지만 좀더 심층적으로 이해해야 할 여지가 있다. 우선 몇 가지 염두에 두어야 할 점을 지적하면 다음과 같다.

첫째, 진귀조사설은 중국측 기록에 보이지 않는 점으로 미루어 볼 때 범일 계통이 창안한 僞說이 아닌가 한다.[60] 둘째, 진귀조사는 밀교화된 문수신앙이 선사상에 수용되면서 문수보살의 변형된 모습은 아닌지 의문이 든다.[61] 셋째, 이미 신라하대에 제시된 내용이 유독 13세기 말에 찬술된 『선문보장록』에만 채록된 연유는 무엇인지 궁금하다. 넷째, 義理禪이라는 용어와 함께 후대의 禪家에서 정통론 논쟁으로 개념화된 祖師禪, 如來禪 등의 용어를 이 시기 선사상을 설명하는 기준으

57) 『禪門寶藏錄』(上), "溟洲崛山 梵日國師 答羅代眞聖大王 宣問禪敎兩義云 我本師釋迦出胎說法 各行七步云 唯我獨尊 後踰城 往雪山中 因星悟道 旣知是法未臻極 遊行數十月 尋訪祖師 眞歸大師 始傳得玄極之旨 是乃敎外別傳也".

58) 高翊晋, 「新羅下代의 禪傳來」, 『韓國禪思想硏究』, 동국대 출판부, 1984, 66~68쪽.

59) 金杜珍, 앞의 논문, 1986, 323~325쪽.

60) 주 58), 59)의 논문에서도 僞說일 가능성을 제시하고 있다.

61) 曹庚時, 「新羅下代 華嚴宗의 構造와 傾向」, 『釜大史學』 13, 1989, 62~66쪽에서 梵日國師의 眞歸祖師說은 文殊菩薩의 변형된 모습이며 범일의 선사상에 화엄사상이 融會된 것으로 파악하고 있다.

로 삼는 것은 무리라고 본다.

이상에서 제기한 의문들을 하나의 가설로 종합한다면, 8세기 중반 전후부터 밀교적인 경향을 띤 오대산 문수신앙을, 9세기 중반에 이르러 오대산을 중심한 지역에 세력기반을 확보한 범일국사가 그들의 선사상 속에 포용한 산물이 진귀조사설로 나타난 것이 아닌가 한다.[62] 다시 말하면 진귀조사설을 통해 범일 계통이 오대산 방면을 신앙적으로 장악할 수 있었으며, 기존의 교학에 대한 선사상의 우위를 강조할 수 있었다고 판단된다.

그러면 다분히 밀교적인 요소를 지닌 진귀조사설을 표방한 범일의 선사상이 후대에 와서 어떻게 계승되었으며 어떤 영향을 주었는지는 알 수 없다. 다만 일연이 『조당집』을 통해 이미 범일국사의 행적을 알고 있었고,[63] 당시 일연이 밀접한 유대를 맺고 있던 수선사가 속한 사굴산문의 개산조가 범일국사라는 점을 미루어본다면, 일연이 진귀조사설을 접했을 가능성은 충분히 있었다. 단적으로 말해 일연은 진귀조사설의 신봉자였을 것이며, 나아가 그의 선사상은 밀교적인 요소를 수용하였을 것이다. 그렇다고 이러한 일연의 사상적 경향이 범일의 진귀조사설에만 집착한 것이라고 보기는 어렵다. 일연이 폭넓게 수용한 사상적인 경향 중의 한 갈래로 진귀조사설을 해석한다면 무리가 없을 것이다.

결론적으로 말해 일연의 저술과 편수한 모든 저작을 발굴하고 접한다면 모르겠지만, 『삼국유사』에 극히 부분적으로 소개된 범일과 그의

---

62) 오대산 계통은 이미 8세기 중반에 밀교적인 성격을 지닌 것으로 보고 있다(辛鍾遠, 앞의 논문, 1987). 그러나 9세기 중반 이후 범일 계통이 밀교적인 文殊信仰을 정착한 것으로 볼 수 있다. 이는 중국의 오대산 신앙이 화엄사상의 밀교적인 분위기를 수용한 시기와 연관시켜 검토해야 할 과제이다.

63) 일연 당대에 범일국사에 관한 기록은 『祖堂集』 외에도 많았을 것이다. 「海東七代錄」, 「梵日國師影贊」 등은 좋은 사례이다. 그리고 『三國遺事』에 채록된 범일과 그의 문도인 信義에 관한 단편적인 기록은 그 원전의 존재를 예상하게 한다.

문도에 관한 기록을 토대로 『선문보장록』에 수록된 범일의 진귀조사설까지 일연이 받아들인 것으로 유추하는 것은 무리일지도 모른다. 다만 이러한 해석이 가능하다면 앞서 언급한 다음의 몇 가지 의문은 어느 정도 풀릴 것이다. 첫째, 일연과 그를 계승한 混丘의 저술과 편수한 저작들이 전승되지 못한 점은 다음의 해석이 가능하다. 곧 이는 후대에 간화선만을 고집하는 인물들이 밀교적인 요소를 수용한 일연 계통의 사상적 경향을 인정하지 않은 데서 연유한 것으로 이해된다. 둘째, 『선문보장록』의 찬자에 대한 논의이다.64) 일연이 범일국사의 진귀조사설을 수용하였다면 이를 채록한 저술의 찬자는 일연의 문도 또는 그의 영향을 받았던 인물일 가능성이 크다. 그렇다면 일연의 입적 후 가지산문을 주도하였던 混丘(淸玢)가 『선문보장록』의 찬자일 것이다.65)

앞서 일연의 저술이 전승되지 못한 사실을 두고 그가 수행하고 표방한 선사상과 연결되는 진귀조사설을 살펴보았다. 이러한 그가 화두를 통해 깨달음의 경지를 표방한 게송과 임종시에 남긴 문답을 보면 선승의 면모를 볼 수 있다. 일연은 선사상을 중심축으로 다양한 사상과 신앙을 포용하고 강조할 정도로 탄력성을 가진 선사였다. 그러면 그의 선사상은

---

64) 『禪門寶藏錄』의 찬자는 조선중기의 판본에 그 序文을 쓴 '眞靜大禪師 天頙'을 白蓮社 제4세 주법을 지낸 天頙(1206~?)과 동일 인물로 보고 있다. 여기에 의문을 제기한 견해가 있다(高橋亨, 「白雲和尙語錄解題」, 『白雲和尙語錄』, 京城帝國大學 法文學部, 1934 및 高翊晋, 「白蓮社의 思想傳統과 天頙의 著述問題」, 『佛敎學報』 16, 1979). 필자는 여기에 동조하면서 가지산문의 眞靜大禪師 淸玢이 그 찬자일 가능성을 밝힌 바 있다(蔡尙植, 앞의 논문, 1979).

65) 이러한 견해와 관련하여 주목할 점은 다음과 같다. 곧 『禪門寶藏錄』의 跋文을 지은 李混(1252~1312)과 찬자의 연령을 음미할 필요가 있다. 『선문보장록』을 백련사 天頙이 찬술했다면 그의 나이는 89세(1294)가 된다. 당대 고승의 저술 발문을 40대 초반인(奉翊大夫 副知密直司事國學大司成 文翰學士承旨) 李混이 지었다고 보기 어렵다. 거의 동년배인 混丘의 저술이었기에 李混이 跋文을 지었다고 보는 것이 순리이다. 다만 강석근, 『韓國佛敎詩硏究』, 이회, 2002, 124~130쪽에서는 이러한 견해를 비판하고 있다.

어떤 내용과 성격을 갖는 것인지 궁금하다. 곧 일연은 선승이지만 과연 간화선에 입각하였는지 명확하지는 않다. 그러나 앞서 살핀 바와 같이 그의 행적을 보면 공안을 참구한 간화선을 수행한 것으로 볼 수 있다. 최근에는 일연이 간화선 외에 송대에 유행하였던 운문선과 조동선에 관한 저술을 편수한 사례를 들어, 일연은 송대에 유행한 '문자선' 단계에 머문 것으로 이해한 견해도 있다.[66] 여기서 주목할 것은 간화선의 이해에 관한 문제이다.

간화선은 6조인 慧能(638~713)이 표방한 남종선에서 파생한 5가 가운데 臨濟宗이 주창한 것이다. 이러한 임제종은 송대에 이르러 慈明楚圓(986~1039)으로 계승되었으며, 그의 두 제자인 黃龍慧南(1002~1069)과 楊岐方會(992~1049)를 기점으로 각각 황룡파와 양기파로 분화되었다. 황룡파는 다분히 학문적·논리적 경향을 띠면서 현실적인 문제에 대해서는 소극적·온건적이었다. 이에 비해 양기파는 조사선의 전통을 유지하며 현실적인 문제에 적극적으로 대처하였다. 북송대에는 황룡파가 득세하였으나, 남송대에 이르면 양기파가 크게 부각되었다. 이는 북송말 金의 침입에 따른 대외적 위기를 '主戰論'으로 강경하게 대응한 것에서 찾을 수 있다. 이때 양기파의 大慧宗杲(1089~1163)가 출현하여 간화선을 확립하였을 뿐 아니라 황룡파를 비롯한 이전의 간화선을 '문자선'이라 하여 격렬하게 비판하였다. 심지어 그의 스승인 圓悟克勤(1063~1135)이 지은 『碧巖錄』을 불태웠을 정도였다. 종고는 분명 '무자' 화두를 들어 간화선을 체계화하고 크게 일신하였던 인물이라고 할 수 있다.

따라서 간화선은 넓은 의미로 보면 당말에 임제종에서 주창한 선수행 방법이며, 좁혀서 보면 대혜종고가 체계화하여 정립한 선수행만을 의미한다고 할 수 있다. 이러한 시각에서 보면 일연은 전자에 해당한다고

---

66) 조명제, 앞의 책, 334~335쪽에서 공안선을 문자선과 간화선으로 구분하려는 시도는 의미가 있다.

볼 수 있으며, 12세기에 접어들면서 불교계가 북송으로부터 받아들인 다양하면서도 새로운 선불교에 깊은 관심을 가졌던 것으로 해석된다. 그렇다고 여러 갈래의 선사상을 융합하고 조화시키려는 의도를 가진 그를 '문자선'에 머문 것으로 평가하기는 아직은 성급하다. 어떻든 일연은 선승이면서도 다양한 불교를 포용하고 밀교까지도 수용하는 탄력을 가진 사상적 경향을 보였다. 이러한 경향 때문에 후대의 간화선만을 고집하는 부류들이 외면했는지도 모른다.

어떻든 13세기 고려불교계는 어느 시기보다도 선학에 관한 한 최고의 전성기라 할 만하다. 곧 12세기 중반 이후 송대의 선사상을 다양하게 수용하여 나름의 이해체계를 구축한 특징이 있다. 이 시기 가장 대표적인 선승이 수선사를 개창한 지눌이었다. 그를 계승한 혜심은 대혜종고를 수용하지만 그의 간화선만을 절대시하지는 않았다.[67] 그는 종고의 간화선과 다른 선사상을 수평적으로 대등하게 인식하였다.[68] 곧 남송초에 대혜종고가 출현하여 간화선을 강화하면서 당시 선불교계에 새로운 기풍을 불어넣은 것은 인정하지만, 그렇다고 종고가 속한 임제종 양기파만이 최고의 경지에 이른 선사상으로 본 것은 아니었다. 따라서 송대 이후 중국에서도 임제종뿐만 아니라 조동종을 비롯한 각 선파마다 상호간에 영향을 주면서 심화된 논리를 개발하여 공존하는 방향으로 나아갔다. 그러나 고려말에 太古普愚(1301~1382)를 비롯한 선승들은 간화선만을 절대시함으로써 사상적인 탄력성을 잃어갔다. 곧 시대적인

67) 無衣子(惠諶), 「狗子無佛性話揀病論」, 『韓國佛敎全書』 6, 동국대 출판부, 1984 참조.

68) 13세기 수선사에서 간행한 여러 계통의 禪籍을 통해 짐작된다. 채상식, 「수선사의 『宗鏡撮要』 간행과 사상적 의의」, 『한국민족문화』 50, 2014 참조. 그리고 대혜종고의 간화선은 더욱 심화된 선사상이지만, 수선사는 종고를 수용하되 다양한 선사상의 영향을 받았다는 견해는 주목된다. 정영식, 『韓國看話禪의 源流』, 한국학술정보(주), 2007, 268~291쪽 참조.

지향점을 몰각하면서 수직적이고 독선적·배타적인 방향으로 흘러갔다. 이러한 경향은 조선조에 와서 불교가 사상계의 주도적인 위치를 상실함으로써 더욱 심화되었다.

5. 맺음말

일연의 사상적인 지향과 경향을 단적으로 말하기는 어렵다. 그의 행적에 따라 사상의 내용과 흐름은 어느 정도 변화하는 양상이 보인다. 앞에서 살펴본 것을 다음의 몇 가지로 정리해 보았다.

첫째, 일연은 일차적으로 공안을 통해 깨달음을 추구한 선승이다. 그의 비문에 보이는 비슬산에서 수행할 당시에 남긴 오도송과 인각사에서 임종할 때 나눈 선문답은 간화선을 중시하였음을 말해준다. 그리고 현전하고 있는 『중편조동오위』를 비롯한 그의 저술을 통해 일연은 다양한 선사상의 흐름을 종합하고 점검하려는 태도를 가졌음을 알 수 있다. 편수한 『祖庭事苑』(30권)은 운문종의 睦庵善卿의 저술이며, 『禪門拈頌事苑』(30권)은 혜심의 찬술을 편수한 것으로 추정된다.

둘째, 일연은 간화선을 중심축에 두면서도 그의 사상적인 기반은 선과 교학 및 밀교에 이르기까지 확대되었다. 이는 당시 선사상이 자기기반을 확고하게 확립할 정도였으면 사정은 달랐을 것이다. 더욱이 그는 유학을 비롯한 제자백가에도 밝았을 정도로 다양한 학문체계를 갖추었다. 특히 이러한 일연의 사상적·학문적 기반은 그가 남해의 대장경 조성에 참여한 것을 계기로 하여 더욱 성숙한 것으로 보인다. 이는 그가 선과 교학의 기초적인 자료로서 '사전'의 기능을 하는 저술을 편수한 것과도 연결된다.

셋째, 일연은 선사상과 교학 및 밀교에만 머물지 않고 신앙적인 측면을 크게 강조하는 경향을 보였다. 일연이 신앙적인 경향을 강조한 것은 그가 노년기에 접어들면서 주석한 인흥사에서 이루어졌다. 당시 일연은 왕정복고와 원간섭기로 이어지는 시대적인 상황을 목도하였다. 그는 이때 가장 피해를 입은 농민과 천민들에게 희망과 구원을 향한 노력을 기울이게 되었다. 인흥사에서 일연은 관음신앙을 표방했을 뿐만 아니라 문도들과 『역대연표』를 제작했으며, 이를 기반으로 『삼국유사』의 찬술에 착수하였다.

넷째, 일연은 선사상에 밀교적인 효소가 가미된 진귀조사설을 수용하였다. 그렇다고 일연이 사상적으로 범일이 주창한 것으로 알려진 진귀조사설에만 집착한 것이라고 보기는 어렵다. 이는 일연이 폭넓게 수용한 사상적인 경향 중에 선사상에 밀교적인 요소를 보탠 진귀조사설을 포용한 면모가 있었던 것으로 해석한다면 무리가 없을 것이다.

다섯째, 일연이 수행한 간화선에 관한 이해 문제이다. 간화선은 넓은 의미로 보면 당말에 임제종에서 주창한 선수행 방법이며, 좁혀서 보면 대혜종고가 체계적으로 정립한 선수행만을 의미한다. 일연은 그의 행적상 다분히 전자에 해당하며, 12세기에 접어들면서 불교계가 북송으로부터 받아들인 다양하면서도 새로운 선불교에 깊은 관심을 가졌다. 어떻든 일연은 선승이면서도 다양한 불교를 포용하고 밀교까지도 수용하는 탄력을 가진 사상적 경향을 보였다.

앞서 일연의 사상적인 경향과 흐름을 검토하였다. 이를 종합하면, 그가 평생 표방하였던 선사상은 간화선으로 일관되었다는 점과 아울러 다양한 불교를 수용한 것은 방편이었다고 할 수 있다. 일연은 體에 해당하는 선사상과 相을 보여준 교학과 밀교 심지어 유학을 비롯한 제자백가 등에도 밝았으며, 用에 해당하는 신앙을 중시하기도 하였다. 따라서 일연의 사상은 이해의 편의상 구분하기는 하지만 궁극적으로는 통합적인 관점에서 파악해야 한다고 본다.

II. 일연의 『重編曹洞五位』에 보이는 사상과 특징

1. 머리말

고려후기 일연이 찬술했거나 보주를 붙여 편수한 저술은 그의 비문에 의하면 여러 종이 있다. 그러나 현전하는 것은 그 편린조차 남아 있지 않을 정도로 없었다고 해야 맞다. 그의 비문에는 명기되어 있지 않지만 현재 가장 널리 알려진 것은 『삼국유사』이며, 그 외에 발문 등에 남아 있는 단편적인 자료가 다수 있다. 따라서 일연에 관한 관심과 연구는 자연 『삼국유사』를 중심으로 이루어질 수밖에 없는 실정이었다.

그런 중에 일연이 중편한 것으로 기록된 『중편조동오위』가 현전한 자료로 발굴되기에 이르렀다. 이는 일본 교토에서 延宝 8년(1680)에 간행한 것으로 故 민영규 교수가 1970년대 초에 일본에서 발굴하였다.[1] 이 자료는 일본의 조동종에서 3권으로 간행하였으며, 이를 활자화하여 재간행하였다.[2] 따라서 일연 당시의 원본이라고 보기는 어렵다. 이 자료가 일연의 편저로 일찍 알려지지 않았던 것은 이 자료에 '一然'이라는

1) 閔泳珪, 「一然의 重編曹洞五位二卷과 그 日本重刊本」(상)·(하), 『人文科學』 31·32, 연세대 인문과학연구소, 1974.

2) 曹洞宗全書刊行會, 『曹洞宗全書』 권14, 注解5, 1930(1972년 복각).

이름으로 바꾸기 이전의 이름인 '晦然'이 보주한 것으로 명기되었기 때문에 쉽게 찾지 못했던 것이다.[3]

이런 의미에서 민영규 교수의 자료 발굴은 중요한 의미가 있다. 비록 이 자료가 고려시기에 간행한 판본은 아닐지라도 「일연비문」에 기록된 자료가 발굴되었다는 사실 자체는 큰 의미가 있다. 이러한 『중편조동오위』는 원종 원년(1260)에 간행되었다고 한다. 추측컨대 고려대장경을 간행한 이후 그 기능을 활용하여 '보유판'으로 불교전적과 문집 등을 간행할 때 『중편조동오위』가 포함되었을 가능성은 크다. 비록 현전하는 보유판 판목에는 남아있지 않으나, 최근에 발굴된 보유판 판본들과 마찬가지로 『중편조동오위』가 발굴될 전망은 충분하다고 본다.

이러한 기초적인 성과를 토대로 이후 『중편조동오위』에 대한 불교학과 철학 방면의 연구가 진행되었다.[4] 민영규는 서지적인 소개와 일연의 불교사상은 출가 때부터 조동선에 인연이 있었다는 견해를 피력하기도 하였다.[5] 더욱이 최근에는 『중편조동오위』의 번역 작업이 이루어져[6] 난해한 선적을 비교적 쉽게 접하게 되었다. 아울러 『조동오위』와 사상적으로 연계가 있는 저술을 남긴 김시습에 관한 사상 연구와 그가 남긴 『조동오위요해』 역주도 시도되었다.[7] 그리고 문학사적인 측면에서

3) 岡田宜法, 『日本禪籍史論－曹洞禪編』(上), 井田書店, 1943, 195~196쪽에도 자료 소개는 하고 있으나, '晦然'에 대해서는 언급이 없다. 宇井伯壽도 일부 번역을 시도했을 뿐 '晦然의 존재를 몰랐다(『第三禪宗史硏究』, 岩波書店, 1943, 270~307쪽).

4) 金永斗, 「高麗中期 以後의 曹洞禪」, 『汎韓哲學』 7, 1992 ; 韓鍾萬, 「一然 重編曹洞五位 연구」, 『韓國佛敎學』 23, 1997 ; 김호귀, 「曹洞禪法의 한국적 수용과 전개」, 『묵조선 연구』, 民族社, 2001.

5) 閔泳珪, 「一然과 陳尊宿」, 『學林』 5, 연세대 사학연구회, 1983, 4~5쪽.

6) 일연, 이창섭·최철환 옮김, 『중편조동오위』, 대한불교진흥원, 2002. 그리고 최근에는 승원 교감역주, 『중편조동오위』, 『普覺國師 一然』, 군위군, 2012가 발표되었다.

7) 최귀묵 역저, 『김시습 조동오위요해의 역주 연구』, 소명출판, 2006.

『삼국유사』와 『중편조동오위』의 글쓰기 태도를 살핀 성과도 발표되기도 하였다.[8)]

앞에 제시한 연구성과 대부분은 『조동오위』의 내용과 이를 일연이 중편하면서 보충한 주를 구별하지 못한 한계가 있다. 따라서 이 글들에서는 일연과 조동선을 과도하게 연결시키려는 선입견이 크게 작용하였음을 지적할 수 있다. 비록 연구성과가 그렇게 많지 않고 자료소개하는 수준이지만, 일연이 남긴 『중편조동오위』에 대한 관심이 꾸준히 고조되고 있음은 분명하다.

한편 이 분야 연구가 중요한 것은 무엇보다도 한국불교의 선사상에 대한 단선적인 연구경향을 극복할 수 있다는 점이다. 이는 연구자만의 문제가 아니고 불교학과 禪學 방면의 연구가 간화선 일변도의 교조적인 경향으로 일관된 것과 관련된다. 곧 한국불교는 소위 '통불교'로 통합적인 특성을 가진 것으로 규정한다든가, 선사상도 임제종의 정통을 계승한 간화선만 강조한 결과 다양한 불교내용을 놓쳐 버린 실정이다. 물론 '정통' 또는 '법통'을 강조하는 경향은 조선시기 이후 주자성리학의 영향 하에 불교계의 대응으로 나타난 것이지만 다분히 사상계의 독자성과 다양성을 인정하지 않는 방향으로 나아가게 된 역기능도 생각하지 않을 수 없다.

이러한 분위기를 감안할 때 일연의 『중편조동오위』를 통해 고려불교가 조동선을 비롯한 혜능 이후 분파된 5家 7宗의 다양한 선사상을 수용하였음을 밝히는 문제는 중요하다. 곧 한국불교의 다양성과 탄력성·포용성을 발견하는 계기가 될 것이다. 이를 통해 고려 말부터 조선시기 이후 한국불교가 사상계의 주도권을 상실하면서 나타난 임제선 중심의 인식을 극복하고 동아시아의 다양한 선사상과도 그 맥을 같이 했음을

8) 정천구, 「『重編曹洞五位』와 『삼국유사』」, 『한국어문학연구』 45, 2005.

밝힐 수 있을 것이다.

본고는 다음의 방향에서 논지를 전개하려 한다. 곧 『중편조동오위』에 대한 기초적인 분석을 통해 일연의 서술태도와 선사상의 경향을 밝힐 수 있을 것이다. 일연은 특정 사상에만 경도된 사상가가 아니며, 유불을 망라한 다양한 사상에 깊은 관심을 가진 인물이었으며, 그가 『중편조동오위』를 수용하고 보주를 달아 편찬한 사정 또한 이런 맥락에서 이해할 수 있을 것이다.

일연의 불교사상에 대해서는 개략적으로 밝혀져 있지만[9] 선사상에 관한 한 그가 '조동선'에 대한 깊은 이해를 가졌으나 이해의 수준을 넘어 '조동선' 주창자인지는 의문이 든다. 또 고려후기 선사상 연구에서 지눌과 혜심의 단계에서 지공·나옹·보우 등으로 계승되는 간화선에 대해서는 밝혀진 셈이지만, 시기적으로 중간지점에 있는 일연의 사상적 경향에 대해서는 그렇지 못한 형편이다.

이러한 기초적인 작업을 진행하면서 『중편조동오위』와 『조동오위』는 구분할 필요가 있다고 본다.[10] 일연이 중편한 『중편조동오위』의 내용은 그의 고증 능력과 사상적 관심·태도를 알 수 있는 자료임에는 분명하다. 이에 비해 『조동오위』는 일연이 관심을 갖고 문헌적 보완과 오류를 지적한 대상일 뿐이지 그의 독창적인 찬술이 아니라는 사실이다.

따라서 본고는 『중편조동오위』의 내용 점검을 시도한 글이며, 여기서는 일연이 『조동오위』를 편수하면서 남긴 '보주'를 중심으로 검토할 생각이다. 이를 바탕으로 『중편조동오위』를 찬술한 의미를 살펴보고자 한다.

---

9) 蔡尙植, 「一然(1206~1289)의 사상적 경향」, 『한국문화연구』 창간호, 1988 ; 『高麗後期 佛敎史硏究』, 일조각, 1991.

10) 많은 연구자들은 『조동오위』의 내용까지도 일연의 저술로 착각한 나머지 그의 사상적 지향점이 조동선이 아닌가 하는 착시 현상을 가져왔다.

2. 내용상 특징

우선 『중편조동오위』의 구성과 체제, 『조동오위』의 내용에 대해 살펴야 하지만 이에 대해서는 이미 많은 연구자들이 정리·검토한 바가 있기에[11] 이에 대한 구체적인 언급은 피하고자 한다. 본고에서는 일연이 『조동오위』를 중편하면서 보충한 내용과 그의 견해를 중심으로 논지를 전개하고자 한다.[12]

그러면 먼저 일연이 『조동오위』를 중편한 배경과 과정에 대해 살펴보기로 한다. 우선 일연이 『중편조동오위』 서에서 밝힌 내용을 들면 다음과 같다.

> 石頭의 일파를 자세히 살펴보면, 그 근원은 曹溪에 있다. 석두로부터 4세를 지나 洞山에 이르러 비로소 웅덩이를 채우고 넘을 만큼 그 흐름이 커졌다. 그렇게 내려오는 동안에는 조리가 있어 어지럽지 않았다.
>
> 그러다가 대사(동산)께서 세상을 떠나신 후 大陽 스님에 이르기까지 5세 동안은 機緣과 법이 아직 융성하지 못하여 이 道가 적막하고 쓸쓸하였다. 그러다가 慈濟(投子大同, 819~914) 스님이 탑의 문을 여는 것에 힘입어 색다른 싹이 간혹 돋아나서 淮南과 舒州에서 탁한 흐름을 쳐내고 실 끝에 매달린 듯 위태롭던 曹洞의 기운을 돌이켰다. 그 꽃다운 향기가 襄陽과 郢州에까지 흘러 이제껏 거꾸로 흘렀던 물결을 능히 되돌려 놓았다. 그 후 큰 흐름이 점차 童嶺으로 옮겨지면서 그 소용돌이가 四明山을 둘러싸고 돌아 하늘과 땅을 뒤덮어 그 끝이 어딘지를 알

11) 韓鍾萬, 앞의 논문, 1997 및 김호귀, 앞의 책, 2001.

12) 『중편조동오위』의 원문은 『한국불교전서』 권6에 활자화된 것을 참고하였으며, 이를 토대로 이창섭·최철환이 역주한 것(대한불교진흥원, 2002)과, 최근에 나온 승원이 교감역주한 것(군위군, 2012)을 참고하였다.

수 없을 정도가 되었다.

그런데 이때를 전후로 하여 (조동이) 海東에 전해지니 그 여파라 하겠다. 그러나 진국의 맛을 본 종도는 거의 없었다. 신라 때는 金藏, 靈岩, 淸虛, 雲住 嶽, 須彌 儼, 無爲 微, 燕口 慧, 虛鳳 湛, 大嶺, 淸院, 臥龍, 海龍, 瑞岩, 泊岩 같은 선사들은 전적에 보이는 20여 尊宿들이다. 이들은 진국의 맛을 본 사람들이었다. 이들은 각자가 나루터를 물어 나루터를 알았으며, 魯나라로 돌아가려 했으나 노나라에 변고가 있어 돌아가지 못한 분들이었다. 그런 까닭에 이들은 正中의 묘리를 깨달아 靑丘(우리나라)에서 그 도를 시행할 수 있었으니 숭상할 만하다. (중략) 하나의 달을 바로 살피지 못하면 세 척의 배가 각자가 보는 바를 고집하는 미혹에 빠지고, 하나의 근원으로 돌아가지 않으면 아홉 갈래로 흩어져 서로 다르게 보는 미혹에 빠진다. 이를 표현하면, 하나가 아니라고 고집하는 것을 경계하는 것이야 말로 큰 스승이 갖는 근심이다. 曺山 스님이 온갖 가르침과 주석을 사양하지 않고 (책자로) 정리한 이유가 바로 여기에 있다. 이어서 이를 慧霞 스님이 편집하고 廣輝 스님이 해석함으로써 이 기록이 세상에 유행하게 되었다.

그러나 글의 맥락이 뒤섞이는 바람에 찾아서 밝히기가 다소 어려웠다. 근래에 들어 普法 老謙선사가 宋本을 얻어 重刊하면서 조산과 동산 두 스님의 흩어진 글을 다시 모으고, 아울러 疎山과 末山 두 스님의 語訣을 배열하여 하편에 배치하였다. 그러나 자세하지 못한 곳은 보완하였지만 지나치게 오류가 많고 잘못이 적지 않았다. 나는 이러한 근심을 가슴속에 품고 있다가 한번은 조계의 小融 화상을 찾아 뵌 일이 있었는데, 화제가 조동종의 家世에 미치게 되자 화상께서도 이 문제를 언급하시며 재삼 탄식하셨다. 그러나 한두 번 다시 묻고는 가르침을 받을 겨를이 없었으니, 뒤에 와서 후회해도 소용이 없었다. 혼자 마음속으로 가만히 생각하기를, 다행히 좋은 인연을 만난다면 개정할 것을 다짐하였다. 그러나 어려움이 많은 세상을 만나는 바람에 평소에 품은 뜻을 실행하지 못하였다.

그러다가 병진년(1256년) 여름을 지나 輪山 吉祥庵에 머물게 되면서 한가로운 여가가 생기자, 三家의 舊本 語句를 읽고 열람하는 일에 힘쓰게 되었다. 말들이 뒤섞인 것들은 법문의 성격에 따라 협주를 삽입하여 넣었으며, 옛 본의 형태대로 두 책으로 분리하여 어린 학인들이 찾을 때를 대비하였다. 同門의 上人 索이 이를 보고 원고가 혹시 없어질까 염려하여 나무에 새겨 찍어내자고 절실히 요청하였다. 이에 나는 수긍하면서 "좋습니다. 맑은 法水에 의지하여 막혀 있는 병든 풀들을 한번에 씻어내는 것이 나의 바람이니 그대가 (판각의) 일을 해보도록 하십시오."라고 하였다. (하략)

中統 원년 實沈 납월 8일 鳳笑軒에서 晦然이 序하다.

일연이 쓴 서문에서는 조동종의 성립에 관한 내용을 보는 듯하다. 그는 무엇보다도 중국 조동종의 역사에 정통하였다. 그가 "그 소용돌이가 사명산을 둘러싸고 돌아 하늘과 땅을 뒤덮어 그 끝이 어딘지를 알 수 없을 정도였다."라고 한 표현처럼 중국에서는 洞山良价(807~869), 그의 제자 曹山本寂(839~901) 등이 출현하여 조동종이 대단한 교세를 떨친데 비해 해동에서는 그러지 못했다는 점을 지적하고 있다. 그럼에도 조동종 승려들은 신라의 金藏 등을 비롯하여 근 20여 명의 존숙이 해동에도 존재했음을 밝히고 있다.13) 이들 중 泊岩和尙과 大嶺禪師, 雲住禪師 등은 신라 출신으로 『禪門拈頌』 권26에 차례로 3칙, 1칙, 1칙 모두 5칙의 '古則'을 남긴 인물로 소개되어 있다.14)

13) 일연이 『중편조동오위』 서문에서 밝힌 신라에서 고려 초에 이르는 시기에 활약한 조동종 계통의 승려들은 선종사에서 대단히 중요한 인물들이다.

14) 『韓國佛敎全書』 권5, 동국대 출판부, 1983, 796쪽.

일연은 이렇게 상당한 역사를 가지고 있던 조동종이 고려에 계승되지 못한 점을 안타까워하던 차에 다행하게도 普法老謙 선사 곧 志謙(1144~1229)이[15] 宋本을 얻어 동산과 조산의 흩어진 글을 다시 모으고 아울러 疎山(匡仁)과 末山(九峯道虔) 두 스님의 語訣을 배열하여 두 권으로 중간한 『조동오위』를 접하게 되었다는 것이다.[16]

그러나 여기에는 (노겸 스님이) "자세하지 못한 곳은 보완하였지만 지나치게 오류가 많고 잘못이 적지 않았다. 나는 이러한 근심을 가슴속에 품고 있다가 한번은 조계의 小融 화상 곧 수선사 3세 주법인 夢如를[17] 찾아뵌 일이 있었는데, 화제가 조동종의 家世에 미치게 되자 화상께서도 이 문제를 언급하시며 재삼 탄식하셨다."는[18] 내용으로 보아 일연이 이러한 미비점을 보충하고 중편하였다는 것이다. 이때 曹山의 揀과 廣輝의 釋文을 비교, 검토해서 상세한 것을 취하고 문장이 정연하지 못하고 주가 빠지거나 해석이 없는 곳을 보충하였다는 것이다. 이와 같이 일연이 중편하기까지의 과정을 서문에서 자세히 밝히고 있는데, 주목되는 점은 다음과 같다.

첫째, 『조동오위』는 일연이 활동하던 시기에 이미 당시 불교계에 간행되어 유통되고 있었다. 곧 보법 노겸 선사가 이러한 작업을 수행한

---

15) 蔡尙植, 「高麗後期 天台宗의 白蓮社 結社」, 『韓國史論』 5, 1979, 116~117쪽 ; 閔泳珪, 「一然重編 曹洞五位」, 『學林』 6, 1984, 6~7쪽.

16) 12세기 전반에는 송대의 선사상을 두루 수용하는 경향이 있었다. 尹彦頤 撰, 「雲門寺圓應國師碑」, 李智冠 편, 『校勘譯註 歷代高僧碑文(고려편3)』, 가산불교문화연구원, 1996, 288~291쪽, 銘에 學一(1052~1144)이 五家와 七宗의 종풍을 두루 섭렵하였음을 밝히고 있다.

17) 蔡尙植, 「修禪社刊 『禪門三家拈頌集』의 사상적 경향」, 『부산시립박물관연보』 11, 1988 ; 『高麗後期 佛敎史硏究』, 64~66쪽.

18) 夢如가 志謙이 여러 선록을 모아 集錄한 『宗門圓相集』에 발문을 남기고 있는 것으로 보아(『韓國佛敎全書』 권6, 동국대 출판부, 1984, 88~89쪽), 이들은 당시 선적에 관한 깊은 이해를 가진 인물로 보인다.

셈이다.

둘째, 일연은 당시 유행하던 판본에는 오류가 많아 보완할 필요를 느껴 수정하고 이를 조계 소융 화상에게 점검을 받아 개정본을 내게 되었다.

셋째, 일연이 본격적으로 보완 작업을 한 시기는 윤산의 길상암에 머물 때인 1256년이며, 본 판본이 완성되어 일연이 서문을 쓴 시기는 1260년임을 알 수 있다.

넷째, 『중편조동오위』는 일연이 서문을 쓴 1260년에 목판으로 간행되었음을 알 수 있다. 당시 일연이 남해 정림사에 초청받아 대장경 간행의 막바지 작업에 관여했으므로[19] 『중편조동오위』는 남해분사도감에서 간행되었을 가능성이 매우 크다. 그리고 이때 대장경 조성은 마무리되었으나 조판시설을 이용한 보유판 판각은 계속되고 있었다.[20]

이때 조성된 판목과 판본이 어떻게 전승되었는지는 알 수 없다. 현전하는 판본은 원본일 가능성은 희박하지만[21] 전체적인 내용과 틀은 계승되었다고 해도 무방할 것이다.

어떻든 이러한 과정을 거친 『중편조동오위』의 내용에 대해서 우리 학계에서는 그렇게 많은 연구성과를 갖지 못하고 있는 실정이다. 그러면 『중편조동오위』에서 일연이 남긴 '補曰'의 형태로 남긴 내용을 살펴보기로 한다. 이에 대해서는 이미 기왕의 연구에서 정리한 바가 있으나,[22]

---

19) 蔡尙植, 「普覺國尊 一然에 대한 硏究」, 『韓國史硏究』 26 ; 『高麗後期 佛敎史硏究』, 1991, 114~117쪽.

20) 閔泳珪, 「一然重編 曹洞五位」, 『學林』 6, 3~4쪽 ; 蔡尙植, 위의 책, 1991, 64쪽, 주)157.

21) 『重編曹洞五位』 跋文(延寶板)에 淵龍이 의문을 표하고 있다. 그리고 閔泳珪, 위의 논문, 8쪽에서 현전하는 『중편조동오위』에는 일연보다 한 세대 뒤진 雲岫의 글이 들어있음을 지적하고 있다.

22) 韓鍾萬, 「一然의 重編曹洞五位 연구」, 『韓國佛敎學』 23, 1997.

자료를 소개하는 정도로 본격적인 분석은 이루어지지 않았다.

『중편조동오위』에서 일연은 모두 18항목에 걸쳐 나름의 견해를 밝히고 있다. 여기서는 『조동오위』의 전면적인 내용보다 '補曰'의 형태로 남긴 일연의 보충 내용만을 중심으로 소개하고 그것이 어떤 성격과 의미를 갖는지를 살펴보기로 한다. 일연이 보충한 내용을 다음의 〈표 1〉로 만들어 보았다.

〈표 1〉 일연이 『조동오위』를 보충한 내용 분석

번호(보)	권별	내 용	비고
1	권상	善卿의 견해와 『僧寶傳』의 기록을 통해서 『洞山顯訣』을 비롯한 조동종의 주요 저작인 '寶鏡三昧歌'와 '玄中明', '雪子吟', '綱宗三偈', 逐位頌, 三參漏 등의 저자에 대해 고증하고 나름의 견해를 밝힘.	전거를 들어 고증
2	권상	'學士'는 강원의 스님임을 『廣弘明集』을 들어 밝힘.	용어에 전거를 들어 보충 설명함.
3	권상	'正位'는 洞山 이전에 교학에서 사용하였음을 밝힘. 『유마경』,[23] 『화엄경』 「이세간품」,[24] 『기신론』[25] 등에 보이는 용례를 제시함. 이어 岩頭 대사의 견해를 제시함.	용어에 전거를 들어 보충 설명함.
4	권상	廣輝가 엮은 본 중에 빠진 조산의 간어 열여섯 자를 보충함.	단순 교감
5	권중	『天童四借頌』은 사명산 굉지 곧 천동이 지었음을 밝힘.	단순 설명
6	권중	본문의 내용과 관련된 曹山의 上堂 법문과 문답을 『通錄』을[26] 인용하여 제시함.	전거를 들어 보충
7	권중	조산의 법어는 洞山이 보여준 것으로 앞의 법어와 함께 이 내용은 『楞伽經』에도[27] 수록되었음을 밝힘.	전거 제시
8	권중	藥山을 계승한 雲巖과 道吾 중에 '蔡子' 곧 적자가 누구인지를 알려주는 문답에 대해 견해는 제시하지 않고 내용은 의심나지 않는다고 설명함.	전거 고증
9	권중	「逐位頌」의 저자는 조산본적이며 '오위'를 밝히려고 다섯 편의 게송을 지었다는 견해가 합당함을 밝히고, 동산이 '五位君臣'을 표준으로 삼고 또 그 아래에다 게송을 지었다고 한 『임간록』의 기록과[28] 동산이 「축위송」을 지었다고 한 다른 견해를 비판함.	상반된 견해를 바로 잡아 고증
10	권중	동산이 지은 「오위군신게」의 '正中來'에서 "지난 조정에	전거를 들어 교감

		혀 잘린 재사보다 낫다고 하겠네"라는 귀절에 대해 의문을 제시하고, 이를 『임간록』의 기록을[29] 통해 수정, 보완함.[30]	
11	권중	'五位'의 명칭이 세워진 사정에는 여러 견해가 있음을 밝히고, 『조산록』에 보이는 조산과 방문한 승려와의 문답을 제시함.[31]	전거를 들어 보충
12	권중	元眞長老가 '五位'를 揀한 내용은 조산에게서 비판을 받았으나, 나름의 장점이 있다는 견해를 밝히고 수록함.	전거를 들어 보충
13	권중	『보협론』에 보이는 '事上'은 '정위'에 동반되는 '事'임을 설명함.	용어 설명
14	권중	본문 중에 '생매장' 운운한 것은 경전에 나오는 표현은 아닐 것으로 추정함.	용어 설명
15	권하	洞山三句를 해석한 것에 『續仙傳』을[32] 들어 보충함.	전거를 들어 보충
16	권하	龐居士의 어록을 인용한 것이 소략하기에 『방거사어록』을 검토하여 그의 게송을 제시하여 보충함.	전거를 들어 보충
17	권하	疎山에 관한 기록을 이곳으로 옮겼음을 밝힘.	단순 편집
18	권하	'閑閑居士 曹洞贊'에 대해 天童의 상당 법어와 達觀穎과 明安과의 선문답을 들어 보충한 내용임. 덧붙여 한한거사 곧 趙秉文의 행적에[33] 대해 소개하고 있다.	전거를 들어 보충

23) 『維摩經』(구마라즙 역) 권중, 「佛道品」에 유마힐의 물음에 문수사리가 답하는 중에 '정위'에 대해 언급하고 있다.

24) 『華嚴經』 제38(60화엄에는 33품) 「離世間品」에 '十地行法'을 설하는 중에 "離退入正位"라는 구절과 함께 언급하고 있다.

25) 『起信論』 '引勸入實' 항목에 "但爲初學菩薩 未入正位 而懈怠者"라는 구절이 보인다.

26) 『通錄』은 어떤 책인지 알 수 없다. 후대에 나온 『通錄撮要』(4권)가 있으나 『통록』을 인용한 내용은 보이지 않는다.

27) 조산의 법어 중에 '闡提'에 대한 내용이 나오는데, 이와 관련된 내용이 『入楞伽經』 권5 「佛心品」에 일부 보인다(覺性, 『國譯 入楞伽經』, 교림, 1990, 245쪽).

28) 慧洪, 성철 역, 『임간록』(하), 장경각, 1999, 157~159쪽.

29) 慧洪, 성철 역, 위의 책, 109~110쪽.

30) 「오위군신게」를 동산이 지은 것으로 본 『임간록』의 기록을 일연은 인정하고 있다. 이는 앞서(補9) 동산이 「축위송」의 저자는 아니라고 한 것과는 어떤 관련이 있는지 주목된다.

31) 洞山, 성철 역, 『조동록』 「曹山錄」, 장경각, 1999, 172~173쪽.

32) 『續仙傳』(3권)은 당말에 沈汾이 편찬한 저술로 道를 배워 仙을 이룬 36인의 행적을 기록한 내용으로 되어 있다(金勝東 편저, 『道敎思想辭典』, 부산대 출판부, 2004).

이상의 〈표 1〉에서 일연이 '보왈'의 형식을 빌어 보충한 내용을 살펴보면 내용상 크게 다르지 않으나, 크게 구분하자면 다음과 같이 분류할 수 있다. 첫째, 용어 해설, 단순 편집, 단순 설명 및 교감한 것을 들 수 있다(보 4, 5, 7, 13, 14, 17). 둘째, 전거를 들어 보완, 보충한 것을 들 수 있다(보 2, 3, 6, 8, 10, 11, 12, 15, 16). 셋째, 전거를 들어 구체적인 내용에 대해 일연 본인이 나름의 견해를 밝힌 것을 들 수 있다(보 1, 9, 18).

위의 첫째, 둘째의 경우는 용어 설명, 단순하게 전거를 들어 제시하는 정도의 수준이다. 이러한 보충은 일연의 불교에 대한 깊은 지식과 폭넓은 불교전적에 대한 이해를 바탕으로 했음은 물론이다. 그러나 그의 불교인식의 경향과 견해를 발견하기는 어렵다.

셋째의 경우는 앞의 첫째, 둘째와 같이 전거와 고증을 수반하고 있지만 이를 넘어서 일연이 나름의 견해를 제시한 측면을 보여주고 있다. 여기서 일연은 조동종의 역대 조사와 그들의 저작 등에 깊은 이해를 가진 인물임을 발견할 수 있다. 그렇다고 그의 見處와 선사상을 보여주는 내용이라 할 수는 없다. 앞의 경우와 함께 사실을 정확하게 밝히려는, 곧 실증적인 자료를 들어 철저하게 검증하려는 태도를 보여주는, 다분히 역사가로서의 면모를 보여준다고 할 수 있다. 이러한 일연의 태도는 『삼국유사』 찬술과도 관련된다고 할 수 있다.

한편 일연이 서문과 보충한 내용에서 전거로 든 전적을 소개하면 다음과 같다. 교학불교에 관한 것으로는 『유마경』, 『화엄경』 「이세간품」, 『능가경』, 『기신론』, 『광홍명집』 등을 들 수 있고, 선학과 관련된 것으로

33) 『중편조동오위』 권하에는 '趙康文'으로 되어 있으나, '趙秉文'의 오자이다. 이에 의거한 사전류를 비롯한 대부분의 후대 자료에도 오류를 범하고 있다. 이에 대해서는 閔泳珪, 앞의 논문, 1984, 8~9쪽에 '趙康文'은 오자임을 밝히고, 그가 어떤 인물인지를 고증하고 있다. 이에 대해서는 본문에서 다시 언급하기로 한다.

는 『임간록』, 『조산록』, 『방거사어록』 등을 들 수 있다. 『通錄』은 무슨 책인지 알 수 없으나 선학과 관련된 것으로 추정되며, 다만 도교 계통 저술인 『續仙傳』은 주목된다.

이상을 보면 교학과 선종의 어록뿐만 아니라 유학, 도교 관련 자료까지 망라하고 있음을 알 수 있다. 이는 일연의 폭넓은 사상적 섭렵을 말해준다고 하겠다.

그러면 일연의 고증력과 선학에 관한 나름의 견해를 덧붙인 사례인 補1과 補9, 補18 등의 내용을 살펴보기로 한다. 이 자료를 차례로 들면 다음과 같다.

補 1.

善卿의 말씀에 의하면 良价 선사는 처음에 新豊에 계시다가 만년에 洞山으로 옮겨가서 도를 크게 일으켜 偏正五位를 세우셨다. 이는 당시 최초로 제창하신 법문이라고 한다. 지금도 이것이 역시 『洞山顯訣』이라 불리는 것으로 오위 법문이 동산에게서 처음 마련되었다는 것은 천하에 공통된 이야기이다. 그런 까닭에 '寶鏡三昧歌'와 '玄中明', '雪子吟', '綱宗三偈' 등에 같은 말이 반복되는 것은 의심할 여지없이 모두가 悟本(洞山良价) 선사에게서 나왔기 때문이다.

그런데 『僧寶傳』에는 다음과 같은 이야기가 나온다.[34] "조산이 동산 곁을 떠나고자 하니 동산이 "삼경이 되거든 오거라. 그대에게 도의 곡절을 전수하겠다"라고 하셨다. 한밤중이 되어 동산은 스승인 雲岩이 부촉한 寶鏡三昧와 五位顯訣과 三參漏를 내려주셨다." 그리고 그 贊에서

34) 『僧寶傳』은 『禪林僧寶傳』을 말한다. 이는 송대 운문종 승려 慧洪(1071~1128)이 찬하였다. 補1은 『禪林僧寶傳』 권1, 「撫州曹山本寂禪師」를 참고한 내용이다. 최근에 圓徹이 역주한 『禪林僧寶傳』(상), 44쪽을 참고하였다(장경각, 1999). 이 내용은 『조산록』을 비롯한 많은 선적에 수록될 정도로 조동종을 개창한 동산과 조산간의 師資 관계를 보여주는 자료이다.

말하기를 "보경삼매에 실린 문장들은 요점을 짚었으면서도 오묘하다." (이는) 운암이 동산에게 전수한 것인데 藥山의 작품이 아닌가 한다. 옛 대덕들은 이것이 세상에 아무렇게나 유포될까 두려워서 대개는 이를 보배처럼 숨겨서 간직해왔는데, 다만 '오위게'와 '삼삼루'라는 말은 禪書에 나와 있다.

이에 의거한다면 보경삼매와 오위현결, 逐位頌, 三參漏 등의 문장들은 약산에게서 나온 것으로 보이는데, 내용이 이 글과 같지 않으니 무엇을 정본으로 삼겠는가.

내 좁은 견해로 살펴본다면 보경삼매, 오위현결, 삼삼루의 종지는 모두 약산에게서 내려받은 것이라고는 하더라도 그것을 문장으로 표현하고 위계를 마련하여 총림에 유포시킨 것은 동산으로부터 비롯된 것이다. 그런 까닭에 세상에서 이것을 '동산오위'라 부르고 있다. 뿐만 아니라 조산은 이것을 몸소 이어받아 가문을 이루신 분인데 스승과 제자 모두 이를 '동산현결'이라고 하였다. 이것이 분명한 증거인데 어찌 후세 사람들의 말에 현혹될 것인가. 다만 옛 대덕들은 길바닥에 (함부로) 펼쳐지는 것을 걱정하여 숨겼다. 동산은 문을 활짝 열고 바닥에 있는 법을 기꺼이 밝혀 드디어 명칭을 세우고 위계를 정하여 시설하였음은 의심할 여지가 없다. 그러므로 오위현결을 지으신 의도를 알 수 있다고 하는 것이다. 어떤 이는 "보경삼매는 약산이 지었고 나머지는 모두 동산이 약산의 뜻을 이어 받아 서술한 것이다. 아버지가 터를 닦고 자식이 집을 지은 격이다." 하였는데 이 말은 거의 사실에 가깝다.

약산의 문하에는 두 종장의 갈래가 있다. 도오(道吾圓智)로부터 석상(石霜慶諸), 말산(末山道虔, 九峰을 이른다) 이후로는 동산 오위를 君臣五位 父子五位로 적용한 예가 많았다. 한편 雲岩 문하에서 曹山과 洞山의 스승과 제자에 이르기까지는 대체로 偏正五位를 사용하면서 군신과 부자의 오위를 겸하였다. 만일 보경삼매가 약산 때부터 있었다고 한다면 정위와 편위가 서로 도는 세 가지 오위설이 지혜로운 이에게 비장되어 전해지지 않고 운암이 독차지하였을 텐데 어째서 두 집안의 가풍이 그렇듯 같지 않은가. 동산이 가장 먼저 제창하였다는 이름을 얻은 것이 합당하지 않다고 하는 의심은 할 만하다. 그렇다면 보경삼매는 작자가 빠져있다는 의심이 가능하다. 그러나 '오위현결'과 '삼삼루'는 悟本(洞山)의 부촉을 받은 耽章(曺山)이 드날린 것이 분명하다. 『僧寶傳』을 만들 때 오랑캐를 포함시켜 글을 만들어서 결국은 이런 의심과 불분명한 곳을 생기게 한 것이 안타까울 뿐이다.

이상의 補1에서 주목되는 내용은 다음과 같다. 補1은 『조동오위』의 시작 부분인 『동산오위현결』과 이와 관련된 조동종 저술의 저자를 살핀 견해들을 제시하고 일연이 나름의 의견을 붙인 것이다. 여기서 善卿은[35] 『동산현결』을 비롯한 조동종의 주요 저작인 '寶鏡三昧歌', '玄中明', '雪子吟', '綱宗三偈', '三參漏' 등의 저자를 동산양개로 보고 있다. 이에 비해 『(禪林)僧寶傳』의 기록은 보경삼매는 藥山이 지은 것이며, 오위현결과 삼삼루는 약산이 구상한 것을 동산이 문장화하였다고 하였다.

이러한 상반된 견해에 대해 일연은 두 가지 방향에서 정리하고 있다. 하나는 "보경삼매, 오위현결, 삼삼루의 종지는 모두 약산에게서 내려받

35) 善卿은 운문종 승려로서 일연이 편수한 『祖庭事苑』의 편찬자이다. 사전식으로 되어 있는 『祖庭事苑』, 「조산」, 「동산」 항목에는 補1의 내용이 기록되어 있다. 『祖庭事苑』을 편수한 일연은 당연히 이 내용을 참고했을 것이다. 최근에 淨圓이 역주한 『祖庭事苑』이 참고된다(도서출판 수미산선, 2009).
그리고 「일연비문」에 "慕睦州陳尊宿之風 自號睦庵"이라고 한 '진존숙'이 바로 善卿이다. 민영규, 앞의 논문, 1983에서는 일연이 사모하여 스스로 목암이라 호를 지었다는 진존숙과 선경이 같은 인물임을 파악하지 못하였다.

은 것이라고는 하더라도 그것을 문장으로 표현하고 위계를 마련하여 총림에 유포시킨 일을 따지자면 동산으로부터 비롯된 것이다. 그런 까닭에 세상에서 이것을 '동산오위'라 부르고 있다."라고 하여 선경의 견해를 따르고 있다.

또 하나는 "약산 스님의 문하에서 두 갈래로 길이 나뉘는데 도오(道吾圓智)에서부터 석상(石霜慶諸), 말산(末山道虔, 九峰을 이른다) 이후로는 동산 오위를 君臣五位 父子五位로 적용한 예가 많았고, 한편 雲岩으로부터 조산과 동산에 이르기까지는 대체로 偏正五位를 사용하면서 군신과 부자의 오위를 겸한 일이 많았다. 만일 보경삼매가 약산 때부터 있었다고 한다면 정위와 편위가 서로 돌아가는 세 가지 오위설은 지혜로운 이에게 비장되어 전해지지 않고 운암이 독차지하였을 텐데 어째서 두 집안의 가풍이 그렇듯 같지 않은가."라고 하여 『승보전』을 비판하고 있다. 대체로 일연은 조동종의 동산과 조산을 적통으로 이해하고 있다.

補 9.

이 제목은 慧霞 白眉가 배치한 것이다. 그러므로 그의 서문에서도 "조산대사는 新豊의 嫡嗣이다. 그는 五位를 밝히려고 다섯 편의 게송을 지었다"라 하였고, 光輝의 서문에도 "문장을 배치하여 게송을 짓는 솜씨가 바다에서 나온 신비한 구슬과도 같았다"고 하였다. 또한 조산의 스승과 제자들은 가풍을 전해 받은 자손들이라 서로 계승해주는 종지와 비결이 있었는데, 이 글 역시 선대 조산의 작품임이 틀림없다.

그런데도 『林間錄』에서는 洞山이 五位君臣을 지어 표준을 삼고 또 그 아래에다 게송을 지어 붙였다고 하며, 다른 기록들에서도 모두 동산이 '逐位頌'을 지었다고 하였다. 이렇듯 저마다 설이 다르니 아직은 감히 단정지을 수 없다.

비록 그렇다고 하더라도 수백 년 바깥 후현들의 전기를 옳다고 하고, 집안에서 전해 내려온 것은 틀리다고 할 수 있겠는가. 그래서 이제 이 기록에 실린 내용을 통해 바로 잡으려 한다.

이상의 補9는 『조동오위』의 가장 핵심되는 「축위송」의 저자에 관한 여러 견해를 정리하여 보충한 것이다. 곧 「축위송」의 저자에 대해 조동종에서는 혜하와 광휘 등은 조산본적으로 보고, 『林間錄』을 비롯한 다른 기록은 조산의 스승인 동산으로 보고 있다. 이러한 상반된 견해에 대해 일연은 "집안에서 전해 내려온 것을 틀리다고 할 수 있겠는가."라고 하여 慧霞 白眉, 광휘 등을 비롯한 조동종 승려들의 견해를 지지하고 있다. 바로 이러한 점은 보편적인 이해를 토대로 한 일연의 고증력과 통찰력을 보여주는 대목이라 할 만하다.

補 18.

일찍이 天童의 상당법어를 본 적이 있었는데 법어는 다음과 같다.

하나로 뻗친 푸른 하늘에 바야흐로 한밤중인데　一亘淸虛夜正明
계수나무 궁전의 늙은 토끼 차가운 서리를 뿜어낸다.　桂宮老兎冷噴霜
밝음과 어둠이 뒤섞여 분별없는 곳에서　混融明暗無分處
그 가운데 누가 정위와 편위를 가리겠는가.　誰辨個中偏正方

그런 까닭에 정위[正]가 비록 바르다고 하더라도 도리어 치우치게[偏] 되고, 편위가 비록 치우쳤더라도 도리어 원만해진다. 바로 이런 때 어떻게 편위와 정위를 가려내겠는가. 한참을 묵묵히 있다가 "역력한 근기 앞에 두 눈으로 비추어 보니, 당당한 형상 바깥에 만년의 몸이 있네."라 하였다.[36)]

또 達觀頴 선사가 처음 大陽山 明安 선사를 찾아뵈었을 때 이렇게 물었다. “동산 스님께서 편정오위와 군신오위를 특별히 시설하신 의도가 어디에 있었습니까.”라고 물으니, 명안 선사가 “부모에게서 태어나기 전의 일이다.”라 하였다. 다시 “어떻게 체득하여 알 수 있습니까.”라고 하니, “한밤중에는 밝다가 새벽이 되면 드러나지 않는다,”라 하였다.

이에 영 선사는 망연하여 그 곳을 떠나 石門山으로 가서 앞에서 거량한 화두를 정리해서 聰 선사에게 물었다. “어떤 것이 부모에게서 아직 태어나지 않았을 때의 일입니까.” 총 선사가 “똥 치는 아이로다.”라고 하였다. 또 “어떤 것이 한밤중에는 밝다가 새벽이 되면 드러나지 않는 것입니까.”라 하였다. 이에 “목단 꽃 아래서 고양이 새끼가 졸고 있다.”라 하였다. 그러자 영선사는 의심만 더하고 놀라기만 하였다. 그 뒤 하루는 총 선사가 조용히 그에게 말하였다. “이 일은 마치 사람들이 글씨를 쓰는 법을 배우는 것과 같다. 점을 찍고 획을 긋는 것은 할 수 있으나, 글씨가 서툴고 아니하고는 공부하는 이의 여부에 달려 있다. 어째서 그렇게 되는가. 그가 아직 書法을 놓지 못하고 있기 때문이다. 만일 서법에 집착이 있으면 그 때문에 스스로 끊어지고 이어지는 일이 있게 되니 붓을 쥐면 손을 잊고 마음을 잊어야 비로소 좋은 글씨를 쓸 수 있다.” 이에 영 선사는 말없이 그 뜻에 계합하고는 총 선사에게 말하기를, “석두 스님은 ‘事에 집착하는 것은 원래 미혹하다고 하겠지만 이치에 계합했다고 하더라도 그것이 깨달음은 아니다’라고 하셨습니다.” 하니 총 선사가 “조사의 뜻을 이와 사로 다 깨달을 수 있겠는가.”라고 하였다. 여기서 영 선사는 황홀하기가 꿈에서 깨어난 듯하였다.[37]

---

36) 天童은 補5에 보이는 天童正覺(1091~1157, 시호 宏智禪師)인데, 『宏之禪師廣錄』 권1, 「上堂」에 같은 내용이 수록되어 있다(『新纂大日本續藏經』 권72, No.1427, 3쪽 상단).

37) 普濟, 『五燈會元』 권12, 「金山曇穎禪師」, 中華書局, 1984, 718~719쪽에 선문답이 수록되어 있다. 여기에는 축약된 내용이 아닌 더 많은 내용을 담고 있다.

> 옛 선사들이 사용한 방편을 살펴보면, 가히 "마음과 손은 한가로운데 헛나간 화살이 한 발도 없다."라고 할 만하다. 그런데 요즘 들어 이 도를 논하는 자들은 왕왕 名數에 막혀서 옛 사람의 오묘한 곳을 잘못 이해하는 경우가 많다. 지금 閑閑 거사가 지은 贊을 보니 그야말로 동산 스님의 가려운 곳을 긁어주었다 할 만하다. 누가 대대로 그런 사람이 없다고 말하는가.
>
> 趙康文은 滏陽 사람이다. 처음에는 慧林 周 선사에게서 법을 얻었고 예부상서로 세상을 마쳤는데, 그때 나이는 74세였다. 그는 다섯 조정을 거쳐 벼슬을 하였고 六卿의 관직을 지냈으나 자신을 봉양하는 데는 가난한 선비 같았고 부귀가 어떤 것이지를 모르고 살았다. 대개 도를 공부해서 그렇게 되었을 것이다. 자세한 내용은 그의 本傳을 참고하면 된다.[38]

이상의 補18은 '閑閑居士인 조병문이 지은 曹洞贊'에 대해 일연이 세 가지 내용을 들어 보충한 것이다. 天童의 상당 법어와 達觀曇穎(988~1059)과 明安과의 선문답을 들어 보충하였다. 그리고 이에 덧붙여 한한거사 趙秉文의 행적에 대해 소개하고 있다.

여기서 주목되는 점은 다음과 같다. 첫째, 『조동오위』에 당시 송과는 적대 관계에 있던 금의 거사 출신 한한거사, 곧 조병문의 찬이 수록되었다는 점을 들 수 있다. 둘째, 일연이 선사 어록뿐만 아니라 史書에도 폭넓은 이해가 있었음을 발견할 수 있다. 곧 『광지어록』과 일연 생존시보다 후대에 편찬된 『금사』는 보지 못했다고 하더라도 조병문에 관한 기록은 접했을 가능성이[39] 있다. 셋째, 일연이 "지금 閑閑거사가 지은

38) 『金史』 권110, 열전 48, 趙秉文傳은 아니며, 일연이 趙康文을 趙秉文과 착각한 것이다(주) 33 참조). 다만 여기 조병문전의 말미에 "然晩年頗以禪語自汚 人亦以爲秉文之恨云"이라 하여 그가 선에 관심을 가진 점을 비판한 구절은 주목된다.

39) 閔泳珪, 앞의 논문, 1984, 8~9쪽.

贊을 보니 그야말로 동산 스님이 못다 한 가려운 곳을 그가 긁어주었다고 할 만하다. 누가 대대로 그런 사람이 없다고 말하는가?"라고 한 바와 같이 조병문의 조동선 이해를 높이 평가한 점이다.[40)]

그러면 일연이 『중편조동오위』에서 보충하면서 밝힌 내용 가운데 중요한 지적 몇 가지를 들어보면 다음과 같다.[41)]

첫째, 서문에서 일연은 조동선의 흐름을 다음과 같이 이해하고 있다. 洞山이 조동선을 주창한 후에 大陽警玄을 거쳐 投子義靑에 이르러 조동선이 크게 발전하였다. 그 무렵에 洞山良价와 雲居道膺의 문하를 중심으로 여러 선사에게서 지도를 받은 20여 명의 신라의 선승들이 귀국해서 조동선을 전파하였다는 것이다. 일연은 조동선을 주창한 동산을 위대한 선사로 보고 있다.

둘째, 일연은 洞山의 『五位顯訣』을 이해하기를, 보경삼매, 오위현결, 삼삼루의 종지는 모두 약산 스님에게서 내려 받은 것이라고는 하더라도 그것을 문장으로 표현하고 위계를 마련하여 총림에 유포시킨 일을 따지자면 동산 스님으로부터 비롯된 것으로 보고 있다. 대체로 일연은 조동종의 동산과 조산을 적통으로 이해하고 있다고 할 수 있다.

셋째, 일연은 曹山逐位頌을 다음과 같이 이해하고 있다. 운문종 승려인 覺範慧洪(1071~1128)의 『林間錄』과 후대의 여러 기록에는 동산이 축위송을 지었다고 하나, 慧霞나 조산이 동산의 직계이므로 일연은 조동종 출신들의 주장에 따라 조산이 축위송을 지었다고 보고 있다.

넷째, 일연은 閑閑居士의 「조동찬」이 동산의 정편오위사상을 가장 깊이 이해하였다고 보았다. 곧 한한거사가 동산의 가려운 곳을 잘 긁어 주었다는 것이다.

---

40) 閔泳珪, 위의 논문, 9쪽.

41) 韓鍾萬, 앞의 논문, 1997, 79~81쪽.

3. 편찬 의도와 역사성

앞에서 일연이 보충하여 편찬한 『중편조동오위』의 내용에서 그의 독창성보다는 전거를 통해 고증하고 여기에 그의 견해를 부분적으로 피력하는 수준이었음을 살펴보았다. 그렇다고 그의 『중편조동오위』가 가치가 없다는 것은 아니다. 그러면 일연이 『중편조동오위』를 편찬한 의도와 그러한 작업이 가능할 수 있는 사상적 기반은 어떠했는지를 검토할 필요가 있다.

우선 일연이 『중편조동오위』를 편찬하게 된 의도에 대해 검토해 보기로 한다. 주목되는 것은 『중편조동오위』 서문에 보이는 다음 구절이다.

> 그러나 (노겸 선사가 간행한 것은) 자세하지 못한 곳은 보완하였지만 지나치게 오류가 많고 잘못이 적지 않았다. 나는 이러한 근심을 가슴속에 품고 있다가 한번은 조계의 小融 화상을 찾아 뵌 일이 있었는데, 화제가 조동종의 家世에 미치게 되자 화상께서도 이 문제를 언급하시며 재삼 탄식하셨다. 그러나 한두 번 다시 묻고는 가르침을 받을 겨를이 없었으니, 이제 와서 후회해도 소용이 없다. 혼자 마음속으로 가만히 생각하기를, 다행히 인연을 만난다면 다시 개정해야 되겠다고 하였지만 어려움이 많은 세상을 만나는 바람에 평소에 품은 뜻을 실행하지 못하였다.

위의 인용에서 일연이 '나는 이러한 근심을 가슴 속에 품고 있다가'라는 구절과 '다행히 인연을 만난다면 다시 개정해야겠다고 혼자 마음속으로 생각했지만'라는 구절을 접하면, 무엇보다도 일연의 개인적인 지적 호기심과 잘못된 것을 바르게 고쳐 잡아야겠다는 의무감 같은 태도를 발견할 수 있다. 또 『조동오위』를 중편하는 것은 洞山의 도가 끊어지지 않기를 바란다는 간절한 소망도 함께 가지고 있었다. 일연은 조동선에 입각한 선승은 아닐지라도 조동선에 깊은 관심을 가졌다고 할 수 있다. 이는 그가 서문에서 '하나의 달', '하나의 근원'을 강조한 점에서 짐작된다.

이러한 일연의 면모는 그가 남긴 많은 저술과 편저와도 연결된다고 할 수 있다. 그는 많은 편저를 남겼는데, 그의 비문에 의하면 저술로는 『어록』(2권), 『게송잡저』(3권) 등이 있고, 편수한 것으로 『중편조동오위』(2권), 『조파도』(2권), 『대장수지록』(3권), 『제승법수』(7권), 『조정사원』(30권), 『선문염송사원』(30권) 등 100여 권이 세상에 유행한다고 하였다. 여기에는 널리 알려진 『삼국유사』와 일연이 단편적으로 남긴 몇 가지 자료들이 명기되어 있지 않다. 이들 자료들이 일연비문에 빠진 이유에 대해 학계에서 논란이 있으나, 무엇보다도 비문을 찬술한 閔漬와 비문 찬술의 기초자료인 행장을 지은 일연의 문도들이 선승인 일연의 편저를 정리하면서 『삼국유사』를 비롯한 단편적인 자료들은 그렇게 중요하게 인식하지 않았던 것 같다.[42)]

어쨌든 그의 저작 대부분이 현전하지 않기 때문에 그 내용을 확실하게 파악하기는 힘드나, 선·교 방면에 두루 걸쳐 있다고 할 수 있다. 그렇지만 특징적인 점은 선종 계통이 주를 이루며 사전의 성격을 지닌 저작들이 많았다는 사실이다. 일연이 선승으로서 禪籍에 관한 깊은 이해를 보인 점은 독특한 면모이다. 이러한 관점에서 그가 조동종의 기본서인 『조동오위』에 관심을 가진 것은 당연한 귀결이다. 그리고 운문종의 선경이 찬한 『조정사원』(30권)과 혜심이 찬한 『선문염송』과 관련된 것으로 짐작되는 『선문염송사원』(30권) 등을 편수한 것도 같은 맥락에서 이해

42) 蔡尙植, 앞의 책, 1991, 144~147쪽.

할 수 있다. 결국 일연은 선승으로서 간화선에 깊이 심취하였으며, 수선사의 제2세인 혜심의 『선문염송』에 의거해서 더욱 심화된 선사상과 다양한 갈래의 선사상을 접했다고 할 수 있다.

이러한 일연은 선사상뿐 아니라 불교교학과 유학을 비롯한 제자백가에도 밝았던 선승이었다. 閔漬가 찬한 그의 비문에 "(스님은) 수선하는 여가에 다시 대장경을 읽고 제가의 장소를 깊이 연구하였으며, 한편 유서를 섭렵하고 아울러 백가서에도 관통하였다. 이에 의해 방편에 따라 사물을 이롭게 하고 종횡으로 묘용을 발휘한 지 무릇 50년이나 되었다."라는 표현에서[43] 짐작할 수 있다.

한편 일연이 『중편조동오위』를 편찬할 수 있었던 배경과 기반은 13세기 중반 당시 불교계, 특히 선종 계통의 경향과 밀접한 관련이 있다. 이러한 사정을 단적으로 알려주는 것은 당시 간행된 선적과 대장경 조판 특히 보유판의 간행이라고 할 수 있다. 그러면 당시 간행된 선적을 〈표 2〉로 작성해 보았다.[44]

〈표 2〉에 관한 서지적인 설명과 저자와 관련된 선사상 경향에 대한 언급은 피한다. 다만 〈표 2〉를 통해 발견할 수 있는 특징을 들면 다음과 같다.

첫째, 13세기 중에서도 1210년대와 1240~1250년대에 선적이 집중적으로 간행되었다. 후자의 경우 대부분 수선사가 주축이 되어 간행했지만 전자에 비해 수선사의 독자적인 기반에 의한 것이라기보다 최씨정권의 경제적 지원과 대장도감에 의해 간행된 것이라고 할 수 있다.

둘째, 1240~1250년에 간행된 선적들은 내용상 대부분 간화선을 강조한 임제종과는 갈래를 달리하는 선종의 저술들이라는 점이다. 특히 운문종 계통의 저술들이 두드러진다. 宗賾의 『禪苑淸規』와 惟簡의 『宗門

---

43) 閔漬, 「일연비문」.

44) 蔡尙植, 앞의 책, 1991, 62~64쪽.

〈표 2〉 13세기 高麗刊本 禪籍 일람표

번호	書名	편·저자	간행연도	비고
1	六祖壇經	慧能	1207	知訥 跋文
2	正法眼藏	宗杲	1213	修善社 正宣重板
3	宗鏡撮要	曇賁	1213	修善社 正宣重板, 慧諶志
4	看話決疑論	知訥	1215	慧諶 跋文
5	宗門圓相集	志謙	1219	夢如 跋文
6	證道歌事實	連公	1239	崔怡誌
6-1	證道歌事實	連公	1248	大藏經補板
7	禪門拈頌	慧諶	1243	鄭晏誌
7-1	禪門拈頌	慧諶	1244~1248	萬宗 跋文
8	祖堂集	靜筠	1245	大藏經補板
9	禪門三家拈頌集	龜庵	1246	天英 後序
10	宗鏡錄	延壽	1246~1248	大藏經補板
11	禪苑淸規	宗賾	1254	分司大藏都監刊
12	宗門遮英集	惟簡	1254	分司大藏都監刊
13	重編曹洞五位	一然	1260	
14	人天寶鑑	曇秀	1290	一然書, 禪厶題
15	禪門寶藏錄	眞靜	1293	李混 跋文

遮英集』 등이 이에 속한다. 한편 현전하지 않기 때문에 본 〈표 2〉에 명기하지는 않았지만 일연이 편수한 善卿의 『祖庭事苑』도 운문종 계통의 저술이다. 또한 일연이 편수한 『조동오위』는 조동종, 『종경록』은 법안종 계통이라는 점은 당시의 선사상을 주도한 수선사가 비록 간화선을 강조하는 임제선을 적극적으로 표방했다고 하더라도 적어도 다른 선사상을 배척하고 이단시하는 경향을 띤 것은 아니었으며 오히려 사상적으로 탄력성과 포용성을 지녔음을 말해주는 것이다. 곧 여러 갈래의 선사상을 융합하고 조화시키려는 의도가 작용한 것은 아닌가 한다.

이러한 분위기는 바로 이 시기에 수선사가 주관하여 간행한 선적들과 특히 혜심이 편찬한 것을 보충하여 간행한 『禪門拈頌』, 이 가운데 설두,

천동, 극근 등 삼가만을 뽑아 간행한 『禪門三家拈頌集』 등을 통해 짐작할 수 있다.[45] 결국 이 시기 고려 불교계는 어느 시기보다도 선학에 관한 한 최고의 전성기라 할 만하다.

이러한 분위기에서 일연은 『선문염송사원』(30권)을 저술하였다. 이는 그가 44세가 되던 해인 1249년에 정안의 초청으로 남해 정림사에 주석하면서 선사상의 이해에 새로운 계기를 갖게 된 것과 관련된다. 그가 남해의 정림사에 주석할 때 남해분사에서는 대장경의 정장은 대부분 조성을 끝내고 그 조판시설을 이용하여 중요한 불교전적들을 보유판으로 간행하였다. 일연은 그러한 간행사업에 참여하면서 다양한 선적을 통해 송의 선사상을 다양하게 이해할 수 있는 계기를 맞게 되었다. 이러한 결과물이 바로 『중편조동오위』와 『선문염송사원』으로 그가 편수와 저술로 남긴 선적이다.

셋째, 1240~1250년대에 간행된 선적의 대부분이 최근에 유일본으로 출현할 정도로 후세에 제대로 전승되지 않은 데 대한 의문이다. 이 시기에 간행된 선적들은 거의 대장도감에서 주조된 것으로 추측되는데, 그 판목은 차치하고라도 비록 19세기 후반에 만든 보유판목록이지만 여기에도 이름이 없다가 최근에야 발굴된 연유가 무엇일까. 심지어 『禪門三家拈頌集』은 『禪門拈頌』의 일부 내용만 그대로 발췌한 것으로 조선조에 와서 다시 간경도감에서 중수한 것인데도 불구하고 사라진 이유는 무엇일까. 이러한 의문은 결국 선사상을 수용하는 사상적인 경향과 태도가 각 시기별로 어떠했느냐 하는 문제와 직결되는 것이다.

단적으로 말하자면 1240~1250년대를 정점으로 한 13세기의 선사상 경향에 비해 14세기 이후 특히 중국의 임제선만을 고집하던 太古普愚(1301~1382)를 필두로 한 고려말의 선승들의 사상적인 경향은 탄력성을

---

45) 蔡尙植, 위의 책, 53~68쪽.

잃으면서 경직되고 독선적이면서 배타적인 방향으로 흘러간 것으로 이해된다. 이는 조선시기에 와서 불교가 사상계의 주도적인 위치를 상실함으로써 더욱 심화되었으며, 이러한 연유로 많은 선적들이 사라진 것은 아닌가 한다.

결국 『중편조동오위』가 편찬될 수 있었던 사상적 기반은 당시 다양한 선사상이 유행한 것과 관련된다. 이는 또한 대장경 조판이 마무리되면서 간행한 보유판과도 연결되어 있었으며, 이미 12세기에 접어들면서 송의 많은 선적을 수용한 흐름과도 무관하지 않다. 이 시기 북송과의 교류를 통해 전래, 수용된 선사상의 흐름은 운문종을 비롯하여 다양하였나. 이에 따라 여러 종파의 선적이 수용되었고 그중에서도 임제종은 황룡파가 주류를 이루었다고[46] 한다. 이 시기 이렇게 다양하면서도 선학에 대한 깊은 이해가 있었기에 일연은 그의 저술에 보이는 여러 선적을 편수할 수 있었던 것이다.

한편 『중편조동오위』를 통해 사상적으로 접근해야 할 문제는 조동선과 성리학과의 연계성 문제이다. 송대에는 성리학과 선학, 화엄사상간에 사상적인 교섭이 이루어졌다. 이에 대해 본고에서는 구체적인 접근은 피하고자 한다. 다만 선사상 가운데서도 조동선은 주역에 관한 이해를 통해 많은 영향을 받았다.[47] 이는 일연을 계승한 混丘가 '無極老人'으로 스스로 호를 지은 것과도[48] 연계된다. 따라서 『중편조동오위』를 통해 당시 고려사회에서 초기 성리학 이론을 접할 수 있는 계기가 마련된 측면은 지적된다.

일연이 조동종에 대해 관심을 갖고 『중편조동오위』를 편수한 것은

---

46) 조명제, 「一然의 선사상과 宋의 禪籍」, 『普照思想』 33, 2010, 198~201쪽.

47) 최귀묵, 「조동오위(曹洞五位)와 유불 교섭」, 『김시습의 사상과 글쓰기』, 소명출판, 2001.

48) 李齊賢, 「瑩源寺寶鑑國師碑銘」, 『東文選』 권118.

후대에도 계승되어 조선조에 이르러 金時習의 『조동오위요해』로 연결된다. 『조동오위요해』에는 『중편조동오위』에 대한 언급이 없어 양자를 연결하기는 어렵다. 다만 『중편조동오위』 서문 처음에 "傳付守澄上主雪岑"이라 한 구절을 보면 양자가 연결될 개연성은 충분히 보인다. 그러나 『중편조동오위』와 성리학을 직접 관련짓기에는 무리가 따른다. 앞으로 이와 관련된 문제는 더 주목할 과제로 남긴다.

4. 맺음말

앞서 살펴본 내용을 종합하면 다음과 같다. 일연이 조동종에 심취한 선승으로서 조동선을 선양하기 위해 『중편조동오위』를 찬술했다고 보기는 어렵다. 일연은 간화선에 입각한 선승으로서 다양한 선사상을 비교·종합하고 더욱이 당시 간화선을 표방한 임제종과는 양대 산맥이라고 할 수 있는 묵조선의 조동종의 기본서인 『조동오위』에 관심을 갖고 그 가운데 의심이 가는 내용에 대해 보충하고 몇 가지 내용에 대해서는 나름의 견해를 붙여 중편한 것이다.

한편 『중편조동오위』를 발굴한 민영규 교수와 일부 연구자들은 일연을 조동선에 바탕을 둔 선승으로 파악하기도 하였으나, 이는 가지만 보고 나무 전체를 보지 못한 한계가 있다. 일연은 운문종에서 찬술한 선경의 『조정사원』을 중편하기도 하였는데, 그렇다고 그를 운문종에 심취한 선승으로 보지는 않는다. 따라서 일연은 간화선에 입각한 선승으로 제자백가와 교선을 막론하고 폭넓게 불교 전반을 이해한 인물이라는 점을 염두에 둘 때, 그가 조동선을 이해한 사상적인 의미를 읽을 수 있다. 앞서 언급한 바를 요약, 정리하면 다음과 같다.

첫째, 일연은 그가 비록 간화선에 입각한 선승이지만 조동선에 대해서도 깊은 이해와 지견을 가졌음을 알 수 있다. 아울러 조동선에 대해서도 깊은 애정을 가졌던 인물임에는 의심의 여지가 없다.

둘째, 일연은 선적을 비롯한 불교전적에 관한 폭넓은 독서와 깊은 이해가 있었던 선승임을 짐작할 수 있다. 또 당시 고려불교계의 선학에 대한 이해수준은 동아시아권에서 최고라고 할 수 있다.

셋째, 일연은 문헌에 대한 고증과 주석을 잘 할 수 있는 전문적인 수련을 거친 인물임을 짐작할 수 있다. 이러한 능력은 개인적인 취향이라기보다 고도의 훈련을 거친, 곧 당시 고려불교계의 문헌학 이해수준을 말해주는 것이다. 이는 대장경을 조성한 경험들이 축적된 산물이 아닌가 한다. 또 일연이 『삼국유사』를 찬술할 수 있었던 배경과도 연결되는 점이기도 하다.[49)]

넷째, 『중편조동오위』에 비해 근 30여 년 뒤에 편찬된 『선문보장록』과 조동선의 관련에 대해 검토할 단계이다. 『선문보장록』은 찬자, 자료의 성격 등 많은 논란이 있지만, 우리 학계는 깊은 연구를 암묵적으로 피하고 있다. 이에 대해서는 필자를 비롯한 여러 연구자들이 단편적으로 문제를 제기한 바 있다.[50)] 무엇보다 『선문보장록』의 구성과 내용에 대해서는 깊은 검토가 필요하다.[51)] 이는 13세기 고려 선종계의 전반적인 흐름과 분위기를 파악함으로써 가능할 것이다.

마지막으로 필자가 30여 년 전 『중편조동오위』를 처음 접했을 때는 그 내용이 너무 어려워 감히 접근할 수 없었다. 이번에 본고를 작성하면서 새삼 우리 학계에 『중편조동오위』를 발굴하고 소개하는 글을 남긴

49) 정천구, 앞의 논문, 2005에는 글쓰기의 태도로 보아 『중편조동오위』와 『삼국유사』는 연결된 것으로 이해하고 있다.

50) 蔡尙植, 앞의 책, 1991, 154쪽.

51) 최근의 성과로는 다음이 참고된다. 西口芳男 編, 『禪門寶藏錄の基礎的研究』, 日本 花園大學國際禪學研究所 研究報告(第七冊), 2000 ; 정영식, 「고려중기의 『禪門寶藏錄』에 나타난 九山禪門의 선사상」, 『韓國思想과 文化』 50, 2009.

민영규 선생님의 혜안에 고마움과 존경심을 보낸다. 그리고 이창섭·최철환 선생의 『중편조동오위』 역주를 많이 참고하였다. 더욱이 최근에는 앞서 밝힌 바와 같이 승원 스님이 역주한 『중편조동오위』가 추가되어 반갑다.

Ⅲ. 仁興社와 관음신앙

1. 머리말

일연의 행적을 살펴보면, 그는 경상도의 여러 군현들이 걸쳐 있는 비슬산에서 수학기의 상당한 기간을 주석하였다. 일연은 장년기에 다시 비슬산 인흥사로 돌아와 주석하였다. 그는 비슬산에서 그렇게 멀지 않은 장산현(현 경북 경산시)에서 출생했으며, 설악산 진전사에서 가지산문의 승려로 입문하고 22세(1227)에 승과에서 상상과의 성적으로 합격하였다. 이어 그는 비슬산의 보당암, 무주암, 묘문암 등지에서 근 20여 년을 주석하였다. 이 시기에 그는 그의 비문에 '心存禪觀'했다는 기록처럼 수행에 전념하였다.

그러다가 고종 36년(1249)에 정안의 초청으로 남해 정림사로 옮겨가 대장경 조성사업의 막바지에 동참하였다. 최씨정권이 무너지고 서서히 왕정복고가 이루어지는 시기인 원종 2년(1261)에는 왕명에 따라 강화도 선월사에 주석하였으며, 이때 그는 그의 비문에 "멀리 목우화상 곧 지눌의 법을 계승했다."라는 표현처럼 당시 불교계를 대표하는 수선사의 계승을 표방한 것이다. 이는 그 자신과 가지산문이 중앙 정치무대에 부상하였음을 의미한다. 이후 일연은 주로 경상도 지역의 유력 사찰에 주석하면서 가지산문의 재건과 정비에 힘썼다.

비슬산 운해

그러다가 일연은 젊은 시절 20여 년 머물렀던 비슬산에 근 60세 가까운 나이에 다시 돌아온다. 그는 비슬산의 북쪽 기슭에 있는 仁弘社(뒤에 仁興社로 사액)에 14년간 머물면서 많은 구상을 한 것으로 짐작된다. 그가 구상한 것 중에서 가장 주목되는 것은 『삼국유사』라는 사서의 찬술이었다. 그가 『삼국유사』 찬술을 목표로 하고 의도한 것은 당시 시대상황을 목도한 그의 행적과 연관되어 있었다.

따라서 이 시기에 일연은 『삼국유사』 찬술을 위한 예비작업으로 『역대연표』의 제작을 시도한다. 이에 대해서는 필자가 어느 정도 나름의 견해를 밝힌 바 있다. 곧 『역대연표』는 체제상·내용상 『삼국유사』와 관련되며, 또 자료정리에서 간행까지의 기간(1274~1278)은 일연이 인흥사에서 머물던 시기(1264~1277)와 거의 일치한다는 사실을 살핀 바 있다. 따라서 본 자료의 간행은 일연이 나름의 목표를 갖고 주도하였으며, 치밀하면서도 광범한 자료수집과 검증이 선행되어야 했기에 그의 문도들의 도움이 크게 작용하였다.

이러한 『역대연표』의 제작이 인흥사에서 이루어졌다는 사실만으로도 인흥사의 위상을 짐작할 수 있다. 그런데 거의 같은 시기에 인흥사에서는 『역대연표』뿐만 아니라 여러 종의 불서가 간행되었다는 서지정보를 접할 수 있다. 여기에 초점을 맞추어 이러한 불서의 간행은 일연의 행적과 그의 사상적인 경향과도 어떤 연관성이 있음은 의심의 여지가 없다. 이에 따라 본고는 인흥사에서 간행된 불서와 일연의 사상과 신앙의 경향이 연결된다는 전제하에 다음의 몇 가지 사항을 살펴보려 한다.

첫째, 인흥사의 사격과 여기서 간행된 현전하는 불서들이 어떤 내용과 성격을 갖는지를 살펴보기로 한다.

둘째, 인흥사에서 간행된 불서들이 『역대연표』의 제작과 연관되었다면, 이러한 간행 작업이 어떤 사상적인 흐름에 의해 이루어졌는지를 살펴보기로 한다.

셋째, 인흥사에서 간행된 각종 불서와 『역대연표』가 함축하고 있는 사상적, 신앙적 특징은 바로 일연의 사상적 경향을 의미한다. 따라서 일연이 이 시기에 인흥사를 통해서 표방한 사상적 경향은 어떠한 의미를 갖는지를 살펴보기로 한다.

2. 인흥사의 사격과 판각 활동

인흥사는 비슬산 북쪽 기슭, 곧 대구광역시 달성군 화원면 천내동에 있던 사찰이었으나, 현재는 폐사지가 되었다. 그러면 우선 인흥사는 어떤 성격을 갖는 사원이었는지를 살펴보기로 한다. 신라말에 건립된 것으로 추정되는 인흥사지의 3층석탑의 존재로[1] 미루어 볼 때 인흥사의 창건시기는 신라말로 거슬러 올라간다. 일연이 원종 5년(1264)에 경북 영일의 吾魚社에서 이곳으로 옮겨 올 당시, 인흥사는 거의 폐사 직전이었다는 기록으로[2] 보아 그렇게 대단한 규모의 사원은 아니었던 것으로

1) 李鐘恒, 「傳 仁興寺址 三層廢塔 移基에 關한 報告」, 『慶北大論文集』 4, 1960, 16~17쪽 참조.

2) 閔漬, 「高麗國華山曹溪宗麟角寺迦智山下普覺國尊碑銘并序」(이하 「일연비문」으

보인다. 그러나 일연이 이곳으로 옮겨 온 이후는 일연의 불교계에서의 위치라든가, 특히 충렬왕이 즉위하면서(1274) 仁弘社이던 명칭을 仁興社로 賜額한[3] 것으로 보아, 당시 인흥사는 일연이 속한 가지산문의 중요한 사찰이었던 것으로 짐작된다.

이와 같은 인흥사의 면모는 고려말, 조선초에 이르기까지 유지되었다. 이는 조선 세조대에 花園縣의 軍需·米穀을 저장하기 위해 따로 창고를 마련하기까지 인흥사를 빌려 사용했다는 기록에서도[4] 짐작할 수 있다. 그러나 임란 때 폐사가 된 것으로 추정하며, 조선후기의 읍지류에는 이미 기록이 보이지 않거나 폐사로 명시되어 있다.[5] 어떤 연유로 폐사가 되었는지는 명확하지는 않지만 이로 인해 인흥사가 소장한 많은 유물들은 흩어졌으며, 그 중 『역대연표』 판목은 경상도 관내의 대찰인 해인사로 옮겨진 것이 아닌가 한다.[6]

이러한 내력을 가진 인흥사는 일연이 주석한 시기를 계기로 규모면이나 사격에서 크게 확장된 것으로 짐작된다. 그러나 현존하는 인흥사

로 줄임), "師主仁弘十一年 是社創揭旣遠 殿宇皆頹圮 又且湫隘 師並重新恢廓之 仍奏于朝 改號仁興 宸書題額以賜之".

3) 『東國輿地勝覽』 권28, 星州牧 佛宇條와 邑誌類 등에 恭愍王이 仁興으로 賜額하였다는 기록은 잘못이다. 또 1274년은 충렬왕 즉위년이면서 원종 15년이기 때문에 혼동될 소지가 있으나, 李崇仁의 '寄題仁興社'(『陶隱文集』 권2)라는 詩의 제목에 붙인 '寺有金書 烈祖賜額'이라는 협주로 미루어 충렬왕이 즉위하면서 賜額했음을 알 수 있다(李鐘恒, 앞의 논문 참조).

4) 『東國輿地勝覽』 권28, 星州牧 倉庫條.

5) 위의 책 권28, 星州牧 佛宇條에 仁興寺(社)가 보인다. 조선후기의 자료 중 『輿地圖書』(下), 慶尙道 星州牧 佛宇條에는 『東國輿地勝覽』의 기록을 그대로 옮겨 놓았기 때문에 인흥사가 존속된 것으로 생각하기 쉽지만, 1832년의 『星州牧邑誌』 佛宇條에는 기록조차 보이지 않는다. 한편 18세기 말의 『梵宇攷』(규장각 소장본)와 1895년의 『星州邑誌』 佛宇條에는 廢寺가 되었음을 분명히 명시하고 있다. 星州의 邑誌類는 규장각본을 아세아문화사에서 1982년에 영인한 것을 참조하기 바란다.

6) 현재 해인사 寺刊板에는 간행처가 해인사가 아닌 사찰의 板木들이 소장된 예가 많이 보인다.

관계 기록들이 단편적일 뿐 거의 남아있지 않는 실정이라서 그 실태를 파악하기에는 많은 어려움이 따른다. 또 『역대연표』의 성격으로 보아서도 인흥사가 소속된 종파가 가지산문이라 하여 단순히 선종의 성격만을 표방하는 사원이라고 단정할 수도 없는 형편이다. 어떻든 인흥사는 일연이 근 14년간에 걸쳐 주석함으로써 소규모의 사찰이 아니라 상당히 중요한 위상을 갖는 가지산문의 사찰로 발전하였다. 이는 다음의 몇 가지 사실을 통해 짐작할 수 있다. 첫째, 인흥사는 비슬산 북쪽 기슭의 평지에 위치하였으며, 이곳은 낙동강에 인접한 교통요지라는 점. 둘째, 판각활동을 할 수 있는 기반이 조성되었다는 점. 셋째, 「일연비음기」에 보이는 인흥사 문도들의 존재 등을 들 수 있다.

이러한 인흥사에서 13세기 후반에는 불서를 간행하였거나, 간행장소는 명시되어 있지 않지만 인흥사와 관련된 것으로 추정되는 승려가 주관하여 간행한 3종의 판본에[7] 대해 주목하고자 한다. 이를 통해 일연이 사상적으로는 선사상에 깊은 이해를 가졌으나, 신앙적으로는 관음신앙과 공덕을 강조하는 경향으로 전환하였음을 밝혀보고자 한다.

우선 인흥사의 불교적 성격과 기반이 어떠한지를 검토할 필요가 있다. 이와 관련하여 인흥사에서 간행한 불교 경전과 전적을 주목하지 않을 수 없다. 이를 들면 다음의 〈자료 1〉과 같다.

〈자료 1〉

1. 『大悲心陀羅尼經』[8] : 至元 30年 癸巳(1293, 忠烈王 19) 正月 日 仁興社

---

7) 金斗鐘, 『韓國古印刷技術史』, 탐구당, 1974, 109쪽에 의하면 해인사 사간판 중의 『佛說長壽滅罪陀羅尼經』을 至元 15년(1278)에 仁興社에서 간행한 것으로 파악하고 있으나, 이는 잘못된 견해이다. 그는 그 근거로써 尹炳泰, 『韓國古書年表資料』, 國會圖書館, 1969, 4쪽을 인용하였으나 그것도 잘못 인용한 것이다.

8) 본 판본의 첫 장이 落張이고 제2장의 첫머리가 '大悲心陀羅尼啓請'으로 시작되기 때문에 이를 제목으로 파악한 오류는 많이 보인다. 가령 金斗鐘, 위의 책,

開板

2. 『法華經普門品』: 至元 12年 乙亥(1275) 二月日 山人 禪㐁寫

3. 『人天寶鑑』: 至元 27年 庚寅(1290) 七月 八日 包山 禪㐁寫

이상의 판본 중 〈자료 1-1〉은 서울대 규장각 소장이며, 〈자료 1-2,3〉은 해인사 사간판전에 전한다. 이들 자료에 대한 내용상의 문제를 검토하기에 앞서, 〈자료 1-2,3〉과 인흥사의 관련 여부, 또 『역대연표』를 포함하여 이러한 판각이 가능할 수 있는 기술적인 기반과 여건이 인흥사에 마련되어 있었는지를 검토하기로 한다.

우선 〈자료 1-2,3〉이 판각 장소를 명기하지 않았거나 '포산'이라고만 되어 있지만, 판각이 인흥사에서 이루어졌다는 점을 살펴보기로 한다. 이는 이들 자료의 간행을 직접 주관한 '禪㐁'이라는 인물과 관련된다. '禪㐁'의 '㐁'字는 '粼'字의 古字인데, 粼은 麟과도 통용된 모양이다. 禪㐁은 1295년에 건립된 일연비의 음기에 명시된 일연의 문도 중 '大禪師' 항목에 '仁興社 禪麟'이라[9] 한 禪麟과 같은 인물이다. 이는 『人天寶鑑』을 간행하면서 수록한 다음의 일연의 後識과 禪㐁의 발문이 명확하게 뒷받침한다.

〈자료 2〉

1. 至元 16년 己卯에 宋商 馬都綱이 이 人天寶鑑集 한 부를 구해서 天台講元禪師가 오기를 청하여 齋를 마침에 따라 이 책을 써서 䞋施하니, 觀識長老 理淵이 취하여 와서 傳布함으로써 海東에 유행하게 되었다. 麟角退老一然이 쓰다.[10]

109쪽을 들 수 있다. 본 판본의 본래 제목은 『千手千眼觀世音菩薩廣大圓滿無碍大悲心陀羅尼經』이며 흔히 『大悲心陀羅尼經』, 『千手(心)經』 등으로 줄여 부른다.

9) 山立, 「普覺國尊碑陰記」(이하 「일연비음기」로 줄임).

10) 『人天寶鑑』 後識, "至元十六年己卯(1279) 宋商馬都綱 賫此人天寶鑑集一部來 請天台講元禪師 自因齋訖 用此錄爲䞋施 觀識長老理淵 取來傳布 行于海東 麟角退老一然書".

2. 내가 지난 해 봄에 國師를 위문하기 위해 麟角寺에 이르니 국사가 나에게 말하여 이르기를 '人天寶鑑祿은 실로 학자의 보배이므로 내가 彫板하여 유행시키고자 하니 너는 寫經할 수 있겠는가.' 나는 그 때에 눈에 어두워 사양하고 못하겠다고 하였다. 가을에 이르러 국사가 示寂하자 나는 追念하여 이르기를, 국사가 조판하고자 하였으나 (그 당시) 내가 쓰지 못하여 이 책이 유행하지 못하게 되었는데 (이는) 나의 죄이다. 내가 비록 눈이 어두우나 마땅히 강행하여 書寫하였다. 이에 (그 사정을) 글로 남긴다. 至元 27년 庚寅 7월 8일에 包山 禪从이 題하다.[11]

이상의 〈자료 2〉 내용에서 선린이 인흥사가 위치하고 있는 包山(비슬산)을 중심으로 활약한 사실과, 또 선린은 일연의 문도임을 명백히 알 수 있다. 이로써 일연비의 음기에 보이는 '仁興社 禪隣'은 자료 2와 3의 간행을 주관한 禪从이며 아울러 자료 2와 3을 간행한 장소가 인흥사였다는 사실을 강력히 시사받을 수 있다.

그러면 『역대연표』와 〈자료 2-1,2,3〉 등을 인흥사에서 간행하였다면, 이들을 간행할 수 있는 기술적인 여건이 마련되었는가에 대해 살펴보기로 한다. 이 문제는 선린과 일연과의 관계를 살펴보면 어느 정도 설명이 가능하리라 본다. 『人天寶鑑』 발문에서 일연이 선린에게 "나는 (이 책을) 조판하여 유행하고자 하는데, 그대는 능히 베낄 수 있겠는가."라고 말한 바와 같이 선린은 필사에 능한 인물이다. 이러한 선린은 일연이 입적한 당시(1289)에는 "내가 그 당시 눈이 어두워졌다."라는 표현으로

11) 『人天寶鑑』 跋文, "予前年春 省國師詣麟角 國師語我曰 人天寶鑑錄 實學者之所寶也 我欲彫板流行 汝能寫之乎 予時眼昏 辭以不能 至秋國師示寂 予追念曰 國師欲鏤板 我不書之 此錄之不行 我之罪也 眼雖昏黑 宜强書之 於是筆之 至元二十七年庚寅七月八日 包山禪从題".

보아 이미 노년기에 접어든 인물임을 알 수 있다.

특히 선린이 1290년대 전후에 이미 노쇠한 인물이라는 점은 『인천보감』의 판각에서도 나타나고 있다. 선린이 『인천보감』 발문에서 "(나의) 눈이 비록 대단히 어두웠지만 당연히 글씨를 쓰고 필사하였다."라고 표현하였기 때문에 『인천보감』은 그의 단독의 필사에 의해 간행된 것으로 생각하기 쉽다. 그러나 실제 그의 문도로 생각되는 '天直', '惠團' 등이 판본의 板心에 기재된 것으로[12] 보아, 그 판각은 이미 노쇠한 선린의 단독적인 작업이라기보다 그의 문도들이 참여하여 공동으로 작업한 결과라고 할 만하다.

이와 같이 1290년대에 인흥사를 중심으로 이미 눈이 어두워질 정도로 노쇠하였지만 필사에 뛰어난 선린과 그의 문도 등, 일련의 집단이 존재하여 독자적인 필사와 판각활동을 담당할 수 있는 여건이 마련되었다는 것은 무엇을 의미하는 것일까. 이는 일연과 그의 문도들이 1250년대의 대장경 조판에 가담하였음을 시사하는 것이며,[13] 나아가 『삼국유사』의 초간도 일연 생존시는 아니더라도 인흥사를 중심으로 형성된 이들에 의해 이룩되었을 가능성을 말해준다. 일종의 판각 기술집단이 존재했음을 인흥사의 사례를 통해서 찾을 수 있다.[14] 특히 禪从이 1290년

12) 한국정신문화연구원(현 한국학중앙연구원)에서 1980년에 『禪宗永嘉集』과 『人天寶鑑』을 합쳐 『佛敎史料叢書』 3으로 영인한 바가 있다. 이때 板心 부분은 잘라버리고 본문만을 영인했기 때문에 자료의 가치를 반감시켰다. 그러나 필자는 직접 板木을 통해 판심의 하단에서 '大直', '惠團' 등의 刻手들을 접할 수 있었다. 또한 '大直'의 경우는 『大悲心陀羅尼經』의 판심에서도 한 군데 확인된다.

13) 일연이 남해로 초청받은 시기는 대장경 조판을 마무리할 때였다. 근래에 공개된 『宗門摭英集』(3권)이 1254년에 南海分司에서 重刻된 것임이 밝혀짐으로써(趙明基, 「佛敎의 典籍으로서의 交流」, 『民族文化論叢』 4, 1983 ; 『曉城先生八十頌壽高麗佛籍集佚』, 동국대 출판부, 1985 참조), 정장을 완성한 이후에도 분사도감의 기능이 계속 유지되었음을 알 수 있다. 이와 관련하여 최소한 1256년까지는 일연이 남해분사에 깊이 관여하였음을 시사한 글이 발표되기도 하였다(閔泳珪, 「一然 重編曹洞五位 重印序」, 『學林』 6, 1984 참조).

전후에 자신의 표현대로 눈이 어둡게 된 인물이라면 1250년 전후의 젊은 시절 그의 스승인 일연을 좇아 남해분사도감에서 직접 필사와 판각에 참여한 인물인지도 모른다.

일연의 문도들 중에 대장경 조판에 참여한 것을 계기로 하여 판각을 담당할 수 있는 일련의 기술집단이 형성되어 있었기 때문에, 1270년대에는 인흥사를 중심으로 하여 『역대연표』를 비롯한 여러 불교 경전과 전적류를 간행할 수 있었고, 더 나아가 1290년대 이후에는 간행처는 알 수 없으나 『삼국유사』 간행까지도 담당한 것이 아닌가 한다. 다만 『삼국유사』의 초간 시기에 대한 문제는 현 학계에서 논란이 되는 문제이지만, 일연 생존시에 간행이 되지 않았다고 하더라도 적어도 14세기 초반에는 초간이 이루어졌다고 하겠다.[15] 이는 앞서 살핀 바와 같이 인흥사의 선린을 중심한 그의 문도들이 필사와 판각을 담당했을 것이다.

3. 인흥사의 관음신앙과 그 의미

인흥사에서 1278년에 『역대연표』를 간행하였다. 이러한 『역대연표』가 제작된 전후의 시기에 인흥사에서 간행한 〈자료 1-1,2,3〉에 대해 살펴보았다. 이들 자료와 『역대연표』를 간행한 분위기는 밀접한 관련이 있었을 것으로 본다.

그러나 〈자료 1-1,2,3〉 중 『역대연표』가 간행될 당시의 사상적 경향을 직접적으로 설명해 주는 것은 『역대연표』보다 3년 전에 간행된 〈자료

14) 시기적으로 차이가 있지만, 조선후기 사찰에서 각 문중의 족보와 문집 등을 간행한 사례는 대단히 많다. 이는 사찰 중심으로 판각에 능한 기술집단이 존재했음을 의미하는 것이다.

15) 『삼국유사』 초간의 시기에 대한 논의는 金相鉉, 「三國遺事의 刊行과 流通」, 『韓國史硏究』 38, 1982, 2~12쪽 참조.

1-2〉 곧 『법화경보문품』이다. 이에 비해 〈자료 1-1,3〉은 『역대연표』보다 각각 15년, 12년 늦게 간행되었다는 점에서 『역대연표』 간행과 직접 관련된 것으로 보기는 어렵다. 그러나 이들도 『역대연표』를 간행할 당시 인흥사의 사상적 경향을 간접적으로 반영한 것이라 할 수 있다. 특히 『人天寶鑑』은 『역대연표』가 간행된 1278년보다 1년 뒤에 宋의 상인 馬都綱이 고려에 전래했다는 사실을 음미하면, 『인천보감』의 간행은 『역대연표』를 간행할 당시의 사상적 경향으로 보기는 어렵다. 그렇지만 일연이 『인천보감』이 널리 유포되기를 원할 정도로 적극 수용했다는 사실은 『역대연표』를 간행할 당시의 사상적 경향과도 배치되지 않았을 것이다. 이는 나아가 지식대중보다는 서민대중을 겨냥한 『인천보감』의 성격을 볼 때 『삼국유사』의 찬술에도 크게 영향을 주었을 것으로 본다.

그러면 『역대연표』 간행과 직접적으로 맥락이 닿는 〈자료 1-2〉를 검토하기로 한다. 이 자료는 禪灬이 베낀 『법화경보문품』인데, 여기에 「觀世音菩薩六字大明眞言」이 함께 수록되어 있다. 『보문품』은 『법화경』의 제25품으로서 원래 명칭은 『묘법연화경관세음보살보문품』이며, 독립된 경전으로 취급하여 『관음경』으로 명명할 정도로 관음신앙의 근본 경전이다. 현재에도 보시용으로 널리 유포되는 경전인데, 그 내용은 七難·三毒·二求의 해탈 성취를 위한 고난을 구제하는 측면과 관세음보살을 공양함으로써 얻게 되는 공덕의 측면을 밝히고 있다. 곧 관세음보살의 '세상을 구하려는 원력'과 '무량한 방편의 힘'을 설한 것이며,[16] 다분히 현세이익적 또는 현세구원적, 실천적 성격이[17] 두드러진다.

한편 『보문품』과 함께 수록된 「관세음보살육자대명진언」은 흔히 「육자대명(왕)진언」이라고도 줄여서 부르기도 하는데 '唵麼抳鉢訥銘吽'이 바로 그것이다.

16) 법성, 『백화도량에로의 길』, 경서원, 1982, 58쪽.

17) 鄭炳三, 「統一新羅 觀音信仰」, 『韓國史論』 8, 서울대 국사학과, 1982 참조.

여기서 彌의 한 글자로도 음역되기도 하는 '訥銘'은 'me'의 음을 두 글자로 음역한 것이다. 이 진언 전체를 한글로 옮기면 '옴 마니 발(반)메 훔'이 된다. 이 진언은 〈자료 1-2〉의 끝부분에 '廣如大乘莊嚴寶王經說'이라 한 바와 같이, 宋初에(983) 天息災가 역경한 『불설대승장엄보왕경』 4권[18)] 가운데 권3·4의 내용에 바탕한 것이다.[19)]

그러면 〈자료 1-2〉에서 『대승장엄보왕경』 권3·4의 내용을 축약하여 소개한, 곧 '육자대명진언'에 대한 설명 부분을 들어보기로 한다. 자료를 소개하는 의미가 있으므로 전체 내용을 들기로 한다.

> 觀世音菩薩의 六字大明眞言은 唵麽抳鉢訥銘吽이다.
>
> 만약 이 주문을 외우면 머무르는 거주처에 셀 수 없이 많은 여러 부처님, 보살들과 천룡팔부가 모이며, 또 무량한 삼매법문을 갖추게 된다. 주문을 외우고 지키는 사람은 그 7대 종족에 이르기까지 모두 해탈하고, 배 속에 있는 벌레까지도 당연히 보살의 지위에 들게 된다. 이러한 사람은 매일 육바라밀과 원만한 공덕을 갖추어 얻게 된다. 또 다함이 없는 변재를 얻어 청정한 지혜를 갖춘 무리들의 입에서 나온 氣가 타인의 몸에 닿으면 그 사람에게서 성냄과 해독들이 떨어져 나가고 당연히 보살의 지위에 들게 된다. 가령 四天의 천상에 머무는

---

18) 『高麗大藏經』 권33, 杜函(K.1088) 및 『新脩大藏經』 권20(T.1050)에 수록되어 있다. 이 경전은 宋初에 天息災가 역경하였으며(983), 널리 알려진 경전은 아니다(『高麗大藏經』 권48, 총목록·해제·색인, 1170쪽).

19) 李龍範, 「元代喇嘛敎의 高麗傳來」, 『佛教學報』 2, 1964, 219쪽에 의하면 '六字大明神呪'는 라마교의 대표적 眞言이며, 이 진언은 원간섭기에 라마교의 영향으로 고려에 전래된 것으로 추정하고 있다. 또 그는 檀君傳說이 라마교의 영향에 의한 것으로 파악하고 있다. 그가 加藤灌覺, 「朝鮮に於ける喇嘛教的遺物と蒙古との關係」, 『朝鮮及滿洲』 267, 朝鮮及滿洲社, 1930을 잘못 인용하여 '六字大明神呪'까지도 라마교의 영향으로 추정한 것은 잘못이다. 본 〈자료 1-2〉의 예에서 보듯이 1275년에 지방 사원에서 라마교의 영향으로 眞言을 간행했다고 보기는 어렵다.

> 자라도 모두 7지 보살의 지위와 여러 보살이 소유한 공덕을 얻게 된다. 더불어 육자주문을 독송하면 하나같이 공덕을 두루 이루며, 다른 바가 없이 평등하다. 만약 금보로써 여래상을 微塵의 수처럼 많이 조성해도, 이 육자진언 중 한 글자를 베끼는 공덕보다 못하다. 바로 이 주문은 관음보살의 미묘한 본심이다. 만약 사람들이 육자대명주를 베낀다면 팔만사천법문을 베껴서 얻는 공덕과 다른 바가 없이 평등하다. 또 사람들이 육자대명주를 얻게 되면 이 사람은 탐진치 삼독의 병이 닥쳐도 능히 집착을 벗어나게 된다. 만약 이 주문을 몸에다 지니면 역시 능히 탐진치 삼독의 집착을 벗어나게 된다. 이 주문을 몸에 지니는 사람들의 몸과 손이 닿고 눈으로 볼 수 있는 일체의 有情들은 빠르게 보살의 지위를 얻게 되어 끝내 생로병사의 고통을 반복하지 않는다. 널리 대승장엄보왕경이 설한 것이다.
>
> 至元 12년 을해 이월 일에 山人 禪仏이 베꼈다.[20)]

이상의 내용은 6자로 된 '大明眞言'을 독송함으로써 얻게 되는 무한한 공덕을 표방하고 있다. 그 중 특히 書寫를 강조한 점이 주목되는데, '六字大明眞言'을 書寫함으로써 얻게 되는 공덕을 관세음보살의 미묘한 본심으로 파악하여 현세구원적인 관음신앙을 표방하고 있다.[21)] 앞서

---

20) 「觀世音菩薩六字大明眞言」, "唵麼捉鉢訥銘吽 若誦此呪 隨所住處 有無量諸佛菩薩 天龍八部集會 又具無量三昧法門 誦持之人 七代種族 皆得解說 腹中諸虫 當得菩薩之位 是人日日 得具六波羅蜜 圓滿功德 得無盡辯才 淸淨智聚 口中所出之氣 觸他人身 蒙所觸者 離諸瞋毒 當得菩薩之位 假若四天下人 皆得七地菩薩位 是諸菩薩 所有功德 與誦六字呪 一遍功德 等無有異 若以金寶 造如來像 數如微塵 不如書寫 此六字中 一字功德 此呪 是觀音菩薩 微妙本心 若人書寫此六字大明 則同書寫八萬四千法藏 所獲功德 等無有異 若人得此六字大明 是人貪瞋癡病 不能染着 若戴持此呪在身者 亦不染着 貪瞋癡病 此戴持人 身手所觸 眼目所觀 一切有情 速得菩薩之位 永不復受生 老病死苦 廣如大乘莊嚴寶王經說 至元十二年 乙亥 二月 日 山人 禪仏寫".

21) '대명진언'에 관한 포괄적인 내용은 허일범, 「육자대명왕진언의 의미와 역할」, 『회당학보』 20, 회당학회, 2015를 참조하기 바란다.

살핀 『보문품』과 함께 다분히 현세구원적이며, 실천적 성격을 지닌 관음신앙을 표방한 '大明眞言'을 인흥사에서 간행했다는 사실은 당시 일연과 그의 문도들의 사상적 경향을 반영한 것으로 생각된다.

이와 같은 경향은 비록 일연이 입적한 지 4년 후이지만 1293년에 인흥사에서 간행한 〈자료 1-1〉인 『大悲心陀羅尼經』에서도 두드러지게 나타나고 있다. 『대비심다라니경』은 『千手千眼觀世音菩薩廣大圓滿無碍大悲心陀羅尼經』의 줄인 이름이며, 현재에도 간단히 『千手經』이라고 하여 널리 일상화된 경전이다. 이는 『보문품』과 더불어 실천적 관음신앙을 대표하는 경전이라 할 수 있다. 이러한 『천수경』이 구성은 본 〈자료 1-1〉에 의하면 첫째, 관세음보살에 대한 啓請 부분, 둘째, '神妙章句陀羅尼' 부분, 셋째, 관세음보살의 발원 부분으로 되어 있다. 특히 관세음보살의 발원 부분은 구절마다 관세음의 중생을 향한 서원과 현실적인 구원의 성격이 두드러진 내용을 담고 있다.[22]

이와 같이 13세기 후반기에 인흥사가 현실적 구원과 실천적 성격을 띤 관음신앙을 표방하고 이와 관련된 다라니신앙을 강조한 것은, 〈자료 1-3〉인 『인천보감』의 간행과도 연관되어 있다. 이 시기 인흥사는 사상적인 측면보다 신앙적인 측면을 더 강조하는 특징이 있었다. 그것은 뒤에 다시 언급하겠지만 시대적인 상황이 만든 현실이면서 불교계가 대응책으로 제시한 현상이었다.

그러면 『인천보감』에 대해서도 살펴보기로 한다. 일연이 만년에 선린에게 간행을 위한 필사를 부탁한 『인천보감』은 일연이 입적한 다음해인 1290년에 인흥사에서 간행되었다. 『인천보감』은 상·하 2책으로 1230년에 南宋의 선종 승려인 曇秀가 편찬한 것이다. 담수는 임제종

---

22) 『천수경』에 대한 포괄적인 연구는 김호성, 『천수경의 새로운 연구』, 民族社, 2006 참조. 그리고 『천수경』에 대한 해설은 학담, 『천수관음과 대비다라니』, 큰수레, 2008 참조.

양기파이며 대혜종고의 손자 상좌인 笑翁妙堪(1177~1248)의[23] 제자이다. 그가 비록 임제종 양기파이지만 절강성 四明山에 오랫동안 머물렀기에 그 지역의 법안종과 천태종 등의 종파들과도 깊은 교류를 한 것으로 추정된다.

담수가 쓴 『인천보감』 서에 이 책을 편찬하게 된 의도가 잘 담겨 있다.[24] 하나는 "三敎의 훌륭한 분들 중 불교에서는 하나의 언행이라도 모두 비석과 어록, 단편 등에 실려 있으나 사방에 흩어져 있어 빠짐없이 볼 수가 없다. 따라서 덕이 많은 분들의 행적이 묻히거나 혹은 들어보지도 못한 경우가 허다하다. 나는 항상 총림에 나아가면서 큰스님들의 법문 중에서 듣기도 하고 혹은 찾아다니면서 구하기도 했는데, 모두가 의지를 북돋아주고 후세의 거울이 될 만한 것들이었다. 그러다가 그때그때 기록해 둔 것이 수백 단락이 되었다. 이들을 모아 『인천보감』이라 이름을 붙였는데, (중략) 大慧의 『正法眼藏』과 같은 부류의 책이다."라는 내용이다.

또 하나는 "옛날에는 禪을 닦는 자들도 누구나 교학과 율법을 공부하였고 교와 율을 하는 자들도 모두 힘써 禪을 닦았다. 나아가 儒家와 老家의 도를 공부하는 경우에서도 터득하여 철저히 깨달았다. 지금처럼 한 가지 방법만 오로지 하고 한 가지 맛에만 빠져 마치 어울릴 수 없는 물과 불처럼 서로를 헐뜯지는 않았다. 古人들의 행이 어려운 것이 아닌데, 사람들 스스로 자기를 비하하여 고인들을 따라갈 수 없다고들 하니, 그들은 고인이나 지금 사람을 같은 사람인 줄 너무 모르고 있다. 이런 가운데 스스로 분발하는 이가 있다면 前輩들과 무엇이 다르겠는가."라고 말하고 있다.

담수가 후세의 거울이 될 만한 내용과 하나에만 집착하지 않은 것들을

23) 『新版 禪學大辭典』, 東京 大修館書店, 1985, 1193쪽.

24) 백련선서간행회, 『人天寶鑑』, 장경각, 1992의 번역을 많이 참고하였다.

모은 편찬 의도는 『인천보감』의 내용과도 연결된다. 『인천보감』은 선사상만을 지향하려는 것은 아니고 경학과 율법까지도 포괄하며 심지어 유학과 노자의 도까지도 포용하고 있다. 다분히 계몽적이고 교훈적인 측면을 겨냥한 것이다. 이러한 『인천보감』의 내용 중 주목되는 점은 의외로 천태종 승려들이 많이 수록되어 있다는 사실이다. 전체 122단락 중 천태종 관련 내용은 40단락으로 거의 3분의 1에 해당된다. 그리고 천태종은 山家派인 四明知禮(960~1028)의 법손이며, 그 중에서도 선종과의 결합을 강조한 南屛梵臻(?~1103)의 후손들이 많이 수록되었다.[25] 특히 하권에서 고(구)려의 波若(562~613)이 중국 천태종을 개창한 지자대사의 두타행을 계승한 제자임을 수록한 것은[26] 주목된다.

한편 일연이 『인천보감』을 적극 수용한 것은 『인천보감』이 교훈적이면서 후세에 귀감이 되는 내용을 담고 있다는 점과, 담수가 선사이지만 선사상만을 고집한 것이 아니라 교학과 율법뿐만 아니라 유가와 도교까지도 수용한 태도에서 연유한 것으로 보인다. 이와 관련하여 일연이 수학기에 주로 머물렀던 비슬산에서 법화신앙이 유행했다는 점을 주목하여 혹 일연은 이 시기에 선사상과 법화신앙이 결합된 형태의 불교관에 심취한 것으로 이해하기도 하였다.[27] 이런 양상은 양기파에 속한 선사이면서 천태사상과의 교섭에도 적극적이었던 담수의 행적과 경향에서도 발견된다.

앞서 인흥사에서 간행한 불서류를 검토하였는데, 이를 통해 인흥사에서는 최소한 다음의 몇 가지 경향이 존재하였음을 알 수 있다. 첫째, 관음신앙의 표방, 둘째, 다라니신앙의 중시, 셋째, 계몽적이면서 교훈과

---

25) 위의 책, 해제 참조.

26) 『삼국유사』 권5, 피은8, 惠現求靜의 말미에 '波若'에 대한 기록이 보인다.

27) 蔡尙植, 「普覺國尊 一然에 대한 硏究」, 『韓國史硏究』 26, 1979 ; 『高麗後期 佛敎史硏究』, 일조각, 1991, 143~144쪽 참조.

귀감을 강조하는 분위기 등이다. 이러한 사상적 경향은 일연이 신앙과 공덕, 교훈을 강조하는 방향으로 경도되어 갔음을 의미한다.

이와 같이 일연이 사상적으로 전환된 것은 어떤 역사적 의미가 있었다. 무엇보다도 다음의 두 가지 측면이 주목된다. 첫째, 일연은 1258년 최씨정권을 무너뜨린 유경과 박송비를 비롯한 왕정복고의 주역들이 부각시킨 인물이다. 둘째, 이 시기가 30여 년에 걸친 대몽항전이 실패로 끝나고 원간섭기로 고려사회가 재편되어 가는 과정이라는 사실이다.

그러면 이러한 시대적인 상황에서 일연은 어떠한 시대인식을 하였는지가 궁금하다. 일연이 1259년에 大禪師가 되고 이어 1261년에 원종에 의해 江都의 禪月社에 초청된 점으로 보아, 일연은 당시 왕정복고를 주도한 정치세력의 후원을 받았다. 왕정복고는 물론 몽고와의 강화로 연결되지만, 일시 왕정복고에 반발한 金俊이 敎定別監이 된 1264년에 일연이 江都 禪月社에서 경상도 지역의 吾魚社를 거쳐 仁弘社로 거처를 옮겼다. 그러다가 김준이 주살된 1268년에는 왕명에 의해 雲海寺에서 禪敎의 名僧을 모아 개최한 대장낙성회를 주관하였다. 일연의 이러한 행적은 중앙 정치세력의 부침과도 관련된다.

이와 같이 왕정복고를 주도한 세력의 지원을 받게 되었던 일연으로서는 최씨정권을 비롯한 무신세력에 대해서 비판적이었다. 그는 무신세력과 몽고군에 의해 가장 큰 고통과 피해를 입었던 농민과 천민들의 피폐된 상황을 깊이 인식하였으며, 이들을 왕정복고의 지지세력으로 본 것은 아닌가 한다. 따라서 일연은 이들에게 현실적으로 구원과 희망을 갖도록 실천적·현세구원적 성격을 띤 불교를 표방하였다.

한편 1258년에서 1270년대 초기까지는 왕정복고가 이루어지고 무신세력이 재등장하는 정치적 혼란기였으며, 이런 가운데 왕정복고는 몽고의 영향권 속에 고려가 포섭되었음을 의미한다. 비록 일연이 대몽항전기에는 소극적이었는지는 몰라도 왕정복고를 결행한 주도세력의 지원을 받았다고 하여, 일연이 몽고를 적극적으로 수용한 것으로 단정하기는 어렵다.[28] 일연은 아마 민중들에게 커다란 고통을 끼치고 이들의 기반을 앗아간 이민족의 침략에 대해 무신들과 마찬가지로 취급하여 비판적이었을 것이다. 나아가 이는 민족적인 위기감으로도 발전했을 것이며, 이에 대한 대응의식에 의해 역사서술을 시도했는지도 모른다.

결국 선승이지만 실천적·현실적 성격을 지닌 관음신앙과[29] 다라니신앙으로 경도된[30] 일연의 사상적 전환은 현실 인식 위에서 나온 산물이었으며, 이는 『역대연표』와 『삼국유사』 찬술과도 연결되는 사상적 배경이었다. 또 인흥사의 이러한 사상적·신앙적 경향은 일연의 불교관이 선사상 일변도에서 이러한 경향까지도 포용하는 방향으로 경도되고 있었음을 말해 준다.

4. 맺음말

앞서 살핀 바와 같이 일연이 원종 2년(1261) 강화도 선월사에 초청받아 중앙 정치무대에 등장한 이후 주로 경상도 지역을 중심으로 주석하면서

28) 一然은 『삼국유사』에서 몽고군의 침략을 직접적으로 고발하지 않고 '西山大兵'(권3, 迦葉佛宴坐石條), '西山兵火'(권3, 黃龍寺九層塔) 등과 같이 우회적으로 표현하고 있다. 또 "自至元甲子已來 大朝使佐 本國皇華 爭來瞻禮"(권3, 前後所將舍利)의 '大朝'라는 표현과 같이 몽고에 대한 전반적인 부정의 모습을 발견하기 힘든 부분도 있다. 그러나 『三國遺事』 찬술의 전반적인 분위기가 이민족의 침략이라는 현실에 대한 비판·대응의식의 산물임을 부정할 수는 없다.

29) 『삼국유사』에 수록된 관음신앙으로 연결된다. 金煐泰, 「觀音思想」, 『三國遺事所傳의 新羅佛教思想研究』, 신흥출판사, 1979 및 라정숙, 「『삼국유사』를 통해 본 신라와 고려의 관음신앙」, 『역사와 현실』 71, 한국역사연구회, 2009 참조.

30) 『삼국유사』 권5, 神呪6의 篇目을 설정한 것과도 관련될 것이다. 또한 「일연비문」에 보이는 '文殊五字呪'는 일연이 陀羅尼 신앙에 심취한 모습을 반영한 것인지 모른다.

가지산문의 재건과 불교계의 혁신과 복구를 위해 많은 노력을 기울였다. 그러한 과정에서 일차적으로 선승으로서 수행에 힘쓴 일연은 시대상황에 대처하기 위해 교화와 신앙을 강조하는 방향 전환을 하게 되었다. 그가 근 14년간 주석한 인흥사는 그 중심이 되는 사찰이었다. 이후 그의 두드러진 행적은 두 가지 방향으로 전개되었다. 하나는 관음신앙의 표방이며, 또 하나는 사서의 편찬이었다.

일연이 주관하여 인흥사에서 제작한 『역대연표』는 사서 편찬을 위한 도구로서 말 그대로 '연표'이다. 아울러 인흥사에서 간행한 『법화경보문품』을 비롯한 불서류 가운데 현전하는 3종의 가장 중심이 되는 것은 관음신앙과 다라니신앙, 교훈을 주기 위한 내용이다. 인흥사에서 연속적으로 진행된 이러한 간행사업은 사상·신앙적으로 일정한 목표와 의도를 갖고 있었다. 아울러 이러한 작업은 일연이 주석하면서 사액을 받은 인흥사의 사격이 그만큼 컸기 때문에 가능할 수 있었다. 결국 당시의 시대상황이 일연으로 하여금 그러한 길을 선택하도록 유도했으며, 『삼국유사』의 편찬은 두 방향이 만난 합일점이었다.

한편 『삼국유사』의 편목을 보면 기이과 흥법 이하로 나눌 수 있다. 전체의 거의 반에 해당하는 기이편은 사서의 형태와 내용을 담고 있다. 이에 비해 흥법 이하 탑상·의해·신주·감통·피은·효선 등은 불교사라고 할 만하다. 그런데 흥법 이하의 내용도 흥법·탑상·의해와 신주·감통·피은·효선 등의 두 흐름으로 나눌 수 있다. 전자는 궁극적으로 보면 '體'의 영역이며, 불교의 전래와 융성, 불교 고승의 행적과 불교 교학, 불교의 탑상을 밝히고 있다. 이에 비해 신주·감통·효선 등의 후자는 현상과 방편의 영역인 '相'과 '用'으로서 밀교의 고승을 통한 신통력, 신앙심을 바탕한 감통, 도가적인 隱士들의 행적, 인간의 기본적인 도리인 효 등을 밝히고 있다. 물론 『삼국유사』가 사서의 틀을 세우기 위해 전체 9편목으로 나름의 편목을 설정했지만, 정작 일연이 농민과 천민들을 향해 가장 강조한 것은 신주·감통·피은·효선 등의 편목이었다. 이는 인흥사에서 간행한 불서류가 지향하는 성향과도 부합하며, 특히 일연이 말년에 그의 제자 선린에게 간행을 부탁할 정도로 깊이 契合하였던 『인천보감』의 찬술 의도와도 연관된다.

앞서 밝힌 바를 종합하면, 『삼국유사』는 역사적 사실을 연대순에 따라 서술한 왕력 및 기이와, 불교를 중심에 두고 주제별로 서술한 흥법 이하 탑상·의해·신주·감통·피은·효선 등으로 되어 있다. 후자의 내용은 무신집권기에서 몽고와의 전쟁기, 원간섭기로 이어지는 과정에서 가장 큰 고통을 당한 농민과 천민들에게 구원과 희망을 주기 위한 신앙적 목표와 의도를 바탕으로 서술되었음을 알 수 있다. 그 중에서도 특히 신주·감통·효선 등의 편목은 신앙심과 인간의 기본적인 도리를 밝히려는 의도를 갖고 설정한 것이었으며, 또한 농민과 천민들이 쉽게 접할 수 있는 내용으로 되어 있다.

그러나 앞의 기이와 흥법 이하의 편목은 서로 다루고 있는 내용과 성격이 다르다고 하여 별개로 인식할 것은 아니다. 현재의 관점으로 표현하면 대외적인 위기인 민족모순과 농민과 천민의 피폐된 상황인 계급모순을 함께 극복하기 위한 의도를 갖고 찬술한 것이 『삼국유사』이기 때문에, 체재와 구성은 구분할 수 있지만 본질적으로는 같은 내용임을 인식해야 한다. 곧 당시 시대상황 속에서 연결되어 있는 편목임을 이해해야 할 것이다.

일연은 사상적으로 선사상에 입각한 선승이었다. 그의 행적 중 젊은 시절 수학기에는 비슬산에서 화두 참구를 통해 깨달음의 길을 추구하였다. 선사상을 수행의 중심으로 두었던 이러한 일연의 행적은 그가 입적할 때 남긴 임종 선문답에서 다시 확인할 수 있다. 이에 관한 내용은 「일연비문」에서 잘 밝히고 있다.

그러나 일연은 시대적인 상황 속에서 비록 선사상을 바탕으로 한 수행관에 입각하였지만 상대적으로 소홀하기 쉬운 신앙적인 측면의 노력을 기울이지 않을 수 없었다. 무신정권의 등장에 따른 피폐된 현실, 이민족과 30여 년에 걸친 전쟁, 원간섭기로 접어들면서 대규모의 동정군에 동원된 과중한 부담 등으로 이어진 고려사회는 누적되고 중첩된 고통 그 자체였다. 여기에 일연은 가장 큰 피해를 받은 농민과 천민들에게 희망과 구원을 향한 신앙을 강조하게 되었다. 그러한 일연의 신앙적 노력을 상징적으로 보여준 것이 바로 인흥사를 통한 관음신앙이었다. 이는 또한 민족적 위기를 극복하고 민중들에게 신앙적 대안을 목표로 하여 일연이 찬술한 『삼국유사』로 연결된다. 이러한 『삼국유사』를 찬술하기 위한 기초적인 자료인 『역대연표』를 인흥사에서 제작·간행했다는 것은 당연한 귀결인지도 모른다. 단적으로 표현하면 신앙과 역사가 합일점을 모색한 것이었다.

제4장

仁興社刊 『歷代年表』와 『三國遺事』의 찬술

Ⅰ. 『역대연표』의 내용 분석

1. 머리말

일연이 선종 승려임에도 불구하고 그의 저술 중 가장 많이 읽히는 『삼국유사』는 성격을 달리하는 것으로 보고 있다. 이미 알려진 바와 같이 『삼국유사』는 『전등록』과 같은 선종의 저술은 아니다. 사서의 내용이 절반이며, 다분히 불교신앙적인 측면을 강조하기 위한 의도로 저작된 것이다. 따라서 일연의 사상적 경향에서 그러한 단면은 충분히 있었을 것으로 보았다.

일연이 청·장년기에 비슬산에서 주석한 사실에 초점을 맞추어 불교신앙적인 요소를 찾으려 하였다. 따라서 그가 승과에서 상상과에 뽑힌(1227) 이후 鄭晏의 초청으로 남해 정림사로 옮겨갈 때까지(1249) 머물렀던 현풍 비슬산(포산) 시기에 법화신앙과 선사상을 결합한 형태로 이해한 사상적 경향이 『삼국유사』의 찬술에 많은 영향을 준 것으로 파악한 적이 있었다.[1)] 그리고 정림사에서 머문 것이 계기가 되어 수선사와 교류를 갖는 것으로만 파악하였을 뿐, 일연이 노년기에 접어든 시기에 다시 비슬산으로 돌아와(1264), 仁弘社(1274년 仁興社로 사액)를 중심으

1) 蔡尙植, 「普覺國尊 一然에 대한 硏究」, 『韓國史硏究』 26, 1979, 58~61쪽.

로 머물 때의 사상적 경향에 대해서는 그다지 큰 관심을 기울이지 못하였다.

그러나 일연의 전 생애에서 『삼국유사』의 찬술과 관련된 사상적 경향은 다른 어느 시기보다도 인흥사로 옮겨간 이후를 주목해야 한다고 본다. 바로 이 시기는 정치적으로 왕정복고가 이루어지는 한편, 몽고의 영향권 속에 고려사회가 예속되어 가는 시기였음을 상기할 때, 일연의 사상적 경향에서도 그러한 전환적인 성격을 발견할 수 있다.

일연의 사상은 그의 초·장년기에 법화신앙과 선사상을 결합한 형태로 이해한 수학기의 단계, 남해 정림사로 옮겨간 이후 수선사의 영향을 받기도 하고 『曹洞五位』를 중편할(1256) 정도로 선사상에 심취한 단계, 그리고 인흥사로 옮겨간 이후 신앙적 측면을 강조한 단계로 나눌 수 있다. 이와 같이 일연이 선사상을 중심에 두고서 신앙적 측면을 강조하는 경향을 보인 것은 당시의 시대적 상황과 관련되며, 『三國遺事』의 찬술로 이어졌다고 보아진다.

이러한 각도에서 필자는 인흥사에 주석한 이후 일연의 사상적 경향에 관심을 갖고 자료를 검토하였다. 그런 중에 지원 15년(1278)에 인흥사에서 간행한 『歷代年表』의 판본이 해인사 사간판으로 소장되어 있음을 확인하였다.[2)]

따라서 우선 본 자료의 소개와 내용 분석, 『삼국유사』와의 관련, 나아가 인흥사의 성격을 검토하여 일연의 사상적 경향까지도 추적한 바 있다.[3)] 특히 인흥사에 머물 당시 일연의 사상적 경향은 『삼국유사』를

---

2) 海印寺 寺刊板은 崔凡述, 「海印寺寺刊鏤板目錄」, 『東方學志』 11, 1970가 참고된다. 여기서 『歷代年表』를 「漢陽王朝世系」(92쪽)로 잘못 보았다. 양자의 서지정보가 일치하는 것으로 보아 그러하다. 그러나 『歷代年表』의 명칭에 대해서는 순서가 바뀌었지만 뒤에서 검토하기로 한다.

3) 蔡尙植, 「至元 15年(1278) 仁興社刊 『歷代年表』와 『三國遺事』」, 『高麗史의 諸問題』, 삼영사, 1986.

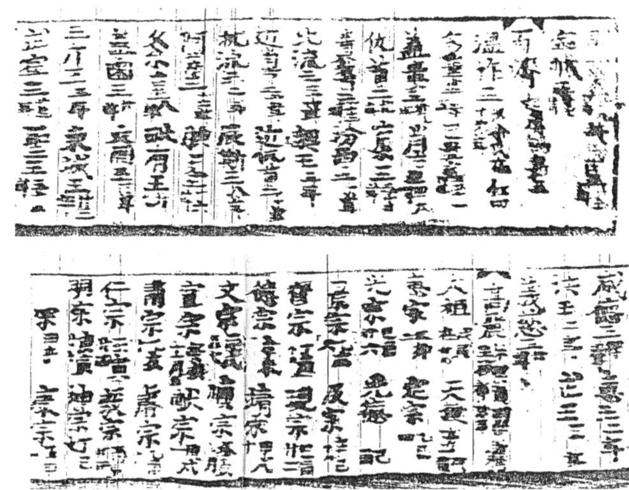

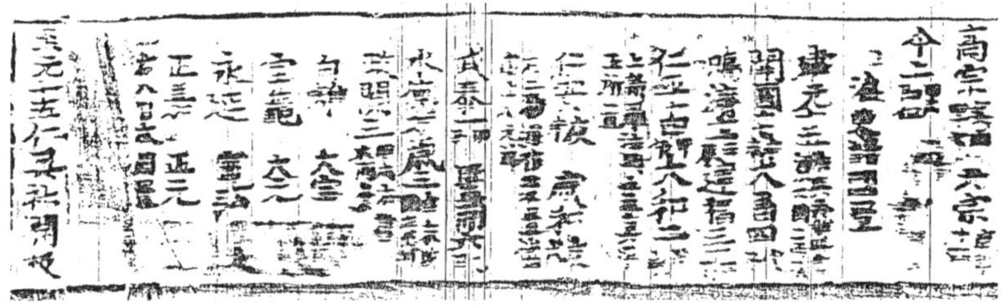

해인사 소장 『역대연표』 제4장(54×6cm, 가로로 연결된 것을 편의상 분리함)

찬술하게 된 사상적 배경을 밝히는 직접적 단서가 된다. 이러한 사정을 감안할 때 『삼국유사』는 일연이라는 승려 개인이 여가가 있을 때 한가롭게 찬술한 것이 아니라, '연표'를 간행하여 『삼국유사』의 찬술작업에 참여한 그의 문도들이 이를 쉽게 이용하게 할 정도로 계획성 있는 작업의 산물이다.

본고는 이전의 글에서 다룬 사상과 신앙에 관한 내용은 분리해서 별고로 다루기로 하고, 이전의 글이 발표된 이후 그간 학계에서 제시한 『역대연표』에 관한 다양한 견해를 추가로 살펴보기로 한다.

2. 『역대연표』에 대한 연구성과 검토

필자가 『역대연표』의 자료적인 가치와 특징을 발표한 지 어언 30여 년이 되었지만, 이후 이전에 발표한 글의 내용을 재검토할 기회가 없었다. 그렇다고 그간 우리 학계에서 『역대연표』를 전론으로 다룬 성과가 있었던 것은 아니다. 그러나 학계에서 『역대연표』에 대해 관심을 갖지 않은 것은 아니다. 여기에서는 우선 그간 『역대연표』에 대해 관심을 표방하고 나름의 성격규명을 시도한 연구성과를 검토해 보고자 한다.

그간 기왕의 연구성과에서는 『역대연표』와 『삼국유사』, 그중에서도 왕력에 대해 많은 관심을 보였다. 이러한 연구에서는 대체로 『역대연표』와 『삼국유사』가 관련이 없는 것으로 이해한 경향이 있다. 그러면 먼저 이들의 견해를 살펴보기로 한다.

이근직은 『역대연표』는 태조의 휘인 建과 혜종의 휘인 武 등에 대해 缺劃法을 사용하고 있는 것에 비해, 첫째, 『삼국유사』는 결획법이 확인되지 않으며, 둘째, 정확하지는 않지만 建(→立), 武(→虎), 성종의 治(→理) 등의 避諱代字法을 적용하였거나 아니면 紀異篇의 서문에 定宗의 휘인 堯를 그대로 사용하고 있는 등의 피휘법 자체를 염두에 두지 않는 것이 주된 경향임을 주장하여, 『역대연표』의 편찬과정에 일연 또는 『삼국유사』의 편찬자들이 직접 참여하지 않은 것이라고 하였다.[4)]

이근직의 성과에서 가장 일차적인 오류는 1278년에 간행된 『역대연표』와 『삼국유사』 임신본(1512)을 단순 비교했다는 점이다. 『삼국유사』 선초본(1394)조차도 몇 사례의 피휘가 보이지만, 왕조가 바뀐 당시로서는 피휘는 원칙이 아니며 판각하는 과정에서 놓친 정도로 이해하고

---

4) 李根直, 「三國遺事 避諱例 硏究」, 『慶山文化硏究』 1, 1997.

있다. 『삼국유사』 고려본이 출현하여 양자를 비교했다면 일부 수긍할 수 있는 여지도 있지만, 기본적인 판본 이해가 선행되어야 한다고 본다.

김상현은 『역대연표』와 『삼국유사』의 관련성을 다음의 몇 가지 이유를 들어 부정하고 있다. 첫째, 『역대연표』가 말미에 '仁興寺板'이라는 문구가 있어 인흥사에서 판각되었으나, 그렇다고 이를 일연과 그의 문도에 의해 작성되었다라고 볼 수 없다. 둘째, 『삼국유사』의 연표도 인흥사판의 『역대연표』가 아닌 王曆이었으며, 왕력은 踰年稱元法을, 『역대연표』는 卽位年稱元法을 사용하였다는 것이다. 그는 여기서 더 나아가 『삼국유사』가 일연과 그 문도들의 공동작업이라는 필자의 견해를, 일연의 제자인 無極이 덧붙인 기록인 '前後所將舍利條' 끝에 첨가한 按說과 '眞表傳簡條' 다음에 붙인 '關東楓岳鉢淵藪石記'를 들어 부정하고 있다. 곧 스승인 일연의 작품에 제자인 자신의 글을 넣었기 때문에 이렇게 말미에 그것을 표시할 정도로 『삼국유사』는 일연의 단독 작품이라는 것이다.[5)]

김상현이 인흥사에서 판각한 『역대연표』는 일연과 그의 문도들은 관련이 없다고 밝힌 견해는 필자로서 이해가 되지 않는다. 그는 비판을 목표로 하여 은연 중에 인흥사는 판각만 담당했을 뿐이라는 선입견에 빠진 것은 아닌가 한다. 곧 『역대연표』는 그 판각만이 인흥사에서 이루어졌다는 견해는 이 시기 '판각' 작업을 너무 가볍게 본 태도이다. 당시 단위 사찰에서 판각을 치를 수 있는 물적·인적 기반은 그렇게 보편화되지 못하였다. 일연이 인흥사를 떠난 1년 후에 완성되었다고 하더라도 일연과는 아무런 관련 없이 판각작업이 이루어지기는 힘들었다. 따라서 일연이 인흥사에 십수 년간 머물 때 준비한 『역대연표』를

5) 金相鉉, 「三國遺事論」, 『강좌 한국고대사』 1, 가락국사적개발연구원, 2003.

그와 관련없다는 식으로 부정하는 것은 무리이다. 또 칭원법의 차이를 지적하고 있는데, 당시에는 칭원법에 관한 이해가 깊지 않았다. 이에 대해서는 뒤에서 다시 언급하기로 한다.

하정룡은 인흥사 문도들이 참여하여 『역대연표』를 만들고 더 나아가 일연을 거들어 『삼국유사』까지도 찬술했다면 그들이 만든 「일연비문」에 이 사실을 언급하지 않았을 리가 없다고 보고, 결국 인흥사의 문도와 『삼국유사』는 직접적인 관련성이 없다는 방향으로 논지를 밝혔다.[6] 이러한 지적에서 『역대연표』와 『삼국유사』가 「일연비문」에 언급하지 않은 점은 차후 학계에서 밝혀야 할 몫이며, 그렇다고 인흥사와 『삼국유사』의 관련을 부정하는 것은 비약이 심하다.

현재 「일연비문」에 『삼국유사』를 명시하지 않은 이유에 대해 아직 필자가 단정적으로 말하기에는 어려운 과제이다. 다만 '국존'으로 책봉될 정도로 일연은 당대 최고 선승이라는 사실은 해석상의 실마리를 던져준다. 곧 일연의 전 생애로 볼 때, 당시 시대적인 상황에서 역사서를 남길 수밖에 없는 충정에 의해 『삼국유사』를 찬술했지만 궁극의 길은 선승의 길이었다. 따라서 그의 입적후 행장을 짓고 비문을 만들면서 그가 남긴 다른 글에 비해 『삼국유사』는 하위개념으로 인식되어 빠졌을 가능성은 충분히 있다고 볼 수 있다.

조경철은 다음의 몇 가지 근거를 들어 양자의 관계를 부정하고 있다.[7] 첫째, 『삼국유사』의 왕력은 유년칭원법을, 『역대연표』는 즉위년칭원법과 유년칭원법을 같이 사용하였다고 한다. 예를 들어 『삼국유사』 왕력에 법흥왕을 표기하기를 '新羅法興王 甲午立 理二十六年'이라고 되어 있다. 이는 '법흥왕은 갑오년에 즉위하여 다음해부터 26년간 다스렸다.'라고

6) 河廷龍, 『삼국유사 사료비판』, 民族社, 2005.

7) 조경철, 「연세대 소장 해인사 사간본 『역대연표』와 『삼국유사』 「왕력」의 비교 연구」, 『東方學志』 173, 2016.

해석되므로 유년칭원법을 사용하였다고 보았다. 그런데 『역대연표』는 삼국시대는 『삼국사기』 연표의 영향을 받아 즉위년칭원법을, 고려는 유년칭원법을 사용하였다는 것이다. 예를 들어 신라 법흥왕은 재위기간을 27년으로 표기하였으므로 즉위년칭원법을, 고려 정종은 '高麗 定宗 乙巳 四'라고 표기되어 있는데, 이는 '고려 정종은 을사년에 즉위하여 다음해부터 4년간 통치했다.'고 해석되어 유년칭원법을 사용하였다고 보았다. 둘째, 『삼국유사』의 왕력은 피휘가 불철저하고, 피휘를 할 경우 혜종의 武 대신에 虎를 사용하는 등 피휘대자법을 사용하였지만 『역대연표』는 피휘를 철저하게 지켜 한 획을 줄인 결획피휘를 하였다. 셋째, 『삼국유사』 왕력은 고구려 대신에 '고려'라는 용어를, 『역대연표』는 『삼국사기』를 따라 '고구려'라는 국호를 사용하였다. 넷째, 『역대연표』는 신라의 진지왕을 누락시켰지만 『삼국유사』는 진지왕이 주인공인 '도화녀와 비형랑'조를 두었다고 하였다.

이상의 몇 가지 지적을 통해 『삼국유사』 왕력과 『역대연표』는 서로 참조하였을 가능성은 있지만 편찬자가 같지 않다고 보았다. 특히 그는 『역대연표』는 중국, 요·금·원, 발해, 일본 등을 연표에 포함시켜 이전 연표와 다른 시대관을 보이고 있다고 주장하였다.

조경철의 견해에서 문제점은 없는지 살펴보기로 한다. 우선 그가 『역대연표』와 『삼국유사』 양자간의 피휘에 대한 차이와 내용상 상이한 기록이 보이므로 양자는 관련이 없다고 밝힌 견해는, 『역대연표』의 성격과 기능을 이해하지 못했기 때문에 생긴 오해이다. 곧 『역대연표』는 완성된 사서의 연표가 아니라 사서 편찬에 참여한 관계자들이 참고하기 위해 제작한 것이다. 따라서 완성된 『삼국유사』 왕력은 『역대연표』와 상당 부분 다를 수밖에 없다. 따라서 그는 『역대연표』가 무엇 때문에 만들어졌는가라는 기본적인 의문에서 출발하지 않고 단순히 내용의 차이와 칭원법의 문제에만 국한하여 설명하였던 것이다.

다만 앞서 김상현도 지적하였지만, 칭원법의 차이는 심사숙고할 문제이다. 여기서는 두 방향에서 검토하고자 한다. 하나는 『삼국유사』 왕력이 유년칭원법에 의한 것이지를 살펴볼 필요가 있다. 또 하나는 칭원법에 대한 당대의 인식과 이해를 살펴보고자 한다.

우선 『삼국사기』 연표와 『삼국유사』 왕력을 비교하면 무엇보다도 역대 왕의 즉위년의 간지가 같다는 점을 쉽게 발견할 수 있다. 이에 대해 그는 "간지에 해당하는 해에 즉위하여 그 다음해부터 재위한 기간을 기록했다."라고 해석한다. 곧 '다음 해부터'라는 무리한 해석은 어디에서 연유한 것인지 의문이다. 왕력에 보이는 신라의 혁거세의 남해차차웅간의 재위년수 계산과 본 논문의 말미에 수록한 〈표〉에 정리한 내용을 참고하기 바란다.

『삼국사기』에는 『삼국유사』에 비해 역대 왕의 재위년수가 대부분 1년이 많다. 즉위년의 간지가 같아도 재위년수가 차이가 나는 것은 다음과 같이 설명이 된다. 곧 『삼국사기』는 전왕의 마지막 재위년과 다음 왕의 즉위년이 일치하더라도 각각의 재위년수에 포함시켜 산정하였다. 이에 비해 『삼국유사』는 전왕의 재위년과 다음 왕의 즉위년이 같을 경우, 재위년수를 계산할 때 전왕의 마지막 재위년은 가령 혁거세의 경우처럼 1년을 줄여버렸다.[8] 이런 연유로 간지를 보지 않고 재위년수만 보면 1년이 적은 『삼국유사』는 유년칭원법에 입각한 사서인 것처럼 오해를 했던 셈이다. 따라서 우리 학계에서 『삼국사기』는 즉위년칭원

8) 정구복, 『韓國中世史學史(1)』, 경인문화사, 2014, 335쪽, 주) 35에서 "삼국의 시조와 다음 왕의 즉위년을 확인하면, 다음 왕이 즉위한 해는 시조의 재위년수에 계산하지 않기 때문에 『삼국유사』 왕력은 즉위년칭원법이 적용된 것이 확실하다."라고 한다. 여기서 김상현과 필자가 왕력은 유년칭원법을 따랐다고 지적한 내용 중 필자에 관한 부분은 오류이다, 곧 필자는 김상현과 달리 『역대연표』와 왕력은 즉위년칭원법을 따랐다는 견해를 이미 밝힌 바 있다(채상식, 앞의 논문, 1986, 691쪽).

법, 『삼국유사』는 유년칭원법에 입각했다는 견해는 수정해야 한다. 양자와 『역대연표』 모두 즉위년칭원법을 사용하였다.

또 조경철이 『역대연표』가 삼국시기는 즉위년칭원법에 입각했으며, 고려는 유년칭원법을 따랐다는 것도 이해가 되지 않는다. 삼국과 고려 모두 즉위한 해의 간지를 표시하고 재위년수를 기록한 것이다. 유년칭원법을 채택한 『고려사』에는 즉위년과 원년을 확실하게 구분하고 있다.

그러면 고려시기에 칭원법에 대한 인식은 어떠했는지 살펴보기로 한다. 김부식은 『삼국사기』 권1, 남해차차웅 기록의 서두에 칭원법에 관한 사론을 남기고 있다. 남해차차웅이 혁거세를 계승하여 즉위하면서 원년을 칭한 것에 대해 『춘추』의 예를 들어 유년칭원법이 옳다는 것이다. 이와 같이 김부식은 유년칭원법을 따라야 함을 밝히고 있으나, 당시의 관행으로 『삼국사기』에는 즉위년칭원법을 채택하고 있다. 그리고 일연은 『삼국유사』 찬술을 위해 『삼국사기』를 참고하였기 때문에 그러한 사정을 알았지만, 그도 여전히 관행을 따랐던 것으로 보인다. 그러다가 14세기 전반기에 이르러서야 이제현이 『충헌왕세가』를 비롯한 그의 저술에서 유년칭원법을 채택한 것으로 보고 있다.[9] 조선시기에는 성리학이 정착되면서 명분과 가치를 강조하는 유년칭원법이 보편화되어 갔다. 따라서 『역대연표』와 『삼국유사』 단계에는 즉위년칭원법이 관행으로 채택되었을 것이다.

한편 박미선은 『역대연표』는 법흥왕 이후 왕호를 사용하고 있고, 전왕의 몰년과 신왕의 즉위년을 동일한 해로 사용하고 있으며, 『삼국유사』 왕력과 상이한 왕명은 『삼국사기』 연표와 일치하고 있는 점을 들어 『역대연표』는 『삼국사기』의 연표를 참조하여 찬술되었을 뿐 왕력과는 관련이 없는 것으로 보았다.[10] 여기서 『역대연표』가 『삼국사기』를

9) 정구복, 위의 책, 436~437쪽.

10) 박미선, 「일연(一然)의 신라사 시기구분 인식」, 『역사와 현실』 70, 2008.

참조했다는 견해는 타당하다. 그러나 『역대연표』와 『삼국유사』 왕력은 관련이 없다는 지적은 신중할 필요가 있다. 심지어 일연과 『삼국유사』 왕력은 관련이 없다는 기왕의 연구를[11] 따른 점은 문제가 있다.

앞서 언급한 바와 같이 『역대연표』는 사서를 찬술하기 위한 참고용으로서 '연표'의 기능을 가졌다는 점을 감안할 필요가 있다. 따라서 『역대연표』를 제작할 때 삼국에 관해서는 참고할 수 있는 자료로서 가장 쉽게 접할 수 있는 『삼국사기』를 선택한 것은 당연했으며, 그 결과 『역대연표』를 이용하여 찬술한 『삼국유사』 왕력은 『역대연표』와 반드시 일치할 수가 없었다.

앞서 양자를 관련 없는 것으로 파악한 견해를 살펴보았다. 이에 비해 양자가 관련된 것으로 보는 견해도 있다.

이효형은 『역대연표』에 보이는 발해 연호를 통해 일연이 발해를 어떻게 인식하였는지를 밝히고 있다. 그는 기본적으로 『역대연표』는 『삼국유사』 찬술의 선행작업 중 하나로 만들어진 예비자료의 성격을 지니고 있는 것으로 파악하였다.[12]

이부오는 『삼국유사』 왕력에 보이는 중국정통 왕조의 계승 인식과 각 연호의 말년을 표기하지 않고 이를 새로운 연호 1년으로 정리하고 있는 점, 연호의 중복, 누락, 보완 등의 유사성 등을 들어 왕력과 『역대연표』가 관련이 있는 것으로 파악하였다.[13]

최근에 최광식과 박대재가 『삼국유사』를 역주하면서 개괄적으로 정리한 해제에는 『역대연표』와 『삼국유사』를 연결시키고 있다.[14]

---

11) 金相鉉, 「三國遺事 王曆篇 檢討-王曆 撰者에 대한 疑問-」, 『東洋學』 15, 단국대 동양학연구소, 1985가 대표적인 글이다.

12) 이효형, 「『歷代年表』와 『三國遺事』를 통해 본 一然의 발해인식」, 『동북아역사논총』 18, 2007.

13) 이부오, 「『三國遺事』 王曆에 나타난 기년인식의 배경」, 『新羅史學報』 32, 2014.

14) 박대재, 「삼국유사 해제」, 최광식·박대재 역주, 『삼국유사』, 고려대출판부,

이러한 논란 중에 주목되는 것은 藤田亮策이 이미 1944년에 완성한 『海印寺雜板攷』이다. 여기서 『역대연표』를 『삼국유사』와 연결하여 간단하게 정리하고 있다. 이 글은 원고로 남아있던 것을 서울에서 우연히 발굴하였다. 이를 서울대 국문학과 金完鎭 교수가 수습하여 일본 朝鮮學會에 소개하고 1991년에 이르러 활자화하였다.[15)]

앞에서 『역대연표』에 관한 학계의 성과를 살펴보았다. 이러한 최근의 성과를 접하면서 필자는 다음의 견해를 밝힌다. 곧 기왕의 견해에 대해 의문을 갖고 심층적으로 검토하고 새로운 견해를 개진하는 것은 좋은 태도라고 할 수 있다. 그러나 일차적으로 상식적인 틀에서 문제를 풀어가야 한다. 『역대연표』는 『삼국유사』 왕력과는 달리 사서를 찬술할 때 참고하기 위한 '연표'라는 사실이다. 아울러 인흥사에서 단순히 복각한 것이 아닌 『역대연표』를 "왜 또는 무엇을 하기 위해 만들었을까."라는 의문은 필요할 것이다.

3. 『역대연표』의 현상과 내용 분석

1) 자료의 현상

본 자료는 해인사 사간판에 소장되어 있다. 사간판의 목록 중에 본 자료가 학계에 소개된 바 있었으나, 자료의 중요성은 의외로 놓쳤다. 본 자료는 '연표'에 관한 현전하는 最古의 자료이다. 이미 『年代年表』로 명명된[16)] 본 자료는 보물 734-20호로 지정되었다. 전체 2판목뿐이며,

---

2014.

15) 藤田亮策, 「海印寺雜板攷」, 『朝鮮學報』 138·139·140, 1991.

16) 尹炳泰, 『韓國古書年表資料』, 國會圖書館, 1969, 4쪽. 또 1975년에 문화재 지정을

앞·뒷면의 4장으로 되어 있다. 전체 내용으로 보아 마지막 부분 2판목만 이 남아있는 散秩板(殘存板)이다.[17] 처음에 해당하는 1판은 누락된 것으로 보인다. 아마도 누락된 판목에 정식 제목이 있었을 것이다. 각 판목은 사주단변에 3단으로 구분하고, 1단에 약 51행을 배치하여 순차적으로 내려오도록 새겼다. 각 장의 크기는 약간의 차이가 있으나 1·2·3장은 대체로 54.5×17㎝ 전후이며, 다만 4장은 54×6㎝로 되어 있다. 이같이 마지막 4장의 크기가 작은 이유는 앞의 3장까지는 각 장이 3단으로 된데 비해 4장은 끝나는 부분으로 1단으로 되어 있기 때문이다. 또한 서체는 해서로서 古拙한 편이다. 그러나 마멸이 심한 편이어서 판독하기 어려운 부분이 많다.

그리고 본 자료의 4장 끝부분에 '至元十五仁興社開板'이라는 刊記가 있어, 본 자료는 至元 15년, 곧 1278년에[18] 인흥사에서 간행된 것임을 알 수 있다. 다만 본 자료의 판목이 어느 시기에 어떤 연유로 해인사로 옮겨졌는지는 알 수 없다. 다만 현재의 비슬산 북쪽 기슭으로 현 대구광역시 달성군 화원면 천내동에 있던 폐사지가 인흥사지로 밝혀짐으로써,[19] 폐사가 되었기 때문에 인접한 대찰인 해인사로 유물들이 옮겨진 것이 아닌가 한다.[20] 인흥사가 폐사가 된 시기는 조선후기의 『星州邑誌』

위한 趙明基, 千惠鳳 등의 조사결과(千惠鳳, 『羅麗印刷術의 硏究』, 경인문화사, 1982, 116쪽), 또한 1979~1980년에 朴相國의 재조사(朴相國, 「慶南의 寺刹所藏經板考」, 『文化財』 15, 1982, 59쪽) 등에 본 자료의 서지정보를 소개하고 있다. 이들은 본 자료를 '歷代年表'라고 명명하였다. 현재 해인사 사간판에는 '歷代王朝年表'라고 소개하고 있다.

17) 千惠鳳, 앞의 책, 122쪽에서는 缺板임을 시사하고 있다. 朴相國, 위의 논문, 59쪽에서는 缺板이 없다고 한다. 藤田亮策, 앞의 논문, 1991, 96쪽에서도 1장 2판이 분실된 것으로 보고 있다. 내용상 散秩임이 분명하다.

18) 至元이라는 연호는 1264~1294년, 1335~1340년의 두 차례에 걸쳐 사용되었으나, 본 자료는 내용상 14세기의 것은 아니다.

19) 李鐘恒, 「傳 仁興寺址 三層廢塔 移基에 關한 報告」, 『慶北大論文集』 4, 1960 참조.

20) 현재 해인사 寺刊板에는 간행처가 해인사가 아닌 다른 사찰의 板木들이 소장되

에 이미 기록이 보이지 않거나 폐사로 명시되어 있어 임란 당시가 아닌가 한다.[21)]

2) 내용분석

그러면 『역대연표』의 체제상·내용상의 특징을 『삼국유사』를 참고하면서 살펴보기로 한다. 서술의 편의상 본 『역대연표』 1장의 상단을 1-①로, 중단을 1-②, 하단을 1-③으로 하고 그 이하는 이러한 순서에 의거하여 구분한다. 다만 마지막 4장은 1단뿐이지만 4-①로 한다.

전체 내용은 중국과 그 주변 민족에 의해 건설된 諸國의 역대 왕명과 연호를 정리하여 수록한 것이다. 특히 마지막 부분에 新羅, 高句麗, 百濟, 高麗의 순서로 왕명과 재위년수를 밝히고, 이어 '海東諸國置'라 하여 우리나라의 연호를 명시한 점이 주목된다. 그러면 각 단락에 따라 주목되는 바를 살펴보기로 한다.

본 자료의 1-①은 중국의 정통왕조로 인식한 역대 왕조의 연표이다. 여기에는 '周'와 '大宋'의 항목만 남아있을 뿐이어서, 어느 시기부터 정통왕조의 시초로 파악하였는지, 또 정통왕조가 어떻게 계승된 것으로 인식하였는지는 알 수 없다. 물론 정통왕조의 계승은 1-②의 기록을 통하여 부분적이긴 하지만 유추할 수 있다. 1-①에만 한정짓는다면 중국의 역대 정통왕조는 後周, 北宋, 南宋으로 계승된 것으로 파악하였음

어 있는 예가 많다(崔凡述, 앞의 논문 참조).

21) 『新增東國輿地勝覽』 권28, 星州牧 佛宇條에 仁興寺(社)가 보인다. 조선후기의 자료 중 『輿地圖書』(下), 慶尙道 星州牧 佛宇條에는 『新增東國輿地勝覽』의 기록을 그대로 옮겨놓았기 때문에 인흥사가 존속된 것으로 보기 쉽다. 그러나 1832년의 『星州牧邑誌』 佛宇條에는 기록조차 보이지 않는다. 한편 18세기 말의 『梵宇攷』(규장각 소장본)와 1895년의 『星州邑誌』 佛宇條에는 廢寺가 되었음을 분명히 명시하고 있다. 『星州邑誌』는 규장각본을 아세아문화사에서 1982년에 영인한 것을 참고하였다.

을 알 수 있다. 특히 여기서 한 가지 지적할 점은 1-①에서 연호를 명시하면서 그 사용기간과 연호사용의 첫 해에 해당되는 干支를 병기한 점이다. 바로 이는 『삼국유사』 왕력의 기재방식과 유사하다.

다음은 본 자료의 1-②부터 1-③의 하반부까지의 내용인데, 여기에는 1-②의 첫머리에 '旁峙諸國'이라 하여 중국의 주변민족이 건국하였던 왕조를 중심으로 하여, 정통왕조로 인식되지 아니한 諸國의 왕명과 연호를 기록하고 있다. 기재방식은 1-①과 동일하며, 5호 16국, 5대 10국 등의 왕조를 다루고 있다. 이를 열거하면 다음과 같다. 이해의 편의상 각 왕조가 존속한 기간을 본 자료에 의거하여 서기로 환산하였으며, 또 다른 명칭이 있는 경우는 다른 연표를 참조하여 그 명칭까지도 병기하였다.

①劉蜀(221~263) ②孫吳(222~280) ③後蜀(成漢, 302~347) ④漢(前趙, 304~318) ⑤趙(前趙, 318~329) ⑥前涼(345~376) ⑦後趙(319~352) ⑧前燕(349~370) ⑨前秦(351~494) ⑩後燕(384~409) ⑪北燕(413~436) ⑫蠕子(柔然, 384~429) ⑬後秦(384~409) ⑭西秦(385~431) ⑮後魏(北魏, 384~534) ⑯後周(北周, 556~581) ⑰東魏(534~550) ⑱北齊(550~577) ⑲濟北(西燕, 385~394) ⑳後涼(386~403) ㉑北涼(397~439) ㉒南涼(397~414) ㉓西涼(400~421) ㉔夏(407~431) ㉕後梁(555~587) ㉖安祿山(756~759) ㉗史思明(759~763) ㉘朱泚(783~784) ㉙雲南蠻(南詔, 859~901) ㉚前蜀(901~925) ㉛吳(902~936) ㉜南平(907~963) ㉝閔(閩의 誤, 909~925) ㉞後蜀(934~965) ㉟南唐(937~973) ㊱東漢(北漢, 951~979) ㊲夏(西夏, 1038~1048)

이상에서 37개 왕조의 명칭과 그 존속기간에 대해 열거하였다. 이들 중 본 자료만을 기준으로 했기 때문에 연대의 착오가 일부 있을 것임을 밝혀둔다. 그러면 '旁峙諸國'의 기록에서 주목되는 점을 살펴보기로 한다.

첫째, 중국의 정통왕조를 어떻게 인식했는가를 유추하는 문제이다. 漢代 이전은 알 수 없지만 後漢 다음의 三國期는 '旁峙諸國'의 첫 머리에 차례로 '劉蜀'과 '孫吳'라 하여 蜀과 吳를 설정한 것으로 보아, 魏를 정통왕조로 파악했음을 알 수 있다.[22] 그리고 三國期 이후는 5胡 16國과 北朝 계통, 5代 10國이 망라된 점을 미루어 보면, 晋(西·東晋)에서 宋·齊·梁·陳의 南朝 계통으로, 그 다음은 隋·唐에서 後梁·後唐·後晋·後漢·後周의 5代로 정통왕조가 계승된 것으로 인식하였음을 알 수 있다.

이러한 중국의 역대왕조에 대한 인식은 『삼국유사』 왕력에도 그대로 반영되고 있다. 『삼국유사』 왕력의 상단에 기재된 중국의 역대왕조는 왕력편을 기술한 마지막에 별도로 다음과 같이 명시하고 있다.

前漢 後漢 魏 晋 宋 齊 梁 陳 隋 李唐 朱梁 後唐 石晋 劉漢 郭周 大宋

이와 같은 정통론에 대한 인식태도는 『삼국유사』뿐 아니라 李承休의 『帝王韻紀』에서도 나타나고 있다.[23] 이는 당시 사회에서 성리학을 수용하긴 했어도 그렇게 심화된 단계가 아니었음을 반영한 것이다.[24]

---

22) 사학사에서 正統論은 史書와 撰者의 성격을 평가하는 중요한 기준이 된다. 『역대연표』에서 三國 중 魏를 정통으로 본 것은 蜀을 정통으로 인식한 朱子學 계통의 사서와 좋은 대조가 된다. 그러나 朱子의 『通鑑綱目』과 魏를 정통으로 한 司馬光의 『資治通鑑』까지도 『三國遺事』에서 참고한 흔적이 없다. 따라서 당시에는 정통론을 의식하지는 않은 듯하다. 魏를 本紀로 다룬 陳壽의 『三國志』 영향이라고 할 수 있다.

23) 李承休, 『帝王韻紀』(上), 「正統相傳頌」 참조.

24) 李承休의 역사관에 대해서는 상반된 견해가 있다. 다만 李承休는 正統論을 그렇게 의식하지 않은 것으로 보인다. 이승휴에 대해서는 다음의 글들이 참고가 된다. 李佑成, 「高麗中期의 民族敍事詩」, 『성균관대학논문집』 7, 1962 ; 金哲埈, 「蒙古壓制下의 高麗史學의 動向」, 『考古美術』 129·130합, 1976 ; 韓永愚, 『朝鮮前期史學史研究』, 서울대 출판부, 1981, 26~39쪽.

둘째, 중국의 주변민족에 의해 건설된 왕조로서 중국의 정통역사와 관련이 있으면 비록 유명무실한 왕조라 하더라도 기록하고 있다. 가령 굳이 왕조라 할 수 없으나 독자적으로 연호를 사용한 唐代의 반란군인 安祿山이나 史思明, 朱泚 등을 포함시킬 정도로 본 자료는 어느 특정 사서와 연표에만 의존하여 그대로 옮겼다기보다는 광범위한 자료수집과 섭렵에 의한 산물이라고 할 수 있다. 이는 물론 연표로서 중국측 사서에 이미 정리된 바를 그대로 옮겼을 가능성도 배제할 수는 없지만, 중국에서 사용되던 연호 중 그렇게 널리 알려지지 않은 연호들까지 별도의 항목을 설정하여 일목요연하게 정리한 것에서도 짐작된다.

바로 이러한 자료섭렵의 흔적은 『역대연표』가 『삼국유사』를 찬술하기 위한 선행작업의 일환이었다고 할 때, 『삼국유사』에서 참고한 많은 중국측 사료와도25) 무관하지 않다. 곧 일반적으로 연표의 성격과 기능이 왕조별로 역대 왕의 재위기간, 연호 등을 찾아보기 쉽도록 하기 위해 일목요연하게 정리한 것이라는 점에서 『삼국유사』를 찬술하기 위한 선행작업이라고 보지 않을 수 없다. 물론 『삼국유사』를 찬술하기 위해서 『역대연표』를 제작했다고 볼 수 있는 직접적인 근거는 없으나, 일연이 인흥사에서 주석한 이후 『삼국유사』의 찬술을 본격적으로 추진했다는 행적과 연계하면 그렇게 볼 수밖에 없다.

그리고 『역대연표』의 간행을 위한 준비기간은 1274~1278년간의 그렇게 긴 기간이 아니라는 점을 음미할 필요가 있다. 4년이라는 짧은 기간에 자료수집과 정리작업과 판각이 이루어졌다는 사실은, 『역대연표』는 일연의 단독 작업이 아니라 그의 문도들이 대거 동원되었을 가능성을 말해준다. 그리고 『역대연표』를 토대로 한 『삼국유사』의 찬술도 그러하였을 것이다.

---

25) 崔南善, 「三國遺事解題」, 『新訂三國遺事』, 14쪽 및 한국정신문화연구원, 『三國遺事索引』, 1980, 147~157쪽.

그러면 다음은 자료 2-③의 끝 부분과 3-②의 중간 부분까지의 내용을 살펴보기로 한다. 이 부분은 마멸이 심해 판독이 불가능한 곳이 많다. 4-①의 후반부에 '海東諸國置'란 제목으로 우리나라의 역대 연호를 기재한 것과 같은 방식으로, 중국의 역대 연호를 밝히고 그 사용기간을 細註로 정리하였다. 여기서 광범위한 자료섭렵의 양상을 발견할 수 있을 정도로, 그렇게 널리 알려지지 않은 연호까지 일목요연하게 정리한 점은 주목된다.

다음은 자료의 3-②의 마지막 부분부터 4-①의 끝 부분까지의 내용에 대해 살펴보기로 한다. 여기서는 7왕조를 다루고 있는데, 앞의 '契丹', '大金', '蒙古' 항목까지는 중국과 같이 역대 왕명, 연호, 연호의 사용기간, 연호 사용의 첫해에 해당하는 干支 등을 기록하고 있다. 이어 그 이하는 연호의 사용기간, 연호 사용의 첫 해에 해당하는 干支만을 기록하고 있다. 그 다음은 '新羅', '高句麗', '百濟', '高麗' 등의 순서로 역대 왕명과 재위년수만을 기록하고 있다. 또 4-①의 끝부분에는 '海東諸國置'라 하여 우리나라에서 사용한 역대 연호를 정리하고 있다.

그러면 우선 본 자료가 1278년에 간행되었다는 점에 유의하여 이 시기에 존재하였던 大宋, 蒙古, 高麗의 경우, 본 자료에서 다룬 하한년을 살펴보기로 한다.

1. **대송의 경우** : 保祐 丙辰으로 끝나고 있는데 保祐는 바로 앞의 '寶祐 三 癸丑'의 寶祐와 혼동한 것이다. 즉 保祐라는 연호는 사용되지도 않았을 뿐만 아니라 寶祐라는 연호의 사용기간도 3년이 아니라 6년이었다.[26)]

   그렇다면 '寶祐 三 癸丑'은 '寶祐 六 癸丑'으로 수정되어야 하며 寶祐

26) 『宋史』 권44, 理宗 寶祐年間에 의하면 寶祐라는 연호는 6년간 사용되었음을 알 수 있다.

丙辰年은 1256년이 된다. 그리고 王名에도 착오가 생긴다. 곧 元宗은 光宗으로, 今上은 寧宗으로, 寶祐 三 乙酉부터는 今上(理宗)으로 수정해야 할 것이다.[27)]

이상에서 大宋은 南宋(1127~1279)을 가리키는데, 1256년을 그 하한년으로 하였다. 본 자료의 간행년에 비해 22년이나 앞선다. 또 내용상 마지막 부분 중 일부 착오가 보이는 것은 당시의 고려로서 남송의 사정을 충분히 파악할 수 없었던 현실을 반영한 것이다.

2. **蒙古의 경우** : '今上(世祖) 中統 四庚申'(1260~1263)과 '至元 甲子'(1264~)로 끝나고 있는데, 본 자료 간행시까지도 至元이라는 연호가 계속 사용되고 있었으므로 확실한 하한년은 알 수 없다. 대체로 본 자료 작성시기를 기준으로 삼았다고 할 수 있다.

이상과 같이 몽고는 『역대연표』 작성시기와 거의 비슷한 시기에 이르기까지 그 하한년이 내려오는 것은 앞의 大宋과는 대조되는 점이며, 몽고에 항복한 고려의 당시 사정으로 보아 충분히 짐작할 만하다. 다만 '蒙古'라는 종족명을 국명으로 기재한 점은 주목된다. 몽고에서 '大元'으로 국호를 정한 시기는 世祖 至元 8년(1271)인데,[28)] 이미 大元이라는 국호가 사용되었고, 본 자료의 刊記에서도 至元이라는 연호를 사용하면서도 굳이 '蒙古'라고 기재한 것은 의도적이었을 것이다. 혹 大元이라는 국호가 정해진 사실을 파악하지 못했기 때문에 '몽고'라고 한 것은 아닐 것이다. 이는 고려의 경우를 살펴보면 보다 분명해지리라 생각한다.

---

27) 藤田亮策, 앞의 논문, 1991, 96~97쪽.

28) 『元史』 권7, 世祖 至元 8년 11월 을해, "建國號 曰大元".

3. **高麗의 경우** : '元宗 十四 庚申'(1260~1273), '今上 卽位 甲戌'(1274)로 끝나고 있다. 이로 보아 고려에 해당되는 하한년은 최소로 잡으면 충렬왕 즉위년(1274)이며, 간행년을 기준으로 하면 충렬왕 4년(1278)이다.

이상에서 『역대연표』의 간행년도가 1278년인 것으로 보아 하한년은 1274~1278년 사이임을 알 수 있다. 그렇다면 최대한으로 잡아 1274년 이후부터 간행을 위한 준비작업과 간행이 이루어졌음을 알 수 있다. 이와 같이 1274~1278년 사이에 본 자료가 만들어졌다면 앞에 말한 '蒙古'라는 국명은 이미 1271년부터 사용된 '大元'이라는 국명을 파악하지 못한 것이라기보다 다분히 의도적으로 지칭한 것임을 알 수 있다. 이는 자료 3-②에서 女眞을 '大金'이라고 한 것에 비해 遼를 '契丹'이라는 종족명으로 그 국명을 대신한 용례와도 관련되리라 본다.

이와 같이 고려가 몽고의 간섭기로 들어간 상황인데도 불구하고 契丹, 蒙古 등의 종족명으로 국명을 대신한 것은 의도적이었을 것이다. 이는 상대적으로 大宋·大金이라는 국명사용과 관련시켜 보아야 할 것이다. 『역대연표』를 준비하고 간행한 시기가 비록 몽고의 간섭기로 접어들었던 시기였지만, 거란과 몽고의 대대적인 침략을 당한 경험을 가진 고려로서는 이들 왕조를 정통으로 인정하지 않았던 것이다. 이에 비해 大宋·大金이라는 표현은 宋과 金을 동아시아의 정통왕조로 파악하려는 의식이 강하게 작용하였던 분위기를 반영한 것이다.

그러면 앞서 개략적으로 소개한 자료 3-①의 중간 부분에서 4-①까지의 내용 중 우선 新羅, 高句麗, 百濟의 순으로 기재된 삼국의 역대 왕명과 재위년수에 대한 기록을 검토하기로 한다. 비교의 편의상 『삼국사기』 연표와 『삼국유사』 왕력을 참고하기로 한다. 그러면 이들 중 우선 신라의 경우 왕명과 재위년수를 어떻게 계산하였는지를 살펴보기로 한다.[29] 그 결과 다음의 몇 가지 특징을 찾을 수 있다.

첫째, 신라의 역대 왕명은 『삼국사기』 연표를 따르고 있다. 『삼국사기』와 『삼국유사』에 보이는 왕명은 거의 대동소이하지만 가령 儒理·弩禮, 沾解·理解(詀解), 味鄒·未鄒, 訖解·乞解, 照知·毗處 등과[30] 같이 부분적으로 차이가 나는 경우 『역대연표』는 『삼국사기』와 일치하고 있다.

둘째, 『역대연표』에서 '智證'의 다음 대인 法興 이후는 『삼국사기』, 『삼국유사』와 마찬가지로 역대 왕명에다 '王'자를 병기하고 있다. 智證 이전은 신라의 왕명에 병기하던 居西干, 次次雄, 麻立干 등의 고유한 칭호를 생략하고, 왕명만을 기재하고 있다.

셋째, 眞智王에 대한 기록이 빠진 점을 들 수 있다. 의도적으로 그 기록을 생략한 것인지 아니면 참고한 기록이나 자료에서 빠져 있었는지는 알 수 없다.

넷째, 신라 역대 왕의 재위년수에 대한 계산방식의 문제이다. 『삼국사기』 연표와 『삼국유사』 왕력은 기본적으로 踰年稱元法이 아닌 卽位年稱元法에 의한 것이다. 양자에는 즉위년의 간지가 일치하고 있다. 그러나 재위년수는 대부분 1년 정도의 차이가 난다. 그것은 『삼국사기』는 前王의 마지막 재위년과 다음 왕의 즉위년이 같은 해에 해당될 때 그 해를 전왕의 재위년수에 포함시키고 있기 때문이다. 이에 비해 『삼국유사』 왕력은 전왕의 마지막 재위년과 다음 왕의 즉위년이 같을 때, 전왕의 마지막 재위년은 1년 줄여서 기재하고 있다. 『역대연표』는 판독 가능한 부분을 비교한 결과 『삼국사기』 연표의 방식을 따르고 있다.

이러한 『역대연표』의 특징은 신라에만 적용되는 것이 아니고 고구려와 백제의 왕명과 재위년수 계산에도 『삼국사기』의 방식을 따르고

---

29) 본 논문의 부록에 수록한 〈표〉를 참고하기 바란다. 삼국 모두 같은 기준으로 기재하였기에, 여기서는 신라만 〈표〉로 만들어 비교하였다.

30) 열거한 왕명은 『삼국사기』 연표, 『삼국유사』 왕력의 순서이다.

있다.[31] 이러한 특징으로 짐작컨대 『역대연표』는 삼국에 해당되는 부분은 일단 『삼국사기』를 그 저본으로 삼았음을[32] 알 수 있다.

다음은 자료 4-①의 중간부분에 기재된 '高麗'라는 항목에 대해 언급하고자 한다. 고려 태조부터 今上(忠烈王)까지의 역대 왕명과 재위년수, 연호(태조대의 天授, 광종대의 光德) 등을 정리한 것이다.[33] 역대 왕명과 재위년수는 『고려사』, 『고려사절요』와 일치하고 있다. 그러나 즉위년에 해당되는 干支를 왕명에다 병기한 것은 즉위년칭원법에 입각한 것이다. 앞의 삼국과 마찬가지로 역대 왕의 마지막 재위년은 재위년수 계산에서 빼버렸다. 바로 이러한 점은 조선초 유년칭원법에 의거하여 찬술한 『고려사』, 『고려사절요』와 비교하면 근본적인 차이인 셈이다.[34]

---

31) 본 자료에 보이는 고구려의 역대 왕명 중 國原王, 國壤王, 廣開土王 등의 경우 『삼국사기』에 기록된 故國原王, 故國壤王, 廣開土王과는 달리 『삼국유사』와 일치한 예가 보인다. 그렇다고 『역대연표』가 『삼국사기』를 따르지 않았다고 보기는 어렵다. 판각 과정에서 간격을 맞추기 위해 한 글자씩 줄인 것이 아닌가 한다.

32) 崔致遠의 『帝王年代曆』을 참고했을 가능성은 있지만, 다음을 보면 그 가능성은 희박하다. 곧 『역대연표』에서 신라 왕명은 法興王 이후만 某王으로 칭하고, 赫居世에서 智證까지는 왕에 대한 칭호가 없다. 이는 『帝王年代曆』에서 역대의 신라 왕을 모두 某王이라고 칭한 것(『삼국사기』 권4, 智證麻立干 원년 및 『삼국유사』 권1, 紀異2 南解王)과 다르다. 다만 『삼국사기』에서는 智證까지 사용하던 麻立干, 居西干 등의 고유한 칭호를 기록하고 있는 데 비해, 『역대연표』에서는 이를 생략한 것은 판각상의 이유였을 것이다.

33) 『삼국유사』의 내용 중 비교적 많은 분량의 고려조 기록이 보이는데, 『역대연표』에서 고려의 역대 왕명과 재위년수를 정리한 의도는 이와 관련될 것이다.

34) 『역대연표』에서 삼국, 통일신라, 고려에 이르기까지 일관되게 즉위년칭원법을 사용한 것은 당시의 관행으로 보인다. 한편 조선전기에 편찬된 『동국통감』은 凡例에서 三國은 모두 踰年改元이 원칙이었으므로 權近이 『東國史略』에서 유년칭원으로 바꾼 것을 비판하고 있다. 그럼에도 불구하고 고려는 아무런 언급도 없이 유년칭원법을 채택하고 있다. 이로 보면 마치 고려시기에는 유년칭원법이 보편화된 것처럼 보이게 하나, 실제와는 다르다. 이는 『동국통감』이 『고려사』·『고려사절요』를 참고한 것에서 생긴 오류이다. 조선전기 역사서술에 대해서는 韓永愚, 앞의 책, 1981 참조.

다음은 4-①의 끝부분에 기재된 '海東諸國置'에 대해 몇 가지 문제되는 바를 살펴보기로 한다. 본 항목은 우리나라에서 사용하였던 연호 중 新羅, 渤海, 摩震(泰封) 등의 연호를 정리한 것이다. 특히 마지막에 日本의 연호를 명시한 점은 주목된다.

신라는 建元(536~550), 開國(551~567), 大昌(568~571), 鴻濟(572~583), 建福(584~633), 仁平(634~646), 太和(647~650) 등 中古期 연호만을 집중적으로 수록하고 있다. 아마 불교를 적극적으로 수용하였던 중고기에 대한 남다른 관심과 이 시기를 가장 이상적인 시대로 인식했기 때문에 그러했을 가능성이 크다.

그리고 발해에서 사용하였던 연호 중 仁安(719~737)과 咸和(831~857) 두 연호만을 수록한 것은 그 확실한 의도를 알 수 없다.[35] 다만 발해에서 仁安이라는 연호를 사용한 시기는 국가형성기로서 그 기틀을 마련한 단계이며, 또 咸和의 시기는 최대의 전성기였다는 점을 감안할 때, 신라의 중고기와 마찬가지로 가장 이상적인 시대로 인식한 것을 반영한 것은 아닌가 한다.

한편 일본의 연호는 '白雉 大宝 宝龜 大元 永延 寬弘 正嘉 正元' 등 8개가 보인다. 이는 『日本帝紀』를 『삼국유사』에 인용한 사실과도[36] 관련될 것이다. 1259년의 正元이라는 연호에 이르기까지 하한년이 내려오는 것은 당시 일본과의 활발한 교류관계와 관심을 반영한 것으로 추측된다. 그 연호는 또한 이러한 관심은 『역대연표』의 간행을 위한 준비작업이 시작된 충렬왕 즉위년(1274)이 제1차 東征이 행해진 해라는 점으로 미루어 볼 때 동정의 분위기와도 관련될 것이다.

---

35) 『삼국유사』 권1, 紀異 靺鞨·渤海에 발해의 연호에 대한 언급은 없으나 여기에 인용된 『指掌圖』와 『舊唐書』·『新唐書』 등을 미루어 볼 때 이를 통해 渤海의 연호에 대한 이해가 있었음을 짐작할 수 있다.

36) 『삼국유사』 권1, 紀異 延烏郞·細烏女 및 元聖大王에 『日本帝紀(記)』를 細註로 인용하고 있다.

4. 맺음말

앞에서『역대연표』의 내용에 대한 소개와 각 단락별로 나누어 몇 가지 문제되는 바를 살펴보았다. 그러면 앞에서 살핀 몇 가지 내용을 종합하여 정리하는 방향으로 맺음말에 대신하기로 한다.

첫째,『역대연표』가『삼국유사』를 찬술하기 위한 예비자료라는 점을 알려주는 가장 중요한 근거는 다음과 같다. 형태상의 문제이긴 하지만,『역대연표』와『삼국유사』왕력의 기재양식이 거의 일치한다는 사실이다.『역대연표』에서 연호를 기재하는 방식은 이해의 편의상 다음의 예를 통해 설명하기로 한다. 곧 北宋 太宗代에 사용된 太平興國이라는 연호는 '太平興國 七 丙子'라고 하여 7년간 이 연호가 사용되었음을 밝히고, 연호 사용의 첫 해에 해당되는 干支가 丙子라는 뜻이다.

『역대연표』의 전체에 일관된 이러한 기재방식은『삼국유사』의 왕력에서도 보인다. 가령 '永平 戊午 十七'이라 하여 연호 사용기간과 干支의 순서만 바꾸었을 뿐 그대로 적용되고 있다. 이러한 기재방식은 양자가 동일하며, 나아가 같은 계통이 간행에 참여했음을 말해주는 것이다.

둘째, 중국의 정통왕조에 대한 인식 문제이다.『역대연표』에서 後周·大宋 이전은 散秩이라 알 수 없다. 다만 '旁峙諸國'의 기록을 통해 살핀 결과, 漢→ 魏→ 晋→ 南朝→ 隋·唐→ 後梁·後唐·後晋·後漢·後周→ 大宋의 순서로 중국의 정통왕조를 인식하였음을 알 수 있다. 이는 바로『삼국유사』왕력과 일치되는 내용이다. 또『역대연표』의 제작자들이 이러한 결론에 도달하기까지 많은 자료를 섭렵한 흔적을 발견할 수 있다. 이러한 자료들은『삼국유사』에 인용된 많은 자료와 연결되었을 것이다.

셋째,『역대연표』가 간행될 당시에 존재했던 大宋, 蒙古, 高麗에 대한 하한년대를 검토한 결과 다음의 몇 가지 사실을 찾을 수 있다.

1. 본 자료가 만들어진 기간은 최대한으로 잡아서 1274~1278년간의 4년이었다.
2. 명분상으로는 大宋, 大金이라는 표현과 같이 이들을 정통왕조로 인식하고 있었지만, 현실적으로는 南宋에 대한 언급이 1256년에서 끝날 정도로 南宋과의 교류와 이를 통한 南宋에 대한 정보가 미미했다.
3. 1271년부터 이미 大元이라는 국호를 사용한 元에 대해 蒙古라는 종족명으로서 그 국명을 지칭했다. 특히 국명을 蒙古라는 종족명으로 대신했다는 것은 본 『역대연표』에서 遼를 契丹이라 한 것과 같은 의도일 것이다. 아마 이민족의 침략에 대응한 역사의식의 산물이 아닌가 한다.

넷째, 『역대연표』에서는 신라·고구려·백제의 순으로 역대 왕명과 재위년수를 밝히고 있는데, 일차적인 참고자료는 『삼국사기』이다. 『삼국사기』와 『삼국유사』는 기본적으로 즉위년칭원법을 따르고 있지만 재위년수를 기재하는 방식은 다르다. 이들 양 사서에서는 역대 왕의 재위년수 산정에 관한 한 대부분 1년의 차이가 난다. 따라서 『역대연표』 중 삼국에 한해서는 대체로 『삼국사기』의 방식을 따르고 있다. 이에 비해 『역대연표』의 대부분을 차지하는 중국 연호는 참고할 만한 마땅한 것이 없었다. 많은 자료를 통해서 독자적으로 찬술할 수밖에 없었으며, 그 결과 기본적으로는 즉위년칭원법에 의거하여 제작하였다. 그 내용은 뒤에 찬술한 『삼국유사』 왕력과 일치한다.

그러한 사정을 종합하면 다음과 같다. 『역대연표』가 『삼국유사』를 찬술하는 과정에서 연대상의 기준을 삼기 위한 年表의 성격을 지닌 것이었기 때문에 광범위한 자료섭렵을 거쳐야 하였다. 그러나 광범위한 자료섭렵을 거쳐 만든 중국에 비해, 삼국은 당시의 사정상 참고할 만한 마땅한 자료가 없었다. 따라서 『역대연표』 제작자들은 이미 『삼국사기』 연표가 일목요연하게 작성되어 있었기 때문에 이것으로도 충분하다고 인식하였을 것이다.

결론적으로 말하면 『역대연표』의 간행이 계기가 되어 우리측의 많은 古記類를 입수, 정리하고 『삼국사기』에서 소홀하게 취급한 내용을 보충하여 『삼국유사』를 찬술하였다고 보아진다. 이는 『삼국사기』 연표만을 따랐기 때문에 伽倻에 대한 일체의 언급이 없을 수밖에 없었던 『역대연표』에 비해, 『삼국유사』 왕력에 하나의 단으로 '駕洛國'을 설정했을 뿐만 아니라 「駕洛國記」를 독립된 항목으로 수록한 태도를 통해서도 어느 정도 짐작된다.

| 부록 | 『삼국사기』와 『역대연표』·『삼국유사』의 신라왕명과 재위년수 비교

王名	『三國史記』 年表	『歷代年表』	『三國遺事』 王曆
1. 赫居世	居西干(甲子~甲子) : 61	61年	第一, (居西干), 甲子, 60年
2. 南海	次次雄(甲子~甲申) : 21	21年	第二, 次次雄, 甲子, 20년
3. 儒理	尼師今(甲申~丁巳) : 34	34年	第三, 弩禮尼叱今, 甲申, 33년
4. 脫解	尼師今(丁巳~庚辰) : 24	24年	第四, 尼叱今, 丁巳, 23년
5. 婆娑	尼師今(庚辰~壬子) : 33	33年	第五, 尼叱今, 庚辰, 32년
6. 祇摩	尼師今(壬子~甲戌) : 23	23年	第六, 祇磨尼叱今, 壬子, 23년
7. 逸聖	尼師今(甲戌~甲午) : 21	21年	第七, 尼叱今, 甲戌, 20년
8. 阿達羅	尼師今(甲午~甲子) : 31	不明	第八, 尼叱今, 누락, 누락
9. 伐休	尼師今(甲子~丙子) : 13	13年	第九, 尼叱今, 누락. 누락
10. 奈解	尼師今(丙子~庚戌) : 35	不明	第十, 奈□尼叱今, 누락, 누락
11. 助賁	尼師今(庚戌~丁卯) : 18	18年	第十一, 助□尼叱今, 누락, 누락
12. 沾解	尼師今(丁卯~辛巳) : 15	15年	第十二, 理解尼叱今, 丁卯, 15년
13. 味鄒	尼師今(壬午~甲辰) : 23	23年	第十三, 未鄒尼叱今, 壬午, 22년
14. 儒禮	尼師今(甲辰~戊午) : 15	不明	第十四, 尼叱今, 甲辰, 15년
15. 基臨	尼師今(戊午~庚午) : 13	不明	第十五, 尼叱今, 戊午, 12년
16. 訖解	尼師今(庚午~丙辰) : 47	47年	第十六, 乞解尼叱今, 庚午, 46년
17. 奈勿	尼師今(丙辰~壬寅) : 47	47年	第十七, 麻立干, 丙辰, 46년
18. 實聖	尼師今(壬寅~丁巳) : 16	16年	第十八, 麻立干, 壬寅, 15년
19. 訥祇	麻立干(丁巳~戊戌) : 42	42年	第十九, 麻立干, 丁巳, 41년
20. 慈悲	麻立干(戊戌~己未) : 22	不明	第二十, 麻立干, 戊戌, 21년
21. 炤知	麻立干(己未~庚辰) : 22	22年	第二十一, 毗處麻立干, 己未, 21년
22. 智證	麻立干(庚辰~甲午) : 15	15年	第二十二, 智訂麻立干, 庚辰, 14년
23. 法興	王(甲午~庚申) : 27	27年, 王 (이하 同)	第二十三, 王, 甲午, 26년
24. 眞興	王(庚申~丙申) : 37	不明	第二十四, 王, 庚申, 37년
25. 眞智	王(丙申~己亥) : 4	누락됨	第二十五, 王, 丙申, 4년
26. 眞平	王(己亥~壬辰) : 54	54年	第二十六, 王, 己亥, 누락
27. 善德	王(壬辰~丁未) : 16	16年	第二十七, 女王, 甲午, 14년
28. 眞德	王(丁未~甲寅) : 8	8年	第二十八, 女王, 丁未, 7년
29. 武烈	太宗王(甲寅~辛酉) : 8	不明	第二十九, 太宗武烈王, 甲寅, 7년
30. 文武	王(辛酉~辛巳) : 21	21年	第三十, 王, 辛酉, 20년
31. 神文	王(辛巳~壬辰) : 12	不明	第三十一, 王, 辛巳, 11년
32. 孝昭	王(壬辰~壬寅) : 11	11年	第三十二, 王, 壬辰, 10년
33. 聖德	王(壬寅~丁丑) : 36	36年	第三十三, 王, 壬寅, 35년

34. 孝成	王(丁丑~壬午) : 6	6年	第三十四, 王, 丁丑, 5년
35. 景德	王(壬午~乙巳) : 24	不明	第三十五, 王, 壬午, 23년
36. 惠恭	王(乙巳~庚申) : 16	16年	第三十六, 王, 乙巳, 15년
37. 宣德	王(庚申~乙丑) : 6	不明	第三十七, 王, 庚申, 5년
38. 元聖	王(乙丑~戊寅) : 14	不明	第三十八, 王, 乙丑, 14년
39. 昭聖	王(己卯~庚辰) : 2	2年	第三十九, 王, 己卯, (立而崩)
40. 哀莊	王(庚辰~己丑) : 10	10年	第四十, 王, 辛卯(庚辰), 10년
41. 憲德	王(己丑~丙午) : 18	不明	第四十一, 王, 己丑, 19년
42. 興德	王(丙午~丙辰) : 11	11年	第四十二, 王, 丙午, 10년
43. 僖康	王(丙辰~戊午) : 3	3年	第四十三, 王, 丙辰, 2년
44. 閔哀	王(戊午~己未) : 2	不明	第四十四, 王, 戊午(己未正月崩)
45. 神武	王(己未) : 1	不明	第四十五, 王, 己未(11月 崩)
46. 文聖	王(己未~丁丑) : 19	不明	第四十六, 王, 己未, 19년
47. 憲安	王(丁丑~辛巳) : 5	不明	第四十七, 王, 戊寅, 3년
48. 景文	王(辛巳~乙未) : 15	不明	第四十八, 王, 辛巳, 14년
49. 憲康	王(乙未~丙午) : 12	不明	第四十九, 王, 乙未, 11년
50. 定康	王(丙午~丁未) : 2	2年	第五十, 王, 丙午(立而崩)
51. 眞聖	王(丁未~丁巳) : 11	不明	第五十一, 王, 丁未, 10년
52. 孝恭	王(丁巳~壬申) : 16	不明	第五十二, 王, 丁巳, 15년
53. 神德	王(壬申~丁丑) : 6	6年	第五十三, 王, 壬申, 5년
54. 景明	王(丁丑~甲申) : 8	8年	第五十四, 王, 丁丑, 7년
55. 景哀	王(甲申~丁亥) : 4	不明	第五十五, 王, 甲申, 2년
56. 敬順	王(丁亥~乙未降) : 9	不明	第五十六, 王, 누락, 乙未納土

* 『歷代年表』에는 干支가 없음. 또 王號는 생략하였다가, 법흥왕부터 '王'을 칭함.

II. 『삼국유사』의 찬술 기반

1. 머리말

『삼국유사』는 적어도 일연이 충렬왕 7년(1281)을 기점으로 그 이후에 편찬한 史書이다. 일연이 『삼국유사』를 저술한 시기는 대개 70대 후반부터 84세로 입적하기까지 주로 만년이다. 『삼국유사』는 5권으로 되어 있고, 그 구성은 王曆·紀異·興法·塔像·義解·神呪·感通·避隱·孝善 등 9편목으로 되어 있다. 5권 9편목 144항목으로 구성된 『삼국유사』의 체재는 『삼국사기』와 『해동고승전』과는 다른 특징이 있다. 이 책은 중국의 세 가지 고승전 체재에 유의하여 편목을 구성하였지만, 왕력·기이·효선 등 중국 고승전 체재에서는 찾아볼 수 없는 독창적 면모도 있다.

한편 『삼국유사』는 삼국의 역사 전반에 관한 사서로 편찬된 것은 아니다. 따라서 그 성격에 대해서 불교사서, 설화집성집, 불교신앙을 포함하는 역사에 관한 문헌, 잡록적 사서, 야사 등 많은 견해들이 있다. 그렇다고 漫錄 정도로 취급하기는 어려울 정도로 내용이 충실하고 풍부할 뿐만 아니라 찬자는 각고의 노력과 강한 역사의식을 표방하고 있다. 물론 『삼국유사』가 신라 중심의 자료 수집과 서술이라는 한계가 있긴 하지만, 일연이 광범위하게 수집한 古記·寺誌·금석문·고문서·사서·문집·승전 등의 자료는 『삼국유사』가 단순한 야사가 아니라 사서로서의 기본틀을 갖추었음을 말해 준다.

이는 『삼국유사』 기이편 서문에 神異를 강조하는 일연의 역사인식에서도 잘 드러난다. 일연이 『삼국유사』 전편을 통해 강조한 신이는 민족 자주성과 문화의 우위성을 내세우고자 한 것이었다. 이는 외세의 압박에 대항하여 그를 극복할 수 있는 새로운 힘의 원천이 자기 전통이라는 강한 확신에서 나온 것이었다. 곧 몽고와의 30여 년에 걸친 항쟁의 소용돌이에서 민중들에게 민족자존의식과 현실구원적인 신앙을 일깨워주기 위한 사상적인 흐름이 일연으로 하여금 『삼국유사』를 저술하게 한 원동력으로 보고 있다.

이와 같이 『삼국유사』는 물론 기본적으로 사서의 성격을 가지고 있는 것이다. 다만 불교의 내용과 관련시켜 보면, 선종 계통의 저술은 아니며 불교신앙적인 측면을 강조하기 위한 의도로[1] 찬술한 것이다. 그러면 일연이 선종 승려임에도 불구하고 그의 저술 중 현전하는 것으로 가장 많이 읽히는 『삼국유사』는 다른 저술에 비해 왜 성격을 달리하는 것인가라는 의문이 든다. 불교 저술이 아닌 사서를 남긴 것은 일연이 원종 5년(1264) 인흥사로 옮겨간 시기의 시대상이 계기가 되었다. 당시 시대상황은 일연으로 하여금 선승이라는 본래의 면목을 벗어난 것은 아니지만 특정 종파를 초월해 신앙 자체를 강조하는 방향으로 돌아서지 않을 수 없도록 만들었다. 곧 『삼국유사』는 이러한 분위기에서 찬술을 시도한 것이다.

앞서 『삼국유사』에 관한 일반적인 견해를 언급하였지만, 학계에서는 정작 일연이 『삼국유사』를 찬술할 수 있었던 구체적인 기반과 배경에 대한 접근은 없었다. 다만 본고는 다음의 몇 가지 방향에서 『삼국유사』를 찬술할 수 있었던 기반과 배경에 대해 살펴보고자 한다.

---

1) 金煐泰, 『三國遺事 所傳의 新羅佛教思想硏究』, 신흥출판사, 1979 ; 金相鉉, 「三國遺事에 나타난 一然의 佛教史觀」, 『韓國史硏究』 20, 1978.

첫째, 일연이 선승이지만 역사서를 찬술할 수 있을 정도의 학문적 기반과 경향을 갖춘 인물인지를 살펴볼 필요가 있다. 이는 그의 저술 활동과 불교를 비롯한 다른 분야에 대한 식견 등을 통해 짐작할 수 있다.

둘째, 일연이 그가 생존했던 시대를 어떻게 인식했는지 검토할 필요가 있다. 곧 고려사회 내부의 변화에 대한 인식과 몽고와 30여 년에 걸친 전쟁을 거치면서 갖게 된 이민족에 대한 인식 등이 어떠했는지 궁금하다. 이를 통해 일연이 역사서를 찬술하게 된 직접적인 동기와 그의 역사인식을 가늠할 수 있을 것이다.

셋째, 역사서 찬술의 기초가 되는 것은 일차적으로 자료 수집과 정리인데, 일연은 이러한 작업을 추진할 수 있는 기반을 만들었는지 살펴볼 필요가 있다. 이러한 중에 기초 작업으로 만든『역대연표』에 대해 살펴보고자 한다.

넷째,『삼국유사』의 체재와 찬술의 의미를 검토해 보고자 한다. 곧 그것이 중국의 고승전을 단순히 모방한 것인지를 비교해 보고 나름의 해석을 시도하기로 한다. 이를 통해『삼국유사』찬술이 갖는 의미를 검토해 보고자 한다.

2. 일연의 학문 경향과 시대인식

『삼국유사』를 접하면 일연이 과연 이러한 사서를 찬술할 만한 안목과 능력을 갖춘 인물인지가 궁금하다. 더욱이 깨달음을 추구하기 위한 수행을 우선으로 하는 선승이 이러한 사서를 찬술한 의도가 무엇이었는지도 단정하기 어렵다. 그러나 적어도 다음의 두 가지 측면은 고려해야 한다고 본다. 하나는 일연이라는 개인의 학문적 경향과 능력이 사서를 찬술할 정도의 수준이었는지를 살펴볼 필요가 있다. 또 하나는 일연이 당시 시대적인 상황을 단순히 순응한 것이 아니라 무언가 기록으로 남겨야겠다는 시대적인 요청에 깊은 고민을 하였는지를 주목할 필요가 있다.

그러면 우선 일연이 가졌던 학문 경향과 태도에 대해 살펴보기로 한다. 이와 관련하여 「일연비문」에는[2] 다음과 같은 내용이 보인다.

〈자료 1〉

1. 참선을 하는 여가에 다시 대장경을 읽고 여러 대가들의 章疏를 깊이 연구하였으며, 유가의 서적을 두루 읽고, 제자백가를 다 관통하였다. 그리하여 장소에 따라 중생을 이롭게 하며, 妙用 곧 방편을 발휘함에도 거침이 없어서, 무릇 50년간 법도에 있으면서도 우두머리의 자리에 있었으며, 머무는 곳에 따라 모두 다투어 우러러 사모하였다.[3]
2. 옛 사람들의 공안에 관한 語句와 뿌리와 마디가 얽힌 것과 소용돌이가 치는 물결처럼 글씨가 험하여 추측하기 어려운 곳까지 살을 긁어내고 뼈를 발라내어 소통시켜, 넉넉하고 여유있게 힘들이지 않고 전적의 복잡하고 어려운 내용을 체계적으로 처리하였다.[4]
3. 오직 국사께서 세상에 출현한 것은 본래 남을 이롭게 하고자 함이다. 학문은 내외를 다 깊이 추구했으며, 이를 실천하기에 만 가지 방편으로 부응했다. 제자백가를 환히 알아서 깊은 이치와 현묘한 법을 찾았다. 많은 의문을 쪼개어 풀어냄이 맑은 거울에 비추는 것과 같았다. 禪林에서는 범이 부르짖는 것이었고, 敎海에서는 용이 읊조리

2) 閔漬, 「高麗國華山曹溪宗麟角寺迦智山下普覺國尊碑銘并序」는 「일연비문」으로 줄이기로 한다.

3) 「일연비문」, "又於禪悅之餘 再閱藏經 窮究諸家章疏 旁涉儒書 兼貫百家 而隨方利物 妙用縱橫 凡五十年間 爲法道稱首 隨所住處 皆爭景慕".

4) 위의 비문, "至古人之機緣語句 盤根錯節 渦旋波險處 抉剔疏鑿 恢恢焉遊刃 有餘".

> 는 것이었다. 회오리 바람이 일어 구름을 합치니, 학승들이 점점 많이 모여들었다.[5)]

위의 〈자료 1-1〉의 내용을 보면, 일연의 독서량과 독서의 범위가 대단히 넓었음을 알 수 있다. 물론 비문의 성격상 과장된 표현을 감안하더라도 일연이 수선하는 여가에 대장경을 열람하면서 여러 대가들의 章疏를 접한 것은 당연하게 받아들여진다. 이에 비해 일연이 유학 서적을 두루 읽고 제자백가를 관통했다는 표현은 선승으로서는 독특할 수 있지만 그가 불교 이외의 전적에 관한 폭넓은 독서량과 박식한 학문세계를 의미한다.

〈자료 1-2〉에서 주목되는 것은 공안을 담은 어록과 복잡하면서도 난삽한 글씨로 된 전적이라 하더라도 체계적으로 일목요연하게 처리하는 일연의 태도에 관한 내용이다. 곧 "뿌리와 마디가 얽힌 것과 소용돌이가 치는 물결처럼 글씨가 험하여 추측하기 어려운 곳까지 살을 긁어내고 뼈를 발라내어 소통시켜"라는 표현은 일연이 사물을 대할 때와 어려운 전적류를 접했을 때 취하는 치밀한 태도와 고증하는 능력을 말한 것으로 보인다. 현대적인 관점에서 보면, 이는 일연이 갖춘 고도의 실증 능력과 정신을 의미하는 것이다.

〈자료 1-3〉의 내용에서 〈자료 1-1〉과 마찬가지로 일연은 내외의 학문과 제자백가에 밝았으며, 불교의 선사상과 교학에도 종횡으로 널리 통달했다고 하였다. 여기서 주목되는 구절은 "많은 의문을 쪼개어 풀어냄이 맑은 거울에 비추는 것과 같았다."라고 한 것은 앞의 〈자료 1-2〉의 표현과 같이 치밀함과 고증을 중시하는 태도를 엿보이게 한다.

앞에서 지적한 점을 종합하면 일연은 사서를 찬술할 수 있는 자질과

---

5) 위의 비문, "惟師之出 本爲利他 學窮內外 機應万差 曉了諸家 搜玄索妙 剖釋衆疑 如鏡所照 禪林虎嘯 敎海龍吟 飈起雲合 學侶駸駸".

태도, 기본 학문을 충실하게 수학한 인물로 판단된다.[6] 특히 일연이 대장경 조판에 참여한 것이 커다란 계기가 되었다고 본다.[7]

앞에서 살핀 「일연비문」에서는 일연의 학문 기반과 태도를 집약적으로 표현했기 때문에 그러한 개연성은 인정되지만 그 실상을 이해하기는 어려울 수 있다. 그러나 이와 관련해서는 일연이 남긴 다음의 두 가지 측면을 검토할 필요가 있다. 하나는 일연이 『삼국유사』를 찬술하면서 인용한 서목이며, 또 하나는 일연이 남긴 저술과 편저 등이라 할 수 있다. 먼저 일연의 저술은 다음의 인용을 살펴보기 한다.

> 국사께서 지으신 것은, 어록 2권, 게송잡저 3권이 있다. 그가 편수한 것은 중편조동오위 2권, 조파도 2권, 대장수지록 3권, 제승법수 7권, 조정사원 30권, 선문염송사원 30권 등 100여 권이 있어 세상에 유행하고 있다.[8]

일연이 직접 찬술한 것은 『어록』(2권)과 『게송잡저』(3권) 등이 있으며, 이에 비해 그가 편수한 것은 『중편조동오위』(2권)를 비롯하여 상당히 많은 편이다. 그러나 일연의 저술과 편수한 것은 현전하지 않으며, 다만 『중편조동오위』만 현전한다. 현전하는 그것도 본래의 판본은

---

6) 채상식, 「一然의 『重編曹洞五位』에 보이는 사상과 역사성」, 『지역과 역사』 30, 2012에서는 『중편조동오위』의 내용을 통해 일연이 문헌에 대한 고증과 주석에 밝은 인물임을 밝히고 있다. 또 『중편조동오위』에서는 선종의 계보에 밝은 일연의 면모를 발견할 수 있다.

7) 『三國遺事』에는 대장경을 인용한 몇 사례가 보인다. 『삼국유사』 권3, 탑상4, '요동성육왕탑'의 세주에 "具在若(右의 오)函" ; 같은 책 권3, 탑상4, '어산불영'에 "可函觀佛三昧經" 및 '星函西域記' ; 같은 책 권4, 의해5, '원광서학'의 세주에 "載達函" 및 '귀축제사'에 "廣函求法高僧傳" 등이다.

8) 「일연비문」, "師之所著 有語錄二卷 偈頌雜著三卷 其所編修 有重編曹洞五位二卷 祖派啚二卷 大藏須知錄三卷 諸乘法數七卷 祖庭事苑三十卷 禪門拈頌事苑三十卷等百餘卷 行于世".

아니며, 일본 조동종에서 17세기에 간행한 것이다.

일연의 저술인『어록』과『게송잡저』등은 선사상 관련 저술로 추정되며, 편수한 것은 선종 계통으로『중편조동오위』,『조파도』,『조정사원』,『선문염송사원』등과 교종 계통으로『대장수지록』,『제승법수』등이다. 이들 저술에 관한 구체적인 분석과 내용 파악은 일연의 사상적인 특징을 살펴보면서 별도로 다루기로 한다. 다만 일연의 저술들을 통해서 다음의 몇 가지 특징은 찾을 수 있다. 첫째, 일연은 상당히 많은 양의 저술을 찬술하고 편수하였다. 둘째, 일연은 앞서 살핀 바와 같이 선승이면서도 선종뿐만 아니라 교학에 관해서도 깊은 이해를 가졌다. 셋째, 일연이 편수한 것은 일종의 사전적인 성격을 지닌 것과 계보도와 같이 참고하기 위한 의도를 갖고 편수한 것이 대부분이다. 넷째,『중편조동오위』를 살펴보면 일연이 전거를 통하여 미비점을 철저하게 고증하고 분석한 것이 '중편'한 내용이다.[9]

결국 일연이 저술하고 편수한 것은 선종과 교종을 구분하지 않을 정도로 폭넓은 사상적인 폭을 보여주지만, 다분히 참고용으로서의 성격이 엿보이며, 전거를 통한 보충과 고증을 내용으로 한 것이 주된 경향은 아닌가 한다.『삼국유사』의 찬술에서 보이는 보충과 고증하는 태도는 앞의 저술 태도와도 연결된다고 할 수 있다.

한편『삼국유사』를 찬술하기 위해 일연은 많은 자료를 전거로 삼았다. 그 인용서목은 방대하다.[10] 이들은 중국측 자료로는 유교경전을 비롯하여 사서, 제자백가 등과 불교경전과 고승전, 불교사전류 등을 들 수 있다. 우리측 자료는『삼국사기』,『삼국사』,『삼국본사』,『국사』,『가락국기』등의 사서와 고기류, 사지, 금석문, 각종 문서, 승전류, 원효를 비롯한 신라 승려들의 저술 등이 있다. 주목되는 것은 義天이 찬술한

9) 채상식, 앞의 논문, 2012 참조.

10) 崔南善,「三國遺事解題」,『新訂三國遺事』, 민중서관, 1946 참조.

大文類(『新集圓宗文類』)를 인용하여 唐의 法藏 賢首가 의상에게 보낸 서신을 소개한 것이다.[11] 이 서신은 현재 사본이 일본 天理大學에 소장되어 있는데, 『삼국유사』에 수록된 내용과 거의 일치하고 있다. 이들 인용서들은 일연이 『삼국유사』를 찬술하기 위해 가장 일차적으로 참고하고 열람하였던 것이다.

이와 같이 일연이 폭넓은 자료를 섭렵하고 고증, 저술활동을 할 수 있었던 기반은 어디에서 연유하는 것인지 주목된다. 일연이 20여 년 동안 비슬산에서 수행할 때를 상정할 수 있지만, 구체적인 실태를 파악하기 어렵다. 그래도 1249년 정안이 남해 정림사에 일연을 초청함으로써 일연과 그의 문도들이 대장경 조판에 동참한 것이 가장 주목된다. 일연은 선승이었을 뿐만 아니라 비슬산을 중심으로 한 변방의 사찰에 머물렀기 때문에 불교 전적을 비롯한 각 분야의 서책을 폭넓게 접하기는 어려웠을 것이다. 남해로 진출함으로써 아마 일연은 대장경 조판과 관련된 불교 전적뿐만 아니라 많은 서책을 열람했을 것이다. 국가적인 사업인 대장경 조성 작업은 자료의 수집과 정리를 통한 방대한 서책의 비치는 필수적인 것이었다.

이러한 기반이 조성되었더라도 사서를 편찬하는 것은 별개의 일이었다. 곧 사서를 편찬해야 한다는 시대정신이 확립되지 않으면 불가능한 것이었다. 남해에 초청받아 대장경 조성에 참여하였던 일연은 국내적으로는 최이가 죽고 그의 서자인 최항이 등장하는 무신세력의 실상을 접했을 것이며, 근 십수 년에 걸친 몽고와 전쟁을 치르고 있는 고려의 현실을 목도했을 것이다. 이러한 상황에서 일연이 가장 비판적으로 본 것은 무신세력과 몽고였을 것이다. 이 시기에 일연이 『삼국유사』의

11) 『三國遺事』 권4, 의해5, 義湘傳敎. 이에 대해서는 金福順, 「崔致遠의 「法藏和尙傳」 檢討」, 『韓國史硏究』 57, 1987 ; 『新羅華嚴宗硏究』, 民族社, 1990, 189~191쪽을 참조바란다.

찬술을 계획하고 구상했다고는 보기 어렵다. 다만 일연이 『삼국유사』에서 무신세력과 연관된 것으로 인식한 삼별초를 '賊難'으로 한 것과[12)]몽고군을 '西山大兵'이라 한 것은[13)] 일연이 이들을 부정적으로 인식한 표현이었을 것이다.

이러한 인식은 뒤에 『삼국유사』의 찬술에도 영향을 주었을 것이다. 일연이 본격적으로 『삼국유사』의 찬술을 의도하고 기획한 시기는 적어도 일연이 인흥사에 주석한 이후였을 것이다. 이는 『삼국유사』를 찬술하기 위한 선행·예비작업으로 『역대연표』를 만든 것과 연관될 것이다.

앞서 살핀 바를 요약하면 다음과 같다. 곧 일연은 선승이지만 사서를 찬술할 수 있을 정도의 학문적 기반과 성향을 갖춘 인물이었다. 그는 불교에만 한정된 것은 아니며, 유학서와 제자백가 등에도 밝은 인물이었다. 그가 남긴 방대한 저술과 『삼국유사』의 인용서목 등을 통해서도 확인된다. 이러한 학문적 기반은 일연이 남해 정림사로 초청받아 당대 최고의 지식보고라고 할 수 있으며 완성도가 높은 대장경 조판에 참여함으로써 크게 성장하였다. 아울러 이 시기 일연은 고려사회 내부의 변화에 대한 인식과 몽고와의 전쟁을 거치면서 갖게 된 이민족에 대한 인식 등이 확립되기 시작한 것으로 보인다. 일연이 『삼국유사』의 찬술을 본격적으로 시도한 것은 인흥사에 주석한 이후로 추정되지만, 이 시기에 일연으로서는 간접적이나마 역사서를 찬술하게 된 동기를 마련하였다고 본다.

---

12) 위의 책 권3, 탑상4, 前後所將舍利.

13) 위의 책 권3, 탑상4, 迦葉佛宴坐石 및 같은 책, 洛山二大聖 觀音 正趣 調信.

3. 『삼국유사』 찬술의 기초 작업

1) 『역대연표』의 제작

앞서 살핀 바와 같이 일연은 고종 36년(1249) 남해로 초청받아 대장경 조성에 참여함으로써 중앙 정치무대에서 활약하던 인물들과 교류하게 되었다. 그 뒤 고종 45년(1258) 유경, 김준 등이 연합하여 최의를 제거한 것을 계기로 하여 왕정복고가 이루어지면서, 일연은 그들의 지원을 받게 된다. 원종 즉위년(1259)에 일연은 대선사가 되고 2년 뒤 왕명에 따라 강화도 선월사로 초청받는다.

그러다가 일연은 남환하여 주로 경상도 지역의 유력 사찰을 주석하였으며, 원종 5년(1264) 왕명에 의해 인흥사에 주석하게 되었다. 여기서 일연은 사상적으로 크게 전환하게 되는데, 승려로서의 본분인 수행과 병행하여 신앙을 중시하는 경향을 띠기 시작한다. 이와 같이 신앙을 중요하게 인식한 것은 당시 시대상황에서 비롯된 것이었다. 몽고와 강화를 하게 되어 전쟁은 일단 종식되었으나 무신집권기와 대몽전쟁기를 거치면서도 귀족과 권신들은 어떤 형태이든 변신함으로써 그들의 권력을 유지하였다. 그러나 가장 큰 피해를 입었을 뿐 아니라 수탈의 주된 대상이었던 농민과 천민들은 여전히 곤궁하였다.

이러한 시대적인 상황에서 화려하게 중앙 정치세력의 후원을 받게 된 일연은 여기에 안주하지 않고 피폐된 민중들의 삶을 깊이 인식하고 이들에게 신앙적인 구원을 갖게 하기 위해 노력하였다. 여기서 일연은 이 시기에 특히 현세구원을 중시하는 관음신앙을 강조하였다.

이와 같이 일연이 신앙을 강조하는 경향을 띠면서 현실적으로 그가 가장 크게 고민한 것은 두 가지 방향이었을 것이다. 하나는 몽고와 전쟁을 치르면서 무너진 '민족'의 정체성 위기를 극복하는 문제이며,

또 하나는 앞서 언급한 농민과 천민들의 피폐된 삶을 개선하는 문제이다. 이에 대한 대응으로 나타난 것이 사서의 찬술과 관음신앙의 강조라고 할 수 있다.

일연이 사서의 편찬을 시도하면서 먼저 착수한 것이 바로 『역대연표』의 제작이었다. 일반적으로 '연표'는 사서를 찬술하는 과정에서 시간적인 흐름을 바르게 파악하고 참고하는 가장 일차적인 도구이다. 충렬왕 4년(1278) 인흥사에서 간행한 것으로 현재 해인사 사간판에 소장된 『역대연표』가 중요한 실마리를 던져주고 있다. 『역대연표』의 내용과 간행에 따른 배경에 대해서는 별도의 글에서 자세하게 살펴보기로 하고, 여기서는 『삼국유사』의 찬술과 관련하여 주목되는 몇 가지 사항을 살펴보기로 한다.[14)]

첫째, 『역대연표』는 충렬왕 즉위년(1274)~충렬왕 8년(1278)에 걸쳐 자료 수집과 간행이 이루어졌는데, 『삼국유사』를 찬술하기 위한 선행작업의 일환으로 만들어졌다. 이는 다음의 내용에 근거한다.

1. 형태상 『역대연표』와 『삼국유사』 왕력의 기재양식이 거의 일치한다.
2. 중국의 정통왕조로 파악한 내용이 서로 일치한다.
3. 일연이 『역대연표』를 간행하기 1년 전에 인흥사에서 운문사로 옮겨 갔지만, 『역대연표』를 간행하기 위한 준비기간의 대부분을 포함하여 간행처인 인흥사에서 14년간 주석했다.

둘째, 『역대연표』는 중국 정통왕조와 중국 주변민족에 의해 건립된 왕조들을 '旁峙諸國'으로 구분하여 이들 왕조에 대한 역대 왕명과 연호, 또 그 사용햇수를 정리하고 이에 덧붙여 新羅, 高句麗, 百濟, 高麗의

14) 蔡尙植, 「至元 15年(1278) 仁興社刊 『歷代年表』와 『三國遺事』」, 『高麗史의 諸問題』, 삼영사, 1986 참조.

순서로 당시까지 존재한 우리나라 역대 왕명과 그 재위년수를 밝히고 있다. 중국에 해당되는 내용은 광범위한 자료섭렵의 흔적을 발견할 수 있으나 우리나라, 특히 삼국의 경우는 『삼국사기』에만 의존하였다. 이러한 내용으로 보아 『삼국유사』는 적어도 충렬왕 4년(1278) 이후에 찬술되었다.

셋째, 『역대연표』를 간행할 당시 인흥사를 중심으로 하여 판각을 담당할 수 있는 기술집단이 일연의 문도들로서 형성되어 있었다. 이는 1250년대 전후에 일연과 그의 문도들이 남해분사의 대장경 조판에 참여한 경험이 있었기 때문에 가능한 것이었다. 특히 이들 중 대표적인 인물로서 인흥사를 중심으로 하여 활약한 禪丛이 주목된다.

넷째, 『역대연표』가 간행된 사상적 배경을 당시 인흥사에서 간행된 불서류와 연관시켜 살펴보았다. 현재로서는 13세기 후반에 『法華經普門品』, 『大悲心陀羅尼經』, 『人天寶鑑』 등이 인흥사에서 간행된 것으로 확인되었다. 이들 중 『역대연표』보다 3년 전에 간행된 『보문품』이 당시의 사상적 경향을 보다 직접적으로 대변한 것으로 주목하였다. 『보문품』은 『역대연표』보다 15년 뒤에 간행된 『대비심다라니경』과 더불어 실천적·현세구원적 관음신앙을 표방하는 대표적 경전이다. 『보문품』에 덧붙여 '六字大明眞言'을 함께 수록하여 밀교적인 다라니신앙까지도 포괄하는 경전을 인흥사에서 간행했다는 사실은 일연의 사상적 경향이 선사상 일변도에서 실천적·현세적 신앙을 표방하는 방향으로 경도되었음을 반영한 것이다. 더욱이 일연이 만년에 접한 『인천보감』을 두고서 그의 제자인 선린에게 간행토록 부탁하는 내용을 접하면, 『인천보감』의 내용이 궁금해진다. 『인천보감』은 南宋의 曇秀 선사가 편찬한 것이지만 교훈과 설화를 통해 서민대중들에게 접근한 내용을 담고 있다.

그러면 일연의 사상적 경향이 방향을 전환한 것은 어디에서 연유하는 것일까. 앞서 언급한 바와 같이 일연이 왕정복고를 주도한 정치세력에 의해 부각된 이후, 그는 무신세력에 대해 비판적이었다. 이는 그가 청·장년기를 열악한 사정에 처해 있던 지방의 사찰에 머물면서 평소에 가졌던 현실인식이 작용한 것이었다. 따라서 일연은 무신권력층에게 가장 많은 피해와 고통을 받았던 농민과 천민들의 처지를 깊이 인식하였다. 그는 이들로 하여금 현실적 차원에서의 구원과 희망을 갖게 하기 위한 노력으로 실천적·현세구원적 성격을 띤 불교 신앙을 강조하였다. 그리고 일연이 대몽항쟁기에는 소극적으로 대처한 측면은 엿보이지만 농민과 천민들에게 커다란 고통을 가져다 준 이민족의 침략에 대해서는 극히 비판적이었다. 이는 민족적 위기감과 대응의식으로 발전했을 것이다.

결국 실천적·현실적 성격을 띤 관음신앙과 밀교의 다라니신앙, 교훈적이면서 계몽적인 성격을 띤 일연의 사상적 편향은 현실인식의 산물이며, 이는 『역대연표』와 『삼국유사』의 찬술로 연결되는 사상적 배경이 되었다.

한편 『삼국유사』 왕력과 『역대연표』의 연관성에 대해서도 살펴볼 필요가 있다. 『역대연표』는 왕력을 편찬하기 위한 것이 아니고 『삼국유사』의 찬술을 위한 도구였기 때문에 완성된 왕력과 『역대연표』는 내용상 일치하지 않는 부분이 많을 수밖에 없다. 『역대연표』의 존재를 몰랐던 최남선이 "왕력은 崔致遠의 『帝王年代曆』을 節酌하여 만들고 그 書名을 略用까지 한 듯하다."라고[15] 밝힌 이후 많은 학자들이 이를 답습해 왔다. 그러나 본 『역대연표』의 내용으로 미루어 볼 때 그 설득력은 부족하다. 물론 일연이 『제왕연대력』을 참고한 흔적이 『삼국유사』에 보이긴 하지만,[16] 일연의 당대까지를 기준으로 한 『역대연표』의 내용과 또 『역대연표』가 『제왕연대력』을 참고했을 가능성이 희박하다는 점으

15) 崔南善, 앞의 해제, 23쪽.

16) 『三國遺事』 권1, 기이2, 第二南解王.

로[17] 미루어 보더라도 『삼국유사』 왕력편을 『제왕연대력』에만 의존하여 만들었다고 보기는 어렵다. 내용상 『삼국유사』 왕력과 『역대연표』가 일부 차이가 있는 점을 들어 양자의 관련을 부정하는 견해도 있다. 이러한 견해는 『역대연표』가 어떤 용도로 제작된 것인지를 감안하지 않은 단견이다. 곧 『역대연표』는 사서 편찬을 위한 도구라는 측면을 이해해야 될 것이다.

2) 자료 수집과 그 기반

앞서 『삼국유사』의 찬술을 위해 '연표'의 제작을 살펴보았다. 이러한 '연표'는 이전의 자료를 그대로 옮긴 것이라 하더라도 역사자료를 다루는 고도의 훈련이 부족하면 쉽게 제작하기 어렵다. 따라서 일연의 문도 중 전문적인 훈련을 거친 인물들이 동참했을 가능성은 크다. 이와 관련하여 『삼국유사』는 과연 일연이 단독으로 찬술한 것인지 의문이 든다. 그가 대표 집필자의 역할을 담당한 것을 부정한다는 의미가 아니다. 일연의 단독 찬술을 강조하는 연구자들이 갖는 시각의 이면에는 '이야기'를 좋아하는 승려가 하나의 '餘業'과 '한가로운 일'로서 찬술한 것이 『삼국유사』라는 선입견이 작용하고 있다. 『삼국유사』는 일연을 필두로 한 그의 문도들이 담대한 기획과 역사의식을 갖고 찬술한 것이다. 단순히 개인이 단독으로 '여업'으로 만들기에는 당시 시대적인 상황이 용납하지 않았을 것이다.

우리 학계는 이러한 의문에 대해 별 관심이 없었다. 필자가 근 30여 년 전에 문제제기를 한 바 있으나, 극히 일부를 제외하고 대부분 무시하

---

17) 현 학계에서는 『三國遺事』 王曆이 『帝王年代曆』에만 전적으로 의거한 것은 아니라고 한다. 李基白, 「三國遺事 王曆篇의 檢討」, 『歷史學報』 107, 1985 및 金相鉉, 「三國遺事 王曆篇 檢討」, 『東洋學』 15, 1985.

였다. 현 학계에서는 별 의심없이 일연 단독의 찬술 정도로 인식하고 있다.

그러나 『삼국유사』 권5의 첫머리에만 '國尊曹溪宗迦智山下麟角寺住持圓鏡[18]冲照大禪師一然撰'이라 하여 일연 찬술이라는 기록이 보일 뿐 그의 저술을 소개한 「일연비문」을 비롯한 다른 기록에는 보이지 않는다. 인흥사에서 『역대연표』를 만든 사례에서 보는 바와 같이 최소한 일연과 그의 문도들이 공동으로 작업한 산물이 『삼국유사』라는 생각이다. 다시 말하면 일연이 선승으로서 몇 십 년 동안 『삼국유사』를 목표로 하여 자료를 수집·정리했다고 볼 수는 없다. 무엇보다도 일연은 수행승의 길을 걸어갔던 인물인 것이다.

이와 관련하여 사료 수집에 관심을 갖고 보낸 많은 세월과 원고 집필 시기는 구분할 필요가 있다는 지적은[19] 경청할 만하다. 따라서 논란이 많지만 일연이 자료 수집과 본격적인 작업을 위한 예비작업으로 인흥사에서 '연표' 제작에 나선 이후, 운문사에 머물 때부터(1281년, 76세) 원고 집필을 시작하여 그가 인각사에서 만년을 보낸 시기(1289년, 84세)에 마무리 한 것으로 보는 것이 타당하다. 다만 사료 수집과 관련하여 일연이 평생 정진하면서 자료를 수집·정리한 것으로 본다든가,[20] 일연이 설악산 진전사를 떠나기 전인 23세부터 50여 년에 걸쳐 사료 수집을 했다는 견해는[21] 설득력이 떨어진다.

물론 「일연비문」에는 일연이 선승이었지만 "修禪하는 여가에 다시 대장경을 읽고 諸家의 章疏를 깊이 연구하였으며, 한편 儒書를 섭렵하고

---

18) 「일연비문」에는 '鏡'이 '徑'으로 되어 있다.

19) 金相鉉, 「三國遺事論」, 『강좌 한국고대사』 1, 가락국사적개발연구원, 2003, 242~246쪽.

20) 閔泳珪, 「三國遺事解題」, 『韓國의 古典百選』, 『新東亞』 1969, 1월호 부록.

21) 鄭求福, 「三國遺事의 史學史的 考察」, 『三國遺事의 綜合的 考察』, 한국정신문화연구원, 1986, 11쪽 ; 『韓國中世史學史(Ⅰ)』, 경인문화사, 2014, 333~334쪽.

아울러 百家書에도 관통하였다."라고 한 것과 "禪林과 敎海를 모두 삼켰다."는 기록을 볼 때, 그는 역사가로서의 자질을 훌륭하게 갖춘 인물로 볼 수 있다. 그렇다고 해도 사서 찬술을 평생의 업으로 삼아 사료를 수집하고 정리했다고 볼 수는 없다. 선승으로 볼 때 역사서 찬술은 궁극의 길이기보다 부차적인 일일 뿐이다. 다만 『삼국유사』는 대몽항전기를 거치면서 민족적 모순이 극대화되어 가는 현실을 접하면서 이를 계기로 평소 워낙 '博聞强記'한 성품이 작용하여 『삼국유사』를 찬술한 것으로 생각된다. 결국 일연은 인흥사에 머문 이후 당시 시대적인 상황을 깊이 인식하고서 『삼국유사』를 목표로 하여, 물론 경상도 지역이 중심이긴 했지만 이전에 수행 과정에서 접했던 관련 자료를 기억하고, 여기에 이미 불교계의 중심 교단이 된 가지산문의 판도를 이용하여 광범위하게 자료를 수집한 것으로 해석된다.

이와 관련하여 『삼국유사』의 인용서목이 주목된다. 『삼국유사』에는 일연이 직접 머물거나, 행적을 남긴 사찰 등에 관한 자료가 많이 남아있다. 『삼국유사』는 크게 왕력을 포함한 기이(권1,2)와 흥법(권3~5) 이하로 대별된다. 여기서 전자는 주로 전적과 사서 등의 기록물을 참고한 것이 대세이다. 여기에 비해 후자는 고승전을 비롯한 간행된 전적 자료가 주를 이루지만 주목되는 것은 현장감 있는 자료가 의외로 많다는 점이다. 현장감 있는 자료는 직접 답사하여 수습한 문서류와 금석문, 傳聞에 바탕하여 수습한 자료, 이전의 기억을 바탕으로 한 자료 등을 들 수 있다. 이러한 자료들은 일연이 직접 수집한 것도 있고, 그의 문도들이 담당한 것도 있었을 것이다. 특히 주목되는 것은 일연이 불교계에서 부상한 이후 그의 영향권 내에 있는 문도들과 가지산문의 소속 사찰을 동원하였을 가능성이 컸다는 사실이다. 물론 여기에 해당되지 않는 종파라 하더라도 일연의 요청을 거절하기 힘들었을 것이다.

또한 현장감 있는 자료들은 일연이 주석했거나 그와 인연이 깊었던 곳의 기록일 것이다. 예를 들면 비슬산 주변의 기록과[22] 운문사 관련 자료,[23] 오어사에 주석하면서 수습한 기록,[24] 그리고 경주 일대의 자료가 비교적 많은 것은, 모두 이 지역이 가지산문의 중심지였으며, 일연이 주석했던 곳이라는 점이 작용했을 것이다. 경주가 신라의 도성이었다는 사실 외에도 일연 만년의 단월에는 경상도와 경주의 지방관이 큰 비중을 차지한 것과도 관련된다. 그러나 경상도 지역을 벗어난 곳에 소재한 문서류와 금석문 등의 자료는 가지산문의 기반을 활용하거나 다른 종파의 도움을 받았을 것이다. 이에 관한 사례는 경주와 마찬가지로 『삼국유사』에 대단히 많다.

물론 『삼국유사』에 일연이 직접 자료를 수집한 것으로 보이는 예가 많이 보이긴 하지만, 만년의 일연으로서 방대한 자료 수집과 집필은 어려움이 많이 따랐을 것이다. 그의 문도들과 함께 당시의 시대적인 상황을 고민하면서 그는 젊은 시절에 그가 접한 자료와 이와 관련된 기억과 傳聞을 참고하고, 자료 수집을 위해 불교계를 통괄하던 가지산문의 기반을 이용하였을 것으로 보는 것이 순리일 것이다.

따라서 『삼국유사』는 물론 일연이 주축이 되었지만 그의 단독 찬술이라기보다 그의 문도들이 참여하여 만들었을 가능성을 배제할 수 없다. 『삼국유사』가 관찬이 아니면서도 방대한 자료의 수집과 내용의 충실성을 가질 수 있었던 배경은 바로 일연을 정점으로 가지산문이 불교계의 중심 교단으로 부각된 측면을 감안하지 않을 수 없다. 『역대연표』의 성격이 포교를 위한 유포용이라기보다는 찬술에 참여한 인물들이 작업하는 과정에서 '연표'로 참고하기 위한 것이라는 점에서 그러하다. 또 많은 자료의 수집과 정리는 가지산문이 경상도 지역을 중심으로 한

---

22) 『三國遺事』 권5, 피은8, 包山二聖.

23) 위의 책 권4, 의해5, 寶壤梨木.

24) 위의 책 권4, 의해5, 二惠同塵.

소수 세력으로서 몇 개의 사원만을 관할하던 단계에 비해, 13세기 중반 이후 전국적으로 그 세력이 확산되어 많은 사원을 관할할 정도로 불교계의 중추 교단으로 부각되었기 때문에 가능하였다고 보아진다.

4. 『삼국유사』 찬술의 의미와 독창성

『삼국유사』의 찬술이 갖는 의미를 찾기 위해서는 다양한 접근이 필요하지만, 크게 보아 다음의 두 가지 방향에서 살펴보고자 한다. 하나는 가장 중요한 것으로 일연이 『삼국유사』를 찬술한 동기와 의도한 목표가 무엇인지를 밝혀야 한다. 곧 역사인식의 문제이다. 또 하나는 『삼국유사』가 사서로서 갖는 체재, 구성, 인용서목, 서술태도, 자료적 가치 등을 밝혀야 한다.

일연이 『삼국유사』를 찬술한 직접적인 동기는 알 수 없다. 그러나 일연의 행적을 살펴보면 사서를 찬술할 만한 시대적인 요청이 컸음을 짐작할 수 있다. 앞서 언급한 바와 같이 일연이 40대 중반의 나이에 은거하면서 수행에만 전념하던 비슬산 생활을 떠나 남해 정림사로 초청받아 진출한 것이 그의 삶에 큰 전환이 되었다. 남해에서 일연은 그의 문도들과 함께 대장경 조성사업의 막바지에 참여하였고, 그때 몽고군이라는 이민족과 항전 중인 상황을 목도하였다. 이러한 이민족과의 항전은 고려가 항복함에 따라 그들에게 예속되는 방향으로 전개되었다. 이러한 사정을 직접 현장에서 접하면서, 당시 불교계의 최고 지도자의 위치에 있던 그로서는 민족의 위기를 극복하기 위한 나름의 모색을 꾀하지 않을 수 없었다.[25] 그가 택한 것은 바로 『삼국유사』의 찬술이었다.

25) 당시의 왕정복고는 고려가 몽고에게 항복한 것을 의미하지만, 왕정복고를 지지하는 일연으로서는 정치·사회 변동기를 맞이하여 사상적으로 나름의

『삼국유사』는 일반적인 역사 서술인 왕력과 기이편, 그리고 불교사에 관한 서술인 흥법과 그 이하의 편목으로 나눈다. 그리고 『삼국유사』 왕력은 성격이 다른 것으로 보고, 기이편과 나머지 흥법 이하를 나누어 보는 견해도 있다. 여기서는 기이편은 시대순으로 편찬된 반면, 나머지는 주제별로 편찬되었다는 점을 기준으로 삼기도 하였다.[26] 어떻든 『삼국유사』는 기이편까지의 일반사와 흥법편 이하의 불교사를 동시에 서술한 사서로 평가하기도 한다.[27] 또 『삼국유사』를 불교(문화)사로 파악하여 왕력·기이 등의 항목에서 서술하고 있는 일반사를 '서설적인 것'으로 이해하는 견해도 있다.[28] 그러나 『삼국유사』에 불교관계 기사가 많이 수록되었다고 하여 불교사로 이해하기는 어렵다. 기이편의 분량만 해도 전체의 절반에 가깝기 때문이다.

이와 같이 학계에서는 대체로 『삼국유사』의 내용을 두고 일반사와 불교사를 함께 서술한 것으로 이해하고 있다. 내용의 차이를 두고 이렇게 분류하는 것은 이해는 되지만, 일연이 승려라는 선입견도 작용한 측면도 엿보인다. 일연이 『삼국유사』를 찬술하면서 크게 두 방향으로 나눈 의도를 살피는 것이 우선일 것이다. 이렇게 두 방향으로 단순하게 나눈 것이 아니라 나름의 찬술의 목표가 있었던 것이다.

일연은 기이편을 통해서는 대외모순에 빠진 민족적 위기를 타개하기 위해 우리의 역사를 정립하고 민족의 자존심과 자긍심을 세우는 방향으

대응을 하였다.

26) 金文泰, 「三國遺事의 體裁와 性格－一然의 編纂意圖와 관련하여」, 『陶南學報』 12, 1989, 73쪽.

27) 李基白, 「三國遺事의 史學史的 意義」, 『震檀學報』 36, 1973 ; 金泰永, 「三國遺事에 보이는 一然의 歷史認識에 대하여」, 『慶熙史學』 5, 1974 ; 李佑成·姜萬吉 편. 『韓國의 歷史認識』(上), 창작과 비평사, 1976.

28) 金煐泰, 「三國遺事의 體裁와 그 性格」, 『論文集』 13, 동국대학교, 1974, 17쪽 및 閔泳珪, 「一然의 禪佛敎」, 『震檀學報』 36, 1973, 157쪽.

로 일관하고 있다. 일연은 기이편의 첫 머리에 '聖人'의 출현은 신이한 것이며, 삼국의 시조들은 중국과 대등하다는 인식을[29] 표방하고 있다. 이는 조선을 개국한 단군왕검을 중국의 堯와 같은 시기의 인물임을 밝혀[30] 조선과 중국이 대등하다는 인식으로 연결된다.[31]

이에 비해 흥법 이하 탑상·의해·신주·감통·피은·효선 등을 통해서는 무신집권기에서 몽고와의 전쟁기, 원간섭기로 이어지는 과정에서 가장 큰 고통을 당한 농민과 천민들에게 구원과 희망을 주는 방향으로 일관하고 있다. 물론 사서의 틀을 세우기 위해 불교 고승의 행적과 불교 교학을 밝히고, 불교의 탑상을 정리하기도 했지만, 신주·감통·효선 등의 편목은 신앙심과 인간의 기본적인 도리를 밝히려는 의도를 갖고 설정한 것이었다. 따라서 기이와 흥법 이하의 편목은 서로 다루고 있는 내용의 성격이 다르다고 하여 별개로 인식할 것이 아니다. 현재의 관점으로 표현하면 대외적인 위기인 민족모순과 농민과 천민의 피폐된 상황인 계급모순을 함께 극복하기 위한 의도를 갖고[32] 찬술한 『삼국유사』는 체재와 구성은 구분하였으나 본질적으로는 같은 기반에서 출발하였다. 곧 당시 시대상황 속에서 각 편목은 구분되어 있으나 서로 연관된 구조임을 인식해야 한다.

그러면 일연의 시대인식은 구체적으로 어떤 내용을 담고 있는지 살펴보기로 한다. 일연은 고려사회 내부의 변화와 대외관계를 정확하게 파악하고 있었다. 이는 『삼국유사』에 국가, 국왕 중심의 역사관을 표방하며,[33] 권신을 비판하는 내용과 단군으로부터 민족사의 체계를 정립하

29) 『三國遺事』 권1, 기이1, '叙曰'.

30) 위의 책, 권1, 기이1, 古朝鮮.

31) 李載浩, 「三國遺事에 나타난 自主意識-특히 그 體裁와 義例에 대하여」, 『三國遺事研究』(上), 영남대 출판부, 1983.

32) 旗田巍, 『元寇』, 中央公論社, 1965, 174~175쪽 ; 金泰永, 앞의 논문, 1974, 139~143쪽에서 전반적인 흐름을 잘 정리하고 있다.

려는 태도를[34] 통해 알 수 있다. 결국 일연은 궁극적으로는 고려를 再造하려는 역사의식을 가졌으며, 이를 실천하기 위한 노력의 산물이 『삼국유사』의 찬술로 나타났던 것이다. 물론 여기에는 불교의 종교적 기능을 활용한 측면도 존재하였다.

이러한 찬술 의미와 연관하여 『삼국유사』의 찬술 태도에 대해 살펴보기로 한다. 이는 광범위하게 검토해야 할 내용이지만 『삼국유사』 체재를 통해서 부분적이나마 접근해 보고자 한다. 대표적으로 최남선이 언급한 "『삼국유사』는 승려인 일연이 여가를 이용하여 큰 고민 없이 기왕의 사서와 고승전 등을 단순히 모방하여 찬술한"[35] 것인지를 검토할 필요가 있다.

『삼국유사』는 王曆·紀異·興法·塔像·義解·神呪·感通·避隱·孝善 등 9편목으로 나누고 전체를 5권으로 구성하고 있다. 이러한 체재에 대해서는 견해가 많은 편이다. 중국 세 고승전의 체재를 따른 것이라는[36] 견해를 비롯하여 여러 가지 설이 있다. 『삼국유사』에 인용된 중국측 승전들에는 『梁高僧傳』·『唐續高僧傳』·『宋高僧傳』·『求法高僧傳』·『三寶感通錄』·『法苑珠林』 등이 보인다. 따라서 일연이 중국측 고승전의 체재를 참고한 것은 분명하며, 『삼국유사』의 편목은 10과로 내용을 나누어 서술한 梁·唐·宋 세 고승전의 체재를 따른 것이라는 견해는 상당히 설득력을 가지고 있다. 우선 중국의 세 고승전의 편목과 『삼국유사』의 그것을

---

33) 李基白, 「三國遺事 紀異篇의 考察」, 『新羅文化』 창간호, 동국대 신라문화연구소, 1984 ; 「三國遺事 王曆篇의 檢討」, 『歷史學報』 107, 1985에 의하면 『삼국유사』 왕력·기이편은 다분히 국가, 국왕 중심의 기록으로 되어 있다고 한다. 이러한 측면은 일연이 왕정복고가 이루어진 1260년대 전후에 부각된 인물임을 반영한 것인지도 모른다.

34) 『三國遺事』 권1, 기이2, 古朝鮮.

35) 崔南善, 앞의 해제, 48쪽.

36) 閔泳珪, 『新東亞』, 1969, 1월호 부록, 88쪽.

비교해 보면 다음과 같다.

『梁高僧傳』: 譯經, 義解, 神異, 習禪, 明律, 遺身, 誦經, 興福, 經師, 唱導

『唐高僧傳』: 譯經, 義解, 習禪, 明律, 護法, 感通, 遺身, 讀誦, 興福, 雜科

『宋高僧傳』: 譯經, 義解, 習禪, 明律, 護法, 感通, 遺身, 讀誦, 興福, 雜果

『三國遺事』: 王曆, 紀異, 興法, 塔像, 義解, 神呪, 感通, 避隱, 孝善

중국 세 고승전의 편목은 그 순서나 표현상 서로 약간의 차이가 있지만, 모두 10과로 분류한 특징이 있다.[37] 이러한 세 고승전의 체재를 『삼국유사』가 그대로 답습했다는 것은 수긍할 수 없다. 이에 대해서는 "중국의 세 고승전은 모두 고승들의 전기를 기록하고 있다. 그러나 『삼국유사』는 왕력 및 기이편이 전체 분량의 약 반에 해당하고, 비록 흥법편 이하의 후반부가 거의 불교적인 내용으로 되어 있지만, 결코 고승들의 전기만을 쓴 것은 아니다. 이처럼 『삼국유사』가 세 고승전과 내용상 방향을 달리 하고 있는데, 세 고승전의 체재를 그대로 답습해서 편목을 설정한 것으로 보기는 어렵다. 물론 의해, 감통 등의 편목으로 보아 세 고승전을 참고했던 것은 틀림없다. 그러나 왕력·기이·피은·효선 등은 중국 고승전에는 없는 편명이다. 따라서 『삼국유사』의 체재가 중국 세 고승전의 체재를 전적으로 따른 것은 아니다."라고 한 김상현 교수의 견해는[38] 대체로 경청할 만하다. 여기서 특히 중국 세 고승전은 고승을 중심으로 그들의 전기를 내용으로 하는 제목 그대로 '고승전'이다. 따라서 『삼국유사』의 내용과 성격상 세 고승전과는 근본적으로 다른 점이며, 『삼국유사』는 사서이다.

---

37) 金相鉉, 「三國遺事의 體裁와 篇目 構成」, 『三國遺事研究』 창간호, 2005, 227쪽에는 『海東高僧傳』은 이들 고승전의 체재를 참고하였다고 한다.

38) 金相鉉, 위의 논문, 226~228쪽.

결국 『삼국유사』의 체재에 대한 많은 견해들이 있지만, 『삼국유사』의 체재는 다른 사서에 비해서 보기 드문 것이고, 비록 중국 고승전과 사서 등을 참고는 했지만 일연은 나름의 목표와 의도를 갖고 독창적으로 재구성하였다. 곧 『삼국유사』는 왕력과 기이는 역사, 나머지는 불교 교학과 신앙을 중심으로 찬술한 것이다. 특히 왕력·기이·피은·효선 등은 중국 고승전 체재에서는 찾아볼 수 없는 독창적인 것이다.

5. 맺음말

일연이 『삼국유사』를 찬술하게 된 배경과 기반에 대한 연구성과는 대체로 거시사적인 시각으로 일관하였다. 이에 관한 관련 자료가 그렇게 많지 않으며, 다양한 성격을 띤 『삼국유사』의 성격상 그러한 방향으로 연구가 진행된 것으로 보인다. 그러나 촘촘하게 관찰하면 『삼국유사』의 찬술 기반에 대한 기초적인 측면은 밝힐 수 있다고 판단하여 시도한 글이다. 앞서 살핀 내용을 몇 가지로 요약하는 방향으로 맺음말을 대신한다.

첫째, 일연은 사서를 찬술할 정도로 학문적 경향과 능력을 갖추고 있었다. 일연은 대장경을 열람하면서 여러 장소까지도 통달한 인물이다. 더 나아가 일연은 유학 서적을 두루 읽고 제자백가에 관통했다는 표현으로 미루어 불교 이외의 전적에 관한 독서량과 여러 학문에 박식하였다. 또 일연은 사물을 대하는 치밀한 태도와 고증하는 능력을 갖춘 인물로 평가된다. 이는 그를 가리켜 "뿌리와 마디가 얽힌 것과 소용돌이가 치는 물결처럼 글씨가 험하여 추측하기 어려운 곳까지 살을 긁어내고 뼈를 발라내어 소통시켜"라고 한 것과 "많은 의문을 쪼개어 풀어냄이 맑은 거울에 비추는 것과 같았다."라고 한 표현에서 알 수 있다.

이러한 점들을 종합하면 일연은 사서를 찬술할 수 있는 자질과 태도, 기본 학문을 충실하게 수학한 인물로 판단된다.

둘째, 일연이 폭넓은 자료를 섭렵하고 저술활동을 할 수 있었던 기반은 일연을 남해 정림사에 초청함으로써 일연과 그의 문도들이 대장경 조판에 동참한 것이 가장 주목된다. 남해로 진출함으로써 일연은 대장경 조판과 관련된 불교 전적뿐만 아니라 많은 서책을 열람했을 것이다. 그러나 사서의 편찬은 시대정신이 확립되지 않으면 불가능한 것이었다. 따라서 대장경 조성에 참여함으로써 일연은 현실에 대한 확연한 인식이 싹트기 시작하였다. 이러한 상황에서 가장 비판적으로 인식한 것은 무신세력과 몽고였다. 이러한 시대인식이 그가 만년에 찬술한 『삼국유사』에 영향을 주었다. 일연이 본격적으로 『삼국유사』의 찬술을 의도하고 기획한 시기는 적어도 그가 인흥사에 주석한 이후였을 것이다.

셋째, 일연은 왕정복고가 이루어지면서 그들의 지원을 받게 되고, 그러다가 일연은 원종 5년(1264) 왕명에 의해 인흥사에 주석하게 된다. 여기서 그가 가장 크게 고민한 것은 몽고와 전쟁을 치르면서 무너진 '민족'의 정체성 위기를 극복하는 문제와 농민과 천민들의 피폐된 삶을 개선하는 문제였다. 이에 대한 대응으로 사서를 찬술하고 신앙적으로 관음신앙을 강조하는 방향으로 나아갔다. 일연이 먼저 착수한 것은 바로 『역대연표』의 제작이었다. '연표'는 사서를 찬술하는 과정에서 시간적인 흐름을 바르게 파악하기 위해 참고하는 가장 일차적인 도구이다.

한편 『삼국유사』의 인용서목을 보면, 일연이 직접 자료를 수집한 것이 많지만 만년의 일연으로서 방대한 자료 수집과 집필은 어려움이 많이 따랐을 것이다. 따라서 『삼국유사』는 물론 일연이 주축이 되었지만 그의 단독 찬술이라기보다 그의 문도들이 참여하여 만들었을 가능성을 배제할 수 없다. 『삼국유사』가 관찬이 아니면서도 방대한 자료의 수집과 내용의 충실성을 가질 수 있었던 배경은 바로 일연을 정점으로 가지산문이 불교계의 중심 교단으로 부각된 측면을 감안하지 않을 수 없다.

넷째, 일연은 고려사회 내부의 변화와 대외관계를 정확하게 파악하고 있었다. 이는 『삼국유사』에 국가, 국왕 중심의 역사관으로 권신을 비판하는 내용과 단군으로부터 민족사의 체계를 정립하려는 태도를 보이고 있다. 결국 일연은 궁극적으로는 고려를 再造하려는 역사의식을 가졌으며, 이를 실천하기 위한 노력이 『삼국유사』의 찬술로 나타났던 것이다.

이와 관련하여 『삼국유사』의 체재는 다른 사서에 비해서 보기 드문 것이다. 비록 중국 고승전과 사서 등을 참고는 했지만 일연은 나름의 목표와 의도를 갖고 독창적으로 재구성하였다. 『삼국유사』는 왕력과 기이는 역사, 나머지는 불교 교학과 신앙을 중심으로 찬술된 사서였으며, 특히 왕력·기이·피은·효선 등은 독창적인 것이다. 따라서 『삼국유사』는 그 성격을 野史, 설화민담집, 하나의 漫錄, 불교(문화)사 등으로 가볍게 볼 수는 없다.

Ⅲ. 『삼국유사』의 간행과 범어사본의 자료적 가치

1. 머리말

『삼국유사』는 적어도 일연이 충렬왕 7년(1281)을 기점으로 그 이후 만년에 이르는 기간에 편찬한 사서이다. 곧 일연이 『삼국유사』를 저술한 시기는 대개 70대 후반부터 84세로 입적하기까지 주로 만년이다. 『삼국유사』는 5권으로 되어 있고, 그 구성은 王曆·紀異·興法·塔像·義解·神呪·感通·避隱·孝善 등 9편목으로 되어 있다.

일연이 『삼국유사』 전편을 통해 신이를 강조한 것은 민족 자주성과 문화의 우위성을 내세우고자 한 것이었다. 이는 외세의 압박에 대항하여 그를 극복할 수 있는 새로운 힘의 원천이 자기 전통이라는 강한 확신에서 나온 것이었다. 여기에는 몽고와의 30여 년에 걸친 항쟁의 소용돌이에서 민중들에게 민족자존의식과 현실구원적인 신념을 일깨워주기 위한 일연의 사상적인 기반이 깔려 있다.[1] 이와 같이 『삼국유사』는 기본적으로 사서이지만 선종의 저술은 아니며 불교신앙적인 측면을 강조하기 위한 의도로 찬술된 것이다.

1) 채상식, 「一然 연구의 현황과 과제」, 『東洋漢文學硏究』 23, 2006.

이러한 『삼국유사』가 그 중요성에 비해 어느 시기부터 유통·간행되었는지는 확실한 결론을 얻지 못하고 있는 형편이다. 종래에는 널리 유통된 바 있는 조선 중종 7년(1512) 임신년에 李繼福 등이 경주부에서 판각한 『삼국유사』 판본이 가장 오랜 것이라는 견해가 일반적이었다. 그러다가 최근에 이르러 임신본보다 앞선 시기인 조선초에 판각된 판본의 잔본들이 출현하게 되었다. 현재 알려진 바로는 故 손보기 교수가 소장했던 파른본으로 왕력·권1·권2, 趙鍾業本과 泥山本으로 전해진 권2, 郭永大 소장본인 권3~권5 등을 들 수 있다. 이로써 『삼국유사』의 유통은 적어도 조선초에 이루어졌음을 알 수 있다.

이러한 중에 범어사 성보박물관이 소장하고 있는 『삼국유사』 권4~권5는 『삼국유사』의 유통과 관련하여 주목되는 판본이다. 이는 어느 시기의 판본인지 그 특징은 어떠한지 살펴볼 필요가 있다. 따라서 본고는 첫째, 『삼국유사』 판본의 유통에 대해 개괄적으로 살펴보고, 둘째, 범어사 소장 판본의 현상, 셋째, 범어사본과 주요 판본의 비교, 넷째, 범어사 소장 판본이 갖고 있는 자료적 가치 등을 검토하고자 한다.

2. 현전 『삼국유사』 판본 소개

『삼국유사』가 찬술된 시기와 이를 유통시킨 과정에 대해서는 많은 견해가 있는 형편이다. 앞으로 학계에서 더욱 활발한 논의가 진행되었으면 한다. 일연이 『삼국유사』를 찬술한 시기는 어느 정도 견해들이 모아지고 있다. 이에 비해 판본으로 초간한 시기가 언제인지를 정확하게 밝히지 못한 실정이다. 그러나 적어도 일연이 『삼국유사』를 찬술하고 그의 생전에 초간한 것으로 본 견해는 설득력을 잃고 있다. 일연이 남긴 원고에 그의 문도인 無極이 일부 보완하여 필사본 형태의 정고본(등재본)을 만들었다는 사실까지는 학계에서 대체로 동의하고 있다. 무극이 정고본을 토대로 초간한 것으로 보는 견해와 적어도 고려말 이전에는 초간했을 것으로 추측하는 견해가 있으나 확실하지 않다. 어떻든 현전하는 판본을 통해 보면 조선초와 조선 중종년간 두 차례에 걸쳐『삼국유사』가 간행되었음을 알 수 있다. 그러면 두 차례에 걸친 판각에 의해 간행된 판본을 소개하기로 한다.[2] 다만 두 시기에 만들어진 판본은 각각 古板本과 (中宗)壬申本 등으로 부르기로 한다.[3]

1) 古板本의 유행

지금까지 알려진 가장 오래된『삼국유사』고판본으로는 石南本, 松隱本, 泥山本, 趙鍾業本, 梵魚寺本, 파른본 등이 있다. 현재까지 조사·보고된 바로는 모두 조선초 판본으로 알려져 있다.『삼국유사』가 간행된 구체적인 연대는 기록상 알 수 없으나, 조선 태조 3년(1394)에 간행된『삼국사기』와 함께 간행되었거나 아니면 그보다 멀지 않은 시기에 간행된 것으로 보고 있다. 그러면 각각의 판본에 대해 간략하게 소개하기로

---

2)『삼국유사』판본에 관한 많은 글들이 있으나, 대표적인 성과를 들면 다음과 같다. 金相鉉,「三國遺事의 書誌學的 考察」,『三國遺事의 綜合的 檢討』, 한국정신문화연구원, 1987 ; 南權熙,「泥山本 三國遺事의 書誌的 考察」,『書誌學硏究』5·6합, 1990 ; 金相鉉,「三國遺事의 書誌的 考察」,『譯註 三國遺事』V, 한국정신문화연구원, 2003 ; 千惠鳳,「三國遺事 板刻의 時期와 場所」,『三國遺事硏究』창간호, 일연학연구원, 2005 ; 河廷龍,『삼국유사 사료비판－삼국유사의 編纂과 刊行에 대한 硏究』, 民族社, 2005 ; 김상현,「삼국유사 고판본과 파른본의 위상」,『東方學志』162, 2013 ; 남권희,「파른본『三國遺事』의 書誌 연구」,『東方學志』162, 2013 ; 남권희「『三國遺事』諸板本의 서지적 분석」,『韓國古代史硏究』79, 2015.

3) 金相鉉, 위의 논문, 2003에 따른다. 특히 李繼福이 발문을 쓴 연대가 '正德壬申年'이기에 흔히 '正德本', '正德壬申本'으로 부르기도 하지만, 明 武宗(1506~1521)의 연호인 正德을 굳이 사용할 이유가 없기 때문에 中宗壬申本이라고 쓴다는 견해는 타당하다고 본다.

한다.

1940년대에 宋錫夏가 소장했던 石南本은 왕력과 제1권만의 殘本인데, 현재는 그 행방이 알려지지 않고 있다. 다만 이를 模寫한 필사본이 高麗大學校 중앙도서관에 소장되어 있어 참고할 수 있다. 이 석남본이 임신본 이전 곧 조선초 판본임은 일찍부터 알려졌다.

松隱本은 원래 權悳奎가 소장했던 것을 1939년에 鶴山 李仁榮의 수중에 들어갔다가 해방 직후 松隱 李秉直이 소장하게 되었고, 현재는 郭永大가 소장하고 있으며,[4] 국보 제306호로 지정되어 있다(지정(등록)일 2003. 02.03). 송은본은 왕력 및 권1·2가 없고, 권3·4·5만이 있는데, 이 중에서도 권3의 제1장으로부터 제6장까지와 권5의 마지막 4장인 27, 28, 29, 30장, 그리고 跋文이 없는 殘本이다. 또 송은본은 푸른 비단의 표지 위에는 큰 글자로 '三國遺事'라 씌어 있고, 작은 글자로 '乙亥 昔珠'라고 적혀 있다. 본문은 책 전체를 일일이 배접하고 내용이 손상된 경우는 補寫되어 있다. 앞부분 6장이 결락된 권3은 50장, 권4는 31장, 끝의 4장이 결락된 권5는 26장으로 모두 합하여 107장이다. 또한 避諱 문제와 관련하여 송은본에는 피휘가 적용되지 않고 있는 점으로 보아 조선초의 간행본으로 추정하고 있다. 송은본은 전체 판본을 학계에 공개하지 않고 있다. 현재 문화재청에서 인터넷상에 2면(권4, 1장)을 공개한 것과 『국보』 도록에 수록된 2면(권5, 1장)뿐이다.[5]

그리고 학계에 보고되지 않다가 최근에 공개된 또 하나의 판본이 전해지고 있다. 이 판본은 故 손보기 교수가 소장한 것인데, 일찍 6면의 내용만 학계에 소개된 적이 있다.[6] 그러다가 최근에 이르러 유족들이

---

4) 소장자의 호에 따라 鶴山本, 松隱本 등으로 불리기도 한다. 현재의 소장자는 郭永大이나, 명칭상의 혼란을 피하기 위해 지금까지 사용해 온 바에 따라 松隱本이라고 한다.

5) 千惠鳳 편저, 『國寶』 24, 예경산업사, 1986, 151쪽.

6) 金相鉉, 앞의 논문, 1987, 52~53쪽 ; 河廷龍, 앞의 책, 2005, 70~74·316~321쪽.

연세대학교에 본 판본을 기증함으로써 왕력·권1·권2 모두가 공개되었다. 현재 연세대학교 박물관에 소장되어 있으며, 손보기 교수의 호를 따라 '파른본'으로 부른다.[7)]

이러한 파른본은 조선초에 간행된 판본 중 왕력과 권1의 경우는 유일하다는 점에서 가치가 매우 높다. 왕력은 필사본인 석남본에도 있으나, 제10장 좌우와 제11장의 앞면이 결락되어 있기 때문에 파른본의 왕력은 완본으로 중요한 자료이다.[8)]

한편 최근에는『삼국유사』 권2 잔본으로 조선초에 간행된 판본인 泥山本과 趙鍾業本 등이 소개되었다.[9)] 니산본은 권2 1책으로 49장이며, 전체 49장의 면수 중에서 제16장의 뒷면 상단에 묵서로 '4張落'이라 하여 제17, 18, 19, 20장 등 4장이 낙장되었음을 표시하고 있다. 그리고 판본 전체에 걸쳐 상하의 여백에 避諱, 缺劃, 異字, 誤字 및 기타의 보충사항을 수장하였던 사람이 나름대로 분석하여 일일이 주를 붙이고 있다. 이 판본의 명칭을 니산본이라고 한 것은 앞표지의 배접지에 '黃馬仲陽月買得 泥山南氏家藏'이라 적고 그 옆에 작게 '黃馬二陽月買得 開日藏(手決)'을 부기하고 있으며, 또 뒤표지의 배접지에 '泥山藏'으로 묵서한 것을 따른 것이다.[10)]

조업종본은 권2 1책, 49장으로 되어 있다. 판본 중 제9장이 결락되어 이를 필사로 보충하였고, 49장의 후엽이 결락되었다. 피휘한 내용을 보면 고려 혜종의 휘인 '武'자를 '虎'자로 바꾸어 쓴 경우와 그대로 쓴 예가 있다. 이는 이 판본이 조선초에 이루어졌음을 반영한 것이다.

---

7) 연세대학교 박물관,『파른본 삼국유사 교감』, 2016. 그리고 서지사항은 남권희, 앞의 논문, 2015, 220~223쪽에 자세히 소개되어 있다.

8) 김상현, 앞의 논문, 2013, 21~22쪽.

9) 南權熙, 앞의 논문, 1990 ; 河廷龍, 앞의 책, 2005, 78~87, 324~420쪽.

10) 남권희, 앞의 논문, 2015, 224~225쪽.

다만 같은 계열의 니산본에 비해 조종업본이 먼저 인쇄된 것으로 추정하고 있다.[11] 조종업본은 현재 도난당한 것으로 알려져 있고, 도난 이전의 복사본이 소개되었다. 책 표지 다음 장에 '三國遺事三卷內第三卷闕失是存二卷', '寧越後人嚴家莊' 등의 묵서가 있다.[12]

한편 본고에서 다룰 범어사본은 범어사에서 소장한 지는 오래되었으나, 최근에 들어 공개되었다. 범어사본은 권4·권5의 1책으로 권5의 26장과 27장, 마지막 장인 31장이 결락되어 있다. 범어사본은 光武 11년(1907) 여름에 吳惺月[13] 스님이 기증한 것이라고 하는데, 천혜봉은 이를 조선초 판본으로 감시하였다.[14]

한편 필사본이지만 선초본으로 추정되는 『삼국유사』가 고려대학교 중앙도서관에 소장되어 있다. 이는 1940년에서 해방 이전 사이에 필사가 이루어진 것으로 알려져 있다. 왕력과 제1권은 석남본을, 그리고 제3권 이하는 송은본에 의거하여 모사한 것이다. 따라서 왕력의 제10장 및 제11장 앞면, 권2, 권3의 처음 6장과 권5의 마지막 4장 및 발문 등이 빠져 있는 필사본이다. 그러나 완본은 아니지만, 석남본의 소장처가 알려지지 않고 또 송은본이 학계에 소개되지 않은 형편을 감안하면, 필사본이지만 매우 가치가 크다고 할 수 있다.[15]

---

11) 김상현, 앞의 논문, 2013, 20쪽에 인용한 '조종업'의 글 참조.

12) 남권희, 앞의 논문, 2015, 226쪽.

13) 범어사본의 겉표지 다음 면에 본 판본을 구입하여 '內院'에 보관하였다는 필사가 보인다. 글씨를 쓴 인물은 명시되어 있지 않다. 다만 1905년부터 이 시기까지 범어사 내원암에 吳惺月 선사가 주석한 것으로 미루어 볼 때 본 판본을 구입하여 내원암에 기증하여 보관하도록 한 인물은 吳惺月로 추정된다. 범어사본 관련 각종 공식 기록에 吳惺月의 '惺'자를 '腥'으로 표기한 것은 통용되었거나 誤記이다.

14) 千惠鳳, 앞의 논문, 2005, 206~207쪽.

15) 김상현, 앞의 논문, 2013, 18~19쪽.

2) 壬申年(1512) 改板本의 유행

조선 중종 7년 임신년(1512)에 李繼福 등이 慶州府에서 『삼국유사』를 간행하였는데, 이를 中宗壬申本이라고 한다. 임신본에는 당시 판각경위를 밝힌 이계복의 발문이 권말에 붙어 있다. 그 대략은 다음과 같다.

> 우리 東方 三國의 本史와 遺事 두 책이 다른 곳에서는 간행되지 않았고 오직 本府에서만 간행되었다. 그러나 오랜 세월이 흘러 마멸되어 한 행에 겨우 너댓 자만 해독할 수 있었다. (중략) 다시 간행하고자 하여 널리 完本을 구했으나 여러 해가 지나도 얻지 못하였다. 아마도 세상에 드물게 유포되어 사람들이 쉽게 얻을 수 없다. 만약 지금 改板하지 않는다면 장차 失傳되어 동방의 지난 일들을 후학들이 마침내 들어 알지 못할 것이니 탄식할 일이다. 다행스럽게도 나의 斯文 星州牧使 權輳는 내가 이 책을 구한다는 소식을 듣고, 完本을 구해 얻어 나에게 보냈다. 나는 기쁘게 받아 監司 相國 安瑭과 都事 朴佺에게 이를 자세히 알렸더니 모두 좋다고 하였다. 이에 여러 고을에 나누어 간행하게 하여 본부에 가지고 와 간직하게 하였다. 皇明正德壬申季冬 (중략) 李繼福 謹跋

이러한 임신본 발문에서 다음의 몇 가지 사실을 파악할 수 있다. 하나는 중종 7년(1512)에 이계복 등은 『삼국유사』와 『삼국사기』를 동시에 판각했으며, 경주부에서만 이 두 책이 간행되었다는 것이다. 또 하나는 "세상에 드물게 유포되어 사람들이 쉽게 얻을 수 없었다."는 표현처럼 임신본 이전 古刊本의 간행과 유통이 폭넓게 이루어지지 못했음을 짐작할 수 있다.

당시 『삼국유사』와 『삼국사기』를 동시에 改板한 사업은 경주부 내의

諸邑에 나누어 판각하게 함으로써 약 6개월만에 완성하였다. 이때의 판각은 전 목판을 개간한 것은 아니었다. 사용 가능한 舊刻板은 그대로 두고, 마멸이 심한 판만을 개판한 것이었다. 補刻인 셈이지만, 그 보각의 숫자가 훨씬 더 많았다. 곧 당시의 판각은 219판 모두를 개판한 것은 아니고, 사용 가능한 구판은 그대로 두고 마멸이 심한 178판만을 개판했는데, 82% 정도였다.[16)]

이에 관한 류탁일 교수의 견해를 경청하기로 한다. 곧 "중종임신본 중에 섞여 있는 구각판을 정확히 찾아내는 일은 중요하다. 구각판은 匡廓이 큰 편이고 마멸이 심하여 어떤 것은 전문가가 아니라도 쉽게 식별이 되지만, 개각판 중 復刻板 경우는 刻法에 대한 정확한 이해가 필요하다. 개각판은 復刻과 筆書補刻의 두 가지 방법이 사용되었다. 복각에 비해 필서보각이 더 많았다. 이 필서보각판은 구각판에 비해 판식이 대체로 작고 서체가 다르며, 또한 『삼국유사』 보각판 중 20여 판이 『삼국사기』의 서체와 비슷한 것이 있다."[17)]라고 지적하고 있다. 또 "개각판은 書法이나 刻法이 서로 다른 것들이 많다. 이것은 복각과 필서보각이 혼용되고, 또 각 고을에 나누어서 새긴 결과이다. 그리고 崔起潼, 李山甫 두 생원이 校正을 보았다고 하지만, 이들의 교정능력은 의심받고 있다. 이들의 교정은 원본의 문자를 정확히 읽어 판독하는 정도에 지나지 않았거나, 오류를 찾아낼 수 있는 감식력이 부족한 인물로 평가할 수 있다."[18)]라는 견해를 밝히고 있다.

결국 임신본은 고판본의 오자와 탈자를 바로 잡은 곳도 있지만, 그 반대의 경우가 더 많았다고 평가받고 있다. 이는 登梓原稿 중에도

---

16) 柳鐸一, 「三國遺事의 文獻變化 樣相과 變因」, 『三國遺事硏究』(上), 영남대 출판부, 1983, 261~263쪽.

17) 柳鐸一, 위의 논문, 262쪽.

18) 柳鐸一, 위의 논문, 262쪽.

이미 불분명한 곳이 있었을 것이며, 교정자와 각수의 실수도 많았을 것으로 추측된다. 따라서 임신본은 판각하는 과정에서 결함이 많은 판본이다. 이는 내용상 교감은 차치하고 판본에 대한 교감을 통해서 발견된 것이다.

임신본의 판본으로 현재 전해지고 있는 것은 順庵手澤本, 晩松文庫本, 서울大本, 朝鮮光文會所藏本, 德川本, 神田本, 渡邊彰新藏本, 大坂金太郎所藏古寫本 등이 있다. 대표적인 판본인 순암수택본은 전체 5권이 갖추어진 완질본으로 임신본이 판각된 1512년으로부터 32년 이내에 인출된 것으로 보고 있다. 훗날 순암 安鼎福이 소장하면서 가필했기에 순암수택본으로 불린다. 1916년 今西龍이 입수하여 소장했었고, 지금은 일본의 天理大學 중앙도서관에 귀중본으로 소장되어 있다.

晩松文庫本은 晩松 金完燮이 고려대학교에 기증한 '晩松金完燮文庫' 중에 소장되어 있는 판본이다. 이 판본은 1534년으로부터 1612년 사이에 인출된 것으로 보고 있으며, 목판의 보존상태가 좋았던 초기의 인본으로 추정되고, 더욱이 가필이나 가획이 없다는 점에서 선본으로 평가받고 있다.[19] 물론 이 판본에는 5장의 결락은 있다.[20] 서울大本은 黃義敦이 소장했던 것으로 6.25 전쟁 이후에는 서울대학교 중앙도서관이 소장하고 있다. 여기에도 약간의 가필은 있지만 순암수택본에 비해서는 적은 편이다.[21]

19) 고려대 중앙도서관에 소장되어 있는 晩松文庫本은 1983년 旿晟社에서 石南本, 鶴山本과 함께 영인하여 간행하였다.

20) 권2의 제49장, 권3의 제1장 및 제2장의 앞면, 권5의 맨 끝장인 제30장, 그리고 跋文 등이 없다.

21) 民族文化推進會에서 1973년 영인하여 간행하였다.

3. 범어사 소장 『삼국유사』와 주요 판본의 비교

1) 범어사 소장 판본의 현상

범어사에 현전하는 『삼국유사』에 관한 서지정보는 다음과 같다.

三國遺事(卷4~5), 一然 撰.

朝鮮初期, 木板本, 33.0×20.8㎝.

1冊(零本), 線裝 : 黑口, 內向黑魚尾. 界線, 10行21字. 四周雙邊, 內邊郭 23.9×17.0㎝

범어사본은 『삼국유사』의 권4~5까지 2권을 1책으로 묶은 것이다. 권4가 31장이고 권5는 전체 30장에서 2장(제26~27장)이 결락되고 28장이 남아 도합 59장이다. 권5의 30장은 마지막 면인데, 임신본에는 '三國遺事卷第五'라는 권수를 표시한 면이 결락되었으나, 본 판본에는 '三國遺事'만 기재되어 있다. 이 판본은 한말에서 일제시기 범어사에 오랜 기간 머물면서 大禪刹로 중흥시킨 吳惺月(1865~1943)이 光武 11년 곧 정미년(1907) 여름에 입수하여 범어사 내원암에 기증한 것이다.

형태적인 면에서 광곽의 길이가 임신본에 비하여 대체로 크고, 邊欄은 임신본이 雙邊과 單邊이 혼재되어 있는데 반하여, 모두가 雙邊이며 전반적으로 인쇄상태와 보관상태가 양호한 편이다. 또한 고려 역대 왕들의 휘에 대한 避諱와 파획은 몇 예가 보이나 전반적으로 적용되지 않았던 점으로 보아 고려시기 판본은 아니며 조선초의 간행본으로 보인다.

한편 범어사본에는 조선초의 판본 중 유일하게 권4의 二惠同塵·慈藏定律·元曉不羈·義湘傳敎 등의 항목에 口訣로 懸吐가 남아있다. 특히 조선초 판본으로 권5의 제28~30장이 남아있는 것은 범어사본이 유일하다.

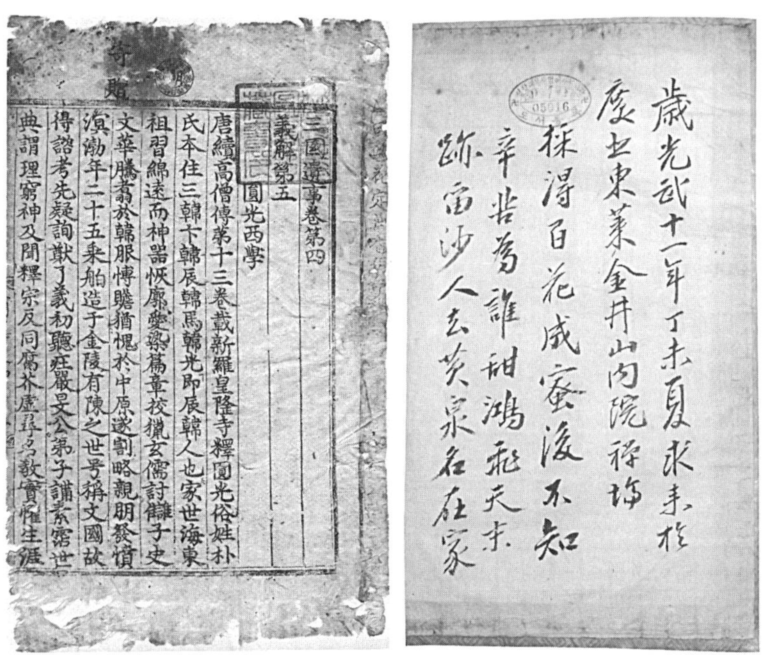

三國遺事卷第四
義解第五
圓光西學
唐續高僧傳第十三卷載新羅皇隆寺釋圓光俗姓朴氏本住三韓卞韓辰韓馬韓光即辰韓人也家世海東祖習綿遠而神器恢廓愛染篇章校獵玄儒討讎子史文華騰翥於韓服博贍猶愧於中原遂割略親朋發憤滄溟年二十五乘船造于金陵有陳之世號稱文國故得諮考先疑詢猷了義初聽莊嚴旻公弟子講素霑世典謂理窮神及聞釋宗反同腐芥虛尋名教實懼生涯

歲光武十一年丁未夏求來於
慶北東萊金井山內院禪師
採得百花成蜜後不知
辛苦為誰甜鴻飛天末
跡留沙人去黃泉名在家

『삼국유사』 범어사본(범어사 성보박물관 제공)

그리고 범어사본에는 여러 곳에 頭註가 보인다. 권4에는 5군데(6.1-09, 12.1-09, 17.2-05, 20.2-03, 30.1-06), 권5에는 8군데(4.1-04, 5.1-09, 9.2-06, 11.2-02, 14.1-06, 15.2-08, 28.2-05, 29.2-06)에서 필사한 두주가 보인다. 누가 어느 시기에 필사한 것인지는 알 수 없다.

2) 범어사 소장 판본과 주요 판본의 비교

앞서 범어사본 『삼국유사』의 개략적인 서지정보에 대해서 살펴보았다. 다음은 범어사본의 판각은 어떤 특징이 있는지를 검토하고자 한다. 이를 위해 기왕에 소개된 임신본과 범어사본의 판각 내용을 비교하고자 한다. 고판본으로 범어사본의 권4~권5와 겹치는 것은 송은본인데, 송은본의 전체 판본이 공개되지 않아 비교할 수 없다. 다만 앞서 소개한 바와 같이 송은본의 권4와 권5의 첫째 면을 범어사본과 비교한 결과 동일본임을 알 수 있다. 단편적인 비교이긴 하지만 범어사본에 비해 송은본이 善本인 것으로 판단된다.

고판본의 경우 비교대상이 송은본 외에는 없기 때문에 어쩔 수 없고, 임신본으로 手澤이 거의 없는 만송본, 부분적인 수택본인 서울대본과 범어사본 세 종류의 판본을 비교하고자 한다. 다음의 〈표〉에서 '正字'는 가장 최근에 나온 교감본을 참고한 것이며,[22] 여기에 필자가 최종 교감을 시도한 것이다.

〈표 1〉 범어사본의 바른 글자를 잘못 판각한 사례

卷	張-行-間	正字	梵魚寺本	서울大本	晩松本	비고
4	1.2-03-07	三	三	三	三	
4	1.2-03-17	投	投	投	投	
4	2.1-02-11	宇	宇	字	字	
4	2.1-09-08	欣	欣	次	次	
4	3.2-05-09	年	年	年	年	
4	5.2-03-19	今	今	今	今	
4	7.2-01-01	補	補	補	補	
4	9.2-09-07	時	時	時	時	
4	12.1-09-14	沙	沙	少	少	
4	13.2-02-06	祼	祼	捰	捰	
4	14.1-09-16	花	花	花	花	
4	14.2-07-11	十	十	十	十	
4	18.1-07-19	上	上	工	工	

22) 최광식·박대재, 『點校 三國遺事』, 고려대학교출판부, 2009.

4	20.2-04-20	上	上	工	工	
4	20.2-08-05	栽	栽	我	我	
4	21.2-06-20	豆	豆	亘	亘	
4	24.1-08-14	順	順	順	順	
4	25.2-01-21	問	問	○	問	○ : 글자 없음
4	28.2-03-17	二	二	亾	二	
5	4.2-10-07	妹	妹	姝	姝	
5	6.2-08-14	雞	雞	雞	雞	
5	8.1-02-01	干	干	于	于	
5	9.1-10-19	昇	昇	昇	昇	
5	9.2-04-12	昇	昇	昇	昇	
5	10.1-02-03	王	王	王	土	
5	10.1-03-03	三	三	六	六	
5	10.1-05-04	三	三	三	三	
5	10.2-04-04	有	有	有	有	
5	11.1-09-18	凌	凌	淩	淩	
5	12.2-08-04	亡	亡	亡	亡	
5	13.2-02-19	未終	未終	○	○	○ : 글자 없음
5	22.1-07-02	百	百	百	百	
5	30.1-01-08	焉	焉	馬	焉	
5	30.2-06-05	捨	捨	拾	拾	

* 誤刻으로 인한 실재하지 않는 문자는 ○로 표기하였음.
* 張 뒤의 1은 앞면, 2는 뒷면을 의미한다.

〈표 1〉은 『삼국유사』 각 판본의 오자를 점검한 결과, 34사례에서 범어사본에는 바르게 판각되었으나 임신본은 새기는 과정에서 생겨난 실수를 보여준다. 이는 판본이 模刻을 거치는 과정에서 어떻게 변화하는가에 대한 결정적인 사례를 보여준 것이다. 글자상의 오류는 주로

형태가 유사한 것으로 교체가 일어난다. 가장 주목되는 것은 '⺭→ ⺬→ 木→ 才/扌'으로 이어지는 경우이다. '⺭'와 '⺬'는 일반적으로 통용되기도 한다. 범어사본에서는 거의 모든 경우 '⺬'로 표기되고 있으므로 특별히 誤刻이라고 할 수는 없다. 그러나 범어사본을 비롯한 조선초본을 模本으로 하여 模刻한 임신본은 많은 사례에서 '⺬'를 '木'으로 잘못 판각하고 있다. '木'은 다시 '才' 혹은 '扌'로 誤刻되기도 하였다. 이러한 잘못된 판각은 비단 임신본뿐 아니라 뒤의 〈표 2〉에서도 설명하겠지만, 범어사본에서도 나타나고 있다.

또 다른 오류는 형태상으로 비슷하면서도 조금 더 간략한 글자로 잘못 판각한 사례이다. '焉→ 馬'라든지 '栽→ 我', '捨→ 拾' 등이 있다. 임신본을 판각할 당시 저본의 상태가 좋지 않았다면 충분히 착각할 수 있는 경우로 보인다.

앞의 두 경우를 제외한 가장 많은 오류는 글자의 劃을 생략한 것이다. 대체로 字形은 유지하되 한두 획을 무시한 결과로 생기는 잘못된 판각이라고 볼 수 있다. 사례에 따라서는 각수의 능력에 따라 판각은 하였으나 지나치게 얇거나 굵게 판각되어 희미하거나 획이 뭉쳐서 보이는 상황도 여기에 포함될 수 있을 것이다. '三'의 경우 범어사본은 올바르게 판각되었으나 임신본의 경우 가운데 획이 지나치게 가늘어 '二'로 보이기도 하고 특히 晩松本은 글자 상단에 먹이 뭉쳐져 '蘭'로 읽힐 수도 있다. 아울러 '王→ 土', '上→ 工', '干→ 于', '宇→ 字'의 경우가 여기에 속한다고 하겠다.

〈표 2〉는 『삼국유사』 권4와 권5를 문맥상 또는 원전 대조 등을 통해 '정자'를 확인하고, 범어사본을 비롯한 임신본 판본을 점검한 결과, 99사례가 잘못 판각되었음을 알 수 있다. 여기서 '己', '已', '巳' 등은 구분없이 판각한 사례가 많다. 이는 판각하는 과정에서 생긴 실수로 보이며, 또 이 글자들은 관행상 함께 사용한 것으로 보아 생략하였다.

〈표 2〉 범어사본을 비롯한 여러 본에서 잘못 판각된 사례

卷	張-行-間	正字	梵魚寺本	서울大本	晩松本	備考
4	1.2-06-21	古	右	右	右	
4	1.2-08-15	俊	佼	佼	佼	심화
4	2.1-01-07	郗	郄	郄	郄	
4	3.1-02-07	志	忘	忘	忘	
4	3.2-05-17	術	逑	逑	逑	
4	5.1-10-14	栖	捪	捪	捪	
4	5.2-01-20	日	昌	昌	昌	
4	5.2-06-21	日	曰	曰	曰	
4	6.1-04-10	栖	捪	捪	捪	
4	7.1-02-03	卯	酉	酉	酉	
4	7.1-05-01	典	貞	貞	貞	
4	7.1-06-04	午	辰	辰	辰	
4	7.2-01-20	古	右	右	右	
4	8.1-03-09	櫃	樻	樻	樻	
4	8.1-05-07	廢	癈	癈	癈	
4	8.2-01-21	亢	元	元	元	
4	8.2-02-21	職	識	識	識	
4	8.2-08-20	術	逑	逑	逑	
4	9.2-01-04	藝	譽	譽	譽	
4	9.2-01-12	札	扎	扎	扎	심화
4	9.2-03-09	塑	槊	槊	槊	
4	9.2-09-08	租	祖	祖	祖	
4	10.1-05-19	貝	具	具	具	
4	10.2-10-02	烹	亳	亳	亳	
4	12.1-02-19	叵	匹	匹	匹	
4	12.1-06-07	簣	蕢	蕢	蕢	
4	13.1-10-11	厭	猒	猒	猒	
4	13.2-02-13	刺	剌	剌	剌	
4	14.1-03-08	太	大	大	大	
4	14.2-05-14	齊	齋	齋	齋	
4	14.2-05-16	保	寶	寶	寶	
4	14.2-05-14	奏	卷	卷	卷	
4	14.2-06-10	正	止	止	止	

4	14.2-09-05	太	大	大	大	
4	14.2-10-21	爲	衆	衆	衆	
4	15.2-02-21	溟	冥	冥	冥	
4	16.1-06-07	太	大	大	七	
4	16.1-06-18	田	由	由	由	
4	16.1-07-18	遊	於	於	於	
4	16.2-03-08	捺	捺	捺	捺	
4	17.2-04-05	牟	年	年	年	
4	18.1-04-19	旦	且	且	且	
4	18.2-03-04	廻顧至	廻顧至今	廻顧至	廻顧至	
4	19.1-06-08	亨	享	享	享	
4	19.2-02-12	懷	悵	悵	悵	
4	19.2-07-08	沈	況	況	況	
4	20.1-02-14	盡	量	量	量	
4	22.1-07-07	勒	力	力	力	
4	22.2-01-19	恢	恢	恢	恢	
4	23.1-04-18	塔	搭	搭	搭	
4	23.1-06-10	操	撰	撰	撰	
4	23.1-06-14	善	寺	寺	寺	
4	23.1-07-20	燈	登	登	登	
4	23.1-09-07	塔	搭	搭	搭	
4	23.1-10-10	塔	搭	搭	搭	
4	25.2-09-20	踏	蹯	蹯	蹯	
4	26.1-08-17	占	日	日	日	
4	29.1-03-15	第	弟	弟	弟	
4	29.1-03-17	第	弟	弟	弟	
4	29.1-07-08	上	下	下	下	
4	29.1-08-07	一	二	二	二	
4	29.1-09-21	三	四	四	四	
4	29.2-03-01	第	弟	弟	弟	
4	30.1-06-01	詮	銓	銓	銓	
4	30.1-06-10	析	拆	拆	拆	
4	30.1-08-13·14	恢	恢	恢	恢	
4	30.1-10-21	齋	齊	齊	齊	
4	31.1-05-13	右	石	石	石	

5	3.1-02-21	崇	崇	崇	崇	
5	4.2-08-14	朗	卽	卽	卽	
5	5.2-08-13	于	干	干	干	
5	6.2-05-06	上	山	山	山	
5	9.1-06-02	畢	事	事	事	
5	9.2-04-13	淨	錚	錚	錚	
5	10.1-04-20	冊	曲	曲	曲	
5	10.2-03-19	負	眞	眞	眞	
5	11.1-10-09	罔	囟	囟	囟	
5	11.2-02-12	寺	事	事	事	
5	12.2-08-07	齋	齊	齊	齊	
5	13.1-04-21	曰	日	日	日	
5	13.2-02-04	功	切	切	切	
5	13.2-02-14	籙	籙	籙	籙	
5	13.2-03-18	泣	泣	泣	泣	
5	14.2-03-11	少	小	小	小	
5	15.2-08-09	始	姑	姑	姑	
5	19.1-02-15	智	如	如	如	
5	19.2-02-06	頃	項	項	項	
5	21.1-10-16	聞	間	間	間	
5	21.2-01-14	塵	鹿	鹿	鹿	
5	23.1-01-04	捐	指	指	指	
5	23.2-02-03	偃	伭	伭	伭	
5	23.2-06-01	予	子	子	子	
5	23.2-08-05	樵	撨	撨	撨	
5	28.2-01-10	村	材	材	材	
5	28.2-04-02	補	捕	捕	捕	
5	29.2-01-04	本	今	今	今	
5	29.2-01-19	作	但	但	但	
5	29.2-06-06	物	物	物	物	
5	30.1-03-10	坪	玶	玶	玶	

* 張 뒤의 1은 앞면, 2는 뒷면을 의미한다.

〈표 2〉에 보이는 특징은 다음과 같다.

첫째, 범어사본에 잘못 판각된 글자가 임신본에 그대로 계승되기도 하고 변형된 형태로 이어지는 사실을 발견할 수 있다. 형태상의 오류는 앞서 〈표 1〉을 설명한 것과 같은 원인으로 설명할 수 있다.

둘째, 〈표 1〉에서는 발견되지 않고 〈표 2〉에서만 보이는 특징이다. 정자와 음이 같거나 유사한 발음의 글자로 잘못 판각한 사례가 보인다. 예를 들면 '典→ 貞'이나 '藝→ 譽' 등은 형태의 유사성보다는 발음의 근접성을 이유로 보는 것이 타당할 것이다.

셋째, 범어사본을 비롯한 선초본이 그 이전의 판본이나 혹은 필사본을 토대로 模刻하면서 발생하였던 오류가 이후 선초본을 模刻하였던 임신본에서 심화되어 나타나고 있다. 이는 판본의 전후를 살필 수 있는 사례이다(〈표 2〉의 비고에 '심화'로 표시함). 가령 정자인 '俊'이 범어사본에서는 '佼'로 나타나는데, 임신본에서는 '사람인변(亻)'이 변형되어 세로획의 '삐침'이 심화되어 나타나는 형태를 취하고 있다.

이러한 사례를 비추어 보건대, 임신본은 기본적으로 漢字와 판각에 대한 전문적인 지식이 부족한 것으로 판단되는 다수의 각수가 참여하였으며, 이들은 단순히 글자만 베낀 것은 아닌가 한다. 이는 임신본을 범어사본과 비교했을 때 부분적으로 매우 서툰 솜씨의 글자가 있는가 하면, 범어사본에서는 매우 분명하게 판각된 글자를 잘못 판각한 경우가 다수 있기 때문이다.

〈표 3〉은 범어사본과 임신본에 보이는 이체자를 정리한 것이다. 26사례를 찾았는데, 이보다 더 있을 것으로 예상된다. 이체자에 대한 체계적인 복원이 이루어질 때 범어사본을 비롯한 임신본 등은 좋은 사례가 될 것이다.

〈표 3〉 범어사본을 비롯한 여러 본에 보이는 이체자 사례

卷	張-行-間	正字	梵魚寺本	서울大本	晩松本	備考
4	1.1-09-12	莊	庄	庄	庄	
4	4.2-08-04	旦	旦	旦	旦	
4	6.1-03-11	奧	粤	粤	粤	
4	8.1-03-08	印	卬	卬	卬	
4	13.1-07-08	亂	亂	亂	亂	
4	13.2-05-21	菓	菒	菒	菒	
4	13.2-08-15	輩	軰	軰	軰	
4	14.1-07-21	絹	絹	絹	絹	
4	14.1-10-02	皆	皆	皆	皆	
5	14.2-03-12	選	選	選	選	
4	14.2-06-18	昭	昭	昭	昭	
4	16.2-10-03	歸	皈	皈	皈	
4	19.2-04-01	奧	粤	粤	粤	
4	20.1-01-21	那	那	那	那	
4	20.1-05-15	印	印	印	印	
4	20.1-06-19	印	印	印	印	
4	27.1-04-21	奧	粤	粤	粤	
4	27.2-09-21	項	頃	頃	頃	
4	27.2-10-13	綱	綱	綱	綱	
5	4.2-09-14	乘	乘	乘	乘	
5	8.1-04-17	隻	隻	隻	隻	
5	10.1-06-05	原	原	原	原	
5	10.2-03-18	背	背	背	背	
5	11.2-06-18	得	得	得	得	
5	16.2-01-19	鴛	鴛	鴛	鴛	
5	29.1-08-01	熊	熊	熊	熊	

* 張 뒤의 1은 앞면, 2는 뒷면을 의미한다.

〈표 4〉는 앞의 경우에 비하면 매우 예외적인 경우로 범어사본의 결락이 임신본에서 바로 잡혀 있는 사례이다. 가령 권4의 두 경우는 글자가 마멸되었거나 먹으로 훼손된 것인데, 임신본을 통해서 원래의 글자를 파악할 수 있다. 하지만 이 두 경우는 판각의 문제라기보다는

〈표 4〉 범어사본의 결락된 글자가 다른 판본에는 바르게 판각된 사례

卷	張-行-間	正字	梵魚寺本	서울大本	晩松本	備考
4	8.1-09-20	田	마멸	마멸	田	
4	8.2-07-13	聚	[illegible]	聚	聚	
5	6.2-04-15	來	釆	來	來	
5	12.1-02-06	年	[illegible]	年	年	
5	29.2-01-20	傭	마멸	傳	傳	

* 張 뒤의 1은 앞면, 2는 뒷면을 의미한다.

간행과정과 보관상의 문제로 보이므로 판본의 계통과는 관련이 없는 것으로 보인다.

다만 권5 '年'의 경우, 범어사본에서는 확실히 획 하나가 빠져있는데 비해 임신본에서는 그 획을 보충해 넣었다. 따라서 실제로 판본을 살피는데 참고해야 할 것이다. 마지막의 사례는 범어사본에서는 글자가 마멸되었으나 임신본에서는 글자가 잘못 판각된 사례이다. 범어사본에서 잘못 판각하였는지, 임신본을 모각하는 과정에서 잘못 판각하였는지는 알 수 없다.

〈표 5〉 범어사본을 비롯한 여러 판본에서 피휘(파획)한 사례

卷	張-行-間	正字	梵魚寺本	서울大本	晩松本	備考
4	7.1-10-03	隆	豊(避)	豊(避)	豊(避)	고려태조 부
4	13.1-6-16	武	茂	茂	茂	고려혜종 휘
4	15.1-4-11	武	式	式	式	고려혜종 휘

* 張 뒤의 1은 앞면, 2는 뒷면을 의미한다.

〈표 5〉는 피휘와 파획한 사례이다. 고려 태조의 父인 '隆'을 '豊'으로 피휘한 사례와 고려 혜종의 휘인 '武'를 음이 같은 '茂'로 피휘하거나 아니면 '式'으로 파획한 사례 등이 보인다. 범어사본에서 반드시 피휘를 할 정도로 많은 사례가 보인다면, 범어사본은 고려시기 판본일 가능성이

크다. 그러나 선초본을 간행하는 과정에서 정자로 고쳐야 할 것을 놓친 것으로 판단되는 사례 몇 개가 남아있기 때문에 범어사본은 선초본으로 볼 수 있다.

앞에서 범어사본을 두 종의 中宗壬申本(서울大本[手澤本]·晩松本[非手澤本])과 비교하여 교감을 시도해 보았다.[23] 알려진 바와 같이 서울대본과 만송본은 동일 판본임에도 불구하고 서울대본은 약간의 수택이 포함되어 있으며 만송본은 비교적 원래의 상태를 잘 유지하고 있다. 이러한 차이는 '권4 29.2-03-17'에서 보이듯이 만송본에는 임신본 판각 당시의 오각이 그대로 남아있으나, 서울대본에서는 획이 추가되어 誤字가 수정되어 있는 점에서 알 수 있다.

이러한 임신본에 비해 범어사본은 보다 이른 시기에 판각된 것으로 보인다. 이를 위해서 여러 각도에서 검토가 필요하지만, 우선 글자의 오자와 탈자, 마멸 부분 등을 교감한 결과 양자의 선후에는 의심의 여지가 없다. 곧 범어사본이 임신본보다 당연히 앞서며, 이는 기왕의 『삼국유사』 판본 연구에서 밝혀진 바와 같이 범어사본은 조선초에 간행된 고판본과 같은 계열이다.

4. 범어사 소장 판본의 자료적 가치

현전하는 『삼국유사』의 판본은 크게 두 시기에 걸쳐 간행된 것으로 대별할 수 있다. 이들이 전승되면서 손때[手澤]가 묻었다는 표현처럼

23) 함께 비교한 다른 판본으로는 韓國學硏究院, 『原本 三國史記·三國遺事』, 大提閣, 1987 ; 최광식·박대재, 『點校 三國遺事』, 고려대학교 출판부, 2009가 있다. 양자 모두 誤·脫字를 교정하고 있어 참고하였다. 다만 전자는 서울大本과 동일하고, 후자는 晩松本과 동일하여 따로 표에 기입하지 않았다.

부분적으로 補書 또는 頭註 형태로 보완된 것도 있었다. 그런 중에 범어사 소장본은 선초본으로 밝혀졌는데, 이러한 범어사본의 특징과 가치에 대해 살펴보고자 한다.

첫째, 판본 전체의 字形을 비교했을 때, 범어사본은 획이 가늘고 날카로운 것이 일관되게 유지되지만,[24] 이에 비해 임신본은 범어사본과 유사하면서도 굵고 둥글어 선초본을 飜刻했음을 알 수 있다. 번각은 임신본의 판각 당시 原板의 상태가 좋지 않을 경우 인쇄물을 뒤집어 그에 따라 판각한 것을 말한다. 이 刻法을 거친 결과물이 원본보다 글자의 두께와 획의 마무리 면에서 그 저본으로 삼았던 것보다 정밀하지 못한 것은 당연하다. 특히 임신본의 경우 권4의 '眞表傳簡'과 권5의 '憬興遇聖'은 범어사본과 그 차이가 확연히 날 정도로 字形이 고르지 않다. 이렇듯 임신본은 行·字數 및 글자의 구성이 범어사본과 동일하나 字形의 차이가 많이 난다. 이로써 비전문적인 각수들이 동원되어 판각했음을 충분히 짐작하게 한다.

이러한 판본의 차이를 범어사본을 비롯한 선초본에도 적용시켜 보면, 선초본은 전 시기에 판각된 판본을 가지고 번각한 것인지, 아니면 필사본 또는 판본을 토대로 새롭게 판각한 것인지 의문이 든다. 선초본은 字形과 서체를 미루어 짐작컨대 번각이 아닌 점은 분명하다. 전문적인 각수가 일관되게 판각한 것이라 할 수 있으며, 고려말의 서체를 연상시킨다. 이는 『삼국유사』 초간 문제와 연관되는 사항이다.

둘째, 임신본을 판각하는 과정에서 그 저본에 존재했던 결락 부분을 동일하게 계승하고 있음을 볼 수 있다. 다만 '권5, 13.2-02-19'의 사례처럼

---

24) 千惠鳳, 앞의 논문, 207쪽에는 "범어사본을 비롯한 조선초 판각본은 어느 것이나 楷書로 정서하여 글자 모양이 바르고 楷正하며, 새김이 또한 정교하게 이루어져 글자획이 균정하고 마치 필서한 것처럼 필력이 예리하다."라는 평가를 하고 있다.

범어사본에는 있으나 임신본에서 빠진 글자는 임신본을 모각하기 위해 수집한 저본 자체가 마멸되었던 것으로 보인다. 임신본이 앞선 판본이라면 응당 범어사본에서도 빠졌어야 할 것이다.

이러한 사례를 제외한 모든 결락 부분은 동일하다. 따라서 임신본을 판각하기 위한 저본을 수집할 당시, 범어사본을 비롯한 선초본도 완벽한 것이 아니라 보편적인 문제를 안고 있었다. 또 주목되는 것은 '권4, 18.2-03-04'의 사례인데, 원문에서는 없었을 衍文이 범어사본에서 임신본으로 계승되고 있음을 보여준다. 이는 임신본이 범어사본의 오자를 그대로 수용하고 있는 현상과 같은 것이다. 이로써 임신본을 판각할 당시 수집된 저본에 대한 교정 또한 매우 허술했다는 해석을 가능하게 한다.

셋째, 범어사본과 임신본을 비교한 결과 오자는 모두 세 유형으로 나눌 수 있다. 1) 범어사본에서는 바르게 판각되었으나 임신본에서는 잘못 판각되어 있는 것. 2) 범어사본이 잘못 판각되어 이후 임신본에서도 그대로 따르고 있는 것. 3) 범어사본에는 오각되었으나 임신본에서는 바로 교정되어 있는 것. 이 가운데 마지막 경우는 '권5, 12.1-02-06'을 비롯하여 그렇게 많지 않으며(5사례), 나머지는 모두 첫째와 둘째에 해당한다.

한편 임신본은 판각할 당시 경주부에서 주관했다고 하지만, 노동력이나 자금의 규모 면에서 그리 넉넉하지 않았음을 짐작케 한다. 따라서 교감작업이 충분히 진행되지 못한 채 수집된 저본에 전적으로 의존하여 판각을 진행한 것으로 보인다. 더욱이 1)의 경우 오자가 나타나는 것은 저본의 상태가 판각 당시 이미 많이 훼손된 상태임을 감안하더라도, 각수의 미숙함 또한 크게 작용한 것이 아닌가 한다.

넷째, 범어사본의 특징으로는 임신본보다 앞서 간행되어 그 저본 역할을 했다는 가치 외에도, 다른 선초본과는 달리 구결이 들어있다는 점이 주목된다. 권4의 '二惠同塵', '慈藏定律', '元曉不羈', '義湘傳敎' 등에 집중적으로 구결이 삽입되어 있다. 따라서 이들 구결에 대한 분석이 이루어진다면 판본의 시기를 훨씬 정확하게 알 수 있을 것이다. 범어사본에 보이는 구결은 다음의 몇 가지 특징이 있다고 한다.[25)]

첫째, 구결 자체가 간단하면서도 단순하다. 둘째, 훈민정음 창제 이후 나온 『능엄경언해』의 모본이 되는 『능엄경』에 사용된 구결과 유사하다. 셋째, 구결 사용의 보수성을 감안하더라도 그 시기는 고려말 조선초에 사용한 구결로 추정된다. 이러한 내용을 범어사본의 판각시기와 관련지어 보면 시기적으로 어느 정도 일치됨을 알 수 있다.

한편 범어사본에는 필사한 시기는 알 수 없으나 모두 13군데의 頭註가 보이고 있다. 비록 수는 많지 않지만 범어사본 전체에 비교적 고르게 퍼져 있어 이를 분석하는 것도 범어사본에 대한 더 많은 정보를 얻는 방법이 될 것이다.

5. 맺음말

앞에서 범어사 소장 『삼국유사』 판본에 대해 살펴보았다. 이미 많은 연구성과에 의해 널리 알려진 임신본보다 앞선 시기인 조선초에 『삼국유사』가 판각·간행되었음이 밝혀졌다. 비록 전 판본이 세상에 공개되지는 않았지만 파른본의 왕력, 권1, 권2와 조종업본과 니산본으로 전해진 권2, 곽영대 소장본(송은본)인 권3~권5 등, 여기에 범어사본 권4~권5을 보태면 조선초에 간행된 『삼국유사』의 본래 모습을 복원할 수 있을 것이다.

이와 같이 범어사본을 비롯한 조선초에 판각·간행된 『삼국유사』의

25) 부산대 국어교육과 유동석 교수의 도움에 의한 내용이다.

판본 실체를 접하면서, 이 판본이 과연 『삼국유사』의 초간본인지 아니면 이전의 고려본을 토대로 한 개각인지 의문이 들지 않을 수 없다.

현 학계에서는 『삼국유사』의 초간 시기에 대해 유보적인 견해도 있지만, 대체로 고려시기와 조선초로 보는 설로 나누어져 있다. 고려시기라 하더라도 일연의 생존시로 보는 설과 그의 입적 후 混丘 곧 無極에 의해 이루어졌다는 견해로 나뉘어 있다. 그러나 최근에는 일연의 생존시에 간행은 힘들었다고 보고 있다. 다만 『삼국유사』는 일연이 남긴 많은 저술 중에 포함된 것으로서 卷子本이나 折帖本 형식으로 分卷 없이 내용항목 순으로 제1~9까지 만들어 놓은 것을, 그의 입적 후 일연의 계승자로 자처한 혼구가 자신의 의견을 보충하여 5권으로 分卷한 登梓本을 만들고 이를 토대로 초간한 것으로[26] 보고 있다.

이에 비해 『삼국유사』는 일연 개인의 찬술이라기보다 여러 단계를 거쳐 완성된 형태를 갖춘 것이며, 따라서 초간은 조선초로 보아야 한다는 연구성과가 나오기도 했다.[27] 이 견해는 일연의 생존시에 『삼국유사』의 초간이 이루어진 것은 아니라는 종전의 연구를 상당 부분 보완하는 성과임에는 분명하다. 이러한 조선초 초간설을 더욱 강조하여 『삼국유사』는 일연이 찬술하고 이를 제자 무극이 補記하여 定稿한 것이 다양하게 傳寫, 유포되다가 조선초에 와서야 비로소 판각되었다는 견해가 있다.[28] 범어사본을 비롯하여 조선초에 간행된 실증적인 자료를 토대로 한 견해이기에 일면 타당성이 있어 보인다. 그러나 초간이 이루어진 조선초 이전에는 필사본이 유행했다는 견해는 신중할 필요가 있다고 본다. 14세기 전반 이전의 고려에서는 대장경 조판을 비롯한 많은 전적의 간행이 이루어졌던 시대적인 분위기를 감안할 필요가

26) 柳鐸一, 앞의 논문, 1983.

27) 河廷龍, 앞의 책, 2005.

28) 千惠鳳, 앞의 논문, 2005, 224쪽.

있다고 본다.

이러한 초간 시기에 대한 여러 견해를 접하면서 하나 염두에 두어야 할 점은 다음과 같다. 곧 조선초에(1394) 경주부에서 『삼국사기』를 판각하면서 마멸이 심하지만 고려시기에 이미 판각이 이루어졌던 『삼국사기』의 경우는 쉽게 개각을 시도할 수 있었을 것이다.

이에 비해 『삼국유사』는 혹 판각할 수 있도록 준비가 된 정고본이 존재했다면 모를까, 이전에 판각이 이루어진 적이 없는 필사본만을 가지고 교감과 간행 준비를 거쳐 그렇게 쉽게 판각을 시도할 수 있었는지는 의문이다. 더욱이 그것도 승려가 찬술한 것으로 알려진 『삼국유사』의 사본을 수습해서 『삼국사기』와 함께 판각·간행했는지는 더욱 의문이 들지 않을 수 없다. 이러한 사정을 감안한다면 조선초에 판각된 『삼국유사』는 적어도 이미 고려시기에 간행된 판본을 토대로 하여 간행했다고 해석할 수밖에 없다.

최근에 확실한 연대는 알 수 없으나 고려시기에 『삼국유사』의 초간이 이루어졌을 가능성을 밝힌 연구성과는 주목된다. 이러한 논의 중에 일연의 생존시에는 비록 『삼국유사』가 간행되지는 않았지만 조선초 판본 이전에 고려본이 존재했을 가능성을 실증적으로 밝힌 성과가 있다.[29] 곧 임신본은 선초본(43장)과 선초본을 번각한 신판(147장), 고려본으로 추정된 판본을 번각한 신판(5장), 필사 판각된 신판(23장) 등을 인출한 것으로 파악하였다. 이는 앞으로 『삼국유사』 간행에 관한 진전된 연구로 나아갈 수 있는 단초를 마련했다는 의미가 있다. 또 주목되는 것은 고려말에 『삼국유사』가 유행한 사례를 통해서 고려시기에 이미 간행되었을 가능성을 밝힌 성과이다.[30] 어떻든 고려시기에

---

29) 유부현, 「『三國遺事』 壬申本의 底本과 板刻에 대한 연구」, 『書誌學硏究』 62, 2015.

30) 박대재, 「『三國遺事』 판본의 몇 가지 문제점」, 『點校 三國遺事』, 고려대학교출판

초간된 『삼국유사』 판본이 출현하기를 기대한다. 또 『삼국유사』의 판본을 중심으로 한 교감 못지않게 내용에 관한 교감을 통해 『삼국유사』의 표준본이 만들어지기를 바란다.

부, 2009, 45~51쪽.

【제5장】 결론

一然(1206~1289)은 고려로서는 가장 격동기였던 13세기를 살았던 禪僧이다. 그는 최충헌이 권력을 장악한 시기에 경상도 장산(현 경산)에서 寒微한 출신으로 태어났다. 그는 고려가 몽고와 근 30년간의 전쟁을 치르는 시기에는 가지산문에 입문하여 修禪을 중심으로 수행에 전념하였다. 그러다가 최씨정권의 일원이었던 정안의 초청으로 남해 정림사에 초청받아 그는 대장경 조성의 막바지에 참여하였다. 이를 큰 전환점으로 하여 그는 불교교학을 비롯한 유학과 제자백가 등의 다양한 학문을 접하게 되었다. 그리고 이 시기에 그는 『중편조동오위』를 편수하기도 하였다.

한편 일연은 무신정권이 무너지고 원간섭기로 전락한 시기를 주도했던 왕정복고 세력에 의해 국왕 및 중앙 정치권력과 연결이 닿게 되었다. 이후 그는 국존에 책봉될 정도로 불교계를 대표하게 되었다. 그의 만년은 황폐해진 고려사회를 再造하려는 노력으로 일관하였다. 이 시기 그는 선승의 삶을 택하였지만 다양한 사상과 신앙을 표방하였다. 당시 시대상황이 그로 하여금 수행 못지않게 구원과 희망을 강조하는 교화에 눈을 돌리도록 하였다. 이때 그가 신앙인으로 귀착한 것은 사서의 편찬과 관음신앙이었다. 바로 『삼국유사』는 이러한 흐름 속에서 탄생한 것이었다.

그리고 그의 저술과 편수한 것이 100여 권에 이른다는 것은 山立이 "화상의 門風은 廣大하여 모두 갖추었다."라고 표현한 것과 통한다. 그의 저술은 현전하지 않아 그 실체를 파악하기는 어렵지만 선종과 교학을 망라하였으며, 밀교에까지 확대된 것으로 추정된다. 다만 현전하는 『삼국유사』와 17세기 일본 조동종에서 간행했던 『중편조동오위』를 통해서 일연의 사상적 · 신앙적 폭과 깊이를 가늠할 뿐이다.

이러한 행적을 보인 일연은 그간 『삼국유사』를 중심으로 많은 관심을 받았으나, 정작 그에 관한 정보는 그렇게 많은 편은 아니다. 이러한 사정을 감안하여 본고는 일연을 중심에 두고 연구를 진행하였다. 그러다 보니 『삼국유사』에 대한 체계적인 분석과 이해를 거치지 않은 한계가 있다. 이는 필자로서 앞으로의 과제로 삼고자 한다. 어떻든 본 연구는 크게 다음의 네 가지 방향에서 접근하였다. 그러면 이러한 시도를 통해 다룬 내용을 간략하게 요약하고, 이에 덧붙여 몇 가지 견해를 제시함으로써 결론에 대신하고자 한다.

1. 일연 연구를 위한 기초적인 문제를 살펴보았다. 여기서는 먼저 일연 연구의 전반적인 현황과 논의할 과제를 검토하고, 아울러 기초적인 자료인 일연비의 현상과 복원 문제를 다루었다.

일연의 불교사상을 이해하기 위해서는 단편적인 자료를 종합하는 것도 중요하지만, 그가 생존한 당시 동아시아 사상계를 점검하는 방향에서 접근할 필요가 있다고 본다. 이로써 당시 고려불교계의 사상적인 경향뿐만 아니라 동아시아 불교의 흐름을 엿볼 수 있다.

그러면 최근에 발표된 일연과 『삼국유사』에 관한 연구 중 주목되는 성과는 무엇보다도 일연학연구원이 일연 탄신 800주년을 기리면서 2006년 7월에 제5회 국제학술대회를 개최하였는데, 이때 발표한 논문들을 모아 간행한 『일연과 삼국유사』를 들 수 있다. 그리고 경상북도 군위군에서 『普覺國師 一然 문헌자료집』을 간행하였다. 크게 제1부 '일연 관련 자료', 제2부 '일연의 저술과 사상', 제3부 '삼국유사 관련 자료', 제4부 '삼국유사연구 논저목록' 등으로 되어 있는데, 일연과 『삼국유사』에 관한 문헌자료를 광범위하게 수집한 노작이다. 특히 주목되는 것은 승원 스님이 기왕의 『중편조동오위』 역주본을 상당 부분 보완했다는 점이다.

다음은 일연비 탁본의 출현 가능성에 대한 전망이다. 한국에서 수집하여 국외로 유출된 금석자료에는 어김없이 일연비 탁본이 포함되었을 가능성이 크다. 이와 관련하여 조선에서 청에 전해진 금석자료 중에는 일연비 탁본이 포함되었음은 상해도서관에 소장된 『해동금석원정고본』에서 확인하였다. 그 외에도 劉喜海보다 조금 이른 시기에 翁方鋼(1733~1818)의 아들인 翁樹崐(1786~1815)이 조선의 금석문을 수집한 내력을 『碑目瑣記』에 남겼는데, 여기에 '인각사비'를 언급하고 있다고 한다. 이는 洪顯周가 순조 13년(1813)에 옹수곤에게 보낸 탁본을 의미한다. 이로 보아 일연비 탁본(첩)이 중국에 소재할 가능성은 충분히 있다고 할 수 있다. 왕희지 집자비인 일연비 탁본은 최고의 서첩용이라는 유명세에 비례하여 많은 탁본이 만들어졌다. 따라서 앞으로 더 많은 선본이 출현할 가능성이 있다고 할 수 있다.

2. 일연의 생애와 활약상에 대해 살펴보았다. 여기서는 먼저 일연의 행적과 그가 속한 가지산문의 동향과 그의 단월들을 검토하였다. 그리고 일연을 계승한 인물로서 논란이 되고 있는 淸玢과 山立의 정체를 밝혀보았다.

일연의 행적은 2006년 일연비를 복원할 정도로 그의 비첩을 통해 정확한 내용을 파악하게 되었다. 그 결과 주목되는 것은 다음과 같다. 하나는 일연이 원종 2년(1261) 왕명에 따라 강화도의 선월사에 머물면서 '멀리 牧牛和尙, 곧 知訥을 계승했다'고 한 구절이다. 필사본의 오류로 인한 해석을 바로 잡았다는 의미가 있다. 또 하나는 일연의 행장과 비음기를 찬술했으며 일연비를 건립한 인물이 淸玢임이 확인되었다. 그는 비음기를 찬술한 산립이며, 일연 생존시에는 자신의 표현대로 일연의 직계 문도가 아니었음을 밝히고 있다. 청분은 충렬·충선왕 양대에 걸쳐 왕실과 밀접한 관련을 맺은 인물로서 가지산문의 핵심적인 위치에 오른 승려이다. 추측컨대 청분은 가지산문이 일연을 정점으로 크게 세력을 형성하여 불교계의 중심 교단으로 등장하게 되자, 일연의 입적 후 그의 계승자로 추대된 인물로 보인다.

한편 일연은 비슬산에서 근 20여 년 수행하다가, 정안의 초청으로 남해 정림사에 주석하였는데, 이를 계기로 대장경 조판에 참여했다는 점, 간접적이지만 수선사의 혜심의 영향을 받았다는 점 등이 주목된다. 이후 일연의 행적은 정치권력의 향배에 따라 전개되었다. 일연이 대선사가 되고 원종의 명에 의하여 선월사에 주석하게 된 것은 왕정복고 세력들과 연계되어 있었다. 이때 일연은 수선사를 대신한 계승자로 부각되었으며, 중앙 정치권력을 배경으로 경상도의 여러 사찰에 주석하면서 가지산문의 재건에 힘썼다. 그러다가 충렬왕의 명에 의하여 일연은 운문사에 주석하고, 충렬왕이 동정군의 격려차 경주에 갔을 때 그를 행재소에 불렀다. 이어 일연은 국존에 책봉됨에 따라 승려로서 최고 승직의 길을 걷게 되었다. 이러한 일련의 과정에서 가지산문은 왕권과 밀착하여 무신란 이후 주류를 이루던 수선사와 백련사를 대신하여 원간섭기에 등장한 불교계의 중심세력이 되었던 것이다.

일연이 만년에 이르러 최고의 승직과 그가 속한 가지산문의 부상 등의 화려한 길을 선택한 것은 어떤 의미가 있었을까. 일연은 개인의 영달을 추구하기 위해 현실참여의 길을 모색했다고 단순하게 단정하기는 어렵다. 일연으로서는 많은 고뇌와 자기 성찰, 암울한 시대상에 대한 인식 등이 따랐을 것이다. 이러한 과정을 거치면서 탄생한 『삼국유사』는 시대인식과 소명의식의 산물이었다.

결국 일연이 본래 지향했던 승려로서의 목표인 수행과 교화를 위한 노력은, 장년기 이후 그의 유명세를 이용하기 위한 단월들에 의해 상당 부분 왜곡되었던 측면이 있다. 물론 그가 비슬산을 떠난 것은 그가 속한 가지산문의 재건과 불교계가 처한 현실을 타개하고 개혁에 힘쓰기 위한 의도였음은 충분히 짐작된다. 그러나 일연의 만년에 연결된 단월들은 대부분 종교적 열의와 귀의처로 일연을 선택한 것으로 보이지 않는다. 특히 충렬왕과 그의 주변 측근세력들에게는 현실적인 이해관계가 작용했을 것이다.

그러나 일연으로서는 이러한 단월들의 성향과 추이를 파악하지 못했을 리가 없다. 그가 현실적으로 이들의 지원을 받았지만, 결국 만년에 나아간 길은 『삼국유사』의 찬술이었다. 이를 통해 무신정권, 대몽항전, 원간섭기 등으로 이어지는 과정에서 가장 고통을 받았던 민중들에게는 구원과 희망을 제시하고, 이민족의 침탈에 대해서는 민족의 자존을 강조하는 방향으로 나아가지 않을 수 없었다.

한편 청분과 산립이 동일 인물인지를 밝히는 문제이다. 이는 당시 가지산문의 사정을 이해하는 기준이 되기도 한다. 「일연비음기」는 통오진정대선사 산립이 지었는데, 그 내용 중에 산립은 일연 생존시에 그를 찾아뵙지 못한 것이 한이 되었다는 구절이 보인다. 이 구절을 보면 산립은 가지산문 소속 승려이지만, 일연의 직계 문도는 아니라는 것을 의미한다. 이에 비해 일연의 행장을 충렬왕에게 올려 그의 비문을 짓도록 주선한 청분은 일연의 문인이라는 기록이 보인다. 그리고 일연의 비가 건립된 지 근 30년 가까이 지난 시기에 입적한 보감국사 혼구의 비문을 이제현이 찬술하였는데, 여기에는 혼구가 보각국사에게 귀의하고 수학한 제자로 기록되어 있다. 이로 보면, 청분 곧 혼구와 생전에 일연을 뵌 적이 없다는 산립은 별개의 인물이라는 것이다.

그러나 다음의 몇 가지 근거에 따라 청분과 산립을 동일인으로 보았다. 무엇보다도 고려시기에 대선사, 선사 등은 상당한 위상을 갖는 고승에게 내리는 승계이다. 이들을 대선사, 선사 등으로 임명할 때는 이들에게 호를 함께 하사한다. 아울러 이때는 국가에서 정한 법식과 절차를 따른다. 곧 관고와 교서를 함께 내렸다. 따라서 같은 시기에 활동한 동일한 종파에 속한 2명의 승려에게 '통오진정'이라는 같은 호를 내렸다고는 볼 수 없다. 그리고 혼구의 문도들이 지은 행장을 토대로 하여 이제현이 찬술한 「혼구비문」은 일연이 입적한 지 근 33년이 지난 시기에 찬술되었다. 이때 가지산문을 주도한 대표적인 승려인 혼구가 일연을 계승하였다는 것은 당연한 사실로 받아들였을 것이다. 일연이 입적한 지 근 30여 년이 지난 이 시기에 이르면 가지산문에서는 현실적으로 일연을 계승한 인물은 혼구라는 사실을 의심없이 당연한 것으로 여겼을 가능성이 크다. 혼구=청분=무극은 곧 일연이 남긴 저술에 대해서 다시 중편을 시도한다든가, 원고로 만들어진 『삼국유사』를 일부 보완하는 등의 행적을 남기는데, 이는 그가 일연의 직계 문도는 아니었지만 가지산문을 주도하면서 일연의 계승자였음을 표방하였음을 말해준다.

결국 이제현이 「혼구비문」을 왜곡했다기보다는 혼구의 문도들이 지은 행장을 토대로 찬술했기 때문에 부분적으로 오류가 있었을 것이다. 더욱이 혼구의 행장을 작성한 혼구의 문도들로서는, 일연의 입적이 근 30여 년 전의 일이고 크게 보면 모두 가지산문의 문도들이기에 당시 가지산문을 주도하다가 입적한 혼구는 자연스럽게 일연을 계승한 문인으로 인식했을 것이다. 또 그들은 굳이 보각국사 일연과 보감국사 혼구와의 관계를 명확하게 밝힐 필요를 느끼지 못했을 것이다. 따라서 기록상 상이한 부분이 있으나 청분과 산립은 같은 인물임이 확실하다.

3. 일연의 사상과 특징에 대해 살펴보았다. 여기서는 먼저 일연의 사상적 경향과 흐름을 개관하고, 이어 그가 남긴 『重編曹洞五位』를 분석·검토하였다. 아울러 일연이 인흥사에 주석하면서 선승으로서 교학뿐만 아니라 관음신앙과 다라니신앙을 표방한 의미를 살펴보았다.

일연은 일차적으로 공안을 통해 깨달음을 추구한 선승이다. 그의 비문에 보이는 비슬산에서 수행할 당시에 남긴 오도송과 인각사에서 임종할 때 나눈 선문답은 간화선을 중시하였음을 말해준다. 그리고 현전하는 『중편조동오위』를 비롯한 그의 저술을 통해 일연은 다양한 선사상의 흐름을 종합하고 점검하려는 태도를 가졌음을 알 수 있다.

이와 같이 일연은 간화선을 중심축에 두면서도 그의 사상적인 기반은 선과 교학 및 밀교에 이르기까지 확대되었다. 더욱이 그는 유학을 비롯한 제자백가에도 밝았을 정도로 다양한 학문체계를 갖추었다. 특히 이러한 일연의 사상적·학문적 기반은 그가 남해의 대장경 조성에 참여한 것을 계기로 더욱 성숙한 것으로 보인다. 그러나 일연은 선사상과 교학 및 밀교에만 머물지 않고 신앙적인 측면을 크게 강조하였다. 그가 신앙적인 경향을 강조한 것은 노년기에 접어들면서 주석한 인흥사에서 이루어졌다. 당시 일연은 왕정복고와 원간섭기로 이어지는 시대적인 상황을 목도하였다. 그는 이때 가장 피해를 입은 농민과 천민들에게 희망과 구원을 향해 노력하였다. 인흥사에서 그는 관음신앙을 표방했을 뿐만 아니라, 『역대연표』를 제작했으며, 이를 기반으로 『삼국유사』의 찬술에 착수하였다.

한편 일연이 수행한 간화선은 당말에 임제종에서 주창한 선수행 방법이며, 대혜종고가 체계적으로 정립한 간화선만을 수용한 것은 아니었다. 그는 12세기에 접어들면서 불교계가 북송으로부터 받아들인 다양하면서도 새로운 선불교에 깊은 관심을 가졌다. 어떻든 일연은 선승이면서도 다양한 불교를 포용하고 밀교까지도 수용하는 탄력성을 가진 사상적 경향을 보였다.

이러한 관점에서 보면 일연이 조동종에 심취한 선승으로서 조동선을 선양하기 위해 『중편조동오위』를 찬술했다고 보기는 어렵다. 일연은 간화선에 입각한 선승으로서 다양한 선사상을 비교·종합하고, 더욱이 당시 간화선을 표방한 임제종과는 양대 산맥이라고 할 수 있는 조동종의 기본서인 『조동오위』에 관심을 갖고 그 가운데 의심이 가는 내용에 대해 보충하고 몇 가지 내용에 대해서는 나름의 견해를 붙인 것이다. 이는 일연이 운문종의 善卿이 찬술한 『조정사원』을 중편한 것과도 상통한다. 따라서 일연은 간화선에 입각한 선승으로 제자백가와 교선을 막론하고 폭넓게 불교 전반을 이해한 인물이라는 점을 염두에 둘 때, 그가 조동선을 이해한 사상적인 의미를 읽을 수 있을 것이다.

한편 일연은 원종 2년(1261) 강화도 선월사에 초청받아 중앙 정치무대에 등장한 이후, 주로 경상도 지역을 중심으로 주석하면서 가지산문의 재건과 불교계의 혁신과 복구를 위해 많은 노력을 기울였다. 그러한 과정에서 선승인 일연은 시대상황에 대처하기 위해 교화와 신앙을 강조하는 방향으로 전환하게 되었다. 그가 근 14년간 인흥사에서 주석한 것이 계기가 되었으며, 그의 두드러진 행적은 두 가지 방향으로 전개되었다. 하나는 관음신앙의 표방이며, 또 하나는 사서의 편찬이었다.

일연이 주관하여 인흥사에서 제작한 『역대연표』는 사서 편찬을 위한 도구로서 말 그대로 '연표'이다. 아울러 인흥사에서 간행한 『법화경보문품』 등은 관음신앙과 다라니신앙, 교훈을 주기 위한 내용을 담은 불서들이다. 이는 『삼국유사』 편목 중에 신주·감통·피은·효선 등이 민중들을 향해 가장 강조한 편목이라는 점과도 통한다. 신주·감통·피은·효선 등은 현상과 방편의 영역인 '相'과 '用'으로서 밀교의 고승을 통한 신통력, 신앙심을 바탕한 감통, 도가적인 隱士들의 행적, 인간의 기본적인 도리인 효 등을 밝히고 있다. 바로 이러한 내용은 인흥사에서 간행한 불서류가 지향하는 의도와 부합하며, 특히 일연이 말년에 그의 제자 선린에게 간행을 부탁할 정도로 깊이 契合하였던 『인천보감』의 찬술과도 연관된다.

결국 일연은 시대적인 상황 속에서 비록 선사상을 바탕으로 한 수행관에 입각하였지만 상대적으로 소홀하기 쉬운 신앙적인 측면의 노력을 기울이지 않을 수 없었다. 무신정권의 등장에 따른 피폐된 현실, 이민족과 30여 년에 걸친 전쟁, 원간섭기로 접어들면서 대규모의 동정군에 동원된 과중한 부담 등으로 이어진 고려사회는 누적되고 중첩된 고통 그 자체였다. 여기에 일연은 가장 큰 피해를 받은 농민과 천민들에게 희망과 구원을 향한 신앙을 강조하게 되었다. 그러한 일연의 신앙적 노력을 상징적으로 보여준 것이 바로 인흥사를 통한 관음신앙이었다. 이는 또한 민족적 위기를 극복하고 민중들에게 신앙적 대안을 목표로 하여 일연이 찬술한 『삼국유사』로 연결된다. 이러한 『삼국유사』를 찬술하기 위한 기초적인 자료인 『역대연표』를 인흥사에서 제작 · 간행했다는 것은 당연한 귀결인지도 모른다. 단적으로 표현하면 신앙과 역사가 합일점을 모색한 것이었다.

4. 일연이 인흥사에 주석하면서 간행한 『역대연표』의 내용을 분석하고, 이와 연관된 『삼국유사』의 찬술 기반을 포괄적으로 살펴보았다. 아울러 『삼국유사』의 판본으로 선초본인 범어사본을 소개·정리해 보았다.

『역대연표』는 『삼국유사』라는 사서를 찬술할 때 사용하기 위한 '연표'이다. 형태상으로 『역대연표』와 『삼국유사』 왕력의 기재양식이 거의 일치한다. 『역대연표』에서 연호를 기재하는 방식은 다음의 예에서 알 수 있다. 곧 北宋 太宗代에 사용된 太平興國이라는 연호는 '太平興國 七 丙子'라고 하여 이 연호가 7년간 사용되었음을 밝히고, 연호 사용의 첫 해에 해당되는 干支가 丙子라는 뜻이다. 『역대연표』의 이러한 기재방식은 『삼국유사』의 왕력에도 보인다. 가령 '永平 戊午 十七'이라 하여 연호 사용기간과 干支의 순서만 바꾸었을 뿐 그대로 적용되고 있다. 다음은 중국의 정통왕조에 대한 인식 문제이다. 『역대연표』에서는 漢→ 魏→ 晋→ 南朝→ 隋·唐→ 後粱·後唐·後晋·後漢·後周→ 大宋의 순서로 중국의 정통왕조를 인식하였는데, 이는 바로 『삼국유사』 왕력과 일치되는 내용이다. 또 『역대연표』의 제작자들이 이러한 결론에 도달하기까지 많은 자료를 섭렵한 흔적을 발견할 수 있다.

또 『역대연표』에서는 신라·고구려·백제의 순으로 역대 왕명과 재위년수를 밝히고 있는데, 기본적으로 즉위년칭원법을 따르고 있다. 『삼국사기』와 『삼국유사』는 모두 즉위년칭원법에 입각하지만 재위년수를 기재하는 방식은 다르다. 이들 양 사서에서는 역대 왕의 재위년수 산정에 관한 한 대부분 1년의 차이가 난다. 『역대연표』 중 삼국에 한해서는 대체로 『삼국사기』의 방식을 따르고 있다. 이에 비해 『역대연표』의 대부분을 차지하는 중국 연호는 참고할 만한 마땅한 것이 없어 독자적으로 찬술할 수밖에 없었다. 결국 『역대연표』가 『삼국유사』를 찬술하는 과정에서 연대상의 기준을 삼기 위한 年表의 성격을 지닌 것이었기 때문에 광범위한 자료섭렵을 거쳐야 하였다. 그러나 광범위한 자료섭렵을 거쳐 만든 중국에 비해, 삼국은 당시의 사정상 참고할 만한 마땅한 자료가 없었다. 따라서 『역대연표』 제작자들은 이미 『삼국사기』 연표가 일목요연하게 작성되어 있었기 때문에 이것으로도 충분하다고 인식하였을 것이다.

이러한 『삼국유사』를 찬술하게 된 배경과 기반은 다음의 몇 가지로 정리된다. 우선 일연은 사서를 찬술할 정도로 학문적 경향과 능력을 갖추고 있었다. 일연은 완성도 높은 대장경을 열람하면서 여러 章疏까지도 통달한 인물이다. 더 나아가 일연은 유학 서적을 두루 읽고 제자백가에 관통했다는 표현으로 미루어 볼 때 불교 이외의 전적에 관한 독서량과 여러 학문에 박식하였다. 또 일연은 사물을 대하는 치밀한 태도와 고증하는 능력을 갖춘 인물로 평가된다. 이는 그를 가리켜 "뿌리와 마디가 얽힌 것과 소용돌이가 치는 물결처럼 글씨가 험하여 추측하기 어려운 곳까지 살을 긁어내고 뼈를 발라내어 소통시켜"라는 것과 "많은 의문을 쪼개어 풀어냄이 맑은 거울에 비추는 것과 같았다."라고 한 표현에서 알 수 있다.

다음으로 일연이 폭넓은 자료를 섭렵하고 저술활동을 할 수 있었던 기반은, 일연을 남해 정림사에 초청함으로써 일연과 그의 문도들이 대장경 조판에 동참한 것이 주목된다. 이 시기 일연은 대장경 조판과 관련된 불교 전적뿐만 아니라 많은 서책을 열람했을 것이다. 그러나 사서의 편찬은 시대정신이 확립되지 않으면 불가능하였다. 따라서 대장경 조성에 참여함으로써 일연은 현실에 대한 확연한 인식이 싹트기 시작하였다고 본다. 이러한 상황에서 가장 비판적으로 인식한 것은 무신세력과 몽고였을 것이다. 이러한 시대인식이 그의 만년에 찬술한 『삼국유사』에 영향을 주었다. 일연이 본격적으로 『삼국유사』의 찬술을 의도하고 기획한 시기는 적어도 그가 인흥사에 주석한 이후였을 것이다.

한편 일연은 왕정복고가 이루어지면서 그들의 지원을 받게 되고, 원종 5년(1264) 왕명에 의해 인흥사에 주석하게 된다. 여기서 그가 가장 고민한 것은 몽고와 전쟁을 치르면서 무너진 '민족'의 정체성 위기를 극복하는 문제와 농민과 천민들의 피폐된 삶을 개선하는 문제였다. 이에 대한 대응으로 사서를 찬술하고 신앙적으로 관음신앙을 강조하는 방향으로 나아갔다.

이러한 의도를 갖고 찬술한 『삼국유사』의 인용서목을 보면, 일연이 직접 자료를 수집한 것이 많지만 만년의 일연으로서 방대한 자료 수집과 집필은 어려움이 많이 따랐을 것이다. 따라서 『삼국유사』는 물론 일연이 주축이 되었지만 그의 단독 찬술이라기보다 그의 문도들이 참여하여 만들었을 가능성을 배제할 수 없다. 『삼국유사』가 관찬이 아니면서도 방대한 자료의 수집과 내용의 충실성을 가질 수 있었던 배경은 바로 일연을 정점으로 가지산문이 불교계의 중심 교단으로 부각된 측면을 감안하지 않을 수 없다.

그리고 일연은 고려사회 내부의 변화와 대외관계를 정확하게 파악하고 있었다. 이는 『삼국유사』에 국가, 국왕 중심의 역사관으로 권신을 비판하는 내용과 단군으로부터 민족사의 체계를 정립하려는 태도를 보이고 있다. 결국 일연은 궁극적으로는 고려를 再造하려는 역사의식을 가졌으며, 이를 실천하기 위한 노력이 『삼국유사』의 찬술로 나타났던 것이다. 따라서 『삼국유사』는 그 성격을 野史, 설화민담집, 하나의 漫錄, 불교(문화)사 등으로 가볍게 볼 수는 없다.

마지막으로 범어사 성보박물관이 소장하고 있는 『삼국유사』 판본에 대해 살펴보았다. 이는 널리 알려진 임신본보다 앞선 시기인 선초본으로 밝혀졌다. 현재 선초본으로 알려진 파른본의 왕력, 권1, 권2와 조종업본과 니산본으로 전해진 권2, 곽영대 소장본(송은본)인 권3~권5 등에 범어사본 권4~권5가 추가된 셈이다. 이러한 범어사본을 비롯한 선초본을 통해 『삼국유사』의 초간 시기에 대한 본격적인 논의가 진행되었으면 한다.

【부록】 역주 普覺國師 一然碑·陰記

1. 들어가면서

普覺國師碑는 경북 군위군 고로면 화북리에 소재하고 있는 인각사에 남아있다. 본래 이 비는 앞면에 「高麗國華山曹溪宗麟角寺迦智山下普覺國尊碑銘并序」와 뒷면에 「普覺國尊碑陰記」의 내용으로 구성되었다. 그러나 현존하는 비는 두 동강이 난 채 3尺 정도의 殘碑로 남아있어 비가 파손되기 이전의 탁본을 통해 완전한 내용을 복원할 수밖에 없다.

그러나 다행하게도 근래에 「普覺國尊碑銘」의 완전한 탁본이 출현하게 됨에 따라[1] 일연의 생애와 활약상에 관한 정확한 내용을 알 수 있다. 한편 「普覺國尊碑陰記」는 현재로선 그 원형이 완전하게 복원될 형편은 아니나, 그간 학계의 노력과 특히 정병삼 교수가 주도하여 어느 정도 그 실체에 가까운 모습으로 복원하였다.[2] 이를 토대로 2006년 11월에는 인각사 경내에 보각국사비를 복원·건립하기에 이르렀다.

이렇게 복원된 「보각국사비명」과 「비음기」를 많은 사람들이 쉽게 접할 수 있도록 하기 위해 주석을 붙여 번역한 바 있었다.[3] 물론 본 비명에 대한 부분적인 번역은 이미 시도된 바 있고,[4] 본 비명과 음기 전반에 대해서는 李智冠 스님이 처음으로 주석한 바 있다.[5] 또 한국정신

1) 한국정신문화연구원, 『普覺國師碑銘』, 1981. 그리고 일부만 전하는 善本으로는 朴永弴 소장본과(『文化財』 93, 월간문화재사, 1979. 10), 정진영 소장본이 있다.

2) 2006년 8월에 보각국사비를 건립하기 위해 현전하는 탁본을 판독, 정리하여 비문과 음기를 거의 원문에 가깝게 복원하였다. 이를 주관한 정병삼 교수가 학계의 연구성과 등 그간의 사정을 종합하여 논문으로 발표하였다(「일연선사비의 복원과 고려승려 비문의 문도구성」, 『韓國史硏究』 133, 2006).

3) 蔡尙植, 「譯註 普覺國尊 一然碑 · 陰記」, 『新羅史學報』 14, 신라사학회, 2008.

4) 黃浿江, 「해제」, 『一然作品集』, 형설출판사, 1977.

5) 李智冠, 『校勘譯註 歷代高僧碑文(高麗篇 4)』, 가산불교문화연구원, 1997.

문화연구원(현 한국학중앙연구원)에서 펴낸『譯註三國遺事』부록에도 역주한 본 비명과 음기를 수록하였다.[6] 최근에는 한국국학진흥원과 청명문화재단에서 금석문을 정리하면서 본 비명과 음기를 역주하였다.[7] 다만 본 음기의 역주는 음기가 완전하게 복원이 이루어지기 이전에 시도한 것이라 한계가 있다. 본 역주는 이지관 스님이 역주한 것을 많이 참고하였으며, 필자가 이전에 역주한 것을 새롭게 다듬은 것이다.

2. 普覺國尊碑銘의 원문과 역주

普覺國師碑銘[8]

보각국사비명

高麗國 華山 曹溪宗 麟角寺 迦智山下 普覺國尊碑銘幷序

고려국 화산[9] 조계종[10] 인각사 가지산[11]하 보각국존 비명과 서문

宣授朝列太夫 遙授翰林直學士 正獻太夫 密直司 左承旨 國學太司成 文翰侍講學士 充史舘修撰官 知制誥 知版圖司事 世子右諭善大夫 賜紫金魚袋 臣

6) 姜仁求 외,『譯註三國遺事』5, 이회문화사, 2003.

7) 趙明濟,「麟角寺 普覺國師碑」,『韓國金石文集成(25)』, 한국국학진흥원, 2011.

8) 본비의 題額이다.

9) 華山 : 경북 군위군의 동쪽에 있는 산이다.

10) 曹溪宗 : 6조 慧能大師가 曹溪山 寶林寺에서 종풍을 진작하였기에, 이후 禪宗의 대명사로 일컬어졌다.

11) 迦智山 : 신라 하대 道義國師가 당에 유학한 뒤 귀국하여 설악산 陳田寺에서 약 40년간 주석하였다가, 廉居에게 법을 전하고, 염거는 普照 體澄에게 전법하였다. 체징이 전남 장흥군 迦智山에 寶林寺를 창건함으로써 개산한 선문이 가지산문이다. 고려중기 이후 운문사와 인각사 등이 모두 가지산문 소속이다.

閔漬 奉勅撰

조열태부를 선수[12]하고 일찍이 한림직학사[13], 정헌대부 밀직사[14] 좌승지, 국학 대사성, 문한[15] 시강학사로서 사관 수찬관[16], 지제고[17] 등을 역임하고, 지판도사[18]사, 세자우유선[19]대부로서 자금어대를 받은 신 민지[20]가 어명을 받들어 편찬하다.

夫淸鏡濁金 元非二物 渾波湛水 同出一源 其本同而末異者 在乎磨與不磨 動與不動耳 諸佛衆生 性亦如是 但以迷悟爲別 孰云愚智有種 以至愚望大覺 勢絶霄壤 及乎一迴機 便同本覺 自迦葉微笑 達磨西來 燈燈相續 直至于今者 皆以此也 傳其心 得其髓 迴慧日於虞淵 曜神光於桑域者 惟我國尊有焉

무릇 깨끗한 거울과 둔탁한 쇳덩이는 원래 두 가지 물건이 아니다. 흐린 물결과 맑은 물은 모두 한 근원에서 나왔다. 그 뿌리가 같음에도 끝이 다른 것은 갈은 것과 갈지 않은 것의 다름이며, 움직이는 것과 움직이지 않는 것의 다름만 있을 뿐이다. 모든 부처와 중생들의

12) 宣授 : 왕이 명을 내리는 것을 의미한다.

13) 翰林直學士 : 고려 때 翰林院에 소속된 정4품의 관직. 정원은 2명이었다.

14) 密直司 : 원간섭기에 왕명의 출납 · 궁중의 宿衛 · 軍機 등을 맡았던 관청이다.

15) 文翰 : 翰林院이라 했으나 원간섭기에 文翰署로 이름을 고쳤으며, 뒤에 詞林院, 藝文春秋館 등으로 바꾸었다.

16) 修撰官 : 고려 때의 관직. 翰林院의 3품 이하가 겸직토록 했다.

17) 知制誥 : 고려 때의 관직. 詔書 · 敎書 등의 글을 짓는 일을 맡았다.

18) 版圖司 : 원간섭기에 戶曹를 고친 명칭이다.

19) 右諭善 : 諭善이라고도 하며, 世子講書院의 主宰官이다.

20) 閔漬(1248~1326) : 고려 후기의 문신. 자는 祥正 또는 龍涎, 호는 默軒, 시호는 文仁, 본관은 驪興, 令謨의 5대손. 원종 때 문과에 장원. 충렬왕 때 殿中侍史를 거쳐 禮賓尹이 되고, 충선왕이 세자 때 政堂文學 鄭可臣과 함께 세자를 시종하여 원에 가서 翰林直學士 朝列大夫의 벼슬을 받았다. 1321년에 守政丞이 되고, 驪興君에 봉해졌다. 鄭可臣(?~1298)이 지은 『千秋金鏡錄』을 權溥와 중수하여 『世代編年節要』를 만들고, 또 『本國編年綱目』을 편찬했으나, 모두 전하지 않는다.

불성(佛性)도 또한 이와 같다. 다만 미혹하고 깨달음으로써 분별된다. 누가 감히 어리석음과 지혜로움이 따로 종자가 있다고 말하는가. 지극한 어리석음은 큰 깨달음을 증득한 세존과 비교하면 하늘과 땅처럼 보다 더 현격한 차이가 있으나, 한번 생각을 돌이켜 보면 본각(本覺)인 부처님과 조금도 다름이 없다. 가섭존자의 미소[21]와 달마대사가 서천축에서 중국에 온 이후 법의 등불과 등불이 서로 이어져 바로 오늘에 이른 것은, 모두 이것에 의한 것이다. (스승이) 그 심법을 전하고 그 정수를 얻어서 불법의 지혜를 서쪽[22]에서 돌아오게 하고, 신령한 빛을 우리나라[23]에 비춘 이는 오직 우리 국존뿐이다.

國尊 諱 見明 字 晦然 後易名一然 俗姓金氏 慶州章山郡人也 考諱彦弼 不仕 以師故 贈左僕射 妣李氏 封樂浪郡夫人

국존의 휘는 견명이며, 자는 회연이었다. 후에 이름을 일연으로 바꾸었다. 속가의 성은 김씨로서 경주에 속한 장산군(지금 경산시)[24] 사람이다. 아버지의 휘는 언필인데 벼슬하지 아니하였으나 좌복야의 벼슬을 추증받았다. 어머니는 이씨인데 낙랑군부인에 봉해졌다.

初 母夢日輪入屋 光射于腹者 凡三夜 因而有娠 泰和丙寅六月辛酉誕焉 生而俊邁 儀表端嚴 豊準方口 牛行虎視 小有出塵志 年甫九歲 往依海陽無量寺 始就學 而聰警絶倫 有時 危坐盡夕 人異之

처음에 어머니의 꿈에 해 덩어리가 방으로 들어와 배에 빛을 쏜

21) 迦葉微笑 : 가섭이 拈花함으로써 부처의 法統을 계승하였음을 알려주는 설화이다.

22) 虞淵 : 太陽이 빠지는 곳으로 해가 지는 곳을 말한다.

23) 桑域 : 桑梓와 같은 말. 뽕나무와 가래나무를 심은 곳으로 고향이란 뜻이다. 여기서는 우리나라를 가리킨다.

24) 章山 : 경북 경산시의 옛 이름이다.

것이 무릇 사흘 밤이었다. 이에 임신이 되어서 태화 병인(고려 희종 2년, 1206) 6월 신유일에 탄생했다. 태어나면서부터 재주가 뛰어나고, 용모와 거동이 단정하고 엄숙하며, 코가 높고[25] 입이 반듯하며, 소처럼 걷고 범처럼 위엄이 당당하였다.[26] 어려서 세속을 벗어날 뜻이 있어서, 나이 겨우 아홉 살에 해양[27]의 무량사[28]에 가서 의지하여, 처음 배움에 나아갔음에도 총명하고 민첩함이 비할 수 없이 뛰어났다. 어떤 때에는 밤이 다하도록 단정히 앉아[29] 있어 사람들이 기이하게 생각했다.

興定己卯 就陳田長老大雄 剃度受具 於是 遊歷禪肆 聲價藉甚 時輩推爲九山四選之首

흥정 기묘(고려 고종 6년, 1219)[30]에 진전사[31]의 장로 대웅에게 나아가 머리를 깎고 득도(得度)한 다음 구족계(具足戒)를 받았다. 이에 선방을 두루 다니면서 참선하여, 명성이 매우 높았다. 당시에 무리들이 받들어 구산 중의 사선[32]의 우두머리로 삼았다.

丁亥冬 赴選佛場 登上上科 厥後寄錫于包山寶幢庵 心存禪觀

---

25) 豊準 : 몸매와 체중이나 신장이 모두 균형이 잘 잡혔음을 의미한다.

26) 牛行虎視 : 걸음걸이는 마치 소와 같이 뚜벅뚜벅 鈍重하게 걸으며, 눈은 호랑이처럼 예리하다는 뜻이다.

27) 海陽 : 광주광역시의 옛 이름이다.

28) 無量寺 : 정확한 위치는 알 수 없다.

29) 危坐 : 正坐, 跪坐와 같은 뜻으로 端正히 앉아 姿勢를 높고 바르게 하는 것이다.

30) 興定己卯 : 흥정은 金의 宣宗 연호이며, 고종 6년(1219)이다.

31) 陳田 : 강원도 양양군 설악산에 있던 가지산문 사찰이다.

32) 四選 : 고려시대 법계상 禪宗에는 大德→ 大師→ 重大師→ 三重大師→ 禪師→ 大禪師의 순서이다. 일연이 승과에서 상상과에 합격한 이전에 거친 入選→ 大選→ 大德→ 大師 등이다.

정해[33]년 겨울에, 선불장에서 上上科[34]에 합격하였다. 그 뒤에 포산[35]의 보당암에 주석하면서 마음을 선관에 두었다.

丙申秋 有兵亂 師欲避地 因念文殊五字呪 以期感應 忽於壁間 文殊現身 曰無住北 明年夏 居是山妙門庵 庵之北有蘭若 曰無住 師乃悟前記 住是庵 時常以生界不滅 佛界不增之語 參究之 忽一日豁然有悟 謂人曰 吾今日 乃知三界如幻夢 見大地無纖豪礙 是年 批授三重大師

병신년(고종 23년, 1236) 가을[36]에, 병란이 있어서 스님께서 다른 곳으로 난리를 피하고자 하였다. 이런 연유로 문수오자주[37]를 외워서 감응하기를 바랐더니, 갑자기 벽에서 문수보살이 몸을 나타내어 말하기를 "무주 북쪽에 있으라"고 계시하셨다. 명년 여름에 다시 이 산의 묘문암에서 거처하게 되었는데, 암자의 북쪽에 난야가 있어 그 이름을 무주(암)라고 하였다. 스님께서 이에 지난번의 계시를 깨닫고 이 암자에 머물렀다. 당시 항상 "중생의 세계는 줄지 아니하고 부처의 세계는 불어나지 않는다"[38]는 말(화두)로 참구를 하였는데, 갑자기 어느 날 활연하게 깨달음이 있었다. 사람들에게 일러 말하기를 "내 오늘에야 비로소 삼계가 허황한 꿈과 같음을 알았고, 대지가 실낱과 털끝만큼도 거리낌이 없음을 보았다."고 하였다. 이 해에 삼중대사의 법계를 받았다.

---

33) 丁亥 : 고종 14년(1227).

34) 上上科 : 승과에서 최상의 성적으로 합격하였다는 의미이다.

35) 包山 : 경북 달성군 玄風과 청도군에 걸친 일명 琵瑟山을 가리킨다. 苞山으로 된 기록이 있다.

36) 丙申秋 : 고종 23년(1236)이다.

37) 文殊五字呪 : '阿羅婆遮那'라고 하며, 『金剛頂經』, 瑜伽文殊師利菩薩法에 五字로 구성되어 있다.

38) 生界不減佛界不增 : 여기서 생이란 미혹한 중생이고, 불이란 깨달은 부처를 의미한다. 중생과 부처는 차별없이 둘이 아니라는 뜻이다.

丙午 加禪師

병오년[39](1246)에 선사의 법계를 더했다.

己酉 鄭相國 晏 捨南海私第爲社 曰定林 請師主之

기유년[40](1249)에 상국 정안[41]이 남해의 자기 집을 내어놓아 절을 만들어 정림이라 하고 대사를 초청하여 그 절을 주지하도록 하였다.

己未 加大禪師

기미년[42](1259)에 대선사의 법계를 더하였다.

中統辛酉 承詔赴京 住禪月社 開堂 遙嗣牧牛和尙

중통 신유년[43](1261)에 임금의 조서를 받고 서울로 올라가 선월사[44]에 주석하면서 법당을 열고, 멀리 목우화상[45] 법통을 이었다.[46]

至至元元年秋 累請南還 寓吾魚社 未幾仁弘社主 萬恢 讓師主席 學侶雲臻

지원 원년[47](1264) 가을에 이르러 여러 번 요청하여 남쪽으로 돌아와

---

39) 丙午 : 고종 33년(1246).

40) 己酉 : 고종 36년(1249).

41) 鄭相國晏 : 鄭晏(?~1251)을 가리킨다. 문신. 그는 최우의 처남이지만 최우가 전횡하는 것을 싫어하여 남해로 은거하였으며, 불교에 깊이 심취하여 사재를 희사하여 대장경 간행에 참여하기도 하였다.

42) 己未 : 고종 46년(1259)

43) 中統辛酉 : 中統은 원의 세조 연호. 辛酉는 원종 2년(1261)이다.

44) 禪月社 : 당시 정황으로 보아 강화도에 있던 '禪源社'로 추정된다.

45) 牧牛和尙 : 普照國師 知訥(1158~1210)을 가리킨다.

46) 遙嗣 : 스승과 제자가 마주 대하여 擧揚하고 面前授受하는 것이 아니고, 멀리 소급하여 특정 스님을 법사로 모시고 법을 이어받는 것을 말한다.

47) 至元元年 : 지원은 원 세조의 연호이며, 원종 5년(1264)이다.

오어사[48]에 머물렀다. 얼마 있지 않아 인홍사[49] 주지 만회가 스님에게 주지의 자리를 사양하니 학식있는 승려들이 구름처럼 모여들었다.

戊辰夏 有朝旨 集禪敎明德 一百員 設大藏落成會 於雲海寺 請師主盟 晝讀金文 夜談宗趣 諸家所疑 師皆剖釋如流 精義入神 故無不敬服 師住仁弘十一年 是社創構旣遠 殿宇皆頹圮 又且湫隘 師並重新恢廓之 仍奏于朝 改號仁興 宸書題額 以賜之 又於包山東麓 重葺涌泉寺 爲佛日社

무진년[50](1268) 여름에 조정의 명이 있어 선종과 교종의 명망이 높은 스님 100명을 모아, 운해사에서 대장경 낙성회를 열고, 스님을 청하여 법회를 주관하게 했다. 낮에는 불경을 읽고, 밤에는 불교 교의의 진체를 담론하였다. 여러 대가들의 의심되는 바를 스님께서 모두 쪼개어 풀이하기를 물이 흐르듯이 하였다. 곧 사리에 정통하여 신묘한 경지에 이르렀으며, 이에 감복하여 경탄하지 않는 이가 없었다. 스님께서 인홍사에 주석한 지 11년이 되었다. 이 절을 지은 지 이미 오래되어 법당이 다 무너지고 또 지대가 낮고 좁아서,[51] 스님께서 중건하여 새로 넓게 지었다. 이에 조정에 아뢰어 절 이름을 바꾸어 인흥사로 부르니, (왕이) 제액을 써서 하사하였다. 또 포산의 동쪽 기슭에 용천사[52]를 다시 수리하여 불일사라 하였다.

上卽祚四年丁丑 詔住雲門寺 大闡玄風 上 日深傾注 以詩寄云 密傳何必更揠

---

48) 吾魚社 : 경북 영일군 烏川 雲梯山에 있으며, 신라 진평왕대 惠空의 설화가 전한다.

49) 仁弘社 : 대구광역시 달성군 화원읍 본리에 있었으며, 仁興社로 사액되었으나 현재 폐사지이다.

50) 戊辰 : 원종 9년(1268).

51) 湫隘 : 건물의 지반이 가라앉고, 濕氣가 많다는 뜻이다.

52) 涌泉寺 : 경북 청도군 각북면에 있으며, 涌과 湧은 같은 뜻이다.

衣 金地遙招亦是奇 欲乞璉公邀闕下 師何長戀白雲枝

임금(충렬왕)께서 즉위한 지 4년인 정축년(1277)[53]에 조칙을 내려 (스님을) 운문사[54]에 주석하게 하니, 불교의 현풍을 크게 천양하였다. 충렬왕은 스님을 공경하는 마음이 날로 깊어져 찬시를 써 보내어 이르기를, "밀전(密傳)함에 어찌 구의(摳衣)[55]가 필요하랴? 금지(金地)에서 서로 만난 것이 기이할 뿐이다. (송에서도) 연공(璉公)[56]을 청하여 대궐에 맞이하였는데, 스님께서는 어찌 오래도록 (산중에 나뭇가지에 걸려 있는) 백운만 그리십니까?"

辛巳夏 因東征 駕幸東都 詔師赴行在 及至 疏請陞座 倍生崇敬 因取師佛日結社文 題押入社

신사년(1281) 여름에 동정[57]으로 충렬왕이 동도에 행차하여 조서를 내려 스님을 행재소에 초청하였다. 스님이 도착하자, 소를 지어 자리에 오를 것을 청하니, 공경하는 마음이 갑절로 생겼다. 이때 스님의 불일결사문(佛日結社文)을 취하여, 그 제액[58]을 써서 불일사에 들이도록 하였다.

---

53) 上卽祚四年丁丑 : 충렬왕 3년(1277)이며, 당시의 卽位年稱元法에 따라 4년으로 기록한 것이다.

54) 雲門寺 : 경북 청도군 운문면 신원리 虎踞山에 있다.

55) 摳衣 : 본래 옷의 아랫도리를 걷어 올린다는 뜻이다. 왕이 국사·왕사를 책봉할 때 무릎을 꿇어 존경을 표하는 의식을 의미한다.

56) 璉公 : 중국 송대의 雲門宗 승려 懷璉(1009~1090)을 가리킨다. 皇祐 2년(1050) 2월 송의 인종이 그를 궁궐로 초청하여 불교의 대의를 듣고 크게 기뻐하여 大覺禪師라는 호를 하사하였다고 한다.

57) 東征 : 원 세조가 충렬왕 즉위년(1274)과 같은 왕 7년(1281)에 시도한 일본 정벌을 말한다. 이 기록은 제2차 동정 때 충렬왕이 직접 東都인 경주에 행차한 것을 말한다.

58) 題押 : 왕이 불일결사란 제액을 쓰고 署名했다는 의미이다.

明年秋 遣近侍將作尹 金顒 賫詔迎至闕下 請於大殿說禪 喜溢龍顏 勅有司舘于廣明寺 入院日夜半 有人入方丈外 曰 善來者三 視之無有也 冬十二月乘輿親訪 咨問法要

명년(1282) 가을에 근시 장작윤 김군을 보내 조서를 가지고 (스님을) 대궐에 맞이하도록 하였다. 이어 대전에서 선법을 청해 (스님의) 설법을 듣자, 기뻐하는 모습이 임금의 얼굴에 넘쳤다. 임금이 유사(有司)에 명하여 광명사[59]에서 머물게 하였다. 그날 밤중에 어떤 사람이 방장 밖에서 들어와, "잘 오셨습니다."라고 세 번 말하였다. 그 쪽을 살펴보았으나 아무도 없었다. 겨울 12월에 임금이 수레를 타고 친히 방문하여 불법의 요체를 물었다.[60]

明年春 上謂群臣曰 我先王 皆得釋門德大者 爲王師 德又大者 爲國師 在否德獨無可乎 今雲門和尚 道尊德盛 人所共仰 豈宜寡人 獨蒙慈澤 當與一國共之

명년(1283) 봄에 임금께서 여러 신하들에게 일러 말하기를, "우리 선왕께서는 모두 석문(불가)의 덕이 큰 자를 얻어서 왕사로 삼았고, 덕이 더욱 큰 자를 국사로 삼았다. 나에게만[61] 유독 없는 것이 옳은가. 지금 운문화상이 도가 높고 덕이 성대하여 사람들이 다 추앙하는 바이니, 어찌 과인이 홀로 자비로운 은택을 입는 것이 마땅한가. 마땅히 한 나라와 더불어 (스님을) 받들고자 하노라." 하였다.

於是 遣右承旨 廉承益 奉綸旨 請行闔國 尊師之禮 師上表固讓 上復遣使牢請至三 仍命上將軍 羅裕等 冊爲國尊 號圓徑沖照

59) 廣明寺 : 개성 북쪽 송악산 기슭에 있었던 사찰이며, 고려 태조가 舊宅을 喜捨하여 만들었다.

60) 乘輿親訪 : 충렬왕이 수레를 타고 친히 스님을 방문하여 법문을 들었다는 말이다.

61) 在否德 : 否德은 寡人 또는 愚와 같은 뜻이니, 왕이 자신을 謙稱하는 말이다.

이에 우승지 염승익[62]을 보내어 임금의 뜻을 받들어 온 나라가 국사를 추존하는 예를 행할 것을 청하자, 스님께서 표(상소)를 올려 굳이 사양하였다. 임금이 다시 사신을 보내 진실로 청하기를 세 번에 이르고, 이어 상장군 나유[63] 등을 보내어 (스님을) 국존으로 책봉하고 호를 원경충조라 하였다.

冊訖 四月辛卯 迎入大內 躬率百僚 行摳衣禮 改國師爲國尊者 爲避大朝國師之號也

책봉을 마치고, 4월 신유일에 내전으로 맞아들여 (임금이) 친히 백관들을 거느리고, 구의례를 행하였다. 국사를 고쳐서 국존으로 한 것은 원나라 국사의 칭호를 피하기 위해서이다.

師素不樂京輦 又以母老 乞還舊山 辭意甚切 上重違其志 而允之 命近侍佐郎黃守命 護行 下山寧親 朝野嘆其希有

국사께서는 평소에 서울(개경)을 좋아하지 않았으며, 또 어머니가 늙었기 때문에 고향으로 돌아갈 것을 청하였다. 그 말씀하는 뜻이 심히 간절하였다. 임금께서 거듭 그 뜻을 어기고 받아들이지 않다가 마침내 윤허하고, 근시 좌랑 황수명에게 명하여 행차를 호위하도록 하고, 고향에 내려가 어머니를 편안히 모시도록 하니,[64] 조정과 민간

---

62) 廉承益(?~1302) : 고려 후기의 문신. 초명은 惟直. 본관은 瑞原. 악병을 불공으로 고친 후부터 병든 사람을 위해 祈禱하는 것으로 세월을 보내다가 李之氐의 천거로 충렬왕의 중신이 되었다. 시호는 忠靖. 뒤에 머리를 깎고 승려가 되었다.

63) 羅裕(?~1292) : 충렬왕 때의 무신. 본관은 나주. 삼별초를 진압할 때 참여하였으며, 동정군에도 종군하였다. 충렬왕이 동정군을 격려하고자 경주에 행차했을 때 知兵馬事였다.

64) 寧親 : 歸省과 같은 말. 곧 부모와 멀리 떨어진 객지에 있는 자식이 귀향하여 부모를 찾아뵙고 자신의 건강한 모습을 보여 부모로 하여금 마음을 편안하게 해 드린다는 뜻이다.

에서 그 드문 효행을 찬탄하였다.

明年母卒 年九十六 是年 朝廷以麟角寺 爲下安之地 勅近侍 金龍釰 修葺之 又納土田百餘頃 以資常住 師入麟角 再闢九山門都會 藂林之盛 近古未曾有也
다음 해(1284)에 어머니가 돌아가시니 나이가 96세였다. 이 해에 조정에서는 인각사를 (국사께서) 편안히 머물 수 있는 곳으로 선정하고,[65] 칙명으로 근시 김용검에게 그곳을 수리토록 했다. 또 논밭 100여 경을 들여서, 상주할 수 있도록 꾸몄다. 국사께서 인각사에 들어가 다시 구산문도회를 여니, 총림의 융성함이 근래에는 있은 적이 없었다.

越己丑六月 示疾 至七月七日 手寫上太內書 又命侍者作書 寄相國廉公 告以長法 因與諸禪老問答移晷
(5년을) 지나서 기축[66](1289) 6월에 병을 드러내 보이고, 7월 7일에 이르러 손수 임금에게 올릴 글을 쓰고, 또 시자에게 글을 짓도록 명하여 상국 염승익에게 부치고, 장법(長法) 곧 입적을 고했다. 이어 여러 선승들과 더불어 해가 기울도록 문답을 하였다.[67]

是夜 有長星大尺圍 隕于方丈
이날 밤에 한자 둘레만한 큰 별이[68] 방장에 떨어지는 징후가 있었다.

---

65) 下安之地 : 下山之所라고도 하며, 말년에 조용한 곳에서 편안히 지내다가 입적할 곳으로 삼겠다는 뜻이다.

66) 己丑 : 충렬왕 15년(1289).

67) 移晷 : 移景, 移日, 移影 등과 같으며, 시간이 흘러 이미 해 그림자가 서산에 걸렸다는 뜻으로 하루가 지났다는 뜻이다.

68) 大尺圍 : 별의 크기가 한 자의 둘레만큼이나 되었다는 말이니, 지름이 1척 정도라는 뜻이다.

後翌日乙酉 晨起盥浴而坐 謂衆曰 今日吾當行矣 不是重日耶 云不是 曰然則可矣 令僧撾法鼓 師至善法堂前 踞禪床 封印寶 命掌選別監 金成固 重封畢 謂曰 適値天使來 見老僧末後事

다음날 을유일에 새벽 일찍이 일어나 목욕하고 단정히 앉아서, 대중에게 일러 말하기를 "오늘 내가 마땅히 떠나가리, 하고서 액일(厄日 : 重日)이 아니냐?"[69]라고 물었다. (시자가) 대답하기를 "그렇지 않습니다."라고 하니, 말하기를 "그렇다면 됐다."라고 하였다. 승려로 하여금 법고를 치게 하고 국사께서 선법당[70] 앞에 이르러, 선상(禪床)에 걸쳐 앉아 국존의 인장을 봉하고, 장선별감[71] 김성고에게 명하여 다시 봉인을 마치도록 하였다. 스님이 일러 말하기를, "마침 천사[72]가 와서 노승의 말일사(末日事)를 보는구나."라고 하였다.

有僧出問 釋尊示滅於鶴林 和尙歸眞於麟嶺 未審相去多少

어떤 승려가 나와 묻기를, "석가모니께서는 학림[73]에서 적멸하셨고, 스님께서는 인각사에서 본체(本諦 : 眞)로 돌아가시니, 자세히 모르겠습니다만 서로 거리가 얼마나 되는지 알 수 없나이다."라고 하였다.

---

69) 重日 : 불교에서 중요한 日辰으로 여기는 날에 입적하면 여러 면에서 지장을 주므로 중요한 날을 피하려는 뜻이다.

70) 善法堂 : 忉利天의 중앙 帝釋天王이 있는 곳이다. 須彌山頂에 위치한 도리천에는 한복판에 善法堂天이 있으며, 이를 중심으로 사방에 8天씩이 있어 모두 32天이다. 여기에 善法堂天을 합하면 33천이 된다. 그러므로 도리천을 33천이라고도 한다.

71) 掌選別監 : 선별을 맡은 別監이니, 궁중에 도착하는 우편물이나 기타 물품을 받아 왕에게 올려야 할 것을 선별하는 관직이다.

72) 天使 : 왕이 보낸 사신을 말한다.

73) 鶴林 : 부처님이 입적한 곳을 말한다. 당시 沙羅林에서 열반하셨는데, 이 나무가 학의 색깔처럼 하얗게 변하였으므로 鶴林 또는 鶴樹라고 한다.

師拈拄杖卓一下云 相去多少

국사께서 주장자를 잡고 한번 내리치면서 이르시기를, "서로 떨어진 거리가 얼마나 되느냐."라고 반문하였다.

進云 伊麼 則今古應無墜 分明在目前

(승려가) 나아가 이르기를, "그렇다면 곧 지금과 옛날이 상응하여 떨어짐이 없이 분명하게 눈앞에 있습니다."라고 하였다.

師又卓一下云 分明在目前

국사께서 또 한번 법상을 내리치면서 이르시기를, "분명히 눈앞에 있느니라."라고 하였다.

進云 三角麒麟入海中 空餘片月波心出

(승려가) 나아가 이르기를, "뿔을 세 개 가진 기린이 바다 안으로 들어가더니, 부질없이 남은 조각달이 물결 가운데서 나오나이다."라고 하였다.

師云 他日歸來 且與上人 重弄一場

국사께서 이르시기를, "훗날 돌아오면 무릇 상인(上人)과 더불어 거듭 일장(一場)을 흥겹게 놀아보리라."라고 하였다.

又有僧問 和尚百年後 所須何物

또 어떤 승려가 묻기를, "스님께서는 100년 후로 돌아가시면 모름지기 소용되실 물건이 무엇이오리까."하고 하였다.

師云 只這箇

국사께서 이르시기를, "다만 이것뿐이다."[74]라고 하였다.

進云 重與君王造箇無縫塔樣 又且何妨
(승려가) 나아가 이르기를, "거듭 군왕과 더불어 무봉탑[75]을 조성함에 무슨 방해가 있겠습니까."라고 하였다.

師云 甚麽處去來
국사께서 이르시기를, "어떤 곳을 오고 가리오."[76]라고 하였다.

進云 也須問過
(승려가) 나아가 이르기를, "모름지기 물어야 했습니다."라고 하였다.

師云 知是般事便休
국사께서 이르시기를, "이와 같은 일은 알게 되면 곧 쉬게 되리라."라고 하였다.

又有僧問 和尙 在世如無世 視身如無身 何妨住世 轉大法輪
또 어떤 승려가 묻기를, "화상께서 세상에 계시되 세상에 없는 듯이 하시며, 육신을 보기를 육신이 없는 듯이 하시니, 세상에 살면서 큰 불법의 수레바퀴를 굴리심이 무슨 거리낌이 있습니까."라고 하였다.

師云 隨處作佛事 問答罷
국사께서 이르시기를, "처소에 따라 부처님의 일을 지으리라." 하시고

74) 只這箇 : 다만 현실 그대로일 뿐, 특별히 따로 구할 것이 없다는 의미이다.
75) 無縫塔 : 이어지는 것이 없는 하나의 덩어리로 이루어진 탑을 말한다.
76) 甚麽處 : 어느 곳, 어디로 등의 뜻이다.

문답을 마치었다.

師云 諸禪德日日報云 痛痒底不痛痒底 模糊未辨

국사께서 이르시기를, "여러 선덕들은 날마다 이것에 답하시오. 심하게 아프고 가려운 것과[77] 아프지도 않고 가렵지도 않은 것이 모호하여 가릴 수 없으리라."고 하였다.

又拈拄杖卓一下云 這箇是痛底 又卓一下云 這箇是不痛底 又卓一下云 這箇是痛底 是不痛底 試辨看 便下座歸方丈 又坐小禪床 言笑自若

또 주장자를 잡고 한번 법상을 내리치면서 이르시기를, "이것은 바로 심한 것이다." 다시 한번 법상을 내리치고는 이르시기를, "이것은 심하지 않은 것이다." 또 다시 한번 내리치면서 이르시기를, "이것은 심한 것이면서 심하지 않은 것이니, 가려 보아야 할 것이오."라 하고 곧 자리에서 내려와 방장으로 돌아갔다. 또 작은 선상에 앉아서 웃고 말씀하는 것이 태연자약하였다.

俄頃 手結金剛印 泊然示滅 有五色光起方丈後 直如幢 其端煜煜如炎上 上有白雲如蓋 指天而去 時秋暑方熾 顏貌鮮白 支體瑩澤 屈伸如生 遠近觀者如堵

잠깐 후에 손으로 금강인[78]을 맺고 고요히 입적하시니, 오색의 광채가 방장 뒤에서 일어났다. 그 모양이 곧게 선 석당(石幢)과 같고, 그 끝에는 불꽃이 활활 타오르는 듯하고, 위에는 흰 구름이 일산처럼 덮여서 하늘을 향하여 뻗쳤다. 때는 가을 늦더위가 바야흐로 기승을 부리는데도, 얼굴 모양은 선명하여 광택이 나고 지체는 윤택하였으

77) 痛痒底 : 아프거나 가려움의 뜻이다.

78) 金剛印 : 金剛拳印으로 왼손이 오른손의 人指를 잡고 가슴에 닿게 하는 手印이며, 비로자나불의 結印이다.

며, 굽히고 펴는 것이 살아 있는 것과 같았다. 멀리서 가까이서 참관하러 온 사람들이 운집하여 담장처럼 늘어섰다.

丁亥 闍維 拾靈骨 置于禪室中 門人 賫遺狀印寶 乘傳以聞 上震悼 遣判觀候署事 令偶 展飾終之禮 又命按廉使 監護喪事 仍降制 諡曰 普覺 塔曰 靜照 十月辛酉 塔于寺之東岡 享年八十四 臘七十一

정해일에 다비[79]를 하고 영골(靈骨)을 수습하여 선실 안에 안치했다. 문인이 남긴 글과 인장을 가지고 역마를 타고 가서 (왕에게) 보고하였다. 왕이 놀라고 슬퍼하여 관후서[80] 판사를 보내 엄숙하게 식종의 예를 거행토록 했다.[81] 또 안렴사에게 명하여 상례를 감호하도록 했다. 이어 조서를 내려 시호를 보각, 탑호를 정조라 하였다. 10월 신유일에 절의 동쪽 언덕에 부도탑을 세웠다. 나이는 84세, 법납은 71세였다.

師爲人 言無戲謔 性無緣飾 以眞情遇物 處衆若獨 居尊若卑 於學 不由師訓 自然通曉 旣入道穩實 而縱之以無礙辯 至古人之機緣語句 盤根錯節 渦旋波險處 抉剔疏鑒 恢恢焉遊刃 有餘

국사는 평소 말할 때에는 실없는 농담이 없고, 성품은 꾸밈이 없어서 진정으로써 사람과 사물을 대하고, 무리 속에 있으면서도 홀로 있는 것처럼 하고, 높은 자리에 거하면서도 낮은 것처럼 하였다. 배움에 있어서는 스승의 가르침에만 얽매이지 않고 스스로 통달하였다. 이미 깨달음에 들어서는 온전하고 착실하게 실천하였으며, 무애변재(無礙辯才)를 갖추었다. 따라서 옛 사람들의 공안에 관한 어구(語句)와

---

79) 闍維 : 茶毗라고도 함. 불에 태운다는 뜻으로 火葬을 가리킨다.

80) 觀候署 : 서운관이라고도 하는데, 고려 때 天文과 曆數 등을 맡아보던 관청이다.

81) 飾終之禮 : 死者의 최후를 장식하는 것이니, 장례식의 장엄을 뜻함이다.

뿌리와 마디가 얽힌 것과[82] 소용돌이가 치는 물결처럼 글씨가 험하여[83] 추측하기 어려운 곳까지 살을 긁어내고 뼈를 발라내어 소통시켜,[84] 넉넉하고[85] 여유있게 힘들이지 않고 일을 처리하였다.[86]

又於禪悅之餘 再閱藏經 窮究諸家章疏 旁涉儒書 兼貫百家 而隨方利物 妙用縱橫 凡五十年間 爲法道稱首 隨所住處 皆爭景慕 唯以未叅堂下爲恥 雖魁傑自負者 但受遺芳餘潤 則莫不心醉而自失焉

또 참선을 하는 여가에 다시 대장경을 읽고 여러 대가들의 주석을 속속들이 궁구하고, 유가의 서적을 두루 읽고, 제자백가를 다 관통하였다. 그리하여 장소에 따라 중생을 이롭게 하며, 묘용(妙用) 곧 방편을 발휘함에도 거침이 없어서, 무릇 50년간 법도에 있으면서 우두머리의 자리에 있었으며, 머무는 곳에 따라 모두 다투어 우러러 사모하였다. 이에 많은 사람들이 (스님의) 당하에 참여하지 못하였음을 부끄러워하였다. 비록 걸출하다고 자부하는 자도 스님이 남긴 향기와 물기[87] 곧 법문을 들으면 심취하여 얼이 빠진 것처럼 망연자실하지 않는 이가 없었다.

養母純孝 慕睦州陳尊宿之風 自號睦庵

어머니를 봉양하는 지극한 효심은 (중국) 목주 진존숙[88]의 가풍을

82) 盤根錯節 : 고목의 뿌리와 나무의 마디가 이리저리 사방으로 얽히어 복잡하다는 뜻이다. 곧 사건이나 문장이 번잡하여 해결하기 어려운 것을 비유한 말이다.

83) 渦旋波險 : 소용돌이치며 흘러가는 물결과 험한 파도 가운데라는 뜻이다. 곧 복잡한 사건이나 문장을 가리킨다.

84) 抉剔疏鑒 : 얽히고 설킨 부분을 갈아내고 발라내어 핵심을 적나라하게 드러내어 마치 거울처럼 훤히 보게 한다는 뜻이다.

85) 恢恢焉 : 廣大한 모양. 넓고 커서 모든 것을 포용하는 모양을 의미한다.

86) 遊刃有餘 : 어려운 사건을 처리함에 있어 여유가 있는 것에 비유한 말이다.

87) 遺芳餘潤 : 一然이 남긴 빛나는 餘潤 곧 法門을 가리키는 말이다.

흠모한[89] 것이다. 이에 스스로 호를 목암이라고 하였다.

年及耄期 聰明不小衰 敎人不倦 非至德眞慈 孰能如是乎
나이가 80을 넘어서도 총명함이 조금도 쇠하지 아니하고, 사람을 가르침에 게을리하지 않았으니, 지극한 덕성과 참다운 자비가 아니면 누가 이와 같이 할 수 있겠는가?

初龍劒之來也 馬山驛吏夢 人曰 明日當有天使 修曇無竭菩薩住處 行過此 明日果至 以師之行己利人觀之 是夢豈虛也哉 其餘異跡奇夢頗多 恐涉語怪 故略之
처음에 김용검이 (인각사로) 올 때[90] 마산역리의 꿈에, 어떤 사람이 말하기를, "내일 반드시 천사가 담무갈보살[91]의 머물 곳을 수리하기 위해 이곳을 지나갈 것이다."라고 하였다. 다음 날 과연 (용검이) 이르렀다. 평소 국사의 몸가짐과 남을 이롭게 한 것으로 살펴 보건대 이 꿈이 어찌 헛것이었겠는가? 그 나머지 특이한 행적과 기이한 꿈이 자못 많으나, 말이 괴이한 데 이를까봐 두렵다. 그런 까닭에 나머지는 생략한다.

---

88) 陳尊宿 : 중국 唐代의 운문종 스님으로 黃檗希運(?~850년경)의 제자. 호는 睦州. 속성은 陳氏. 강남 출신. 睦州 龍興寺의 祖室로 있으면서 1,000여 명의 대중을 모아놓고 문풍을 진작하였으므로 세인들이 陳尊宿이라 일컬었다. 짚신을 삼아 노모를 봉양하는 효심이 지극하였으므로 陣蒲鞋라 부르기도 하였다.

89) 睦州陳尊宿之風 : 一然 스님은 효심이 지극하여 睦州 陳尊宿이 지극한 효심으로 노모를 봉양한 것을 흠모하였다는 뜻이다.

90) 初龍劒之來 : 충렬왕 9년 왕이 一然 스님을 國尊으로 책봉하고 인각사를 下安之地로 삼게 한 다음, 근시인 金龍劒을 인각사로 보내어 사원을 중수케 하던 때를 가리킨다.

91) 曇無竭菩薩 : 曇摩鬱伽陀(Dharmodgata)라 음역. 法盛, 法勇, 法起로 번역되는 보살의 이름이다.

師之所著 有語錄二卷 偈頌雜著三卷 其所編修 有重編曺洞五位二卷 祖派啚二卷 大藏須知錄三卷 諸乘法數七卷 祖庭事苑三十卷 禪門拈頌事苑三十卷等百餘卷 行于世

국사께서 지으신 것은, 어록 2권, 게송잡저 3권이 있고. 그가 편수한 것은 중편조동오위 2권, 조파도 2권, 대장수지록 3권, 제승법수 7권, 조정사원 30권, 선문염송사원 30권 등 100여 권이[92] 있어 세상에 유행하고 있다.

門人雲門寺住持 大禪師 淸玢 狀師之行 聞于上 上令臣撰辭 臣學識荒淺 不足以光揚至德 故過延數年 請旣不已 命亦難忤 謹爲之序而銘之曰

문인인 운문사 주지 대선사 청분이, 국사의 행적을 작성한 문서를 임금에게 보고하여, 임금께서 신에게 비명을 찬술하도록 명하셨다. 신은 학식이 얕고 거칠어서, 지극한 덕을 빛나게 드러내기에는 족하지 못하다. 때문에 몇 년을 지나고 끌었으나, 이미 청함을 그만두지 아니하고, 칙명 또한 거역하기가 어려워, 삼가 비문을 짓고, 명문으로 (다음과 같이) 새겨 말한다.

勝幡西振 舌覆大千 唯是法印 密付單傳 竺乾列宿 中夏五葉 世隔人同 光光相接

서천에서 깃발을 높이 세우고,[93] 삼천대천 세계에 두루한 장광설이여.[94]

제법 중에 으뜸인 심인법(心印法)이여,[95] 조사로부터 비밀히 단전(單

92) 일연이 남긴 저술과 편수한 것은 重編曺洞五位와 三國遺事 외에는 현전하지 않는다.

93) 勝幡 : 殊勝한 깃발을 가리키는 뜻으로, 佛敎의 濫觴을 의미한다.

94) 舌覆大千 : 부처가 廣長舌로써 三千大天世界를 두루 덮어 설법하셨다는 의미이다.

95) 唯是法印 : 正法眼藏의 법인이라는 뜻이다.

傳)하였네.
축건(竺乾)[96]의 뭇 별과 중국의 오대 조사[97]에 이르기까지,
세대는 멀리 떨어져도 사람은 같아, 법등의 빛을 서로 이었네.

曹溪一派 東浸扶桑 孕生智日 我師克昌 去聖逾遠 世道交喪 不有至人 羣生安仰
육조(六祖)의 가풍이신 조계의 한 종파가, 동쪽의 해 뜨는 곳에[98] 스며들었네.
지혜로운 해를 잉태시켜 태어나니, 우리 국사가 능히 창성하였도다.
성인이 가신 곳 더욱 멀어서, 세상과 도가 서로가 상대를 잃었다.
지극한 사람이 있지 아니하면, 많은 사람들은 어디를 숭앙하리오.

惟師之出 本爲利他 學窮內外 機應万差 曉了諸家 搜玄索妙 剖釋衆疑 如鏡所照
오직 국사께서 세상에 출현한 것은, 본래 남을 이롭게 하고자 함이다.
학문은 내교와 외교를 다 궁구했고, 이를 실천하기에 만 가지 방편으로 부응했다.
제자백가를 환히 알아서, 깊은 이치와 현묘한 법을 찾았다.
많은 의문을 쪼개어 풀어냄이, 맑은 거울에 비추는 것과 같았다.

禪林虎嘯 教海龍吟 飈起雲合 學侶駸駸 拔陷拯淪 玄功盖代 五十年間 被人推戴
선림에서는 범의 부르짖음이었으며, 교해에서는 용의 읊조림이었다.
회오리 바람이 일어 구름을 합치니,[99] 학승들이 점점 많이 모여들었다.

---

96) 竺乾 : 天竺과 같은 말. 인도를 가리킨다.

97) 五葉 : 선종의 初祖인 達磨大師를 一花로 보고, 二祖 慧可, 三祖 僧璨, 四祖 道信, 五祖 弘忍, 六祖 慧能 등을 五葉이라 한다.

98) 扶桑 : 해가 뜨는 장소에 있으므로 동쪽을 가리킴. 동국 곧 우리나라를 가리킨다.

99) 飈起雲合 : 맑은 하늘에 갑자기 구름이 일어나 허공을 가득히 채우듯, 이와

고해에 빠진 중생 모두 빼어내고 건져주니,[100] 큰 공이 세상을 덮어서, 오십년 동안이나, 많은 사람들의 추대를 받았도다.

上將請益 思共元元 冊爲國尊 尊中又尊 寶藏當街 慈航當渡 窮子始歸 迷津爭赴

임금께서 장차 법을 청하는 마음과 백성들도 모두 뜻이 같았도다.
책봉하여 국존으로 삼으니, 높은 가운데 더욱 높도다.
부처님의 가르침이 거리에 임하였고, 자비의 배가 나루터에 이르렀구나.
궁한 사람들이 비로소 돌아오고,[101] 나루를 잃은 사람들이 다투어 달려가네.

長星忽墮 法棟已摧 去來由己 其去何催 眞空不空 妙有非有 絶迹離名 然後可久

큰 별이 갑자기 떨어지니, 불법의 기둥이 이미 꺾어졌네.
가고 오는 것이 자신에게 연유한 것인데, 그 가는 길을 어찌 재촉하시는가.
진공(眞空)은 공(空)이 아니고, 묘유(妙有)는 유(有)가 아니다.
자취가 끊어지고 이름을 벗어나서야, 영원한 열반상에 오를 수 있네.

上命旣迫 臣無以辭 把龜毛筆 書沒字碑 劫火洞燒 山河皆燼 此碑獨存 斯文不磷

임금의 명령이 이미 다급하니, 신이 사양할 수가 없다. 거칠은 손에 붓을 잡고,[102] 글자가 없는 비석을 쓰노라.[103]

같이 學人이 운집하였다는 의미이다.

100) 拔陷拯淪 : 함정에 빠진 사람을 끌어올리고, 물에 빠진 이를 건져 올린다는 의미이다.

101) 窮子始歸 : 중생들은 공덕의 法財가 궁핍하므로 窮子에 비유하였다.

102) 龜毛筆 : 거북의 털로 만든 붓이라는 뜻임. 거북은 본래 털이 없으므로 자신을 낮추어 표현한 것이다.

103) 沒字碑 : 자신의 비문을 낮추어 표현한 것이다.

겁화(劫火)가 활활 타서 산하가 다 재가 될지라도,
이 비만은 홀로 남고 이 글은 닳지 말지어다.

元貞元年乙未八月日 門人 沙門 竹虛 奉勅 集晋右將軍 王羲之書
門人 內願堂兼住持 通奧眞靜大禪師 淸玢 立石
원정 원년[104] 을미 8월 일에
문인 사문 죽허[105]는 칙명을 받들어 진나라 우장군 왕희지의 글씨를 모으고,
문인 내원당[106] 겸 주지 통오진정대선사 청분은 비석을 세우다.

3. 普覺國尊碑陰記의 원문과 역주

普覺國尊碑의 陰記

元貞元年乙未八月日書字
普覺國尊碑陰記 雲門寺住持通奧眞靜大禪師 山立述
원정 원년[107] 을미년(고려 충렬왕 21년, 1295) 8월 일에 글씨를 쓰고,
운문사 주지 통오진정대선사 산립(山立)[108]이 글을 짓다.

新天子卽祚元年乙未 夏四月初 麟角長老過余曰 先師入滅 忽忽六七年矣 國

104) 元貞元年 : 원정은 원 성종의 연호이며, 충렬왕 21년(1295)이다.
105) 竹虛 : 본 비음기 문도의 명단 중 山林에 보이고 있다.
106) 內願堂 : 궁궐 내에 설치한 법당을 말한다.
107) 元貞元年 : 충렬왕 21년(1295)이다.
108) 본 비문에는 '通奧眞靜'이라는 호를 쓰는 승려가 淸玢과 山立 등이 보이는데, 이들은 寶鑑國師 混丘이며, 『三國遺事』에 나오는 '無極'이다.

朝恩禮不渝 命重臣撰碑 勒諸琬琰樹于本院 仍勅門徒 替代相承 以奉香祀 飾終之禮畢矣 列公徒于碑之陰 使後世 知絡誦副墨 元有由緖 子能爲吾輩記之乎 余頷之曰善

새 천자[109]가 즉위한 (원정) 원년(元年) 을미(乙未) 초여름 4월 초에, 인각사 장로[110]가 나를 찾아와 부탁하기를 "선사(先師)께서 열반하신 지 홀연히 6, 7년이 지났습니다. 그러나 조정의 은례는 조금도 변함이 없어 중신(重臣)에게 명하여 선사의 비문을 지어 옥석[111]에 새겨 본원 인각사에 세우고, 이어 조칙을 내려 문도들이 대를 이어 향사(香祀)를 받들게 하는 것으로 식종(飾終)의 예를 마치게 하였습니다. 스님의 문도를 비의 뒷면에 열거하여 후세 사람들로 하여금 읽도록 하여[112] 원래의 사연이 있었음을 알게 하려는데, 이 일은 오직 스님만이[113] 우리들을 위하여 할 수 있는 것이오."라고 하므로, 나는 이를 받아들이겠다고 말하였다.

國尊在世時 山立以因緣差奪 未獲詣門徒之列 常以爲恨 幸託不朽之囑 庶亦結當來攀附之 不承命 謹稽首拜手再拜 而言曰 和尙門風 廣大悉備 不可得而思儀也

나는(山立) 국존께서 살아계실 때, 인연이 없어[114] 문도의 열에 서지 못한 것을 항상 한으로 생각했었는데, 다행히 불후(不朽)의 부탁을

---

109) 新天子 : 元 成宗을 가리킨다.

110) 麟角長老 : 一然의 문인으로 立碑의 일을 주관하였으나, 어느 인물인지는 알 수 없다.

111) 琬琰 : 아름다운 玉의 이름이다. 여기서는 碑石을 가리킨다.

112) 絡誦副墨 : 絡誦은 암송하는 것이며, 副墨은 글이란 뜻이다.

113) 子能 : 子는 夫子, 孔子, 孟子 등과 같이 상대를 존칭하는 말이며, 先生이란 뜻이다. 여기서는 비문을 청하는 麟角長老가 山立을 지칭하는 말.

114) 差奪 : 기회를 잃었다는 뜻이다.

받았다. 이에 역시 내세에서라도 스승으로 모실 인연이[115] 맺어지기를 바라고 있는 바인데, 어찌 감히 하명(下命)을 받지 않을 수 있겠습니까."라 하고, 삼가 손을 모아 머리를 조아려 절하고 두 번 다시 절하면서 이르되, "화상의 문풍(門風)이 광대하여 실로 모든 것을 갖추었기에 가히 어떠한 말과 생각으로도 표현할 수 없습니다."라 하였다.

則止 曰一 國尊之衆人師之可也 然尊之焉 師之焉 未必不由醢醯 而蚋聚要其來 但履踐篤實一去來 同夢等彼已 智悲行願喜 有所感而致之耳

이를 줄여 한 마디로 말하면 "국존은 모든 중생들의 스승입니다. 모름지기 존경하고 추앙할 스승으로 모실 뿐입니다. 그러한 사정은 마치 개미떼[116]나 바구미[117]처럼 국존의 덕을 사모하여 많은 사람들이 모여드는 것과 같으며, 또한 국존께서 (살아계실 때) 실천하심이 독실하여 한결같이 하셨기 때문입니다. 곧 생사거래(生死去來)를 마치 꿈꾸는 것과 같이 하시고, 이에 (스님의) 지혜와 자비심, 실천과 원력, 환희심에 감응하게 된 것입니다."

今案行狀 於其終也 辭衆 斂目氣絶已久 今禪源頂公 先聲曰 立塔之所 未暇諮稟悔 將何及 衆辭皆同 師從寂定中 安詳而起 顧謂衆曰 此東南行 四五許里 有林麓起伏 隱若古塚 是眞吉祥之地 可安置也 復斂目如初 撼之已逝矣 事涉怪異 碑文略之

이제 국존의 행상을 살펴보니, 임종할 때 대중을 모아 놓고 말씀을

115) 攀附 : 흠모하는 사람을 의지하여 뒤좇아간다는 의미이다.

116) 醢醯 : 젓갈이나 식혜에 개미떼가 모여든다는 뜻이다. 곧 학덕이나 도덕이 높으면 사방으로부터 學人이 모여든다는 비유이다.

117) 蚋聚 : 젓갈이나 노린내 나는 고기가 있으면 개미나 바구미 등이 모여든다는 뜻이다. 곧 덕성이 높으면 부르지 아니하여도 많은 사람이 찾아드는 것을 비유한 것이다.

남기시고 눈을 감아 숨을 거둔 지 이미 오래되었다. 이에 선원사(禪源社) 정(頂) 스님[118]이 어찌할 바를 몰라 말하기를 "탑비 세울 장소를 여쭈어 볼 겨를도 없었으니, 장차 어찌할꼬."라 하여 대중과 함께 탄식하고 있었다. 이때 스님께서 적정(寂定) 중에 조용히 깨어나, 대중을 돌아보고 이르시기를, "여기서 동남쪽으로 약 4·5리쯤 가면 숲이 있는데, 지형의 높낮이가 무덤과 같으니 그곳이 참으로 좋은 땅으로서 탑을 세우기에 적합한 곳이다."라고 하고는, 다시 처음과 같이 눈을 감고 돌아가셨다. 일이 너무 괴이하므로 비문에는 모두 생략하였다.

昔有廣福禪者 臨荼毗 於柴棚上 復起囑維那 藍行者米錢 史傳稱 又何疑也

옛날 광복선자(廣福禪者)라는 스님이 입적하고서도 다비를 위해 준비한 섶나무 위에서 다시 일어나 유나(維那)에게 당부하여 절의 실무자가 (당신이) 남겨둔 쌀과 돈을 (가난한 이들에게) 나누어 주도록 하였다는 전승이 말하여지는 것으로 보아, 이를 어찌 감히 의심할 수 있겠습니까.

又荼毗將入塔 今雲興印公 住庵時適夢 師至迎勞問所曰 荼毗而復起 此理如何 師云 不死故 進云 恁麼則 火不能燒 師云 如是如是 又問 明日立塔未審師還無 師云 入進云 與麼則塔却活 和尙也答語 不記 又問 夢同列 答云 同

(국존의) 다비를 마치고 장차 (사리를) 탑 속에 안치하려 할 때에, 현 운흥사(雲興寺) 인공(印公)이 암자에 있을 적에 마침 꾼 꿈 이야기를 하였다. (꿈에) 국존이 찾아오니 맞아들여 묻기를, "다비를 하려는 순간 다시 일어났으니, 이는 무슨 도리입니까." 하니, 국존께서 대답하

118) 禪源頂公 : 禪源寺의 頂 스님으로 一然의 문도로 추정된다.

시기를, "죽지 아니한 이치이니라." 하였다. 또 묻기를 "그렇다면 불이 능히 태우지 못한 것입니까."라고 하니, 대답하시길, "그러하느니라."라 하였다. 또 묻기를, "내일 탑을 세우는데, 스님께서 다시 안 들어가십니까."라고 하니, 국존께서 "들어갈 것이니라."라 하였다. 나아가 또 묻기를 "그러시다면 탑이 죽었다가 살았다가 합니까."라 하니, 화상께서 답을 하였으나 (여기에) 기록하지 않는다. 또 묻기를 "꿈과 생시가 같습니까."라고 하니, 대답하시길 "같다."고 하였다.

印公覺 而異之曰 茶毘還 立塔卽入 淸風去來 白雲出沒 其惟至人乎 乃作讚以追敬之

(운흥사) 인공이 깨어나, 이상하게 여겨 말하되, "다비한 다음 다시 돌아오고, 탑을 세움에 곧 탑 속으로 들어간 것이 마치 시원한 바람이 불고 흰 구름이 출몰하는 것과 같으니, 그 어찌 지인(至人)의 경지가 아니겠는가."라 하고, 곧 찬사를 지어 추모하였다.

又山立伏覩機緣 頗異尋常 以爲凡夫地上 必不能至 是知他是何等位中人耶 常自懷疑 一日夢至古刹 當陽設寶蓮花座 師坐於其上 似若休息頃之下座 徐步庭際 山立與仁興麟公 隨之 仁余曰 你看我和尙 已證聖果故 跣足不穿 山立心敬之 前疑氷釋

또 나는(山立) 이러한 기연을 보고 자못 기이하고 심상하게 생각하였다. 이는 범부의 경지로서는 도저히 이르지 못하는 것이니, 국존은 깨달음의 어느 위치에 이르렀는가라 하고, 항상 의심이 풀리지 아니하였다. 그러던 중 어느 날 꿈에 옛 절에 이르니, 여기에 보연화(寶蓮花)로 꾸민 자리를 베풀었는데, 국존께서 그 위에 앉아 계시다가 잠시 후 휴식하기 위해 자리에서 내려와 느린 걸음으로 마당을 거니는 것처럼 보였다. 이에 나는 인흥사의 선린(禪麟) 스님[119]과 함께 뒤를 따랐다. 이때 선린 스님이 나에게 이르기를, "스님은 우리 스승이 이미 성과(聖果)를 증득한 까닭에, 맨발로 다녀도 발바닥이 전혀 상(傷)하지 않았던 행적을 보았소."라고 말하였다. 그제서야 나는 마음으로 공경하여 이전에 가졌던 의심이 얼음 녹듯 풀렸다.

據此數段 最後因緣 雖曰 夫子之墻數仞 亦可窺其髣髴矣 所以云 一去來 同覺夢 智悲行願喜 有所感 而致之耳

이와 같이 마지막 입적할 때의 여러 가지 마지막 인연[120]에 의거하건대, 비록 공자의 담장이 몇 길이나 된다고 하더라도[121] 또한 그것과 방불함을 엿볼 수 있다. 그러므로 이 세상에 한번 왔다 가는 것은 마치 꿈에서 깨어나는 것과 같은 것이며, 지혜와 자비심, 실천과 원력, 환희심에 감응할 뿐이다.

神人稱符兵 而迎衛 山靈告檀越 而輸粮 端坐 而火燄逆吹 臨去 而金幢倒地 如斯 靈蹤異瑞 皆聖末邊事 此不具引 或曰 如上數事 是皆昏擾夢想感 或拂棒喝之曰 不然 或昏平界 常夢五十日一覺 以覺時爲虛 夢時爲實 則此覺夢虛實 亦未可定

또한 부병(府兵)이라 칭한 신장(神將)이 국존을 맞이하여 위호(衛護)하며, 산령이 단월에게 고하여 식량을 준비하였다. 그리고 화장할 때 단정하게 앉아 있었으니, 화염이 반대쪽으로 불었고, 임종할 때 금당

---

119) 仁興麟公 : 仁興社에 주석했던 禪麟을 가리키며, 필사에 능한 一然의 문도이다. 그는 『人天寶鑑』 跋文에서 일연 스님이 살아계실 때 스님의 뜻에 따라 이 책을 바로 간행하지 못한 죄를 언급하고 있다.

120) 最後因緣 : 입적할 때의 인연을 의미한다. 곧 눈을 감고 입적하였다가 다시 깨어나 탑비를 세울 장소를 지정해 준 것과, 茶毗할 때 擧火하기 직전 섶나무 위에서 절로 가는 維那에게 쌀과 돈을 부탁한 것과, 화장 후 靈骨을 入塔할 때 시원한 바람이 불고 흰 구름이 나는 등을 가리킨다.

121) 夫子之牆數仞 : 夫子(공자)의 담장이 높아 몇 길이나 된다는 말이다.

(金幢)이 땅에 떨어졌다. 이러한 영험한 발자취와 기이한 상서로움은 성인에게는 쓸데없는 일에 속하는 것이므로,[122] 이를 갖추어 모두 기록하지는 아니한다. 혹자는 말하기를 "위의 몇 가지 (영험한) 일들은 모두 세상 사람을 혼란시키는 몽상이다."라 하거나, 어떤 이는 불자(拂子)나 방망이를 들고 크게 말하기를 "그렇지 않다. 어느 날 저녁 보통 꿈을 꾸어 50일만에 한번 깨어난다고 하며[123] 깨어난 때를 허(虛)로 삼고, 꿈꿀 때를 실(實)이라"고도 하였다. 이와 같이 이러한 깨어남과 꿈꾸는 것, 허와 실은 역시 쉽게 단정할 수 없다.

又我國尊親證 三世如幻夢 出生入死 常行夢幻 佛事 此亦師之慈化 雖有能至是 何等懷疑 何致疑於其間乎 斯皆黑白 所以愛慕歸附 如有驅策 而不能以已者也

또한 우리 국존께서는 삼세가 환몽과 같은 경지를 몸소 증득하셨고, 태어남과 죽음에 드시는 것을 몽환과 같이 하였다. 불사 또한 이와 같으며, 국존께서 자비로 중생을 교화하였다. 비록 능히 이러한 경지에 이른다 해도 어찌 회의할 수 있으며, 어찌 그 사이에 의심하기에 이르는가. 이 모두가 승려와 신도들이[124] 국존을 애모하여 귀부하는 까닭이다. 이는 아무리 강제로 시킨다고 하더라도 능히 할 것은 아니지 않는가.

其常隨親附 得皮得髓 副法諸德 執事弟子 幷受法乳 卿士大夫 具列如後

항상 국존을 따르고 가까이 모시면서 가르침과 지혜의 요체를 얻었거

122) 皆聖末邊事 : 靈蹤과 異瑞은 성인에게는 모두 쓸데없다는 뜻이다. 곧 신통은 보편적인 진리가 아니라는 의미이다.

123) 常夢五十日一覺 : 한 번 꿈을 꾸면 50일이 지나서야 깨어난다는 말이다.

124) 黑白 : 黑은 먹물 옷(緇衣)을 의미하며, 스님을 가리킨다. 白은 흰옷을 입은 민중을 가리킨다.

나 불법을 펼치면서 도와준 모든 스님과, 실무 일을 담당한 제자, 아울러 스님의 법유(法乳)[125]를 받은 경(卿)과 사대부 등의 이름을 갖추어 다음과 같이 열거한다.

大禪師

靈覺寺의 宏訓

寶鏡寺의 神可

迦智寺의 慧林

麻谷社의 守倪

法興寺의 旱雲

仁興社의 禪麟[126]

迦智寺의 月藏

雲興社의 洞愚

朱勒寺의 永怡

龍巖寺의 淵如

花藏社의 六藏

無爲寺의 守精

普濟寺[127]의 法流

海龍王[128]의 勁芬

---

125) 法乳 : 法化의 뜻이다. 제자를 가르치는 것은 어머니가 젖으로 아이를 양육하는 것과 같다는 의미이다.

126) 주) 120 참조.

127) 普濟寺 : 개경에 있던 선종 사찰이다. 이곳에서 談禪法會를 개최하였다.

128) 海龍王 : 경기도 포천시에 있었던 海龍王寺를 가리킨다. 이에 대해서는 한기문, 「고려 후기 일연 주관 인각사 구산문도회의 성격」, 『일연과 삼국유사』, 일연학연구원, 2007, 160쪽 ; 최연식, 「『大東金石書』 所載 '包川 某寺碑'와 海龍王寺 圓悟大師」, 『목간과 문자』 5, 한국목간학회, 2010을 참조 바란다.

天龍社의 谷之

麟角寺의 淸玢[129]

聖住寺의 惠如

禪師

見巖社의 覺靈

桃源社의 慈一

祖嵓社의 之純

登億寺의 大因

妙德寺의 禪演

載岳社의 禪談

月星寺의 立其

香山寺의 天怡

龍華寺의 呂桓

吾魚社[130]의 戒岑

道峯寺의 守琛

中嶺寺의 冲悟

師子院의 志于

深山寺의 冲淵

瓊嵓寺의 守淵

兄巖寺의 慈忍

淸源寺[131]의 仁應

---

129) 寶鑑國師 混丘 곧 山立이다.

130) 吾魚社 : 경북 영일군 오천면 恒沙里 雲梯山에 있다.

131) 淸源寺 : 知訥이 수행차 머문 기록이 있다. 전남 담양군 창평면 소재로 추정되나 확실하지 않다.

瑩原寺[132)]의 信丘

普門社의 灰喜

居祖社[133)]의 天杲

麟角寺의 定生

智論寺의 玄安

雲住寺의 淸遠

佛日社의 英淑

首座

弘化寺의 宣印

法緣寺의 印西

山林

元應

心賁

禪朗

天朴

時守

知恢

道淵

行伊

可月

禪璉

132) 瑩原寺 : 경남 밀양시에 폐사지로 남아있다. 보감국사 혼구의 하산소이기도 하였다.

133) 居祖社 : 居祖庵을 가리키며, 경북 영천군 청통면 신원동 팔공산에 있다.

大迷

聞一

松智

祖南

仁照

悅如

戒崇

雪其

志因

孜信

旋息

瑩其

心贊

肉幻

神閑

夢玄

元希

幻雲

宣弘

祖閑

宏智

弘令

由巳

可恒

竹虛[134)]

兌宜

神日

天宏

日卑

英印

摩訶

三重

心聞

智慈

由壯

神英

西去

景伊

曉聰

可千

大休

性賢

湛之

自松

太印

自侶

仁正

贊英

良之

---

134) 본 비의 앞면의 왕희지 글씨를 集字한 스님이다.

夢由

月珠

大眞

宗資

祖宣

大選

玄智

德守

信令

道閑

弘調

祖云

中契

令印

坦弘

鹿之

性通

智桓

祖松

日桓

入選[135)]

弘敏

135) 入選 : 고려 때 僧科의 초시 곧 宗選에 합격한 승려를 가리킨다.

可觀

可悅

可安

宏右

法常

知永

祖詢

令月

行莊

令世

覺生

智玄

昇遠

參學

日迴

竹之

志溫

可弘

性迴

印昭

益玄

白如

神贊

覺玄

守訥

令規

仁渙

閑世

孝大

迴正

善平

明戒

已成

得心

信如

仁元

志安

法奇

惠見

玄照

學山

遠宣

中世

眞眼

一品

門下侍中 判翰林院事 李藏用[136)]

僉議中贊 上將軍 洪子藩[137)]

---

136) 李藏用(1201~1272) : 고려 후기의 문신. 초명은 仁祺. 자는 顯甫. 본관은 仁川. 시호는 文眞. 佛敎經典에 밝으며 佛心이 돈독하였다. 저서로 『禪家宗派圖』, 윤색한 『華嚴錐洞記』가 있다.

僉議中贊 判典理事 元傅[138)]

僉議中贊 上將軍 宋松禮[139)]

二品

僉議贊成 修文殿大學士 任翊[140)]

僉議贊成事 修文殿大學士 上將軍 鄭可臣[141)]

門下侍郎平章事 寶文閣大學士 金坵[142)]

僉議贊成事 集賢殿大學士 朴恒[143)]

大匡僉議 贊成事 上將軍 廉承益

知僉議侍郎 贊成事 金璉

參知政事 上將軍 李應韶

參知政事 上將軍 朴松庇[144)]

知僉議事 大學士 上將軍 金周鼎

知僉議事 寶文署大學士 張鎰[145)]

---

137) 洪子藩(1237~1306) : 고려 후기의 문신. 자는 雲之. 본관은 南陽. 시호는 忠正. 忠淸·慶尙·全羅 3道의 按察使, 戶部侍郎, 判典理司事 世子師, 左僕射, 參知光政院使 등 요직을 두루 역임하였다.

138) 元傅(?~1287) : 고려 후기의 문신. 본관은 原州. 시호는 文純. 충렬왕 초에 判軍簿司事가 되었다.

139) 宋松禮(?~1289) : 고려 후기의 문신. 본관은 礪山. 시호는 貞烈.

140) 任翊(?~1301) : 고려 후기의 문신. 본관은 定安.

141) 鄭可臣(?~1289) : 초명은 興. 자는 獻之. 본관은 羅州. 시호는 文靖. 사서로 『金鏡錄』을 찬집하였다.

142) 金坵(1211~1278) : 고려 후기의 문신. 초명은 百鎰. 자는 次山. 호는 止浦. 본관은 富寧. 저서는 『止浦集』, 『北往錄』 등이 있다.

143) 朴恒(1227~1281) : 고려 후기의 문신. 春川朴氏의 시조. 초명은 東甫. 자는 革之. 시호는 文懿.

144) 朴松庇(?~1278) : 고려 후기의 장군. 德源(경북 영해)의 향리에서 출발하여 參知政事에 이르렀다.

145) 張鎰(1207~1276) : 고려 후기의 문신, 초명은 敏, 자는 弛之, 시호는 章簡.

知僉議事 寶文署大學士 朱悅[146)]

知密直事 左常侍 上將軍 崔有渰[147)]

副知密直司事 上將軍 朴之亮[148)]

副知密直司事 上將軍 羅裕

副知密直事 監察大夫 閔萱[149)]

副知密直司事 上將軍 金頲[150)]

副知密直事 上將軍 李德孫[151)]

三品

判秘書 寶文署學士 貢文伯[152)]

上將軍 吳睿

上將軍 鄭守祺[153)]

上將軍 李英柱[154)]

寶文署學士 金砥

---

146) 朱悅(?~1287) : 고려 후기의 문신. 본관은 綾城. 자는 而和. 시호는 文節.

147) 崔有渰(1239~1331) : 고려 후기의 문신. 본관은 海州. 시호는 忠憲. 崔滋의 아들임.

148) 朴之亮(?~1292) : 고려 후기의 장군.

149) 閔萱(?~1310) : 고려 후기의 문신. 본관은 驪興. 시호는 良敬. 1280년대 초반 경상도 按廉使, 慶州府尹을 역임했다.

150) 金頲 : 彦陽金氏로 金就礪의 손자임. 충렬왕 7년(1281)에 안동부사로 충렬왕을 환대하였다. 그의 가계에서 가지산문의 승려를 여러 명 배출하였다.

151) 李德孫(?~1301) : 고려 후기의 문신. 본관은 陝川. 시호는 莊淑. 충렬왕 7년 왕이 경주로 행차했을 때 東京留守였다.

152) 貢文伯 : 충렬왕 13년(1287) 8월에 慶州府尹이었다는 기록이 유일하다.

153) 鄭守祺 : 생몰년 미상. 『高麗史』 권104, 金方慶傳에 보이는 鄭守琪로 추정된다. 고려 후기의 무관. 본관은 草溪. 親從將軍 · 萬戶 등의 무관직을 역임하였다.

154) 李英柱 : 생몰년 미상. 고려 후기의 嬖臣. 처음에 스님이 되었으나 환속하여 管城縣令이 되었다.

國子祭酒 知制誥 崔寧[155]

衛尉尹 崔資奕

秘書尹 知制誥 吳漢卿

司宰尹 柳王居

四品 이하

金吾衛將軍 朴□□

典理摠郎 金元具

近侍中郎將 金龍劒

郎將 崔有□

佐郎 李世祺

祗候 尹奕

博士 金元祥

翰林 金□□

朝奉郎 金旨

155) 崔寧 : 柳璥이 발탁한 인물임. 고종 46년(1259) 4월 왕이 병들자 中外의 二罪 이하의 죄수를 사면하고, 또 崔寧과 許洪을 보내어 바다를 따라 살아있는 물고기를 놓아주었다는 기록이 있다.

참고문헌

1. 자료

『三國史記』, 『三國遺事』, 『高麗史』, 『高麗史節要』, 『光海君日記』, 『宋史』, 『金史』, 『元史』, 『東國李相國集』, 『帝王韻紀』, 『益齋亂藁』, 『櫟翁稗說』, 『陶隱文集』, 『東文選』, 『新增東國輿地勝覽』, 『梅月堂全集』, 『芝峰類說』, 『耳溪集』, 『石泉遺稿(集)』, 『雜同散異』, 『慶州先生案』, 『高麗大藏經』, 『新脩大藏經』, 『新纂大日本續藏經』, 『入楞伽經』, 『起信論』, 『韓國佛教全書』4~6(동국대 출판부), 『書狀』, 『五燈會元』, 『眞覺語錄』, 『宗門摭英集』, 『重編曹洞五位』, 『人天寶鑑』, 『圓鑑錄』, 『楞嚴環解刪補記』, 『禪門寶藏錄』, 『法華靈驗傳』, 『釋迦如來行蹟頌』, 『曹溪山松廣寺史庫』, 『曹洞宗全書』(日本曹洞宗全書刊行會, 1972), 『通度寺誌』, 『輿地圖書』, 『梵宇攷』, 『星州牧邑誌』, 『星州邑誌』, 『大東金石書』, 『海東金石存攷』, 『朝鮮金石總覽』, 『朝鮮寺刹史料』

2. 저서

覺性, 『國譯 入楞伽經』, 교림, 1990.
강석근, 『韓國佛教詩硏究』, 이회, 2002.
강원대 인문과학연구소 편, 『梅月堂-그 文學과 思想』, 강원대 출판부, 1989.
姜仁求 외, 『譯註三國遺事(1~5)』, 이회문화사, 2003.
고운기, 『도쿠가와가 사랑한 책』, 현암사, 2009.
고운기, 『삼국유사 글쓰기 감각』, 현암사, 2010.
고운기, 『삼국유사 길 위에서 만나다』, 현암사, 2011.
고운기, 『신화 리더십을 말하다』, 현암사, 2012.
김광식, 『高麗 武人政權과 佛教界』, 민족사, 1995.
金斗鐘, 『韓國古印刷技術史』, 탐구당, 1974.
김두진, 『삼국유사의 사학사적 연구』, 일조각, 2014.

金福順,『新羅華嚴宗研究』, 民族社, 1990.
金庠基,『高麗時代史』, 동국문화사, 1961.
김상영, 황인규, 승원 편저,『普覺國師 一然』, 군위군, 2012.
金勝東 편저,『道教思想辭典』, 부산대 출판부, 2004.
김영욱,『진각국사어록 역해1』, 가산불교문화연구원, 2004.
金煐泰,『三國遺事 所傳의 新羅佛教思想研究』, 신흥출판사, 1979.
金哲埈,『韓國古代社會研究』, 지식산업사, 1975.
金呑虛 懸吐譯解,『書狀』, 화엄학연구소, 1976.
김호귀,『묵조선연구』, 민족사, 2001.
김호귀,『묵조선의 이론과 실제』, 동국대 출판부, 2006.
김호성,『천수경의 새로운 연구』, 민족사, 2006.
曇秀(백련선서간행회 역),『人天寶鑑』, 장경각, 1992.
東國大 佛教文化研究所 편,『韓國佛教撰述文獻總錄』, 동국대 출판부, 1976.
洞山(성철 역),『조동록』, 장경각, 1999.
閔泳珪,『四川講壇』, 又半, 1994.
民族文化推進會,『三國遺事』, 1973.
朴胤珍,『高麗時代 王師·國師 研究』, 경인문화사, 2006.
법성,『백화도량에로의 길』, 경서원, 1982.
邊太燮,『高麗政治制度史研究』, 일조각, 1971.
三國遺事研究會 편,『三國遺事研究(上)』, 영남대 출판부, 1983.
신종원,『삼국유사 새로읽기(1)(2)』, 일지사, 2004·2011.
연세대학교 박물관,『파른본 삼국유사 교감』, 2016.
禹貞相·金煐泰,『韓國佛教史』, 진수당, 1969.
원공,『운문선 연구』, 토방, 2002.
圓徹 역주,『禪林僧寶傳(上·下)』, 장경각, 1999.
尹炳泰,『韓國古書年表資料』, 國會圖書館, 1969.
이종문,『인각사 삼국유사의 탄생』, 글항아리, 2010.
李佑成·姜萬吉 편,『韓國의 歷史認識(上)』, 창작과 비평사, 1976.
李智冠 편,『校勘譯註 歷代高僧碑文(高麗篇 3)』, 가산불교문화연구원, 1996.
李智冠 편,『校勘譯註 歷代高僧碑文(高麗篇 4)』, 가산불교문화연구원, 1997.
李智冠 편저,『伽山佛教大辭林(1~16)』, 가산불교문화연구원, 1998~2015.
이창섭·최철환 옮김,『중편조동오위』, 대한불교진흥원, 2002.
印鏡,『蒙山德異와 高麗後期 禪思想 研究』, 불일출판사, 2000.
일연학연구원 편,『일연과 삼국유사』, 일연학연구원, 2007.
張雪峰 懸吐,『禪門拈頌』, 법보원, 1979.

정각, 『천수경 연구』, 운주사, 2011.
정구복, 『韓國中世史學史(1)』, 경인문화사, 2014.
정영식, 『韓國看話禪의 源流』, 한국학술정보(주), 2007.
淨圓 역주, 『祖庭事苑』, 도서출판 수미산선, 2009.
조계종 교육원 불학연구소, 『간화선』, 조계종출판사, 2005.
趙明基, 『曉城先生八十頌壽高麗佛籍集佚』, 동국대학교 출판부, 1985.
趙明濟, 『高麗後期 看話禪 硏究』, 혜안, 2004.
조명제, 『선문염송집 연구』, 경진출판, 2015.
중앙승가대학 불교사학연구소, 『麟角寺普覺國師碑帖』, 보경문화사, 1992.
중앙승가대학 불교사학연구소 · 은해사일연학연구원, 『麟角寺普覺國師碑帖(續集)』, 2000.
智象 주해, 『書狀』, 불광출판사, 1998.
震檀學會 편, 『韓國史 年表』, 을유문화사, 1969.
蔡尙植, 『高麗後期 佛敎史硏究』, 일조각, 1991.
千惠鳳, 『羅麗印刷術의 硏究』, 경인문화사, 1978.
千惠鳳 편저, 『國寶』 24, 예경산업사, 1986.
최귀묵, 『김시습의 사상과 글쓰기』, 소명출판, 2001.
최귀묵 역저, 『김시습 조동오위요해의 역주 연구』, 소명출판, 2006.
崔南善, 『新訂三國遺事』, 민중서관, 1946.
최광식 · 박대재, 『點校 三國遺事』, 고려대학교 출판부, 2009.
최광식 · 박덕재 역주, 『삼국유사』 1~3, 고려대학교 출판부, 2014.
최영호, 『江華京板『高麗大藏經』의 판각사업 연구』, 경인문화사, 2008.
최현각 편역, 『선어록산책』, 불광출판부, 2005.
河廷龍 · 李根直, 『三國遺事 校勘硏究』, 신서원, 1997.
河廷龍, 『삼국유사 사료비판』, 민족사, 2005.
학담, 『천수관음과 대비다라니』, 큰수레, 2008.
韓國精神文化硏究院, 『三國遺事索引』, 1980.
韓國精神文化硏究院, 『高麗國華山曹溪宗麟角寺迦智山下普覺國師碑銘』, 1981.
한국정신문화연구원, 『三國遺事의 綜合的 檢討』, 1987.
韓國學硏究院, 『原本 三國史記·三國遺事』, 大提閣, 1987.
韓普光, 『龍城禪師硏究』, 감로당, 1981.
韓永愚, 『朝鮮前期史學史硏究』, 서울대학교 출판부, 1981.
한종만, 『韓國曹洞禪史』, 佛敎映像, 1998.
許興植, 『高麗佛敎史硏究』, 일조각, 1986.
허흥식, 『고려에 남긴 휴휴암의 불빛 몽산덕이』, 창비, 2008.

화봉문고, 『제37회 華峯現場競賣』, 2016.
화봉문고, 『제41회 華峯現場競賣』, 2017.
黃浿江, 『一然作品集』, 螢雪出版社, 1977.
慧洪(성철 역), 『임간록』, 장경각, 1999.
『望月佛敎大辭典』, 世界聖典刊行協會, 1966.
『新版 禪學大辭典』, 東京 大修館書店, 1985.
岡田宜法, 『日本禪籍史論-曹洞禪編』(上・下), 井田書店, 1943.
今西龍, 『高麗史研究』, 近澤書店(京城), 1944(國書刊行會, 1970 복각).
今西龍, 『高麗及李朝史研究』, 東京 國書刊行會, 1974.
今村金治郎, 『重編曺洞五位顯訣』, 일본 동경 鴻盟社, 1896.
旗田巍, 『元寇』, 中央公論社, 1965.
大屋德城, 『鮮支巡禮行』(「朝鮮海印寺經板攷」), 京都 東方文獻刊行會, 1930.
西口芳男 編, 『禪門寶藏錄の基礎的研究』, 日本 花園大學國際禪學研究所 研究報告(第七冊), 2000
宇井伯壽, 『第三禪宗史研究』, 岩波書店, 1943.
忽滑谷快天, 『朝鮮禪敎史』, 春秋社, 1930.
毛忠賢, 『中國曹洞宗通史』, 江西人民出版社, 2006.
董群(김진무・노선환 공역), 『祖師禪』, 운주사, 2000.
王志躍(김진무・최재수 공역), 『分燈禪』, 운주사, 2002.
Chaoying Fang, *The Asami Library: A Descriptive Catalogue*, ed. Elizabeth Huff, Berkeley and Los Angeles: University of California Press, 1969.

3. 논문

姜錫瑾, 「李藏用의 儒佛交涉 樣相과 佛敎詩 考察」, 『東岳語文論集』 29, 1994.
姜裕文, 「抱雲師를 追憶하면서 今世僧伽에 想到함」, 『新佛敎』 9, 1937.
高翊晋, 「白蓮社의 思想傳統과 天頙의 著述問題」, 『佛敎學報』16, 1979.
高翊晋, 「新羅下代의 禪傳來」, 『韓國禪思想研究』, 동국대 출판부, 1984.
고명수, 「고려 원종대 이장용의 대몽 외교활동」, 『韓國人物史研究』 25, 2016.
金光植, 「鄭晏의 定林寺 創建과 南海分司都監」, 『建大史學』 8, 1993.
金光哲, 「洪子藩 研究」, 『慶南史學』 1, 1984.
김광철, 「고려 무인집권기 鄭晏의 정치 활동과 불교」, 『石堂論叢』 65, 2016.
金杜珍, 「新羅下代 闍堀山門의 形成과 그 思想」, 『省谷論叢』 17, 1986.
金文泰, 「三國遺事의 體裁와 性格—一然의 編纂意圖와 관련하여」, 『陶南學報』 12,

1989.
金福順,「崔致遠의「法藏和尙傳」檢討」,『韓國史研究』57, 1987.
金庠基,「古搨麟角寺碑」,『考古美術』15, 1961.
金相鉉,「三國遺事에 나타난 一然의 佛教史觀」,『韓國史研究』20, 1978.
金相鉉,「三國遺事의 刊行과 流通」,『韓國史研究』38, 1982.
金相鉉,「高麗後期의 歷史認識」,『韓國史學史의 研究』, 1985.
金相鉉,「三國遺事 王曆篇 檢討-王曆 撰者에 대한 疑問-」,『東洋學』15, 단국대 동양학연구소, 1985.
金相鉉,「三國遺事의 書誌學的 考察」,『三國遺事의 綜合的 檢討』, 한국정신문화연구원, 1987.
金相鉉,「麟角寺 普覺國師碑 陰記 再考」,『韓國學報』62, 1991.
金相鉉,「三國遺事論」,『강좌 한국고대사』1, 가락국사적개발연구원, 2003.
金相鉉,「三國遺事의 書誌的 考察」,『譯註 三國遺事』V, 한국정신문화연구원, 2003.
金相鉉,「三國遺事의 讚 研究」,『東國史學』41, 2005.
金相鉉,「三國遺事의 體裁와 篇目 構成」,『三國遺事研究』창간호, 2005.
김상현,「삼국유사 고판본과 파른본의 위상」,『東方學志』162, 2013.
金永斗,「高麗中期 以後의 曹洞禪」,『汎韓哲學』7, 1992.
金煐泰,「三國遺事의 體裁와 그 性格」,『論文集』13, 동국대학교, 1974.
金周漢,「三國遺事 所載 讚에 對하여」,『三國遺事研究』(上), 영남대 출판부, 1983.
金知見,「新羅 華嚴學의 主流考」,『朴吉眞博士華甲紀念, 韓國佛教思想史』, 1975.
金哲埈,「高麗中期의 文化意識과 史學의 性格」,『韓國史研究』9, 1973.
金哲埈,「蒙古壓制下의 高麗史學의 動向」,『考古美術』129·130합, 1976.
金泰永,「三國遺事에 보이는 一然의 歷史認識에 대하여」,『慶熙史學』5, 1974.
金鎬貴,「偏正五位의 考察」,『大學院研究論集』27, 동국대학교, 1997.
김호귀,「曹洞五位의 構造와 傳承」,『韓國禪學』1, 2001.
南權熙,「泥山本 三國遺事의 書誌的 考察」,『書誌學研究』5·6합, 1990.
남동신,「『삼국유사』의 사서로서의 특징」,『일연과 삼국유사』, 일연학연구원, 2007.
盧鏞弼,「洪子藩의 '便民十八事'에 대한 研究」,『歷史學報』102, 1984.
柳鐸一,「三國遺事의 文獻變化 樣相과 變因」,『三國遺事研究』(上), 영남대학교 출판부, 1983.
라정숙,「『삼국유사』를 통해 본 신라와 고려의 관음신앙」,『역사와 현실』71, 한국역사연구회, 2009.
문경현,「『삼국유사』撰述의 史的 고찰-達城 毗瑟山 撰述處를 중심으로」,『新羅史學報』27, 신라사학회, 2013.
閔泳珪,「三國遺事解題」,『韓國의 古典百選』,『新東亞』부록, 1969. 1.

閔泳珪,「一然의 禪佛敎」,『震檀學報』 36, 1973.
閔泳珪,「一然의 重編曹洞五位 二卷과 그 日本重刊本」,『人文科學』 31·32, 연세대 인문과학연구소, 1974.
閔泳珪,「金時習의 曹洞五位說」,『大東文化研究』 13, 1979.
閔泳珪,「一然과 陳尊宿」,『學林』 5, 연세대 사학연구회, 1983.
閔泳珪,「一然重編 曹洞五位 重印序」,『學林』 6, 연세대 사학연구회, 1984.
閔泳珪,「一然의 悲願」,『回歸』 2, 1986.
閔賢九,「月南寺址 眞覺國師碑의 陰記에 대한 一考察」,『震檀學報』 36, 1973.
閔賢九,「趙仁規와 그의 家門(中)」,『震檀學報』 43, 1977.
閔賢九,「李藏用 小考」,『韓國學論叢』 3, 국민대 한국학연구소, 1980.
朴魯俊,「唐代 五台山信仰과 澄觀」,『關東史學』 3, 1988.
박미선,「일연(一然)의 신라사 시기구분 인식」,『역사와 현실』 70, 2008.
朴相國,「慶南의 寺刹所藏 經板考」,『文化財』 15, 1982.
朴永弴,「신자료를 통해서 본 麟角寺普覺國尊碑陰記」,『비블리오필리』 3, 1992.
朴永弴,「一然스님 비 탁본 찾아 20년」,『古書研究』 12, 1995.
朴現圭,「해동금석문의 신자료인 청 翁樹崐『碑目瑣記』에 대하여」,『季刊書誌學報』 20, 1997.
朴現圭,「上海圖書館藏 清 劉喜海의 定藁本『海東金石苑』」,『書誌學研究』 21, 2001.
邊太燮,「高麗後期의 武班에 대하여」,『서울대논문집』(인문사회과학) 12, 1966.
邊太燮,「農民·賤民의 亂」,『韓國史』 7, 국사편찬위원회, 1977.
辛鍾遠,「新羅五台山 史蹟과 聖德王의 卽位背景」,『崔永禧先生華甲紀念 韓國史學論叢』, 1987.
安震湖,「三國遺事의 出現을 보고 普覺國尊의 碑石을 一言하노라」,『佛教』 36, 1929.
유부현,「『三國遺事』 壬申本의 底本과 板刻에 대한 연구」,『書誌學研究』 62, 2015.
兪瑩淑,「崔氏武臣政權과 曹溪宗」,『白山學報』 33, 1986.
李根直,「三國遺事 避諱例 研究」,『慶山文化研究』 1, 1997.
李基白,「三國遺事의 史學史的 意義」,『震檀學報』 36, 1973.
李基白,「三國遺事 紀異篇의 考察」,『新羅文化』 창간호, 동국대 신라문화연구소, 1984.
李基白,「三國遺事 王曆篇의 檢討」,『歷史學報』 107, 1985.
이부오,「『三國遺事』 王曆에 나타난 기년인식의 배경」,『新羅史學報』 32, 2014.
李佑成,「高麗中期의 民族敍事詩」,『성균관대학논문집』 7, 1962.
李益柱,「高麗 · 元關係의 構造와 高麗後期 政治體制」, 서울대학교 박사학위논문, 1996.
李龍範,「元代喇嘛教의 高麗傳來」,『佛教學報』 2, 1964.

李載浩,「三國遺事에 나타난 自主意識 -특히 그 體裁와 義例에 대하여」,『三國遺事研究』(上), 영남대 출판부, 1983.
李鍾恒,「傳 仁興寺址 三層廢塔 移基에 關한 報告」,『慶北大學校論文集』 4, 1960.
李智冠,「軍威麟角寺普覺國尊靜照塔碑文」,『校勘譯註 歷代高僧碑文(高麗篇4)』, 가산불교문화연구원, 1997.
이효형,「『歷代年表』와 『三國遺事』를 통해 본 一然의 발해인식」,『동북아역사논총』 18, 2007.
印權煥,「一然의 讚詩」,『高麗時代 佛教詩의 研究』, 고려대 출판부, 1983.
張東翼,「惠諶의 大禪師告身에 대한 檢討」,『韓國史研究』 34, 1981.
鄭求福,「三國遺事의 史學史的 考察」,『三國遺事의 綜合的 考察』, 한국정신문화연구원, 1986.
鄭炳三,「統一新羅 觀音信仰」,『韓國史論』 8, 서울대 국사학과, 1982.
정병삼,「一然 碑文의 단월」,『韓國學研究』 5, 숙명여대 한국학연구소, 1995.
정병삼,「일연선사비의 복원과 고려승려 비문의 문도구성」,『韓國史研究』 133, 2006.
정병삼,「고려 후기 鄭晏의 불서 간행과 불교신앙」,『불교학연구』 24, 2009.
鄭修芽,「金俊勢力의 形成과 그 向背」,『東亞研究』 6, 서강대 동아연구소, 1985.
정승석,「삼국유사에 구사된 범어 음역의 원류」,『印度哲學』 26, 2009.
정영식,「고려중기의『禪門寶藏錄』에 나타난 九山禪門의 선사상」,『韓國思想과 文化』 50, 한국사상문화학회, 2009.
鄭永鎬,「襄陽陳田寺址 遺蹟調查」,『歷史教育』 12·13합, 1969.
丁天求,「三國遺事와 中·日 佛教傳記文學의 비교연구」, 서울대학교 박사학위논문, 2000.
정천구,「『重編曹洞五位』와 『삼국유사』」,『한국어문학연구』 45, 2005.
曹庚時,「新羅下代 華嚴宗의 構造와 傾向」,『釜大史學』 13, 1989.
조경철,「연세대 소장 해인사 사간본『역대연표』와『삼국유사』「왕력」의 비교연구」,『東方學志』 173, 2016.
趙明基,「佛教의 典籍으로서의 交流」,『民族文化論叢』 4, 1983.
趙明濟,「高麗後期 戒環解 楞嚴經의 盛行과 思想史的 意義」,『釜大史學』 12, 1988.
조명제,「一然의 선사상과 宋의 禪籍」,『普照思想』 33, 2010.
주영민,「鄭晏家의 남해 불사경영」,『古文化』 85, 2015.
秦星圭,「圓鑑錄을 通해서 본 圓鑑國師 冲止의 國家觀」,『歷史學報』 94·95합, 1982.
秦星圭,「高麗後期 願刹에 대하여」,『歷史教育』 36, 1984.
蔡尙植,「高麗後期 天台宗의 白蓮社 結社」,『韓國史論』 5, 1979.
蔡尙植,「普覺國尊 一然에 대한 研究」,『韓國史研究』 26, 1979.

蔡尙植, 「高麗後期 佛教史의 전개양상과 그 경향」, 『歷史教育』 35, 1984.
蔡尙植, 「至元 15년(1278) 仁興社刊 『歷代年表』와 『三國遺事』」, 『高麗史의 諸問題』, 삼영사, 1986.
채상식, 「一然(1206~1289)의 사상적 경향」, 『韓國文化研究』 창간호, 부산대, 1988.
蔡尙植, 「修禪社刊 『禪門三家拈頌集』의 사상적 경향」, 『부산시립박물관년보』 11, 1988.
蔡尙植, 「普覺國尊 一然碑의 現象과 復原의 問題」, 『古書研究』 13, 1996.
채상식, 「一然 연구의 현황과 과제」, 『東洋漢文學研究』 23, 2006.
蔡尙植, 「譯註 普覺國尊 一然碑·陰記」, 『新羅史學報』 14, 신라사학회, 2008.
채상식, 「一然의 『重編曹洞五位』에 보이는 사상과 역사성」, 『지역과 역사』 30, 2012.
채상식, 「한국 중세시기 香徒의 존재양상과 성격」, 『한국민족문화』 45, 부산대 한국민족문화연구소, 2012
채상식, 「수선사의 『宗鏡撮要』 간행과 사상적 의의」, 『한국민족문화』 50, 2014.
채상식, 「「一然碑」에 보이는 淸玢과 山立의 정체」, 『한국민족문화』 59, 2016.
蔡楨洙, 「五家七宗禪의 歷史的 性格」, 『丁仲煥博士還曆紀念論文集』, 동아대, 1974.
千惠鳳, 「三國遺事 板刻의 時期와 場所」, 『三國遺事研究』 창간호, 일연학연구원, 2005.
崔南善, 「三國遺事解題」, 『啓明』 18, 啓明俱樂部, 1927.
崔凡述, 「海印寺寺刊鏤板目錄」, 『東方學志』 11, 1970.
崔柄憲, 「新羅下代 禪宗九山派의 成立」, 『韓國史研究』 7, 1972.
崔柄憲, 「高麗中期 玄化寺의 創建과 法相宗의 隆盛」, 『韓佑劤博士停年紀念史學論叢』, 1981.
崔柄憲, 「高麗中期 李資玄의 禪과 居士佛教의 性格」, 『金哲埈博士華甲紀念史學論叢』, 1983.
崔柄憲, 「三國遺事에 나타난 韓國古代佛教史 認識」, 『三國遺事의 綜合的 檢討』, 1987.
최연식, 「『大東金石書』 所載 '包川 某寺碑'와 海龍王寺 圓悟大師」, 『목간과 문자』 5, 한국목간학회, 2010.
한기문, 「고려 후기 일연 주관 인각사 구산문도회의 성격」, 『일연과 삼국유사』, 일연학연구원, 2007.
韓鍾萬, 「一然 重編曹洞五位 연구」, 『韓國佛教學』 23, 1997.
허일범, 「육자대명왕진언의 의미와 역할」, 『회당학보』 20, 회당학회, 2015.
許興植, 「高麗時代의 國師·王師制度와 그 機能」, 『歷史學報』 67, 1975.
許興植, 「高麗中期 禪宗의 復興과 看話禪의 展開」, 『奎章閣』 6, 1982.

許興植,「佛教와 融合된 高麗王室의 祖上崇拜」,『東方學志』45, 1983.
加藤灌覺,「朝鮮に於ける喇嘛教的遺物と蒙古との關係」,『朝鮮及滿洲』267, 朝鮮及滿洲社, 1930.
高橋亨,「白雲和尙語錄解題」, 1934.
今西龍,「高麗普覺國尊 一然に就いて」,『藝文』第九年 7·8月號, 1919.
藤田亮策,「海印寺雜板攷」,『朝鮮學報』138 · 139 · 140, 1991.
森平雅彦,「松廣寺 法旨의 발급 경위를 둘러싼 제문제」,『普照思想』17, 2002.

찾아보기

ㄱ

ㅁ

ㅂ

ㅅ

ㅇ

채 상 식 (蔡尙植)

부산 동래 출생
서울대학교 문리과대학 국사학과 졸업
동 대학원 석사·박사과정 수료 문학박사
1979년~1981년 청주사범대학(현 서원대) 전임강사
1981년~현재 부산대학교 인문대학 사학과 교수

저서 및 편저
『高麗後期 佛敎史硏究』(일조각, 1991), 『범어사』(공저)(대원사, 1994), 『일본 고중세 문헌 속의 한일관계사료 집성』(공편)(혜안, 2005), 『최해와 역주 『졸고천백』』(편저)(혜안, 2013)

일연一然 그의 생애와 사상
채 상 식 지음

초판 1쇄 발행 2017년 8월 30일

펴낸이 오일주
펴낸곳 도서출판 혜안

등록번호 제22-471호
등록일자 1993년 7월 30일

주소 04052 서울시 마포구 와우산로 35길 3(서교동) 102호
전화 02-3141-3711~2 / **팩스** 02-3141-3710
이메일 hyeanpub@hanmail.net

ISBN 978-89-8494-588-3 93910

값 30,000 원